点亮阅读的微光

全民阅读研究与推广项目成果集粹2021—2022

李忠 编著

孔學堂書局

图书在版编目（CIP）数据

点亮阅读的微光：全民阅读研究与推广项目成果集粹：2021-2022 / 李忠编著. — 贵阳：孔学堂书局，2023.10
ISBN 978-7-80770-453-9

I. ①点… II. ①李… III. ①读书活动 - 研究 - 中国 IV. ①G252.17

中国国家版本馆CIP数据核字(2023)第128560号

点亮阅读的微光

全民阅读研究与推广项目成果集粹2021-2022　　李忠　编著

DIANLIANG YUEDU DE WEIGUANG

QUANMIN YUEDU YANJIU YU TUIGUANG XIANGMU CHENGGUO JICUI 2021-2022

策　　划：张发贤
责任编辑：杨翌琳　孟　红
封面设计：张　莹
责任印制：张　莹

出　　品：贵州日报当代融媒体集团
出版发行：孔学堂书局
地　　址：贵阳市乌当区大坡路26号
印　　刷：深圳市新联美术印刷有限公司
开　　本：787X1092mm 1/16
字　　数：394千字
印　　张：28.25
版　　次：2023年10月第1版
印　　次：2023年10月第1次
书　　号：ISBN 978-7-80770-453-9
定　　价：98.00元

代序

牢记嘱托　担当全民阅读新使命

柳斌杰

中国新闻出版传媒集团致力于推动全民阅读，坚持营造浓厚的书香氛围，这是我见证过的。他们牵头组建中国全民阅读媒体联盟、全民阅读与融媒体智库，在推动全民阅读方面竭尽全力，作出了很大的贡献。目前，“书香中国万里行”采访活动累计行程已达到20余万公里，走访了50多个城市，总结、推广全民阅读的先进经验。“红沙发”系列访谈活动邀请国内外的专家学者，为引导大家“爱读书、读好书、善读书”发挥了重要作用。

今天，我首先对第六届“大众喜爱的阅读新媒体号”推荐结果发布表示祝贺，也向获推先进单位、平台表示祝贺。多年前，中国新闻出版传媒集团、中国全民阅读媒体联盟启动“大众喜爱的50种图书”推荐活动，连续8年向全社会推荐400种好书。随后又连续4届推荐“大众喜爱的50个阅读微信公众号”。从第5届开始，活动顺应阅读载体和阅读方式的转变，与时俱进将多个平台的音频号、视频号纳入推荐范围，拓展提升为今天“大众喜爱的

阅读新媒体号”推荐活动。

我非常赞成在全民阅读方面开展更多群众参与的活动。“大众喜爱的阅读新媒体号”坚持政策导向正确、内容积极健康、形式丰富多样，我认为这是很好的推荐标准，有力推进了全民阅读，保障了“读什么”的问题。另外，活动通过群众参与、群众推荐、群众监督和专家评审相结合的方式，推选出优秀的新媒体号平台。据我所知，有的平台吸引了上千万的粉丝，有的平台稳定的读者有200多万名，这些平台在推广阅读方面发挥了巨大的作用。我参加过一些平台的阅读培训活动，一个班就有6000多人报名参加，可见大家非常看重。所以本次的推荐活动非常有意义，在此，再次对活动的成功举办表示祝贺。

中国新闻出版传媒集团、中国全民阅读媒体联盟是推动全民阅读的重要力量，在引导全民阅读方面发挥了重要的作用。200多家媒体参与到全民阅读推广活动中，把这件大事做到今天这样的程度，他们也作出了很大贡献。“世界读书日”当天，习近平总书记为首届全民阅读大会发来贺信，进一步强调推进全民阅读、建设书香社会的重要意义，并对全社会参与全民阅读提出了新的要求。党员、干部带头读书学习，孩子们快乐阅读、健康成长，继续营造“爱读书、读好书、善读书”的浓厚氛围。我希望中国新闻出版传媒集团、中国全民阅读媒体联盟始终把习近平总书记的要求担当起来，着力营造浓厚的书香氛围，继续为深入推进全民阅读发挥引领作用。

习近平总书记的贺信使全民阅读进入了一个新的阶段。随后，全党全国、社会各界采取更多举措来丰富和发展全民阅读活动，通过全民阅读推动文化基础建设，通过全民阅读提高公民的三大素质，从全民阅读中激发力量，建设文化强国。希望今后的全民阅读活动借助融媒体平台及传统媒体的宣传工作，学习贯彻好习近平总书记关于首届全民阅读大会贺信精神。因为读书这件事情是全世界公认的好事，它是人类保存自己历史记忆、传承文化血脉、学习科学知识、改变自己命运的最好方式。

联合国教科文组织把全民阅读作为21世纪人类文明进步的重要议程之一在全世界推进，设立“世界读书日”，还评选“世界图书之都”。我国深圳市也被联合国教科文组织授予“全球全民阅读典范城市”称号。当时，联合国教科文组织走访了深圳24小时书吧，深入考察深圳全民阅读建设情况。当然，我们还要继续努力，建设更多的书香之乡、书香之镇、书香之县、书香之市、书香之省，把全民阅读提升到一个新水平。

中国是发明印刷术、造纸术的国家，也是最早生产书的国家之一，自古就有书香传统。以习近平同志为核心的党中央高度重视全民阅读，将其纳入党和国家的发展战略。凭借全民阅读开展16年以来积累的经验，我们有信心、有能力落实好总书记提出的新要求。我希望通过本次活动，所有传统媒体、融媒体平台、新媒体把全民阅读这件事情继续做好，发扬特色优势，为全民阅读加油、鼓劲，通过我们的努力使我国的全民阅读达到新的水平，实现兴文化、育新人的目的。

文化兴、国家兴。没有中华民族文化的复兴，就没有中华民族的伟大复兴。我们一定要牢记习近平总书记的嘱托，把全民阅读这件事做好做实。希望获得本届推荐的90个阅读新媒体号进一步发挥引领作用，在全民阅读新征程上作出新贡献。

作者系原国家新闻出版总署署长，第十二届全国人大常委、教科文卫委员会主任委员，中国全民阅读媒体联盟名誉理事长，全民阅读与融媒体智库学术委员会主席。本文是作者在2022年4月24日，首届全民阅读大会现场举办的“第六届大众喜爱的阅读新媒体号”推荐活动发布会上的主旨演讲。

前言

点亮微光　汇成炬火

李忠

2021年岁末，在灯下整理《春风柳上归——全民阅读与融媒体智库文化大数据报告解析2019—2021》的书稿之际，与孔学堂书局相约，来年南国春暖花开之时，我们相聚在“中国数谷”贵阳，共同举办新书首发式和文化大数据主题研讨会，但新冠疫情的反复，让我们的春天之约未能如愿。

2022年岁末，因疫情封控居家办公，在整理2021年至2022年度围绕阅读研究与阅读推广相关成果的新书稿之际，我除了应邀线上出席“首届全民阅读推广（深圳）峰会”，发表题为《“书香中国”全民阅读品牌传播影响力报告解读》的演讲之外，又获悉第35届北京图书订货会再次延期举办，此外，我们在2022年北京图书订货会“红沙发”访谈现场分享全民阅读大数据研究成果的预案也再次推迟实施。关于全民阅读的事项一再被迫延期或推迟，心里不免有些失落。不过，仍然期待着我们2021年初冬的约定能在2023年新春兑现。

好在，2022年“4·23世界读书日”之际，由中宣部牵头举办的首届全民阅读大会在北京如期举行。习近平总书记在致首届全民阅读大会的贺信中说：“阅读是人类获取知识、启智增慧、培养道德的重要途径，可以让人得到思想启发，树立崇高理想，涵养浩然之气。中华民族自古提倡阅读，讲究格物致知、诚意正心，传承中华民族生生不息的精神，塑造中国人民自信自强的品格。”总书记提出了“三个希望”：希望广大党员干部带头读书学习，修身养志，增长才干；希望孩子们养成阅读习惯，快乐阅读，健康成长；希望全社会都参与到阅读中来，形成“爱读书、读好书、善读书”的浓厚氛围。

毫无疑问，以首届全民阅读大会的胜利召开为标志，全民阅读国家文化战略上升到了一个新高度，站在了一个新的历史起点上。

作为2021年中宣部、国家新闻出版署评选的全民阅读15个优秀项目之一，“全民阅读与融媒体智库”成果在首届全民阅读大会上进行展览展示，智库负责人受邀在大会专题论坛上介绍项目成果，作为“书香中国”全民阅读品牌传播影响力大数据研究课题的牵头人，我还在大会现场接受了北京广播电视台的现场直播访谈，对下一步“书香京城”的建设提出具体意见和建议。

与此同时，由中国新闻出版传媒集团、中国全民阅读媒体联盟联合全民阅读与融媒体智库共同举办的第六届“大众喜爱的阅读新媒体号”推荐活动，在本届大会上发布推荐结果。中宣部副部长张建春在巡馆时叮嘱我们要在互联网上做好这些优秀阅读类新媒体号的传播，借助新媒体平台，深入推广全民阅读。原国家新闻出版总署署长、中国全民阅读媒体联盟名誉理事长、全民阅读与融媒体智库学术委员会主席柳斌杰出席发布仪式，并作主旨演讲，中宣部出版局副局长李一昕、《光明日报》副总编辑陆先高、中国人民大学新闻学院教授周蔚华等嘉宾共同见证入选名单揭晓，来自全国地方政府与行业协会、出版社、出版物发行单位、媒体、图书馆、阅读推广机构等主办的阅读推广类微信公众号、音频号、视频号共90个品牌入选。

人民文学出版社社长臧永清、《中华读书报》副总编辑吴祝蓉、首都图书馆馆长毛雅君、“书香中国·北京阅读季”官方新媒体代表胡芳、中信书店项目部总经理苏日娜、都靓读书创始人都靓、《读者》新媒体矩阵内容主编王莹、哔哩哔哩公共政策研究院院长谷雨等入选机构或新媒体平台的代表现场分享经验与思考；“书香江苏”微信公众号代表王艳、山东教育出版社社长刘东杰等京外入选机构代表进行了视频发言。

此前，第六届“大众喜爱的阅读新媒体号”推荐活动于2021年末启动，在约4个月的推荐周期里，经历了基础数据收集、行业推荐，全民阅读与融媒体智库的大数据监测、初筛，专家初评、大众网络投票阶段，再经专家复评，结合大众投票、大数据检测和专家意见，加权平均后得出最终推荐名单。

韬奋基金会理事长、全民阅读与融媒体智库学术委员会副主席聂震宁，中国书刊发行业协会理事长艾立民，《光明日报》副总编辑陆先高，中国出版协会副理事长王利明，中国音像与数字出版协会副理事长敖然，中国人民大学新闻学院教授周蔚华，北京新闻出版研究中心项目主管刘佳妮，中国纺织出版社社长郑伟良，人民邮电出版社副总编辑李际，人民文学出版社副社长王秋玲，新星出版社社长马汝军，中信出版集团副总编辑蒋永军，接力出版社副总编辑马婕，今日头条副总编辑章胜，快手科技副总编辑高培，喜马拉雅价值出版事业部总经理陈恒达，蜻蜓FM内容总监郭群，北京点众科技股份有限公司董事长陈瑞卿，《中国文化报》编辑中心副主任党云峰，《工人日报》记者苏墨等业内领导、学者、专家，先后参与项目启动、程序与标准的研讨、论证，初评、复评、颁奖等环节工作，确保了推荐活动的科学、专业、严谨和高效。中新宽维科技传媒有限公司、北京盛世全景科技股份有限公司等协办单位，为推荐过程提供了先进的人工智能、大数据分析方法和数据安全监测工具。

坚持正确的政治方向、舆论导向和价值取向，汇聚行业智慧与文化力量，借助现代信息科技手段，联合互联网与新媒体平台，甄选和团结有能力、有情怀的阅读研究与推广队伍，为行业和社会大众提供有营养、有趣味，高质量、高效率，线上与线下相结合的全民阅读专业深度服务，为出版强国、文化强国的建设、建成，年复一年，孜孜不倦地做一些踏实、有效的努力，参与其间、乐在其中的诸位同道，专注公益，俯身躬行，彼此砥砺，在文化理想与心灵愿景上，早已达成默契和共识。

按照组委会安排，中国新闻出版传媒集团、中国全民阅读媒体联盟还在首届全民阅读大会现场举办了“书香中国万里行——媒体眼中的全民阅读”分享会，由我担任嘉宾主持，特邀《光明日报》副总编辑陆先高、新华社记者史竞男、中央电视台主持人李潘、中央人民广播电台主持人贺超、《工人日报》记者苏墨、《中国青年报》记者蒋肖斌、《中国文化报》记者党云峰、《中国新闻出版广电报》记者杨雅莲、《中华读书报》记者韩晓东共同分享了他们“采访调研书香中国建设、把报道写在祖国大地上”的所见、所闻、所思、所想。会议现场，还举办了2022年度“书香中国万里行”巡回采访活动启动仪式，柳斌杰宣布活动启动并发表了热情洋溢的主题演讲，称赞中国全民阅读媒体联盟多年来持续开展的“书香中国万里行”活动，是新时代书香文化的“万里长征”，同样发挥着文化宣传队、播种机的作用。中宣部出版局副局长李一昕出席并见证了启动仪式。

2021年疫情间隙，“书香中国万里行”采访团队沿着“追寻光辉足迹”主题阅读活动的路线，走进“中国革命的摇篮”江西井冈山、走进“转折之城”贵州遵义；当疫情反复，“书香中国万里行”开展线上采访报道活动，从“追寻光辉足迹”延安连线、西柏坡连线到北京香山连线，从宁波浙江书展连线、成都天府书展连线、济南齐鲁书香节连线到深圳读书月连线；2022年首届全民阅读大会之后，“书香中国万里行”采访团队又利用疫情间隙，应邀走进国家历史文化名城浙江绍兴，来到“2022年绍兴市全民阅读盛典”

现场，感受和描摹2500余年古越大地上厚重悠远的历史文化，饱览与抒写新时代500多万鉴湖儿女“遨游书海、奋发图强”的崭新风貌。

2021年3月末，全民阅读“红沙发”系列访谈走进了延迟数月才开幕的年度北京图书订货会，柳斌杰、艾立民、李东华、孙卫卫、王泳波、申显杨等业内专家、学者、作家、出版发行人高朋满座；2021年5月，“红沙发”访谈走进中国红色书店——井冈山红色书店，江西省委宣传部副部长黎隆武，《琵琶围》作者温燕霞，井冈山文化名人邹巧逢、黄武，新华书店经理詹刚、肖怡，先后做客“红沙发”，讲述“书香赣鄱”、脱贫故事、经典阅读以及红色书店的特色经营之道；2021年6月，“红沙发”访谈走进遵义市新华书店1935分店，先后对贵州省诗人协会名誉主席李发模，贵州省文联副主席、贵州全民阅读推广大使姚晓英，贵州省文联主席欧阳黔森，贵州大学出版社社长闵军，贵州人民出版社党委副书记谢亚鹏，还有遵义新华书店法定代表人张云平、詹慧晶等阅读领域各界人士进行了深度访谈；2021年7月，“红沙发”访谈走进山东济南“第30届全国书博会”现场，围绕献礼建党百年、脱贫攻坚、时代英雄、全民阅读等话题，连续举行了13场访谈。

2022年8月，“红沙发”访谈首次走进中国黄山书会，中国出版协会理事长邬书林、安徽省委宣传部副部长查结联、安徽省作协主席许春樵、茅盾文学奖得主柳建伟应邀接受访谈；2022年9月，在浙江绍兴全民阅读盛典现场，“红沙发”系列访谈特邀作家马伯庸、浙江文学院院长程士庆等嘉宾，围绕“阅读为城市赋能”的主题开展深度访谈。

10年前，在宁夏银川举办的第22届全国书博会上，“红沙发”系列访谈首次举办。10年间，“红沙发”系列访谈已累计走进25个城市。作为国家级的全民阅读知名品牌，“红沙发”系列访谈已经被业界称为“推动出版与阅读高质量发展的传媒风向标”。

从2021年延续到2022年，在香港回归25周年之际，由国家新闻出版署指导，中国新闻出版传媒集团主办的“妈妈导读师”中国亲子阅读大赛活动，携手香港联合出版集团等机构，在香港、澳门两地举办区域赛事。疫情之下，赛事以线上、线下结合的方式举办，港澳地区的参赛家庭“小手牵大手”，以绘本剧、故事新编、自制道具、角色扮演等种种阅读新“玩法”，在沉浸式的阅读体验过程中，增强亲子关系的和谐、亲密，增加孩子们学习汉语普通话的兴趣和机会，也架设了一座内地与港澳少年儿童之间文化交流的桥梁。国际儿童读物联盟主席张明舟、接力出版社总编辑白冰、北京广播电视台主持人孙怡、现代教育出版社副总编辑王春霞、海豚传媒股份有限公司数媒事业部总经理张诞等特邀评委在观看了港澳赛区的现场盛况后，纷纷交口称赞：“妈妈导读师”借助生动有趣、高水准、接地气的亲子阅读活动，让亲情与书香陪伴孩子的童年，以中华优秀传统文化浸润稚嫩的童心，让中华民族的文化自信薪火相传。

2022年疫情间隙，“妈妈导读师”中国亲子阅读大赛在北京图书大厦举办了线下赛事等系列交流展示活动。创办于2016年的“妈妈导读师”中国亲子阅读大赛系列活动，目前已成为全国范围内覆盖面最广、影响力最大的国家级亲子阅读品牌项目。

2022年，“用阅读的阳光温暖每一颗童心——微笑彩虹·关爱特殊儿童”阅读公益活动进入了创办以来的第6年。6年时间里，“微笑彩虹”活动累计向自闭症、残障儿童、边远乡村儿童等弱势少年儿童群体捐赠图书约10万册，码洋约百万元，在特殊儿童学校、边远乡村学校里捐建“微笑彩虹”小书架、小书屋。活动组委会和志愿者们牵头编制“微笑彩虹”公益书单，策划推出“微笑彩虹”童书，举办城市与乡村、健全与残障少年儿童之间“手拉手、心连心”的交流联谊、共同阅读活动。借助儿童公益阅读活动，“微笑彩虹”这座七色的彩虹桥，在孩子们的眼睛里、心灵间，绽放美丽的光芒。面对特殊少儿群体，面对缺憾、不幸与苦难，这每一道微光都蕴含着人世间的温情、友善、真诚和希望。

2022年年末，我们申报的“中国少年儿童阅读数智平台”，得以顺利入选中宣部“国家文化产业发展项目库”，首期少年儿童阅读大数据研究报告也初步完成……

概言之，自2012年至今，在中宣部、国家新闻出版署的指导、支持下，我们联合传媒业、出版业、科技界、学术界的各方资源，借助人工智能、大数据分析技术，结合行业智慧，逐步建立起全民阅读与媒体融合的定量分析评测体系，为推动出版高质量发展与全民阅读走向深入，为国家文化战略统筹与行业战术实施提供有效的数据借鉴和决策参考；10年间，我们走进全国20多个省份、50多座城市，行程几十万公里，挖掘和传播阅读典型，讲述书香人物、书香故事；我们走进城市书店和农家书屋，走进港澳地区，借助亲子阅读，传承和赓续中华文脉；我们向弱势群体伸出援助之手，心手相连，牵手共读，团结起种种微小的力量，用一个个具体而有力的行动，去努力点亮阅读的微光，汇聚成生命的炬火烈焰，让阅读的阳光照耀你我，照耀孩子们的稚嫩心灵与纯美理想，共同照亮我们这个伟大民族的复兴之路。

2023年1月，中央政治局委员、中宣部部长李书磊在全国宣传部长会议上提出要求：“繁荣发展文化事业和文化产业，以数字化为宣传思想工作赋能，加强国际传播能力建设……”

以文化大数据智库助力新闻出版繁荣发展，借数字新媒体技术推动全民阅读走向深入，点滴的努力，持之以恒，一样可以汇成时代的洪流。

中国新闻出版传媒集团总经理

中国全民阅读媒体联盟常务副理事长

全民阅读与融媒体智库理事长

2023年1月

目录

第三部分　延伸阅读　/ 345

后记　/ 425

第一部分

大数据研究服务书香中国建设

全民阅读与融媒体智库报告解析

第一篇
建设现代新型智库　助力全民阅读推广

党的十八大以来，以习近平同志为核心的党中央高瞻远瞩，针对科技与文化的融合发展问题作出了一系列战略部署，相继提出了加强中国特色新型智库建设、推动媒体融合向纵深发展、实施国家大数据战略等重要指示。

2018年3月，中国新闻出版传媒集团独立研发的“网络文学IP大数据服务平台”项目入选原国家新闻出版广电总局“国家新闻出版改革发展项目库”，2019年该项目升级为“全民阅读中台”，并入选中宣部“国家文化产业发展项目库”。为进一步贯彻落实中宣部部长黄坤明同志提出的“把握正确方向，秉持家国情怀，坚持唯实求真，着力深化重大问题研究，不断提升咨政建言能力，努力打造一批适应新时代新要求的高水平智库，在党和国家事业发展中展现更大作为”的要求，中国新闻出版传媒集团、中国全民阅读媒体联盟联合社会力量，于2019年1月成立了“全民阅读与融媒体智库”。智库以把握正确的政治方向、价值取向和舆论导向，推动全民阅读与出版行业高质量繁荣发展为旨归，开启了现代技术与行业智慧深度融合的创新探索之路。

智库成立以来，相继推出了文化大数据1.0、2.0平台；成立了学术委员会，邀请原国家新闻出版总署署长柳斌杰、韬奋基金会理事长聂震宁分别担任主席与副主席，聘请了国内几十家高校科研机构及行业专家、企业领军人物，形成以政府智囊、行业专家、资深学者、技术精英为主体的专家研究队伍；持续发布主题出版、图书热点、全民阅读、数字文学、影视投资、动漫产业、新媒体、城市人文、疫情下的出版产业报告、疫情下的影视产业报

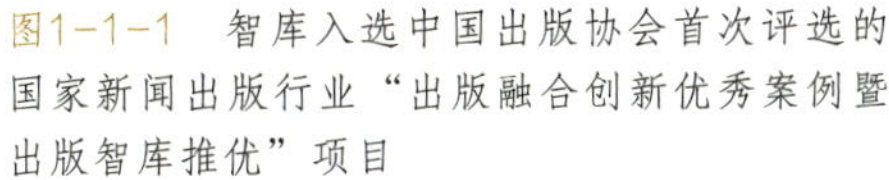
图1-1-1　智库入选中国出版协会首次评选的国家新闻出版行业“出版融合创新优秀案例暨出版智库推优”项目

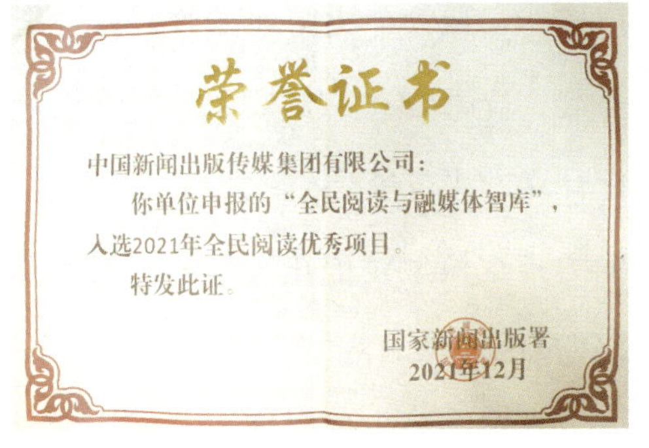

图1-1-2　“2021年度全民阅读优秀项目”荣誉证书

告、儿童阅读报告等30多项文化大数据专题研究成果，得到了各地宣传、出版管理部门，学术科研机构，新闻出版机构的高度关注，受到文化投融资机构、文化生产企业和业界人士的广泛好评。其中，《全民阅读视角下的少儿阅读观察》被新华社翻译成英文向海内外发布和传播，《主题账号在新媒体平台的现状及发展趋势》研究报告被社会科学文献出版社《新媒体蓝皮书：中国新媒体发展报告No.11（2020）》摘录。2020年3月，智库基于“文化大数据平台”自主研发的“全民阅读与融媒体中台”项目被列为工信部“2020年大数据产业发展试点示范项目”，这也是全国新闻出版行业唯一入选项目。2020年9月，智库入选中国出版协会首次评选的国家新闻出版行业“出版融合创新优秀案例暨出版智库推优”项目。2021年12月，智库作为15个项目之一，被国家新闻出版署评选为2021年度全民阅读优秀项目，也是其中唯一的智库类项目。

一、聚焦传播影响力研究　打造全民阅读“晴雨表”

全民阅读与融媒体智库在服务各级宣传部门、文化产业政策制定和决策部门方面，致力于成为全民阅读工作的“晴雨表”、出版业创新发展的“风

向标”，成为中央与地方政府推进全民阅读工作的国家高端智库。自2020年起，智库按照多维度反映活动传播全貌、体现全民阅读活动内涵、客观优化计算方法与参数、支持模型演化性升级的思路，建立全民阅读品牌传播影响力指数模型，依托大数据，对各地全民阅读品牌的传播影响力进行深入研究。

智库对2020年度报刊网端（包含409家中央媒体、13247家省市媒体、6555家区县媒体、112家商业媒体、6924家自媒体账号和357家短视频账号）各地全民阅读品牌宣传报道数据进行全面采集，集中对31个省区市、10个较早开展全民阅读活动城市的全民阅读品牌进行了大数据分析，于2021年4月23日发布了《2020年度“书香中国”全民阅读品牌传播影响力大数据研究报告》（以下简称《报告》）。

《报告》包含综合传播影响力榜单以及传播力、影响力和美誉度3个分项榜单。其中，综合传播影响力榜单由智库对32个指标项进行综合计算得出，体现各地全民阅读品牌在2020年媒体传播中的覆盖范围与社会影响程度；在各分项榜单中，传播力榜单体现全民阅读品牌2020年度的媒体传播能力，以传播广度、传播深度和信息增益3个方面作为主要衡量指标，分别反映了品牌的媒体覆盖范围、媒体对活动报道的详尽程度和媒体传播过程中信息被放大的效果；影响力榜单体现全民阅读品牌的社会影响力，以触达度、延展度、认可度和互动度4个方面作为主要参考指标，分别反映了全民阅读品牌对各类媒体的触达能力，主管方打造的品牌数量以及属地拓展活动数量，用户点赞、关注、阅读等行为和用户对自媒体的评论情况；美誉度榜单体现媒体与网民对全民阅读品牌的正面反馈程度，以对品牌报道的媒体类别、网民评价和点赞情况作为主要指标。

该《报告》是全国首份通过大数据对全民阅读品牌活动进行传播影响力分析的专题研究报告，从新闻传播和新媒体平台的视角出发，发掘全民阅读品牌塑造中信息传播和舆论宣传的亮点，为各地全民阅读活动和品牌建设提供有益参考。该《报告》除通过中国新闻出版广电报全文首发外，还在国家新闻出版署官网同步发布，新华社、《光明日报》《工人日报》《中国青年报》《中国文化报》、新华网、人民网等中央媒体进行了专题报道。智库于2021年5月22日和6月25日相继发布了《4·23期间各地全民阅读品牌传播影响力大数据报告》《读书之乐　绿茵满窗——10省、市全民阅读品牌活动成效对比研究》。2022年度，智库将持续进行该品牌研究和成果发布。

二、关注主题出版与主题阅读协同发展研究

全民阅读与融媒体智库通过大数据、人工智能、云计算等前沿信息技术与出版业的深度融合，推动出版事业创新发展。2020年1月10日，全民阅读与融媒体智库在第33届北京图书订货会“红沙发”访谈现场，正式发布了《让书香滋养民族心灵，让民族精神厚重深邃——主题出版与主题阅读发展报告》（以下简称《报告》）。

《报告》回顾了2003年以来我国主题出版活动的发展历程和主要成绩，聚焦于“主题出版引领主题阅读，主题阅读深化主题出版”的核心理念，分析了主题阅读在媒体融合趋势下的呈现方式。基于大数据的量化分析并结合行业智慧的定性研判，报告总结了主题出版的五大亮点：其一，政策引领，权威著作迭出；其二，内容创作上，多角度折射大时代；其三，生产机制方面，开拓知识服务；其四，受众共鸣，核心价值观成为主流；其五，与时俱进，技术创新引领产业升级。《报告》还重点捕捉了主题阅读领域呈现出的新方式、新趋势，如出版发行业联合教育界，在全国中小学生中推广“主题研学”，各地研学项目借助深厚的区域文化资源、海量的古迹遗产、丰富的历史故事，带领孩子们走出校园“行万里路，读万卷书”，开展社会实践和

爱国主义教育活动；又如，在媒体深度融合的大趋势下，基于互联网的数字化主题阅读新平台迅速成长，“学习强国”自2019年1月1日开通上线后不到一年，用户即突破一亿，成为现象级的优质思想文化内容聚合平台、融媒体主题阅读学习平台。

概言之，智库报告通过直面和剖析问题，从内容建设、思想传递和内化实现等角度，对未来主题出版和主题阅读的协同发展及立体化传播提供了系统的思路与建议，以期推动高质量出版与高品质阅读更加充分地彼此滋养。

三、探索少儿阅读行业研究与大数据评价体系建设

智库持续关注少儿阅读领域并推出系列报告，为少儿阅读工作的开展提供行业分析与数据监测，为少年儿童和家长推荐优质咨询内容，努力塑造少儿阅读领域“成长风向标”，助力出版业、阅读事业与媒体融合发展向纵深推进。

2020年5月，智库发布《全民阅读视角下的少儿阅读观察》。《报告》从五个方面解读中国少儿阅读行业体系及细分领域：一是从政策指引、市场潜力、内容产品等角度全面分析国内儿童阅读发展现状；二是对国家少儿阅读政策进行深入解读，全方位解析少儿阅读发展前景；三是运用定性与定量结合的分析方法，解读我国青少年整体的成长环境、家庭画像、阅读偏好、城乡对比等；四是从个人阅读质量、地区阅读效果、阅读程度等方面提出建立少儿阅读评价体系的必要性；五是针对儿童阅读市场乱象提出合理的改进建议。该《报告》由新华社翻译成英文向海内外发布和传播，受到了广泛关注。

2022年，智库将重点开发与建设少儿阅读评价体系。智库在分析中国城乡少年儿童实际阅读状况的基础上，结合相关理论研究，衍生出少年儿童阅

读的全方位评价体系——少儿阅读指数。少儿阅读指数从“个人属性”“区域属性”“阅读程度”“可用性”四个方面对少儿阅读进行评价：“个人属性”从技能与能力、态度与立场、动机和激励机制三个维度进行评价；“区域属性”以区域为对象，对不同地区阅读效果进行阶段性评估，包含幸福指数变化、地区风气变化、人文变化、科学素养变化以及城市空间变化等维度；“阅读程度”从纸质阅读、数字阅读、课外阅读以及参与教辅书籍阅读等评价阅读效果的四个角度进行细分评估；“可用性”从家庭、学校及教育机构、社会这三个层面进行评估。智库致力于发挥自身优势，基于大数据与人工智能技术，建构起一套科学严谨的少儿阅读评价体系，使其成为推动中国少儿阅读事业扬长补短、持续成长的一项切实行动。

此外，智库还紧锣密鼓地筹划搭建针对少儿阅读及其衍生品的全领域数智平台：一是以少儿阅读全领域数据库为基础，运用大数据和智能分析技术，面向政府、企业和个人客户提供以少儿阅读搜索引擎等为基础的服务，并进一步拓展至少儿文学实时舆情监控等多项服务；二是充分利用平台少儿阅读大数据优势，为政府、企业、社会公众提供少儿阅读相关领域的行业解决方案、智库服务，持续发布该领域研究报告；三是基于优质的少儿阅读全网大数据信息，未来还将开发直接针对少儿群体的C端信息流资讯产品，覆盖数字阅读、传统出版、音视频知识服务、IP衍生等多个细分内容领域。

四、甄选阅读类新媒体账号　优化全民阅读线上推广

2021年3月，智库与中国全民阅读媒体联盟合作的第五届“大众喜爱的阅读新媒体号”推荐活动结果揭晓。该活动在前四届“大众喜爱的50个阅读微信公众号”推荐活动的基础上，进一步拓展在新形式、新表达方式下更广阔的全民阅读领域，探索行业智慧与大数据、人工智能技术在阅读类新媒体

号评选中的创新应用，加入有声听书、短视频等大众喜闻乐见的形式，向全社会推荐更多基于全媒体的优秀阅读新渠道，开展线上与线下相结合的纸质阅读与数字阅读推广活动。

除全程参与主办推荐活动外，智库融合行业智慧与多重算法分析模型，深入研究入选新媒体号在网络上的传播情况与表现，发布入选账号分析报告。2021年11月10日，智库发布《技术赋能内容　数字提升传播——第五届“大众喜爱的阅读新媒体号”入选账号分析报告》，细数活动的大数据采集、算法筛选、大众投票、专家评审等流程优势，并针对最终入选的50个阅读微信公众号、25个阅读音频号和25个阅读视频号，从市场整体发展特征、入选账号总体分析和各自特征、阅读新媒体号发展趋势等方面作出详尽分析和未来展望。

自2016年首次举办阅读类新媒体推荐活动以来，共计推荐入选阅读类优秀账号300个，入选的账号阅读形式活泼、内容优质、方式创新，能够满足不同层次读者的阅读需求，在新闻出版界、文化界和广大读者中拥有良好口碑。目前，第六届“大众喜爱的阅读新媒体号”评选活动已启动，智库将深度参与活动的全程评选，并针对最终的入选情况发布分析报告。

此外，智库还持续关注主题账号在新媒体中的表现，2019年发布《2019主题账号在新媒体平台的现状及发展趋势》。从供给侧和需求侧总结微信、有声读书平台、短视频平台上主题账号的地域分布特征、内容发展现状及类别特点，选取在“2019年庆祝中华人民共和国成立70周年”主题活动中表现优异的部分账号，分析它们在事件中的传播特点、传播效果和受众反馈。针对主题类新媒体账号存在的问题和不足，给出解决对策和发展建议，并根据主流媒体在短视频、音频等关注热度高、传播力度广的新媒体平台上的传播表现，进一步作出未来趋势研判，同时发布了2019年主题新媒体账号大数据排行榜。该研究报告被社会科学文献出版社的《新媒体蓝皮书：中国新媒体发展报告No.11（2020）》摘录。

面向未来，在中宣部、国家新闻出版署的指导下，全民阅读与融媒体智库将持续开展以下工作：一是以全民阅读工作和出版业为源头，涵盖传统出版和数字出版，进行向下的产业链研究，向各级政府宣传和文化部门发布关于全民阅读、主题出版、传统出版、数字出版、媒体融合、游戏动漫、广播影视、城市人文等领域的文化大数据分析报告，建设全民阅读、少儿阅读、游戏动漫等领域基于大数据的科学评价体系；二是通过大数据、人工智能技术创新应用，为阅读供给侧构建数字化生态系统；三是对市场多元数据、实时热点指标和影响力进行分析，预测趋势、引导消费、鼓励创作，助力形成既有"高原"又有"高峰"的文化生态，为全民阅读事业的繁荣发展和出版强国、文化强国的早日建成作出更大的贡献。

（原载《新阅读》杂志2022年第3期）

第二篇
从“数据服务员”到“成长风向标”
——全民阅读与融媒体智库建设经验分享

图1-2-1　中国新闻出版传媒集团总经理、中国全民阅读媒体联盟常务副理事长李忠

党的十八大以来，以习近平同志为核心的党中央相继提出了建设新型智库、推进媒体融合发展、实施国家大数据战略的重要指示。中国新闻出版传媒集团有限公司自2014年起，便联合行业力量，努力探索大数据和人工智能在出版行业与全民阅读领域的应用。2016年集团联合中国科学院信息工程研究所、北京大学等机构组织召开了“首届中国网络IP大数据发展研讨会”和多次调研活动。2018年3月，集团独立研发的“网络文学IP大数据服务平台”项目入选原国家新闻出版广电总局“新闻出版改革发展项目库”，2019年初该项目升级为“全民阅读中台”，并经申报入选了“国家文化产业发展项目库”。

为进一步贯彻落实中央领导提出的关于“努力打造一批适应新时代新要求的高水平智库”的要求，中国新闻出版传媒集团有限公司、中国全民阅读媒体联盟从2018年开始，筹备成立“全民阅读与融媒体智库”，开启技术与行业智慧深度融合的创新性探索。

一、通过全民阅读研究　推动出版高质量发展

“全民阅读与融媒体智库”聚焦于全民阅读、新闻出版和媒体融合中的热点与亮点、痛点与难点，经过3年多的探索，逐步形成了打造“一个平台”、聚焦“三全研究”的建设思路。

“一个平台”，即打造“文化大数据平台”。2019年8月，“全民阅读与融媒体智库”在上海“世界机器人大会”上发布了文化大数据1.0平台。平台1.0版本由荣获国家科学技术进步特等奖的大数据和人工智能专家领衔几十位技术人员共同开发，包含文化百科、评价体系、文学作品分析、视频分析等板块。2021年，发布文化数智平台2.0版本，增加了许多建设亮点：一是产业要素数据化，汇聚联通全产业数据；二是产业数据资产化，开发提升产业数据价值；三是数据资产服务化，输出形成产业数据驱动力。目前，3.0版的大数据平台引擎即将推出。

“三全研究”即开展“全媒体”“全产业链”和“全要素生产率”研究，运用大数据、人工智能等技术研究分析“全民阅读”工作开展的规律、机制和路径，为“全民阅读”的推广提供数据参考和实际支持。

二、“书香中国”全民阅读品牌传播影响力报告

2020年起，智库联合多领域专家，研制出全民阅读品牌传播影响力指数模型，并对该年度报刊网端的400多家中央媒体，13000多家省、区、市级媒体，6500多家区县级媒体，100多家商业媒体，近7000家自媒体账号和350多家短视频账号的全民阅读品牌宣传报道数据进行采集，并对涉及31个省（直辖市、自治区）和10个较早开展全民阅读活动的城市等总共41个地区的全民阅读品牌进行了大数据分析，于2021年4月23日发布全国首个《2020年度

图1-2-2 2021年度书香品牌传播影响力研究报告

“书香中国”全民阅读品牌传播影响力大数据研究报告》。

智库还连续两年为北京市委宣传部、北京市新闻出版研究中心定向开展“北京阅读季传播影响力大数据研究”，分析北京阅读季的特点、亮点，进一步为北京市宣传文化系统、出版发行行业以及向首都人民群众提供更加精准、更加高质量的出版产品和服务给予决策参考。2022年，智库持续开展“书香”品牌研究，发布《2021年度“书香中国”全民阅读品牌传播影响力大数据研究报告》。

三、智库阶段性成果和荣誉

智库学术委员会邀请原国家新闻出版总署署长柳斌杰、韬奋基金会理事长聂震宁分别担任主席、副主席，聘请国内几十家高校科研机构及行业专家和企业领军人物，形成以政府智囊、行业专家、资深学者、技术精英为主体的专家队伍；发布主题出版、图书热点、全民阅读、数字文学、动漫产业、新媒体、儿童阅读、疫情下的出版产业报告、疫情下的影视产业报告以及影视投资、城市人文等三十多项大数据专题研究成果，其中《全民阅读视角下的少儿阅读观察》被新华社翻译成英文向海内外发布和传播，《主题账号在新媒体平台的现状及发展趋势》研究报告被社会科学文献出版社的《新媒体蓝皮书：中国新媒体发展报告No.11（2020）》摘录。

2020年3月，智库基于“文化大数据平台”自主研发的“全民阅读与融媒体中台”项目被列入工信部“2020年大数据产业发展试点示范项目”，也是全国新闻出版行业唯一入选项目；2020年9月，智库入选中国出版协会首次评选的国家新闻出版行业“出版融合创新优秀案例暨出版智库推优”项目；2021年12月，智库被国家新闻出版署、中宣部出版局评为2021年全民阅读优秀项目，也是该评选的唯一智库项目。

今年，智库已与上海浦东新区、中国（上海）自由贸易试验区临港新片区进行了深入交流探讨，拟进一步开展国际出版、文化出海与国际传播方面的大数据研究，建设全民阅读与融媒体智库文化出海与国际传播大数据研究中心，并运用大数据等技术手段，分析海外市场对中国文化的价值认同和关注热点，为中国出版业输出海外市场的“中国话语”和“中国故事”提供数据支持和内容引导。

图1-2-3　智库研究成果收录至《春风柳上归——全民阅读与融媒体智库文化大数据报告解析2019—2021》

在中宣部、国家新闻出版署的指导下，我们将继续努力把“全民阅读与融媒体智库”塑造成为新闻出版业改革发展的“数据服

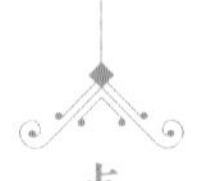

务员”、文化产业创新创造的“价值倍增器”和全民阅读事业的“成长风向标”，逐步成为中央与地方政府文化出版传媒产业宏观决策的国家级高端智库，为推进全民阅读事业纵深发展，中国从出版大国迈向出版强国尽一份绵薄之力。

（原载“全民阅读媒体联盟”微信公众号2022年4月26日）

（扫码查看此报道）

第三篇
引领示范　持续创新
——《2021年度“书香中国”全民阅读品牌传播影响力大数据研究报告》解读

阅读是获取知识、增长智慧的重要方式，是传承文明、提高国民素质的重要途径，深入推进全民阅读，对加强社会主义精神文明建设、促进社会进步具有重要意义。2006年4月，中央宣传部、中央文明办、新闻出版总署等11个部门共同发出《关于开展全民阅读活动的倡议书》，提出开展“爱读书，读好书”的全民阅读活动。2014年至2022年，“全民阅读”连续九次被写入《政府工作报告》。2022年，党的二十大报告明确提出要“深化全民阅读活动”，这是继2012年党的十八大报告首次历史性地写入“开展全民阅读活动”以来，“全民阅读”第二次被写入党的全国代表大会报告中。迄今为止，中国新闻出版传媒集团有限公司关于全民阅读的推广与研究工作已开展十年，有效推动了书香社会建设，在全国各地营造出良好的文化氛围。

2012年6月，由中国新闻出版传媒集团有限公司主办的全民阅读“红沙发”系列访谈活动启动，截至目前累计举办线下活动二百余场，成为全民阅读活动的国家级品牌。2013年，在原国家新闻出版总署的支持下，由中国新闻出版传媒集团有限公司牵头，78家主流媒体联合倡议，200余家新闻机构共同参加组建的中国全民阅读媒体联盟正式成立，有组织有计划地开展阅读推广、示范引导、读书交流、推荐好书等全民阅读活动。2014年 “书香中国万里行”活动启动，截至目前已累计行程几十万公里，足迹遍及全国20多个

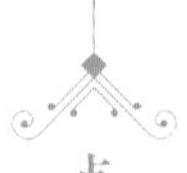

省份、50多座城市，引导和服务各地人民群众，积极开展阅读活动。自2016年起，中国新闻出版传媒集团有限公司每年开展“大众喜爱的50个阅读微信公众号”推荐活动，以发挥优秀阅读类微信公众号的引领示范作用。2020年，集团在前四届活动的基础上，依据国民需求和技术趋势，对推荐账号进行了范围拓展，将音频账号和视频账号纳入推荐范畴，分别举办了第五届和第六届“大众喜爱的阅读新媒体号”推荐活动。

2016—2017年期间，中国新闻出版传媒集团有限公司联合中国科学院信息工程研究所、北京大学、复旦大学、四川大学等机构多次组织召开关于全民阅读大数据领域的研讨会与调研工作，着手筹备全民阅读定性与定量研究平台。2018年，中国新闻出版传媒集团有限公司独立研发的阅读大数据服务平台项目入选“国家新闻出版改革发展项目库”，2019年初该项目升级为“全民阅读中台”并入选“国家文化产业发展项目库”。2018—2019年期间，我们对于全民阅读开展了大量的定性、定量课题研究，并基于对全民阅读工作多年来的实践总结与理论思考，认真贯彻落实黄坤明同志提出的“努力打造一批适应新时代新要求的高水平智库”的要求，筹备并成立了“全民阅读与融媒体智库”，开启了技术与行业智慧深度融合的创新性探索。2020年3月，由智库自主研发的“全民阅读与融媒体中台”项目入选工信部2020年大数据产业发展“民生大数据创新应用领域”试点示范项目；2020年9月，智库获得“出版融合创新优秀案例暨出版智库推优”项目；2021年12月，智库入选由中宣部、国家新闻出版署评选的“2021年全民阅读优秀项目”，也是15个优秀项目中的唯一智库项目。

智库成立以来，始终坚持在创新中谋求可持续发展，从以定性研究为基础扩展到定性与定量研究结合，从供给侧研究发展到消费端与供给侧双向研究。智库连续两年发布《“书香中国”全民阅读品牌传播影响力大数据研究报告》，建立并优化全民阅读品牌传播影响力指数模型，对各地全民阅读品牌的传播影响力进行深入研究。2022年“世界读书日”期间，由智库技术团队作为大数据研究支撑的第六届“大众喜爱的阅读新媒体号”推荐活动，在首届全民阅读大会上进行了结果公布并发布了《第六届“大众喜爱的阅读新媒体号”推荐活动入选情况分析报告》。2022年6月，智库发布《2021年度“书香中国”全民阅读品牌传播影响力大数据研究报告》。2022年8月，智库研发的“中国少年儿童阅读数智平台”项目入选国家文化发展产业项目库，开启了基于大数据的中国少年儿童阅读评价体系研究。

一、“书香中国”品牌传播影响力整体情况

《中华人民共和国国民经济和社会发展第十四个五年规划和2035年远景目标纲要》提出“深入推进全民阅读，建设‘书香中国’”。在党和政府的倡导推动下，我国各地所创办的读书节、读书月、阅读季等各类阅读活动，经过十几年发展，形成了众多以“书香中国”为统一标识的地方品牌，“书香中国·北京阅读季”“深圳读书月”“书香岭南（南国书香节）”等具有全国影响力的优秀地方品牌阅读活动，每年吸引数亿读者参与。

在此背景下，全民阅读与融媒体智库在“大众喜爱的阅读新媒体号推荐活动”“书香中国万里行”等研究成果的基础上，联合多领域专家，持续调研、跟踪各地全民阅读品牌发展，连续多年推出《“书香中国”全民阅读品牌传播影响力大数据研究报告》，全面考察全国41个地区全民阅读品牌在全年媒体传播中的覆盖范围及社会影响程度，以期为提升全民阅读传播效果、推动全民阅读高质量发展提供有益参考。

智库持续优化指数模型并扩大数据收集范围，最终构建的指标体系涉及52个考察指标，综合计算后得出综合传播影响力榜单，以及传播力、影响力、美誉度三个分项榜单。2021年的数据采集渠道较2020年新增有声听书平

台，同时采集媒体数量大幅提高，最终收集的全网总信息量超4.7亿条。其中，中央级媒体信息总量3109万条，省、市级媒体信息总量1.07亿条，区、县级媒体信息总量2212万条，网站信息总量1.34亿条，商业媒体信息总量6686万条，微信信息总量4797万条，微博信息总量4457万条，论坛信息总量472万条，贴吧信息总量117万条，自媒体信息总量1219万条，有声听书信息总量3.79万条，短视频信息总量3.17万条。

从传播影响力数据榜单入选情况来看，共有“书香中国·北京阅读季”等18个省（区、市）级品牌和“深圳读书月”等6个市级品牌入围。2020年排名前5的全民阅读品牌分别是“书香上海”“书香中国·北京阅读季”“深圳读书月”“书香岭南（南国书香节）”“书香吉林”。2021年排名前五的全民阅读品牌分别为“书香中国·北京阅读季”“深圳读书月”“书香岭南（南国书香节）”“书香上海”“书香江苏”。对比2020年，头部全民阅读品牌表现相对稳定，2021年排名前四的全民阅读品牌与2020年榜单一致，稳坐全民阅读品牌第一梯队。此外，2021年综合传播影响力榜单中有4个品牌表现不俗，新晋入围，分别为“书香天府”“书香安徽”“书香苏州”“书香贵州”。

整体来看，各地区全民阅读品牌都能够准确把握党和国家的主题、主线，从而开展阅读推广工作，深入优化基层阅读资源，助力乡村文化振兴，重点关注青少年及重点人群阅读权益，在疫情防控常态化背景下，积极开展各类全民阅读活动，持续建设融媒体传播矩阵，在微博、微信、有声听书等平台实现全方位传播。从区域分布来看，综合排名靠前的阅读品牌多来自东部地区及沿海地区，华东、华北、华南地区全民阅读品牌综合传播影响力优势突出。这在一定程度上与政策及地缘经济呈现正相关，尤其展示出区域文化、教育、经济等综合发展水平及地区全民阅读相关政策对全民阅读的积极影响作用。从品牌自身发展情况来看，创立时间较久的全民阅读品牌综合传播影响力相对更高。头部全民阅读品牌在各指标项中的表现较为均衡且稳定。头部省级品牌积极发挥品牌活动效应，区域协同发展效果显著，市级品牌充分结合城市特色，完善全民阅读基础设施和服务体系，有效扩大基层群众阅读活动覆盖面。除品牌自身实力外，榜单的最终结果也受到全民阅读活动主办方议程设置能力、居民阅读水平以及地方媒体数量等因素的影响。

习近平总书记在党的二十大报告中强调，中国式现代化是物质文明和精神文明相协调的现代化。随着各地区全民阅读工作持续深入推进，智库也将持续优化全民阅读品牌大数据研究体系与数据模型，进一步挖掘分析重点主题，为全民阅读品牌高质量发展提供服务支撑，推动书香社会建设，并结合科教兴国战略、人才强国战略、创新驱动发展战略，不断塑造发展新动能新优势，为推动国家精神文明建设和提升文化软实力添砖加瓦。

二、全民阅读品牌对比

（一）全民阅读品牌第一梯队概要

近两年，从全民阅读品牌的传播影响力数据统计来看，“深圳读书月”是与“书香中国·北京阅读季”“书香岭南（南国书香节）”“书香上海”同属第一梯队的全民阅读品牌，且各具差异化优势。

1.“书香中国·北京阅读季”红色阅读活动表现突出，首都特色建设成效显著

2021年，“书香中国·北京阅读季”榜单排名上升至第一位，传播影响力大幅提升且具有明显领先优势，在各项重点阅读工作中全方位发展，“书香京城”建设取得突出成效。与其他阅读品牌相比，在红色阅读及本地特色阅读活动建设中表现尤为突出。

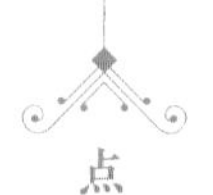

作为全国政治中心、文化中心、国际交往中心、科技创新中心，2021年“书香中国·北京阅读季”围绕建党100周年，以“颂读百年路·展阅新征程”为主题，将全民阅读活动与党史学习教育紧密结合，通过举办建党百年重点出版物系列阅读推广活动和全民阅读活动，在全国41个全民阅读品牌中表现突出，红色阅读活动传播影响力位居第一。“书香中国·北京阅读季”推出近160种建党百年主题出版物，并在全市近2000家实体书店设置专区、专柜。同时依托自身品牌优势，全年陆续开展“红色经典 献礼百年”主题出版物展及主题文化活动，“线上线下”同步实时互动，引领红色阅读新风尚。

立足于北京作为“全国文化中心”的城市战略定位，2021年，“书香中国·北京阅读季”结合北京文化内涵，凝聚北京文化精神，推动中轴线申遗保护、实施文化惠民工程、展示北京历史文化特色，扎实推进全国文化中心建设，持续强化国际交往中心功能。北京出版集团出版的“北京文化书系·红色文化丛书”，阐释了首都红色文化的历史内涵和政治意义；大学生读书节工作小组发起大学生“走读北京中轴线”活动，助力北京中轴线申遗；“书香中国·北京阅读季”设立“阅在胡同·书香之城”分会场，展现节庆文化、民俗文化和京味文化魅力。

为对“书香中国·北京阅读季”活动进行科学系统的评估，智库受北京市委宣传部和北京市新闻出版研究中心委托，连续发布《“书香中国·北京阅读季”社会传播影响力》报告，运用定性与定量相结合的评估方法，全面、客观、真实地反映“书香中国·北京阅读季”的社会影响力与传播影响力，发掘亮点与瓶颈，提出相应发展建议，对北京市委、市政府制定全民阅读决策提供科学的数据依据和支持，得到了北京市委宣传部的高度评价与认可。

2.“书香岭南（南国书香节）”地域覆盖广度持续提升，文化惠民活动深入实施

2021年，“书香岭南（南国书香节）”榜单排名较2020年上升一名，进入前三。作为全国第一个省级大型群众读书活动，“书香岭南（南国书香节）”稳步发展，深入群众。与其他品牌相比，“书香岭南（南国书香节）”在分会场地域覆盖面及线上、线下惠民活动中具有领先地位。特别指出，智库对“书香岭南（南国书香节）”的品牌传播影响力大数据分析主要集中于“南国书香节”活动。

“书香岭南（南国书香节）”分会场落地建设经验丰富，主要通过全地域覆盖与多方联动，延伸活动的广度和深度，满足更多读者的需求。2021年，“书香岭南（南国书香节）”全省各地市上下联动，以市级为中心，向区（县）和乡镇发散，共设置321个分会场，覆盖面更广，阅读普及度更高。同时，“南国图书节”也持续关注乡村地区阅读情况，利用各地乡镇流动售书车、书香小巴将图书送到村民面前。同期的羊城书展也开展“1+11+66”模式，共包括1个线上云会场，全市11个区特色书店联展，66个线下分会场，线上线下结合、分散同期举办，有效扩大书展的覆盖区域、提升书展影响力。

另外，“书香岭南（南国书香节）”线上、线下活动有机融合，大力加强惠民举措。搭建“南国书香节云平台”，将线上展示、销售、活动、公益和线下活动有机融合，通过“新华通读”“羊城书展”等小程序线上销售图书超105万元，线上举办直播活动164场次，发放电子购书优惠券超150万元。线下321个分会场联展联动，同步推出全场图书八折优惠，“书香之夜”专场图书限时七折优惠，通过文化惠民助推全民阅读。

3.“书香上海”着力讲好城市故事，读者触达范围持续扩大

2021年“书香上海”的榜单排名略有下降，与上海书展受疫情影响延期有关。结合两年的表现来看，“书香上海”作为老牌阅读品牌，综合实力仍保持在第一梯队。

上海作为国际性都市，通过书展活动使阅读与生活更深度地融合，使阅读成为市民享受舒适生活的桥梁。2020年上海市文化和旅游局发布、推介10条“建筑可阅读”旅游线路，邀请更多市民“走读”上海文化。同时推动书展“破圈”，实践文学、出版、旅游的跨界，串联商区、园区、社区的人文链条，使出版服务满足市民美好生活的需要。

“书香上海”在读者触达度上表现一直抢眼。2020年上海着力举办融合型书展，15个网络平台搭建“书展线上朋友圈”、各参展单位自行搭建网络阅读交流平台，有效触达更大规模的读者群，社会影响力大规模提升。书展虽受疫情限流影响，到场读者数量减少，但人均消费同比增长23%，实现了双效合一。

（二）“深圳读书月”全民阅读品牌表现情况

回顾历史发展足迹与近年来变化，深圳始终引领全国全民阅读示范先行：深圳是首个荣获“全球全民阅读典范城市”称号的中国城市，原联合国教科文组织总干事伊琳娜·博科娃在北京亲自为深圳颁发证书，盛赞中国人民对于阅读的重视和喜爱。深圳是唯一一个连续两年进入“书香中国”全民阅读品牌传播影响力榜单前五的副省级城市（其他入选的均为省级品牌），彰显了经济特区在文化上的高远追求。深圳连续多年阅读指标保持全国领先，连续30年人均购书量保持全国第一、人均电子书阅读量远超全国平均水平。深圳率先培育先进的阅读文化理念，开创阅读推广人计划，成立全国第一家阅读联合组织，为全民阅读立法，推动阅读法治化进程等等。开拓创新20多年，深圳成为名副其实的“爱阅之城”。

从报道整体数据情况来看，2021年“深圳读书月”报道量较2020年呈飞跃式增长，报道力度及传播范围均大幅上升，原创报道量同比增长超两倍。

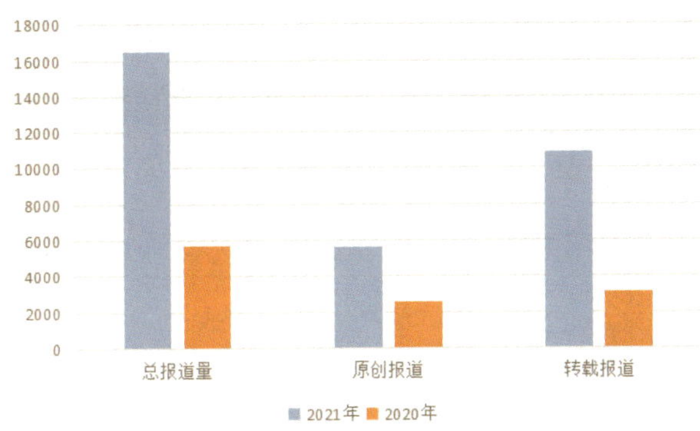

图1-3-1　2021年、2020年“深圳读书月”报道量对比

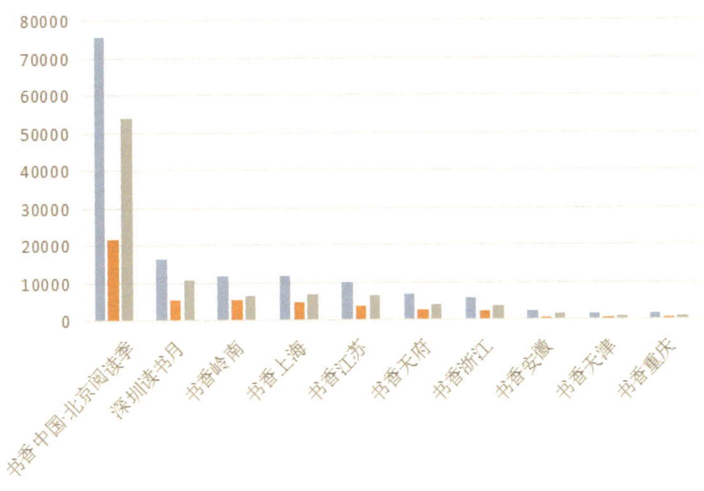

图1-3-2　41个地区全民阅读品牌Top10报道量对比

从41地区全民阅读品牌前十名的报道量综合对比来看，“深圳读书月”报道总量仅低于“书香中国·北京阅读季”，同时，“深圳读书月”原创报道比较多，原创报道内容生产力表现优异，为其书香品牌传播奠定了坚实基础。

1. 综合传播影响力榜单表现情况

综合传播影响力榜单主要体现41个地区全民阅读品牌在2021年媒体传播中的覆盖范围及社会影响程度。

整体来看，将41个地区的全民阅读品牌综合传播影响力进行排名，在入围榜单的20个全民阅读活动品牌［包括15个省（自治区、直辖市）级品牌和

表1-3-1　2021年度“书香品牌”全民阅读品牌综合传播影响力Top20榜单

综合排名	阅读品牌	
1	书香中国·北京阅读季	↑
2	深圳读书月	↑
3	书香岭南	↑
4	书香上海	↓
5	书香江苏	↑
6	书香浙江	↑
6	书香天府	↑
8	书香安徽	↑
9	书香天津	↓
10	书香重庆	—
11	书香山东	↓
12	书香荆楚·文化湖北	↑
13	书香南京	↓
14	书香成都	↑
15	书香苏州	↑
16	书香杭州	↓
17	书香陇原	↑
18	书香吉林	↓
19	书香贵州	↑
20	书香龙江	↓

表1-3-2　2021年度“书香品牌”全民阅读品牌传播力Top20榜单

传播力排名	阅读品牌	
1	书香中国·北京阅读季	↑
2	深圳读书月	↑
3	书香上海	↓
4	书香岭南	—
5	书香江苏	↑
6	书香天府	↑
7	书香浙江	↑
8	书香安徽	↑
9	书香成都	↑
10	书香南京	↑
11	书香山东	↓
12	书香天津	↓
13	书香重庆	↑
14	书香苏州	↑
15	书香吉林	↓
16	书香青岛	↓
17	书香八桂	↑
18	书香宁波	↑
19	书香贵州	↑
20	书香赣鄱	↓

5个市（地级市）级品牌］中，“深圳读书月”总排名第二，在市级全民阅读品牌中排名第一。与2020年相比，排名上升一位。

从具体的指标表现情况来看，“深圳读书月”有33项指标进入前五，是41个全民阅读品牌中进入前五名指标项最多的阅读品牌；在新闻报道量等17项指标排名第二，仅略低于“书香中国·北京阅读季”。

2. 传播力榜单表现

传播力榜单体现的是全民阅读品牌的媒体传播能力，从传播广度、传播深度、信息增益、触达度等方面综合计算得出。其中传播广度反映了媒体覆盖范围；传播深度反映了媒体对活动报道的详尽程度；信息增益体现了媒体传播过程中报道的原创、转载情况；触达度体现央媒、省市级媒体等不同层级媒体传播情况。

2021年，在传播力榜单中，“深圳读书月”排名第二，排名较2020年有

表1-3-3　2021年度“书香品牌”全民阅读品牌影响力Top20榜单

影响力排名	阅读品牌	
1	书香中国·北京阅读季	↑
2	书香岭南	↑
3	书香江苏	↑
4	深圳读书月	↓
5	书香上海	↓
6	书香天津	↑
7	书香安徽	↑
8	书香重庆	↑
9	书香荆楚·文化湖北	↑
10	书香山东	–
11	书香龙江	↑
12	书香杭州	↑
13	书香天府	↑
14	书香南京	↓
15	书香浙江	↓
16	书香陇原	↑
17	书香成都	↓
18	书香三晋·文化山西	↑
19	书香苏州	↑
20	书香贵州	↑

表1-3-4　2021年度“书香品牌”全民阅读品牌美誉度Top20榜单

美誉度排名	阅读品牌	
1	书香中国·北京阅读季	↑
2	书香江苏	↑
3	书香岭南	–
4	书香上海	↓
5	深圳读书月	↓
6	书香荆楚·文化湖北	↑
6	书香天津	↑
8	书香安徽	↑
9	书香天府	↑
10	书香浙江	↓
11	书香重庆	↓
12	书香山东	↓
13	书香陇原	↑
14	书香龙江	↑
15	书香八闽	↑
16	书香成都	↓
17	书香南京	↓
18	书香苏州	↑
19	书香贵州	↑
20	书香八桂	↓

明显上升。从传播力具体指标项来看，“深圳读书月”在信息增益、新兴传播平台及部分官方媒体中传播能力较为优异，在中央媒体、省市媒体、商业媒体中报道量均跻身前三。

3. 影响力榜单表现

影响力榜单体现的是全民阅读品牌的社会影响力，从品牌影响力、认可度、互动度等维度综合计算，同时首次将国家新闻出版署全民阅读优秀项目等奖项纳入评价体系。

2021年，在影响力榜单中，“深圳读书月”排名第四，与2020年相比稍有下降。从影响力具体指标项来看，“深圳读书月”在新媒体平台，特别是短视频平台的认可度和互动度表现突出。在抖音平台全年与其关键词相关的内容评论数超2.5万条，排名第一，是41个全民阅读品牌中评论数唯一超2万的阅读品牌，有效调动群众参与“深圳读书月”讨论，扩大深圳读书月的影响力。

“深圳读书月”积极聚焦主题阅读，充分挖掘自身特色，面向基层或重点人群创新阅读推广和服务模式，以优秀项目为示范，更好地总结经验、开拓思路、创新举措、提升效能，持续深入推进全民阅读工作，建设深圳优秀全民阅读项目，有效拉动区域全民阅读建设。

4. 美誉度榜单表现

美誉度榜单体现的是媒体与网民对全民阅读品牌的正面反馈程度，主要通过对品牌报道的媒体级别、网民点赞和正面评论、全民阅读优秀项目获奖情况等维度进行综合计算。

2021年，在美誉度榜单中，“深圳读书月”排名第五，较2020年排名略有下降。从具体指标项来看，“深圳读书月”在新媒体平台获得较高赞誉。“深圳读书月”在快手、微博等新媒体平台获得点赞数排名较高，均跻身前三，其中在快手平台全年与“深圳读书月”及其相关关键词关联的内容点赞数超1500万，位居41个全民阅读品牌第一位。

（三）“深圳读书月”与第一梯队其他阅读品牌对比

与2021年榜单排名前四的其他全民阅读品牌进行对比，在红色阅读方面，“深圳读书月”在2021年也积极举办了相关活动，策划年度巨献——《崭新的境界》“献礼建党百年”系列活动，包括《崭新的境界》经典诗文朗诵会、“发展大局观”名家领读、“文学经典映照百年”文学党课、党史学习主题书展等。未来“深圳读书月”可持续加强红色阅读活动的数量与传播影响力，在主题出版及红色阅读活动方面向“书香中国·北京阅读季”进行借鉴，进一步提升“深圳读书月”的主题阅读内容引领能力。

在城市特色建设方面，深圳作为我国的经济特区、全国性经济中心城市、国际化城市，以及粤港澳大湾区四大中心城市之一，2021年“深圳读书月”依托自身地理优势及特色，开展深港澳共读嘉年华、“深读书空间”评选及走读活动、深圳图书馆馆藏澳门文献展等活动。未来“深圳读书月”可借鉴“书香中国·北京阅读季”活动经验，立足本地特色，挖掘区域资源，打造符合本地需求的特色阅读活动，提升辐射面、号召力和地区群众参与度，全力建设中国特色社会主义市民阅读先行示范区。

在受众覆盖面方面，与“深圳读书月”相比，“书香岭南（南国书香节）”作为省级全民阅读品牌，地域空间更广、城市群多、受众群体更大，其分会场建设经验不能被“深圳读书月”广泛借鉴，但深圳可吸收其送书下乡等活动经验，通过阅读项目的实施，将公共文化服务的触角延伸到郊区、基层社区以及农村等阅读资源和服务相对稀缺的地区，持续扩大“深圳读书月”的覆盖面。同时，“深圳读书月”还可借鉴上海书展“跨界”和“破圈”的创新举措，有效触达更大规模的读者群。

三、“深圳读书月”品牌特色分析及发展建议

（一）对比维度下的“深圳读书月”品牌传播特色分析

在中宣部2021年全民阅读工作总体要求下，以“深圳读书月”为代表的一批全民阅读品牌表现优异。基于此，智库从响应国家政策、与其他省市对比、与往年表现对比、满足群众需求、全民阅读理论研究等视角对“深圳读书月”进行深入研究。

1. 紧扣全民阅读工作要求结合地方特色

根据中宣部印发的《关于促进全民阅读工作的意见》及《关于做好2021年全民阅读工作的通知》中的重点工作要求，“深圳读书月”更加注重结合地域、历史、文化特色，举办一系列具有本地特色的阅读活动，有效促进本市全民阅读品牌的差异化、特色化传播，增强传播影响力。一方面，“深圳读书月”注重探索城市内部文化空间，开展“走读新视界”等主题活动，邀

请作家、书评人带领市民读者开启城市阅读空间之旅；另一方面，深圳加强与周边区域交流、与粤港澳大湾区联动，举办香港与内地读书杂志主编对话、深港澳三地远程共读等文化活动，扩大书香氛围的辐射范围。

2. “深圳读书月”与往年相比表现稳中有升

自“书香中国”全民阅读品牌传播影响力大数据研究报告推出以来，“深圳读书月”已连续两年入围综合传播影响力榜单，且排名稳步提升，从2020年榜单的第3名升至2021年榜单的第2名。近两年在疫情防控常态化背景下，深圳市民阅读热情持续增长，公共图书馆人均借阅数超越疫情前水平，2021年书展的图书销售额也再度刷新全国城市书展纪录。

3. “七进”活动满足不同基层群众阅读需求

从第三届“深圳读书月”开始，“深圳读书月”活动组委会实施了“六进”计划。2021年“深圳读书月”持续开展“七进”活动，推动全民阅读进农村、进社区、进家庭、进学校、进机关、进企业、进军营，有效促进全民阅读活动更加深入基层群众，联合全市“10+1”区和工会、青联、妇联系统开展阅读活动，持续完善“一区一品牌、一系统一亮点”矩阵建设，首次设立各区分会场，强化区级活动主体性和参与度。

4. 科学理论研究把脉品牌发展方向

“深圳读书月”重视将理论与实际结合，开展系统科学的阅读研究。深圳市全民阅读研究与推广中心连续七年推出《深圳全民阅读发展报告》，这是国内首部以城市为单元的阅读行业报告。深圳还先后邀请领导、专家撰写特稿，联合研究机构及社会组织力量，打造全民阅读研究理论阵地。但深圳在阅读评价体系建设、管理督导机制、阅读绩效评估等细分领域的研究仍有待补充和完善。

（二）总结与建议

总体来看，2021年“深圳读书月”在加大阅读内容引领、突出本地文化特色、加强优质阅读内容供给、完善全民阅读基础设施和服务体系、图书推广与展销等方面均有优异表现。根据研究内容，智库建议“深圳读书月”可进一步突出以下几方面工作：

1. 围绕党的二十大精神持续推进阅读内容引领工作，加强供给侧精品阅读出版

习近平总书记在党的二十大报告中指出，推进文化自信自强，铸就社会主义文化新辉煌、我们应繁荣发展文化事业和文化产业，坚持以人民为中心的创作导向，推出更多增强人民精神力量的优秀作品。未来，“深圳读书月”应突出“学习宣传贯彻党的二十大精神”主题主线，聚焦深入推进新时代党的建设新的伟大工程，加强阅读内容供给侧结构性改革提升，做好优秀阅读内容引领工作。如加强供给侧精品阅读出版，结合党史党建工作、重大历史事件及重要时间节点策划系列选题，增加作品持续性；线上及线下平台设置主题出版物精细分类、提高读者便利度；加强数字主题出版宣传力度、增设团购渠道，形成图书矩阵，有效提高作品传播力。

2. 努力建设中国特色社会主义先行示范区，抓住粤港澳大湾区建设机遇，打造区域文化中心城市

《中共中央、国务院关于支持深圳建设中国特色社会主义先行示范区的意见》公布三年以来，深圳站上了新的起点、发展迈上了新的阶段。在努力建设中国特色社会主义先行示范区、紧抓粤港澳大湾区建设机遇当中，深圳应承担起社会主义先进文化的践行者和引领者这一使命，在广度、深度、精度上提升全民阅读工作水平和质量，一方面以阅读驱动城市文化创新发展、提升市民素养及完善城市公共文化体系；另一方面以阅读促进深港联动，加强“人文湾区”合作交流，建立全国性阅读城市联盟，将“深圳读书月”的成功经验播撒到其他城市，由“全国阅读城市典范”迈向“全国文明典范城市”。

3. 针对不同阅读群体，按需开展精准个性化服务及活动，推动普及残障人士阅读，满足新市民阅读需求

2020年10月，在中央宣传部印发的《关于促进全民阅读工作的意见》中，明确应保障特殊群体基本阅读权益，有针对性地做好重点和特殊人群的阅读工作。下一步，深圳仍需提高对残障儿童、阅读障碍群体、中老年群体阅读需求的关注。线下应积极优化阅读环境，在阅读空间中配置特殊阅读设备或增设听书阅读渠道，在线上应推动数字化阅读平台建设，开设数字化阅读公益服务，安排志愿者协同开展阅读陪伴活动等。同时，深圳作为最具人才吸引力的城市之一，应广泛了解新市民多层次、多样化的阅读需求，组织开展有温度的阅读惠民计划，进一步提升城市人文关怀。

4. 持续加强评估督导，建立科学、合理、全面的全民阅读评价指标体系

2020年中央宣传部印发的《关于促进全民阅读工作的意见》中提出三项全民阅读工作保障措施，其中包括加强评估督导，制定完善全民阅读评价指标体系，实施全民阅读绩效评估。目前，深圳已对《深圳经济特区全民阅读促进条例》的落实情况展开协商式监督。未来，深圳应进一步在法治化、制度化上提升全民阅读工作水平和质量，建立统一的管理考核机制和全民阅读评价指标体系，作为衡量全民阅读活动传播效果的科学依据，不断优化全民阅读服务效能，同时促进对阅读资源及财政资金统筹规划，提高政府管理和公共服务水平。

（原载“全民阅读媒体联盟”微信公众号2022年11月25日）

（扫码查看此报道）

第四篇
“五位一体”的0—3岁幼儿启蒙阅读评价体系初探

在全民阅读的背景下，随着人们对阅读及早期阅读重要性认识的不断深入，我国0—3岁婴幼儿的早期阅读也越来越受到人们和社会的关注。近年来我国相继出台相关政策为幼儿阅读发展提供支持。在政策推动下，目前国内已有不少针对0—3岁幼儿启蒙阅读的研究成果，但基于大数据与人工智能技术，针对幼儿启蒙阅读评价体系的研究相对较少。智库将从全民阅读角度出发，充分分析现有阅读政策、阅读环境、阅读供给侧、阅读需求侧情况，在此基础上，以0—3岁幼儿启蒙阅读为研究对象，探索幼儿启蒙阅读评价体系，力求通过科学化标准化的评价体系助力0—3岁幼儿启蒙阅读高质量发展。

一、阅读政策

（一）国家战略：婴幼儿早期发展教育已被纳入国家战略

《国家中长期教育改革和发展规划纲要（2010—2020年）》首次明确提出了“重视0—3岁婴幼童教育”，这标志着在国家政策层面，我国早期教育正式向前延伸到了0岁，中国政府已经将儿童早期发展纳入《“健康中国2030”规划纲要》，上升为国家战略，实现了对0—6岁婴幼儿学习与发展的政策全覆盖；党的十九大提出“幼有所育”；2019年4月，国务院办公厅印发《关于促进3岁以下婴幼儿照护服务发展的指导意见》指出要遵循婴幼儿成长特点和规律，促进婴幼儿在身体发育、动作、语言、认知、情感与社会性等方面的全面发展。

（二）社会环境：为幼儿读物出版和阅读空间的打造提供政策保障

自2014年至今，“全民阅读”连续9年被写进《政府工作报告》。3岁以下婴幼儿是人一生成长的最关键窗口期，大脑发育最为快速。全民阅读的深入发展在增强各方对婴幼儿阅读重视的同时，也为婴幼儿营造浓厚的阅读氛围。为深入贯彻《中共中央、国务院关于学前教育深化改革规范发展的若干意见》，教育部基础教育司委托基础教育课程教材发展中心精心遴选出347种内容丰富、风格多样、贴近幼儿生活的幼儿图画书，这批幼儿图画书包含儿童故事、儿童诗、童话、寓言等多种体裁。《关于推进儿童友好城市建设的指导意见》提出要丰富儿童文体服务供给，拓展儿童阅读空间，在公共图书馆设置儿童阅览区，鼓励设置少儿图书馆，提供适宜残疾儿童的阅读资源，开展儿童友好图书馆建设。

二、阅读环境

（一）消费环境：儿童消费市场规模持续扩大，市场对优质内容的需求持续增强

2016年“全面二孩”政策实施后，中国新生儿童数量经历了两年快速增长。根据2021年国家卫健委数据统计，我国0—3岁幼儿达4200万人，支撑起庞大的消费市场。[①]根据Questmobile统计，2023年我国0—6岁儿童消费市场规模预估将从2018年的1.5万亿增至2.1万亿。其中，家长对孩子教育的支出在日常生活支出中占比变大，仅次于食物和服饰。超八成家长每年在孩子教

① 数据来源：“芥末堆”微信公众号发布的《国家卫健委：我国0—3岁婴幼儿约4200万人，托育供需缺口仍很大》。

育方面的支出逾5000元[①]。而0—3岁幼儿的家长大多是“80后”“90后”的年轻家长，受教育程度普遍偏高，作为0—3岁幼儿消费的主要决策者，他们更愿意在幼儿的教育、精神消费上投入。随着儿童消费市场的不断扩大，市场对优质幼儿阅读内容的需求将持续增强。

（二）阅读活动：各类特色阅读活动为0—3岁幼儿启蒙阅读提供有益指导

秉持全民阅读理念，各地公共图书馆、全民阅读机构、公益组织以及其他社会力量通过开展特色阅读活动、提供阅读指导等方式，为0—3岁幼儿创造良好启蒙阅读氛围。

一是各地公共图书馆通过发放阅读指导包、举办亲子阅读活动等方式开展针对0—3岁幼儿启蒙阅读的阅读指导服务。如上海市浦东图书馆开展的“0—3岁幼儿家庭阅读指导”阅读推广项目，通过制作系列阅读示范视频课程，为家庭发放阅读指导包等方式传递科学育儿理念和阅读方法。深圳市福田区图书馆推出“福宝培阅计划—嘤嘤阅读包”活动，向0—3岁幼儿家庭发放包含亲子阅读指导书、幼儿读物、阅读推荐书单等在内的阅读包。长沙图书馆推出“青苗阅启蒙”活动，通过手工、游戏等形式激发0—3岁孩子的阅读兴趣。

二是各地全民阅读品牌开展形式多样、内容丰富的0—3岁幼儿启蒙阅读辅导活动。中共黑龙江省委宣传部、黑龙江省全民阅读活动领导小组办公室主办的“小手拉大手”亲子阅读季上线《0—3岁宝宝如何开展亲子阅读》专家讲座。扬州市广陵区全民阅读办公室参与举办的“关注0—3岁陪伴 共促健康成长”线上书香直播活动。除了专门针对0—3岁幼儿启蒙阅读的活动外，各全民阅读品牌举办的儿童读书月、优秀儿童读物评选推荐，以及其他亲子阅读活动也吸引了0—3岁幼儿家庭的广泛参与，为0—3岁幼儿创造良好启蒙

---

① 数据来源：QuestMobile发布的《2022年儿童经济洞察报告》。

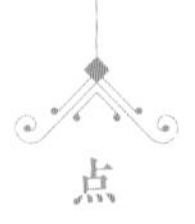

阅读氛围。

三是以“妈妈导读师”等为代表的儿童阅读公益活动以及其他社会力量举办的0—3岁幼儿启蒙阅读活动，为家长提供指导支持。其中，“妈妈导读师”中国亲子阅读大赛于2016年创办，面向全国0—12岁少年儿童家庭，以“小手牵大手”的亲子阅读活动向社会传递“阅读人生，父母为师”的理念。其他社会公益活动方面，如由深圳市爱阅公益基金会和深圳市政府部门联合发起的阅芽计划，通过线下发放阅读包、建立儿童早期阅读志愿服务体系阅芽学院等，为关注儿童早期阅读的家长提供阅读资源与资讯和专业指导。

（三）阅读空间：儿童友好理念助推图书馆、社区搭建0—3岁幼儿特色阅读空间

随着全民阅读的深入推广和社会各界对幼儿阅读关注度的提高，儿童友好型城市、婴幼儿照护示范城市等规划建设的推进，0—3岁幼儿阅读基础设施建设逐渐完善。越来越多公共图书馆设立0—3岁幼儿阅读空间，重视0—3岁幼儿阅读需求。如深圳图书馆在少儿服务区设立“妙趣屋”，并配备移动母婴室。深圳市宝安图书馆专门设立包含图书借阅区和亲子共读区的婴幼儿图书馆，服务于0—3岁幼儿。此外，随着儿童友好理念和行动的落实，各地在儿童友好城市、社区等的建设中，鼓励社会力量参与0—3岁幼儿阅读服务，打造特色阅读空间，推动供需对接，为0—3岁幼儿创造良好的阅读环境。如东莞市石龙镇中山东社区“小童阅书房”项目，上海市金山区枫泾镇打造“枫彩童苑”儿童服务中心，均设有0—3岁亲子阅读空间等。

（四）数字阅读：有声书、有声绘本等数字阅读方式丰富0—3岁幼儿阅读体验

近年来，随着政策法制环境、经济社会环境、科技创新环境的持续向好发展，我国数字阅读行业保持良好发展势头，市场规模进一步扩大，精品力

作不断涌现，数字阅读渐成新风尚。越来越多的0—3岁幼儿家长通过有声书、有声绘本等数字阅读方式丰富幼儿阅读体验。有声书、有声绘本虽不能完全替代父母的陪伴，但相较于文本读物，借由声音传递的内容拥有更加形象化、质感化，使内容的展示更加翔实、生动以及更方便快捷、形式多样等优点，可以进一步丰富0—3岁幼儿的阅读体验。

三、阅读供给侧

（一）幼儿出版：幼儿绘本出版成为热点且竞争日益激烈

儿童绘本在早期儿童教育中占据着重要的地位，根据相关数据显示，80%的孩子阅读体验是从绘本开始的，随着社会对0—3岁婴幼儿阅读的重视程度加深，婴幼儿绘本出版成为热点且竞争日益激烈。

一是连续五年绘本在少儿图书品类规模占比中稳居前三甲。《2021年图书零售市场报告》数据显示，少儿图书销售中绘本码洋比重达18.4%。2017年至2021年连续五年绘本在少儿图书品类规模占比中稳居前三甲[①]。得益于国家政策推动全民阅读，预计未来几年，绘本市场规模会继续加倍扩大。

二是幼儿绘本出版竞争激烈。针对婴儿阅读热潮的来临，除了蒲蒲兰绘本馆、蒲公英童书馆、海豚传媒（海豚绘本花园）、明天出版社、童趣出版有限公司等专业机构着力于优质幼儿绘本出版的同时，越来越多的少儿出版社和出版机构将0—3岁婴幼儿读物纳入未来出版计划中，例如，接力出版社成立婴幼分社，专注婴幼儿阅读出版，致力于做成国内最有影响力的婴幼图书品牌。与此同时，越来越多的童书出版人、阅读推广人开始探索婴幼儿的阅读需求。

① 数据来源："北京开卷"微信公众号发布的《开卷发布：2021年图书零售市场报告》。

三是原创绘本日益受到重视。近几年绘本热度不断提升，中国原创儿童绘本发展受到了各界的重视，一批又一批知名儿童文学作家、学者加入到原创绘本的内容创作中来；“张乐平绘本奖”“丰子恺儿童图画书奖”以及“信谊图画书奖”等一系列奖项为促进原创绘本产业发展起到了积极的推动作用；政府也给予了原创图画书一些官方资助，如中国少年儿童新闻出版总社的“中国原创图画书”系列被列入国家出版基金资助项目计划。随着原创绘本的蓬勃发展，具有中国文化元素的绘本在国际绘本评比中渐有斩获，例如，2019年，彭学军撰文、瞿澜绘图的《一个男孩走在路上》入选dPICTUS网站世界“100本优秀图画书”。2020年，格日勒其木格·黑鹤撰文、九儿绘图的《鄂温克的驼鹿》入选IBBY（国际儿童读物联盟）荣誉榜单，获年度美国伊索荣誉奖。

（二）有声听书：综合性音频平台、儿童有声读物平台纷纷布局0—3岁幼儿有声读物

近年来，随着传统读物与数字技术日渐融合，0—3岁幼儿有声读物市场发展迅速，成为数字出版领域的新兴热门领域，吸引众多音频、有声书平台布局，根据0—3岁不同阶段幼儿语言发育、认知特点，对平台内容进行分级，有针对性地为不同阶段幼儿提供儿歌、诗词、故事、国学启蒙、认知启蒙、习惯养成、社交相处等不同类型的有声绘本、有声书。综合性音频平台方面，如喜马拉雅根据0—3岁不同年龄阶段幼儿定制专属内容，蜻蜓FM设有1—3岁儿童内容分类。儿童有声读物平台方面，凯叔讲故事为0—3岁不同年龄阶段的幼儿提供磨耳朵、入园准备、认识事物等三方面专属内容；KaDa阅读为1—3岁不同年龄阅读阶段幼儿提供有声绘本、听书等启蒙阅读内容。

（三）视频平台：视频平台持续拓展幼儿内容版图，推进0—3岁幼儿内容向多元化发展

据《2020中国网络视听发展研究报告》，截至2020年6月我国网络视听

用户规模突破9亿，2019年网络视听产业规模已达4541.3亿元[①]。在如此巨大的网络视听产业市场中，0—3岁幼儿消费市场正在成长为不容忽视的力量，幼儿内容掀起各大视频平台在内容品类端口新一轮的争夺战，各视频平台通过不断挖掘优质动画IP，推进幼儿内容板块的多元化和丰富性，持续拓展幼儿内容版图。如爱奇艺建立以爱奇艺儿童频道、奇巴布App、奇异果儿童版为依托的儿童产品矩阵。其中，奇巴布App是专门为低龄儿童打造的绿色安全专属的儿童视频平台，为0—3岁幼儿分龄智能推荐，提供儿歌、故事、英语、百科、国学、诗词、玩具、识字、数学、手工、美术、舞蹈、音乐、运动、口才等不同类型视频内容。

（四）阅读服务：公共图书馆为0—3岁幼儿提供高质量阅读服务

目前，对于儿童阅读服务，我国部分地区的公共图书馆已进行了一些积极尝试。如苏州图书馆的“悦读宝贝计划”、深圳少年儿童图书馆的“‘喜阅365’——亲子共读计划”、温州市少年儿童图书馆的“毛毛虫上书房”、深圳市宝安区图书馆婴幼儿图书馆提供的“阅点点”计划、浦东图书馆的“0—3岁婴幼儿家庭阅读指导计划”等。其中深圳市宝安区图书馆婴幼儿图书馆的“阅点点”计划，为家长提供专业阅读指导和家庭深度体验服务，旨在培养婴幼儿早期阅读习惯。“阅点点”计划设置家长学堂、婴幼儿读书会、家庭阅读观察记录等内容，以促进婴幼儿阅读能力、语言能力、思维能力的发展。

四、阅读特点与画像

0—3岁是培养孩子阅读兴趣、养成阅读习惯的最佳时期。0—3岁幼儿普

① 数据来源：中国网络节目视听服务协会发布的《2020中国网络视听发展研究报告》。

遍在2岁前便由家长陪伴开始亲子阅读，部分发达地区提前至6个月至1岁。0—3岁幼儿亲子阅读主要陪伴人为母亲，亲子阅读集中在睡前、周末等场景，阅读时间集中在10—20分钟，原文朗读是最主要的阅读方式。0—3岁幼儿喜爱数字阅读，对社会认知内容感兴趣。2—3岁是阅读量快速提升的阶段，约40%的2—3岁孩子每年阅读11—50册数量不等的童书。

（一）阅读特点：0—3岁是培养孩子阅读兴趣最佳时期，各年龄段呈现不同阅读特点

0—3岁是幼儿大脑发育飞跃期，是开拓幼儿认知视野，培养阅读兴趣，养成阅读习惯的最佳时期。其中，0—3岁幼儿视听觉发展、理解能力和动作水平都处于快速变化阶段，0—0.5岁、0.5—1岁、1—2岁、2—3岁不同阶段幼儿身心特点和发展规律不同，呈现不同阅读特点。其中，0—0.5岁的幼儿处于视觉启蒙、语言理解的关键时期，通过彩色挂图、发声游戏等进行视听启蒙；0.5—1岁的幼儿开始用身体探索世界，通过“吃”书、“玩”书建立对书的熟悉感；1—2岁的幼儿认知水平和行动能力大大提高，通过讲故事、看图指物、情景模拟等游戏互动，激发参与阅读的兴趣，在阅读内容需要选择贴近幼儿生活经验的图书，提升幼儿认知能力；2—3岁的幼儿开始将书本真正作为阅读的重要载体，有自己的见解并喜欢反复阅读，家长及监护人需要采用多种阅读策略，积极回应阅读需求并参与共读，帮助幼儿建立良好的阅读习惯，阅读内容围绕物品认知、情绪感知、身体探索等展开。

（二）亲子阅读：0—3岁幼儿亲子阅读时间不断提早，主要陪伴人为母亲，父亲参与度逐渐提升

在0—3岁幼儿启蒙阅读中，家长通过语言描述图画内容，阐述对故事的理解，幼儿边听边看边思考，将家长讲述内容与绘本图案、阅读材料材质、想象与推理等有机结合。幼儿通过感受家长的讲述、提问等阅读反馈行为，逐步提升阅读兴趣和阅读能力。具体来说，亲子共读的方式大致可分为读文

字给孩子听、给孩子讲画面、指着书中的字读、一起表演或模仿、让孩子翻书触摸摆弄书、让孩子说其中的字词句、向孩子提问和孩子讨论等。0—3岁幼儿亲子阅读呈现以下特点：

一是0—3岁幼儿亲子阅读时间越来越早。据《中国城市儿童阅读调查报告》，74.8%的孩子在2岁前开始阅读①。根据《上海市家庭亲子阅读调查报告》，上海市6个月之前开始启蒙亲子阅读的占83.41%。0—3岁的幼儿亲子阅读主要集中在睡前、周末等亲子相处场景，阅读时间集中在10—20分钟。

二是0—3岁幼儿亲子阅读主要陪伴人仍以母亲为主，父亲参与度逐渐提升。据《中小城市亲子阅读现状、问题和对策——以江苏省连云港市为例》，在亲子阅读中，高学历家庭的亲子共读情况会更频繁。以母亲为主要陪伴人的占64.76%，而父亲为主要陪伴人的占5.71%。根据言几又、喜马拉雅发布的《2020年亲子阅读趋势报告》，父亲陪着孩子阅读的群体慢慢壮大，2019年1—5月，父亲的消费力仅占28%，2020年同期增长至32%②。《上海市家庭亲子阅读调查报告》调查显示，在亲子阅读的参与度方面，母亲为第一人选占比达81.56%，父母则为14.42%。

三是亲子阅读存在地域差异。据《中小城市亲子阅读现状、问题和对策——以江苏省连云港市为例》中的数据，连云港市儿童阅读习惯城乡差异较为明显，市区儿童1岁以下开始阅读的有32.51%，县镇及农村地区家庭只有9.17%。

四是原文朗读仍是亲子阅读主要方式。根据《上海市家庭亲子阅读调查报告》，在亲子阅读方式中，有54.4%的家庭选择原文朗读，32.2%的家庭选择自主发挥，13.5%的家庭选择文字点读。

---

① 数据来源：中国出版协会、北京市委宣传部、北京市新闻出版广电局发布的《中国城市儿童阅读调查报告》。

② 数据来源：喜马拉雅、言几又发布的《2020年亲子阅读趋势报告》。

（三）阅读内容：0—3岁幼儿喜爱数字阅读，对社会认知内容感兴趣，2—3岁阅读量增速较快

数字阅读是0—3岁幼儿重要的阅读方式，并且随着孩子学龄的增长，家长和孩子对数字阅读的接受度和比例也越来越高。根据《2020儿童数字阅读报告》，2020年KaDa故事0—2岁用户增幅达151.1%，3—6岁用户增幅达116.0%，低龄化特征日益明显[①]。从内容上看，0—3岁幼儿普遍对社会认知内容最好奇，但各有阅读重点，其中0—2岁关注科学探索（尤其是动物认知），3岁开始关注健康成长。

此外，2—3岁是幼儿阅读量快速增长的阶段。根据《中国十城市儿童早期阅读调查报告》，2—3岁期间，孩子的阅读量增速较快，约40%的2—3岁孩子每年阅读11—50册数量不等的童书。根据孩子们接触到专为儿童设计的可以玩耍的书的比例为50%左右[②]。

五、构建“五位一体”的0—3岁幼儿启蒙阅读评价体系

（一）构建原则：指标建立遵循科学性、全面性，将供给侧因素纳入考察范围

0—3岁幼儿阅读评价体系的建立需要考虑指标的科学性和全面性，重视过程和参与性，兼顾整体性和差异性，基于大数据科学呈现，以亲子阅读为主将父母等监护人纳入评价体系，以培养幼儿认知、阅读兴趣和习惯为目的。将绘本、有声读物等不同阅读形式读物纳入评价体系为主。重视0—3岁不同阶段幼儿启蒙阅读特性。全社会共同参与，将社会公共服务和基础设施、地区及城乡差异等供给侧因素纳入考察范围。

① 数据来源：中国新闻出版研究院、KaDa儿童阅读研究院发布的《2020儿童数字阅读报告》。

② 数据来源：父母必读养育科学研究院发布的《中国十城市儿童早期阅读调查报告》。

（二）搭好框架：借助大数据建立“五位一体”评价体系

幼儿启蒙阅读评价体系应当引入大数据思维，建立幼儿出版物、有声读物、IP相关数据库，同时将各地涉幼儿阅读的相关数据及指标、公共图书馆涉幼儿阅读基础设施建设及相关活动开展情况、全民阅读中涉幼儿活动开展情况纳入评价范畴，兼顾0—3岁幼儿启蒙阅读的特性，通过大数据建立涵盖供给侧、需求侧、阅读分级、阅读质量、阅读环境等维度，“五位一体”的幼儿启蒙阅读评价体系。其中：

供给侧方面，围绕幼儿启蒙阅读读物展开，对幼儿启蒙阅读出版物及其相关衍生品进行评估。0—3岁幼儿启蒙阅读以绘本、有声绘本为主，题材包括启蒙认知类、童话故事类、教育启发类、互动参与类等类型。对幼儿启蒙阅读读物的评估，主要围绕阅读载体、阅读内容、出版物等维度展开，将阅读IP、本土及引进出版物基本情况纳入评价范畴。从供给侧角度，分析幼儿启蒙阅读出版物市场及相关衍生品现状及存在问题。

需求侧方面，围绕幼儿启蒙阅读实际需求展开，对幼儿启蒙阅读环境进行评估。0—3岁幼儿启蒙阅读以亲子阅读为主，即家庭情景中家长或其他监护人和孩子共同阅读，并展开交流、讨论的一种分享性的阅读活动。针对亲子阅读场景，需要从家长及其他监护人参与阅读的互动性、陪伴性、阅读激励、阅读指导等方面进行评估。针对幼儿阅读实际需求的满足情况，则需要根据0—3岁幼儿阅读的特性，围绕认知发展需求、社会性需求、语言发展需求、情感需求等方面维度展开。此外，家长作为亲子阅读的参与者，对亲子阅读辅导、家长指导、推书荐书活动也存在较大需求。

阅读分级方面，0—3岁幼儿视听觉发展、理解能力和动作水平都处于快速变化阶段，不同年龄段的幼儿具有独特的阅读特点，需要通过阅读分级，根据0—0.5岁、0.5—1岁、1—2岁、2—3岁不同阶段幼儿身心特点和发展规律，有针对性地提出适宜、有效的阅读策略、阅读载体、阅读内容。

阅读质量方面，0—3岁幼儿阅读质量的评估，主要围绕幼儿阅读基本情况、亲子阅读、阅读有用性三个维度展开。阅读基本情况方面，主要考察阅读材料的选择、阅读内容、阅读数量、阅读载体等关键因素对阅读质量产生的影响；亲子阅读方面，包括阅读认知、阅读目标、阅读时长、阅读时间、阅读频率、阅读计划、阅读环境、阅读激励等，对家长及监护人参与幼儿阅读质量进行评估；阅读有用性方面，评价维度包括幼儿智力发育、语言能力发展、兴趣培养、社会性认知、家庭情感交流。

社会环境方面，社会环境以区域为对象，主要围绕政策制订、公共基础设施、区域阅读情况、阅读推广、区域阅读差异展开。其中，政策制定是幼儿相关阅读政策的出台及落实情况，公共基础设施方面，主要是对图书馆基础设施建设、阅读延伸服务站、特色阅读空间的情况进行评价；区域阅读情况，既包括地区居民整体阅读情况评价，也包括地区人文氛围的考察；阅读区域阅读差异，主要指城乡之间、留守儿童及其他相关群体在阅读资源的获取、阅读需求的关注等方面呈现出来的差异。

表1-4-1　“五位一体”的0—3岁幼儿启蒙阅读评价体系

评价维度	一级指标	二级指标	指标说明
供给侧	阅读载体	绘本	市场上针对0—3岁幼儿启蒙阅读的绘本发展情况，纸质书、布书等不同材质绘本发展情况，幼儿启蒙阅读使用占比
		有声绘本	市场上针对0—3岁幼儿启蒙阅读的有声绘本发展情况、幼儿启蒙阅读使用占比
		其他	市场上针对0—3岁幼儿启蒙阅读的新技术、阅读载体发展情况
	阅读内容	阅读题材	市场上启蒙认知类、童话故事类、教育启发类、互动参与类等不同阅读题材绘本数量、占比情况
		阅读IP	市场上0—3岁幼儿阅读启蒙文化IP建设情况
	出版物	出版物数量及增幅	市场上针对0—3岁幼儿启蒙阅读及相关读物的出版物数量和变化趋势
		原创及引进出版物情况	市场上针对0—3岁幼儿启蒙阅读及相关读物中，原创读物、引进版读物数量、变化趋势，以及分别占整体出版物数量基本情况
需求侧	亲子阅读	阅读互动性	家长与0—3岁幼儿亲子阅读过程中，与幼儿的互动情况。家长在亲子阅读中重视情感互动，使0—3岁幼儿情感需要得到满足，他们才能更好地理解阅读中蕴含的丰富情感，为提高阅读能力夯实基础
		阅读陪伴性	家长与0—3岁幼儿亲子阅读过程中，陪伴幼儿的时间和相处情况。0—3岁幼儿理解能力较弱，识字量少，记忆持续时间不长，因此需要家长多抽时间陪他们读书
		阅读激励	家长与0—3岁幼儿亲子阅读过程中，对幼儿进行阅读激励的情况。阅读激励对0—3岁幼儿的成长以及未来的独立阅读都很重要，有助于培养幼儿的阅读兴趣
		阅读指导	家长通过设计合理的阅读活动结构、购置适宜的图书，合理安排幼儿阅读时间、空间等方式，指导0—3岁幼儿启蒙阅读
	幼儿阅读需求	认知发展需求	幼儿通过启蒙阅读，满足不同阶段认知发展需求，包括对身边事物、自然界、数字等的认知，想象力拓展，求知欲满足
		社会性需求	幼儿通过启蒙阅读，满足不同阶段社会性需求，通过模仿、角色扮演等完成基本社交礼仪学习认知、习惯养成
		语言发展需求	幼儿通过启蒙阅读，满足不同阶段语言发展需求，如发声、言语表达、长句表达等
		情感需求	幼儿通过启蒙阅读对绘本中人物情感的理解，学习其表达方式，表达自己的情感，在听、说、玩、学中促进情感发展

续表

评价维度	一级指标	二级指标	指标说明
需求侧	幼儿启蒙阅读家长指导	亲子阅读辅导	社会上针对0—3岁幼儿亲子阅读的辅导、宣传活动举办情况
		家长指导	社会上针对0—3岁幼儿父母及监护人的公益教育、指导活动
		推书荐书活动	社会上针对0—3岁幼儿启蒙阅读的推书、荐书、送书活动举办情况
阅读分级	0—0.5岁	视觉启蒙	0—0.5岁的幼儿处于视觉发展关键时期。处于新生儿期的幼儿视觉仅有黑白光感，尚无法清晰视物，2—3个月大的幼儿视线逐渐清晰。4个月左右的幼儿，对色彩的感知开始发育。视觉启蒙需求主要考察0—0.5岁幼儿启蒙阅读中，是否选择颜色鲜艳、对比强烈、轮廓清晰的画面作为幼儿早期阅读的内容，通过阅读材料的不同，例如由家长给幼儿阅读黑白卡片、布书等，促进幼儿眼睛和大脑的充分发育
		语言理解发展	0—0.5岁的幼儿尚不会开口说话，但已经对成人讲话表现出一定的兴趣，4个月大的幼儿开始进入“咿呀学语期”，能够发出比较有节奏的声音。语言理解发展需求，主要考察该阶段幼儿通过聆听大人的声音如儿歌、童谣、故事等并通过触摸、撕咬等方式与书籍发生关联的程度，以及家长是否有意识地“听见”并积极回应幼儿发出的声音
	0.5—1岁	建立对书的熟悉感	6个月的幼儿大动作和肢体协调性逐渐增强；8个月之后的幼儿处于旺盛的感官经验建立期，幼儿的手部精细动作飞速发展，已经可以做捏、推、拉、翻、握、转等简单动作；此阶段家长应选择外观设计独特、好玩的、色彩鲜艳的幼儿图书便于幼儿探索，如硬卡书、布书、发声书、立体书、环保无毒的塑料书和可触摸感受的书等
		启发认知能力	1岁左右的幼儿对富有节奏、变化多样的语言表达很感兴趣，内容上选择生活中常见的物品图片，引导幼儿认知
	1—2岁	边玩边读中激发阅读兴趣	1—2岁，幼儿学会独立行走，可以自由摆弄书，翻书，看书甚至是撕书；本阶段幼儿开始能够读懂一些情节简单、语言简练的故事，因此家长在与幼儿阅读时可加入简单、适当的表演，采用边玩边读的方式培养孩子的阅读习惯
		提升认知能力	本阶段的幼儿认知水平大大提高，主动探索的欲望增强，可以选择简单有趣带机关的操作书和玩具书，满足幼儿的操作的愿望，在内容上可以选择贴近幼儿生活经验的图书，便于其理解，例如含有认知食物、数字、四季、颜色、星期、动物等色彩绚丽的认知类
	2—3岁	学习阅读技巧	2—3岁的幼儿对语言敏感，喜欢反复阅读同一本书是2—3岁幼儿阅读的典型特点之一。在幼儿反复阅读的过程中，家长可采用多种阅读策略，从不同角度切入，加深幼儿对故事的理解，帮助幼儿拓展阅读经验

续表

评价维度	一级指标	二级指标	指标说明
阅读分级	2—3岁	阅读习惯培养	2—3岁的幼儿对于阅读内容开始有了自己的见解，开始将书本真正视为阅读的重要载体，这一阶段的幼儿能主动向身边人发起阅读邀请，此时成人应积极回应并参与共读，帮助幼儿养成良好的阅读习惯，比如学会正确翻页、乐意从头到尾逐页翻阅，又或是每天定时、定点阅读等
阅读质量	阅读基本情况	阅读材料的选择	选择颜色鲜艳、对比强烈、轮廓清晰的画面作为幼儿早期阅读的内容，选择布书、环保无毒的塑料书，侧重于通过阅读材料的色彩、大小、材质等形式来吸引孩子的注意力
		阅读内容	结合0—3岁幼儿发展阶段，选择适宜的内容，例如歌谣、童话故事等益智类；色彩鲜艳的交通工具或动物类识物童书等科普类；画画和手工类阅读题材等
		阅读数量	0—3岁幼儿启蒙阅读的阅读量，包括阅读字数，绘本数量等。对地区幼儿启蒙阅读的评估，还包括平均阅读量、平均阅读字数、平均阅读绘本数量等
		阅读题材	考察0—3岁幼儿启蒙阅读内容的题材是否科学，类型是否多样化，阅读题材是否符合该年龄段的认知水平、兴趣需求、情绪特点
		阅读载体	考察0—3岁幼儿启蒙阅读时，纸质书绘本与有声绘本及其他载体所占时间比重是否科学
	亲子阅读	阅读认知	考察亲子阅读中，0—3岁幼儿父母能够认识到亲子阅读幼儿的认知、情感及社会性等全面的发展价值
		阅读目标	考察0—3岁幼儿家长对亲子阅读目标的认知。0—3岁的幼儿亲子阅读的目标着眼于激发0—3岁幼儿的阅读兴趣，培养其阅读习惯，提升0—3岁幼儿对语音和文字的感性认识，增进亲子间的感情
		主观能动性	考察0—3岁幼儿进行启蒙阅读的主动性，有助于培养阅读习惯，提高阅读能力。既包括参与亲子阅读的积极性，对家长诵读的反馈，也包括自主阅读的情况
		阅读时间	考察是否设置合理的阅读时间，根据具体情况对阅读时间灵活调整，遵循0—3岁幼儿的发展阶段，从幼儿的兴趣点出发，根据幼儿兴趣调整阅读时间
		阅读频率	遵循0—3岁幼儿的发展阶段，从幼儿的实际情况出发，设计阅读频率
		阅读计划	依据孩子自身的特点制定个性化的阅读计划，定点阅读

续表

评价维度	一级指标	二级指标	指标说明
阅读质量	亲子阅读	阅读环境	阅读场景能对幼儿阅读心境、阅读态度、阅读行为和阅读意识等的发展产生潜移默化的重要作用。可以设立专门的阅读区供0—3岁幼儿进行阅读活动；阅读区设立在宽敞且光线较为充足的地方，布置温馨、舒适、整洁；家庭阅读区必须呈现充足的、种类多样的高质量的儿童图书；家长可以带幼儿积极参与户外阅读拓展活动
		阅读方法	能够灵活运用多种阅读方法。例如：朗读法、儿歌吟唱法、点读识认法、随机引导法、对话式阅读法、游戏体验法等
		阅读激励	及时注意阅读过程中幼儿的反应，对阅读行为作出具体反馈，阅读反馈是检验阅读效果的重要方法之一，一般指幼儿阅读之后，口述或用行为表达出来的“输出整理”和“输出锻炼”，可以监测出幼儿对阅读内容的理解程度，一方面有助于反复加深理解阅读内容，另一方面可以提升幼儿的阅读积极性；设置具体的对幼儿有吸引力的激励措施，对阅读行为作出实质性的奖励，帮助幼儿在阅读中获取成就感，提升幼儿的阅读兴趣
	阅读有用性	智力开发	开发0—3岁幼儿的大脑
		语言能力发展	促进0—3岁幼儿的语言发展，特别是语言表达能力
		兴趣培养	培养0—3岁幼儿的想象力和注意力，增加幼儿阅读的兴趣
		社会性认知	发展0—3岁幼儿的社会性，让孩子学习、理解、体验和表达各种感情
		家庭情感交流	促进父母与孩子之间的亲情升华，让家人都能感受到一种温馨和快乐，从而增进家庭的情感交流
社会环境	政策制订	阅读政策	0—3岁幼儿阅读相关政策的制定情况、落实程度等
	公共基础设施	图书馆基础设施建设	图书馆设置0—3岁幼儿活动室、专用阅览室、专门的玩具室、视听室、亲子涂鸦室、阅读角、儿歌挑战区、卡通模仿屋等
		阅读延伸服务站	在社区、儿童游乐场、早教中心、公园等容易接触到0—3岁幼儿的地方建立阅读延伸服务站
		阅读资源	借阅的资源不仅仅局限于纸本图书，还有音乐、动画等音像资源和丰富的网络资源等数字资源设置专用书架，提供具有知识性、艺术性、趣味性、互动性的多种适龄读物，例如洞洞书、翻翻书、立体书等绘本读物，使每个年龄段的幼儿有书可借
		特色阅读空间	特色阅读场所建设情况，文化馆、科技馆等文化场馆参与建设打造特色化幼儿阅读空间的积极性

续表

评价维度	一级指标	二级指标	指标说明
社会环境	区域阅读情况	地区居民整体阅读情况	考察区域居民阅读整体阅读情况，包括人均阅读时长、阅读数量、阅读偏好等
		地区人文氛围	区域内的文化程度、人文素养、阅读政策的知晓率、对幼儿阅读的重视程度、幸福指数等
	阅读推广	阅读推广体系	建立图书馆、政府、媒体、0—3岁幼儿机构、社区等多方合作的立体的、层次丰富的阅读推广体系
		阅读推广	培育阅读推广人，提升阅读推广人专业能力，开展书展展览、阅读指导公益类活动、主题图书类及阅读推广类活动
		阅读指导	建立图书馆馆员、儿科医生、心理学家、儿童文学工作者、教育工作者等组成的专家团队或志愿者团队，开展针对不同年龄段幼儿的亲子阅读活动、家长教育课堂、提供推荐书目等
		阅读宣传	0—3岁幼儿阅读宣传（阵地宣传、媒体宣传、实地宣传）
	阅读区域差异	城乡差异	对地区城乡之间幼儿启蒙阅读差异情况，包括阅读资源的获取、阅读活动的参与等
		留守儿童及其他相关群体	对地区留守儿童及其他相关群体0—3岁幼儿启蒙阅读的关注程度

（课题组成员：李忠、姚贞、马萧萧、张文彦、刘永丹、刘振兴、党琳、郑莉。

技术支持：中新宽维传媒科技有限公司，2022年12月）

第五篇 全民阅读视角下的3—8岁儿童阅读评价体系初探

阅读是获取知识、增长智慧的重要方式，是传承文明、提高国民素质的重要途径，深入推进全民阅读，对加强社会主义精神文明建设、促进社会进步具有重要意义。党的二十大提出“深化全民阅读”的使命任务。“少而好学，如日出之阳”，儿童作为国家与社会发展的未来，其阅读能力关乎国家未来的创造力和发展水平，是全民阅读工作的重点。习近平总书记在2022年“4·23世界读书日”致首届全民阅读大会举办的贺信中提出，希望孩子们养成阅读习惯，快乐阅读，健康成长；希望全社会都参与到阅读中来，形成“爱读书、读好书、善读书”的浓厚氛围。

儿童阅读是一个不断积累的过程，3—8岁是儿童科学培养阅读习惯、提高阅读素养、培养阅读方法和技能的关键时期。目前，我国儿童阅读相关政策不断完善，文化产品日益丰富，活动场所日益增多。儿童出版物增幅明显，有声书、音视频、IP等业态发展提速。3—8岁儿童阅读量和阅读时长连年攀升，除传统儿童出版物以外，有声书等多元化阅读方式广受欢迎。与此同时，3—8岁儿童阅读也面临新的挑战。在此背景下，需要根据3—8岁儿童阅读特点建立“大阅读”评价体系，助力市场供给以“儿童需求”为导向提供契合的阅读内容，指导3—8岁儿童阅读积极健康发展。

一、阅读政策：各方全方位多领域助力3—8岁儿童阅读发展

（一）全民阅读：将保障和促进儿童阅读作为全民阅读工作重点

自2014年开始，“全民阅读”已连续九年被写入《政府工作报告》，其中，保障和促进儿童阅读一直是全民阅读工作的重心之一。中宣部办公厅《关于做好2021年全民阅读工作的通知》提出：“加大服务力度，倡导家庭阅读、亲子阅读，重视保障农村留守儿童、城市务工人员随迁子女等群体的基本阅读需求。”《全民阅读“十三五”时期发展规划》提出：“少儿阅读是全民阅读的基础。必须将保障和促进少年儿童阅读作为全民阅读工作的重点，从小培育阅读兴趣、阅读习惯、阅读能力。”

（二）儿童出版：推出少儿读物精品，加大优秀儿童出版物扶持力度

近年来，少儿出版主管机构通过推出少儿读物精品，加大优秀少儿出版物扶持力度等方式，促进儿童出版积极健康发展。国家新闻出版署《出版业“十四五”时期发展规划》提出，推出一批少儿读物精品，面向青少年积极传播党的创新理论，开展“四史”宣传教育，贴近青少年阅读习惯，创新方法手段，组织推出一批生动阐释、丰富呈现的学习读物。中宣部出版局组织实施“向全国青少年推荐百种优秀出版物”“优秀青少年读物出版工程”等，重点扶持面向少年儿童的优秀出版物。其中，“向全国青少年推荐百种优秀出版物”自2004年起至2022年已成功举办十六届。此外，儿童精品有声读物也日益受到重视，国家新闻出版署组织实施的“2021年全国有声读物精品出版工程”的37部有声读物中，多部儿童有声读物入选。

（三）儿童发展：将儿童阅读作为儿童家庭与环境建设重要举措

2021年国务院发布《中国儿童发展纲要（2021—2030年）》，将儿童阅读作为儿童家庭与环境建设的重要举措，提出：“加强亲子阅读指导，培

养儿童良好阅读习惯。分年龄段推荐优秀儿童书目，完善儿童社区阅读场所和功能，鼓励社区图书室设立亲子阅读区。”“提升面向儿童的公共文化服务水平。制作和传播体现社会主义核心价值观、适合儿童的图书、电影、歌曲、游戏、广播电视节目、动画片等精神文化产品，培育儿童文化品牌。”“鼓励社会组织、文化艺术机构为儿童文化艺术活动提供专业指导和场地支持。公共图书馆单设儿童阅览区，公共图书馆盲人阅览区为盲童阅读提供便利，鼓励社区图书室设立儿童图书专区。”

（四）城市建设：鼓励推广儿童阅读活动、拓展儿童阅读空间

2021年国家发改委等部门联合发布《关于推进儿童友好城市建设的指导意见》，将推广儿童阅读、拓展儿童阅读空间、鼓励优秀文化作品创作作为城市公共服务、空间建设、社会环境建设的重要目标。《意见》提出：“丰富儿童文体服务供给。合理规划文体设施布局和功能，推进图书馆、文化馆、美术馆等向儿童免费开放，推动有条件的公共体育设施向儿童低收费或免费开放，组织面向儿童的阅读推广、文艺演出、展览游览等活动。”“拓展儿童阅读空间，在公共图书馆设置儿童阅览区，鼓励设置少儿图书馆，提供适宜残疾儿童的阅读资源，开展儿童友好图书馆建设。”“鼓励创作符合儿童特点的优秀文化产品，加强社会主义核心价值观教育。”

（五）特殊群体：重点保障特殊儿童群体阅读需求

各方通过阅读指导、提供阅读资源、解决阅读困难等方式，保障留守儿童、低收入家庭儿童、福利院儿童、城市务工人员随迁子女等特殊儿童群体的阅读需求。2017年国家新闻出版广电总局发布《全民阅读促进条例》，提出重点保障农村留守儿童、低收入家庭儿童、福利院儿童等特殊儿童群体的基本阅读需求，鼓励学校、全民阅读设施管理单位及阅读推广人对其进行定期阅读指导和服务，提供必要的阅读资源，解决其阅读方面的特殊困难。有条件的地方人民政府可以积极探索开展农村地区学龄前儿童基础阅读促进工

作。县级以上地方人民政府应当将本行政区域内的外来务工人员及其随居子女纳入当地全民阅读服务保障范围。

二、阅读环境：社会各界重视儿童阅读，积极营造良好阅读氛围

（一）宏观经济：文教领域支出增长为儿童阅读提供良好宏观环境

在消费升级、知识付费浪潮的大背景下，居民在文教领域的投入逐步增加，为儿童阅读发展提供良好的宏观环境。据国家统计局发布2021年上半年居民收入和消费支出情况相关统计数据，2021上半年我国人均教育文化娱乐消费支出1119元，同比增长68.5%。单就教育文化娱乐消费支出而言，从城乡来看，城镇居民人均消费支出1463元，同比增长68.3%，农村居民人均消费支出674元，同比增长66.8%。此外，据财政部数据显示，2021年全国教育支出37621亿元，同比增长3.5%。

（二）阅读活动：各类特色阅读活动的开展为儿童阅读创造良好氛围

各地全民阅读品牌、公益组织，以及其他社会力量通过开展特色阅读活动，为儿童创造良好的读书氛围。

一是全民阅读品牌活动。各地全民阅读品牌利用校园、少年宫、儿童活动中心等，通过举办儿童读书节、优秀儿童读物评选推荐等方式，开展形式多样、内容丰富的校园阅读、家庭阅读、亲子阅读活动。如2021年“北京阅读季·儿童阅读月”以“颂读百年路·展阅新征程”为主题，举办“故事大王”选拔赛、“儿童阅读活动的多元化”为主题的阅读论坛等各种类型活动近40场；“深圳读书月”在2021年打造“年度十大童书”品牌活动，精选这一年以来适合孩子们阅读的少儿读物进行出版，为深圳市民提供亲子阅读的权威指引。

二是以“妈妈导读师”“微笑彩虹”等为代表的儿童阅读公益活动。其

中，“妈妈导读师”中国亲子阅读大赛于2016年创办，以“小手牵大手”的亲子阅读活动向大众传递“阅读人生，父母为师”的理念。目前，“妈妈导读师”活动已覆盖北京、河北、黑龙江、广东等20余个省市，全国约有10万家庭直接参与活动[①]；“微笑彩虹·书香温暖童年”公益活动由中国新闻出版传媒集团有限公司、中国全民阅读媒体联盟于2017年发起，致力于保障残障儿童的基本阅读需求，目前，“微笑彩虹·书香温暖童年”公益活动累计捐赠图书数万册，累计捐赠码洋超百万元[②]。

三是其他社会力量举办的儿童阅读活动。如哔哩哔哩联合新华网、新华传媒、美丽中国、言几又、京东以及清华、北大、复旦等九所高校发起“读书等身”活动，为农村儿童募集十余万本书籍。

（三）阅读空间：少儿图书馆、农家书屋等为儿童阅读打造多元空间

随着全民阅读的深入推广和社会各界对儿童阅读关注度的提高，少儿图书馆、农家书屋等儿童阅读基础设施建设逐渐完善。

一是公共图书馆的儿童服务受到前所未有的重视，各地政府在逐步完善儿童图书馆建设的同时，还注重公共图书馆内儿童专属阅读空间的打造，更加精准地为少年儿童提供多样化、专业化的服务。据智研咨询《2021年中国少儿图书馆行业现状分析》，2020年中国少儿图书馆机构数量为147个，同比增长14.8%；少儿图书馆机构从业人数为3965人，同比增长57.3%，2020年中国少儿图书馆机构总藏量为9856万册，同比增长97.1%；中国少儿图书馆机构当年购买的报刊种类数为6万种[③]。

二是农家书屋建设助力乡村儿童阅读。为解决农村普遍存在的“读书

① 数据来源：中国新闻出版广电网发布的《“妈妈导读师”亲子阅读活动——以阅读之名架起文化交流之桥》。

② 数据来源：中国新闻出版广电网发布的《微笑彩虹，用书香温暖童年》。

③ 数据来源：智研咨询发布的《2021年中国少儿图书馆行业现状分析（附机构数量、从业人数、总藏量、图书流通人次及儿童读物出版）》。

难、看书难”问题，我国于2007年首次提出“农家书屋”工程，经过国家重点投资与建设，截至2020年底共建成58.7万个农家书屋，基本实现我国行政村的全部覆盖[①]。据中国互联网络信息中心第49次《中国互联网络发展状况统计报告》，全国各地通过运用互联网、广播电视网、卫星网络等技术手段，建设数字化农家书屋16.7万家[②]。

三是特色儿童阅读空间满足多元化阅读需求。随着儿童阅读需求的爆发式增长，现有的以省、市、区图书馆为主的少儿图书阅读阵地远远不能满足儿童阅读的需求，全国各地鼓励社会力量参与儿童阅读服务，打造特色阅读空间助力儿童阅读推广，共同探索图书资源、阅读推广及数字阅读的有效整合，推动供需对接，提升儿童阅读服务效能，如深圳市以图书馆、书城、学校、社区、民间阅读组织为阵地，形成了深圳书城中心城的趣阅岛、榕树湾绘本馆，龙岗城的七彩童书馆、阿布童书堡，罗湖城、南山城和宝安城的少儿馆等各具特色的阅读公共空间。

（四）数字阅读：打破“时空边界”的数字阅读成为儿童阅读的重要方式

近年来，我国数字阅读用户持续增长。《2021年度中国数字阅读报告》显示，2021年我国数字阅读用户规模为5.06亿，相比2020年增长2.49%；2021年我国数字阅读人均电子书阅读量11.58本，有声阅读7.08本；2021年92.17%的用户曾为数字阅读付费[③]。随着数字阅读逐渐成为主流，在引导儿童阅读、培养儿童的阅读习惯时，越来越多的中国家长愿意选择数字阅读产品，相较于纸质阅读，资源丰富、互动方便、形式多样的动态绘本、有声读物等儿童数字化阅读内容增强儿童对阅读的直观感受，让他们体验到了阅读的互动乐趣。

---

① 数据来源：人民网发布的《汇聚乡村振兴的精神力量》。

② 数据来源：中国互联网络信息中心发布的第49次《中国互联网络发展状况统计报告》。

③ 数据来源：中国音像与数字出版协会发布的《2021年度中国数字阅读报告》。

三、阅读供给侧：儿童出版物增幅明显，音视频、IP业态提速

（一）出版物：童书供给呈稳定增长趋势，市场竞争更趋激烈

国内少儿图书市场发展迅速，少儿出版呈现出欣欣向荣的景象，正进入充分的市场竞争阶段，已成为出版业可持续发展的推动力。其中，经典童书、少儿科普百科类图书受欢迎，本土原创作品正逐步得到市场认可，但仍有待加强。具体来说，一是童书供给整体呈现稳定增长趋势。《中国儿童发展纲要（2011—2020年）》终期统计监测数据显示，2020年，全国出版初中及以下少年儿童图书4.3万种9亿册，出版初中及以下少年儿童期刊209种3.3亿册。全国3212个公共图书馆共有少儿文献1.5亿册，是2011年的4.9倍[①]；二是少儿市场是码洋比重最大类别。《2021年图书零售市场报告》显示，2021年我国图书零售市场码洋规模达986.8亿元，少儿类仍是码洋比重最大的类别[②]；三是经典童书、少儿科普百科类图书受欢迎。据《2021年图书零售市场报告》显示，少儿类销量前100的图书以经典图书和系列图书为主，《青铜葵花（新版）》《窗边的小豆豆（2018版）》和《米小圈脑筋急转弯——机灵小神童》位列前3名[③]。少儿科普百科主要聚焦在学历史、国家、地理、物理、动物等人文科普和自然科普。

（二）有声书：市场规模不断扩大，涌现大批儿童有声书平台

中国有声书市场规模不断扩大，产业链逐步形成并完善，从版权运营、内容制作到平台推广都有完善的配套产业和较为成熟的商业模式，已成为数字出版领域的新兴热门行业。据共研网数据显示，2021年中国有声读物行业市场规模达87.4亿元，预计2022年中国有声读物行业市场规模将达到93.7亿

① 数据来源：新华网发布的《〈中国儿童发展纲要（2011—2020年）〉终期统计监测报告》。

② 数据来源：北京开卷信息技术有限公司发布的《2021年图书零售市场报告》。

③ 数据来源：北京开卷信息技术有限公司发布的《2021年图书零售市场报告》。

元[①]。而儿童有声书作为有声书行业的细分赛道，在“双减”大背景下行业迎来新的发展际遇。目前，市场上已涌现出一大批儿童有声读物平台，如凯叔讲故事、KaDa故事、口袋故事等。

（三）音频：儿童品类内容成为音频平台竞相争夺的流量高地

据《中国儿童发展纲要（2011—2020年）》终期统计监测数据，全国少儿广播节目播出时间为28.8万小时，是2011年的2.1倍[②]。据易观分析《中国音频行业产品洞察分析2022》，国内在线音频市场规模呈现持续增长态势，2021年达394.8亿元，已进入全场景发展时代[③]。艾媒咨询数据显示，2021年中国在线音频用户规模达6.4亿人，预计到2022年，在线音频用户规模将达到6.9亿人[④]。随着网络音频不断发展，国内在线音频平台也开始了儿童音频赛道的竞速。近年来，国内音频平台竞相争夺儿童品类，各头部平台纷纷打造儿童音频内容，开拓儿童音频垂直领域市场。喜马拉雅、蜻蜓FM、荔枝等头部综合性平台开设儿童品类。同时，市场也出现专门针对0—12岁儿童的音频平台，如喜马拉雅儿童频道等。

儿童音频内容丰富多样，以故事类音频为主，儿歌次之。据全拓数据统计，儿童网络音频内容结构分布中，故事类占比46%，儿歌类占比15%，教辅类占比11%，英语、国学、科普、名著分别占比8%、7%、5%、2%[⑤]。

（四）视频：儿童视频内容流量上涨，以动画片为主

儿童视频内容稳定增长，在视频平台上的流量贡献呈明显上升趋势，疫情期间增幅较大。据《中国儿童发展纲要（2011—2020年）》终期统计监测数据，全国少儿电视节目、电视动画节目播出时间分别为63.1万小时和44.6

---

① 数据来源：共研网发布的《2022—2028年中国有声读物市场调查与投资战略报告》。

② 数据来源：新华网发布的《〈中国儿童发展纲要（2011—2020年）〉终期统计监测报告》。

③ 数据来源：易观分析发布的《中国音频行业产业洞察分析2022》。

④ 数据来源：艾媒网发布的《2021年中国耳朵经济发展专题研究报告》。

⑤ 数据来源：全拓数据发布的《5G助推下，儿童网络音频行业迎来新的增长点》。

万小时，分别是2011年的1.7倍和1.6倍[①]。根据《中国在线视频少儿内容生态价值白皮书》，2019年一季度至2021年一季度，爱奇艺、腾讯视频、优酷视频三家视频平台少儿频道月均独立设备数同比增幅达24%。目前，视频平台主要通过购买国产、海外版权头部内容以及平台自制内容推动少儿内容品质升级。据艾瑞咨询对2021年1月至10月各视频平台播放时长排行前100的视频统计，少儿视频呈现以下特点：一是少儿视频内容以动画片为主，少儿动画片观看时长占比83.2%，儿歌、少儿栏目、真人秀次之，分别占比13.1%、12.3%、3.1%；二是国产少儿视频内容更受儿童喜爱，播放时长占比56%；三是排名前10位的少儿视频市场贡献率为37%，前30位的少儿视频市场贡献率为62%[②]。

（五）IP：儿童内容IP化趋势明显，以IP为核心的新业态加速布局

儿童内容IP化趋势明显，已形成IP的儿童内容更能吸引观众观看。据艾瑞咨询统计，2022年1月至4月少儿频道播放量前100的视频中，74%的作品是IP系列作品。其中，高知名度的少儿IP由于前期作品打下良好的观众基础，后续作品在IP加持下更易获得观众青睐。在播放量前100的视频中，“小猪佩奇”系列11部作品上榜，“熊出没”系列7部作品上榜，“汪汪队立大功”系列5部作品上榜[③]。

以少儿IP为核心的新业态已进入从IP生产、内容运营，再到IP变现的全链路布局阶段，线上线下全渠道发展。国内外少儿内容公司、MCN机构、视频平台进行IP孵化、内容生产，授权给各视频平台、短视频平台、版权机构进行IP内容分发、运营，再通过授权衍生品、游戏开发、品牌联名、主体空间等方式，完成从线上观看到线下IP衍生的全过程。

---

① 数据来源：新华网发布的《〈中国儿童发展纲要（2011—2020年）〉终期统计监测报告》。
② 数据来源：艾瑞咨询发布的《中国在线视频少儿内容生态价值白皮书》。
③ 数据来源：艾瑞咨询发布的《中国在线视频少儿内容生态价值白皮书》。

四、阅读画像：阅读数量提升，有声书、数字阅读成新发展趋势

3—8岁是儿童阅读能力培养的关键时期，不同阶段儿童阅读特点不同。整体来看，3—8岁儿童阅读率、人均阅读量不断提升，喜欢数字阅读且有较大付费意愿，七成家庭有亲子阅读习惯，日均亲子阅读时间约半小时。从阅读类型来看，3—8岁儿童对绘本、启蒙阅读、健康成长类、语言文化类内容感兴趣。

（一）阅读特点：3—8岁是儿童阅读能力培养的关键时期，须遵循不同阶段儿童阅读特点

3—8岁是儿童阅读能力发展的关键期。这个阶段儿童的口语表达能力得到迅速发展，开始认识符号，理解符号和文字之间的关系，尝试用自己所学到的语言来解释自己的见闻。在3—8岁期间，科学培养儿童的阅读习惯，让儿童爱上阅读，可以刺激儿童大脑细胞发育，有效地提高儿童的思考能力和解决问题的能力。3—8岁不同阶段的儿童阅读特点不同，具体内容见下表。

（二）阅读数量：0—8岁儿童阅读率72.1%，人均阅读量10.33本

0—8岁儿童阅读量近年来不断提升，阅读率、阅读量实现持续增长。相关数据显示，2021年0—8岁儿童图书阅读率为72.1%，较2020年的71.4%提高0.7个百分点；2021年我国0—8周岁儿童人均图书阅读量为10.33本，高于2020年的10.02本[①]。

（三）数字阅读：0—8岁儿童数字阅读接触率达69.2%，日均数字阅读时长29分钟

3—8岁儿童数字阅读接触率高，以三四线城市儿童为主，日均数字阅读时长达29分钟。数据显示，2021年我国0—8岁儿童的数字化阅读方式接触率

① 数据来源：中国新闻出版研究院发布的《第十九次全国国民阅读调查结果》。

为69.2%[①]。据《2020年中国儿童数字阅读报告》调查统计，65.7%的孩子更喜欢数字阅读。从城市分布看，三四线城市用户占比从2016年的23.5%增长到2020年的48.7%，高于一二线城市的35.7%；从数字阅读类型看，3—6岁儿童关注健康成长；7岁以上儿童其次关注语言文化；从阅读习惯来看，儿童数字阅读付费增长56.5%，日均数字阅读时长29分钟，每晚20—22点是儿童数字阅读的高峰[②]。

（四）购书行为：3—8岁儿童购书以绘本、启蒙认知读物、儿童文学、科普类读物为主

从购书行为看，6岁以下儿童购书以绘本和启蒙认知为主，6岁以上儿童热衷于购买儿童文学书籍。据天猫图书发布的《2022阅读趋势报告》显示，6—12岁的儿童家长更热衷购买儿童文学书籍，且儿童文学和科普书的消费保持逐年提升态势；6岁以下的儿童家长的购买以绘本和启蒙认知为主。

（五）亲子阅读：七成家庭有亲子阅读习惯，平均每天花26.14分钟陪孩子读书

2021年我国0—8岁儿童家庭中，平时有陪孩子读书习惯的家庭占73.2%，较2020年的71.7%增加了1.5个百分点。另外，在0—8岁有阅读行为的儿童家庭中，家长平均每天花26.14分钟陪孩子读书，较2020年的25.81分钟增加了0.33分钟[③]。

（六）有声书：0—8岁儿童听书率33.7%，睡前听书是亲子阅读主要场景

2021年我国0—8岁儿童的听书率为33.7%。据尼尔森发布的研究报告，以喜马拉雅作为音频平台的调研数据显示，46%的“收听有声书”的亲子陪伴发生在晚间至睡前，81%的用户陪伴子女收听儿童音频日均总时长在10—

---

① 数据来源：中国新闻出版研究院发布的《第十九次全国国民阅读调查结果》。

② 数据来源：KaDa故事发布的《2020年中国儿童数字阅读报告》。

③ 数据来源：中国新闻出版研究院发布的《第十九次全国国民阅读调查结果》。

60分钟。将近80%的喜马拉雅亲子用户都有在睡前听亲子类节目的习惯，周末在家、伴随性场景、起床后也是亲子类用户主要的收听场景。疫情暴发后的2020年春节期间，喜马拉雅的有声书、音乐类等娱乐休闲内容播放量增长显著，亲子儿童内容日均播放量比去年春节增长128%[①]。

五、阅读评价现状：阅读分级、阅读评估仍处于初步探索阶段

目前，我国3—8岁儿童阅读分级标准、分级书目已取得一定研究成果，阅读评估仍处于探索阶段。阅读分级是按照儿童不同年龄段智力和心理发育程度为儿童提供科学的阅读计划，为不同孩子提供不同的读物，提供科学性和有针对性的阅读图书，基本流程包括测试、选书、读书、测评、纠正、进阶等。2011年，国务院颁布的《中国儿童发展纲要（2011—2020年）》中首次提出“推广面向儿童的图书分级制”。2021年，国务院颁布《中国儿童发展纲要（2021—2030年）》进一步提出“分年龄段推荐优秀儿童书目”的要求。

多数父母对分级阅读的了解有待深入，对分级阅读书单的需求更为迫切。艾瑞咨询《2020年中国K12阶段学生“分级阅读”白皮书》数据显示，父母对分级阅读的有效认知度仅为45.7%，阅读水平的内涵仅有29.1%的父母有正确认知。69.9%的父母希望阅读书单在孩子已有阅读水平的基础上拔高，其中57.3%的父母希望书单比孩子的阅读水平高一点，12.6%的父母希望高很多，仅28.9%的父母希望和孩子阅读水平保持一致[②]。

在政策以及儿童阅读发展的现实需要驱动下，社会各界通过发布分级标准、分级阅读书目，提出分级阅读建议等方式，推动儿童阅读分级发展。

---

① 数据来源：尼尔森IQ发布的《入耳更入心，润物细无声——网络音频媒体价值研究》。

② 数据来源：艾瑞咨询发布的《2020年中国K12阶段学生“分级阅读”白皮书》。

分级标准方面，如2021年由中国书刊发行业协会牵头多家单位联合编制的《3—8岁儿童分级阅读指导》，2008年南方分级阅读研究中心发布的《中国儿童青少年分级阅读内容选择标准》；分级书目方面，如2021年福建省全民阅读促进会发布的《福建省儿童图画书（绘本）分级阅读推荐书目》，浙江少年儿童出版社的《中国儿童文学分级读本》，贵州人民出版社的《鹂声分级阅读》系列等。此外，近年来有声书等儿童阅读新形式快速发展，儿童有声书平台通常根据自身需求，设立儿童有声书平台分类标准，但各平台存在缺乏统一分级标准，分级标准粗放，分级内容不均衡等问题。

阅读评价体系方面，国外较为典型的儿童阅读评价体系包括国际学生评估项目（PISA）、国际阅读素养进展研究项目（PIRLS）、美国国家教育进展评估（NAEP）项目等。与欧美国家相比，国内儿童阅读评价体系的研究与推广起步较晚，目前仍处于探索阶段，学术界、教育界从课外阅读、绘本阅读、全民阅读等不同视角出发，提出儿童阅读评价体系的思路和框架。

六、面临新挑战，亟待建立大阅读评价体系引导3—8岁儿童阅读深入发展

（一）蓬勃发展的数字阅读纳入需要评价体系

在各类政策、活动的引导下，中国市场上，纸质书与电子书、有声书、视频等形式数字阅读呈现出并驾齐驱态势。《2021年中国数字阅读报告》显示，数字阅读正成为儿童教育的常态手段，低龄化、下沉、付费等趋势明显。喜马拉雅FM、荔枝FM等网络电台，“懒人听书”“酷我听书”等专门的“听书”App，学习强国App，以及哔哩哔哩等视频平台和各类微信公众号均有儿童阅读内容。面对儿童阅读新趋势，我国3—8岁儿童大阅读评价体系的建设依然处于探索阶段，对于儿童阅读的评价比较片面，缺乏对数字化阅

读情况的考察，急需将数字阅读纳入评价体系，建立阅读数据模型，将出版物、有声书、音频、视频、IP等不同业态纳入评价范畴，从阅读内容、付费意愿等方面解读儿童数字阅读现状，对儿童阅读进行全面化、专业化、科学化的深度评估，从而给出阅读建议，推动新媒体平台不断对儿童阅读内容进行优化升级。

（二）主题出版中的政策导向把握需要评价体系

3—8岁儿童处于人生价值观形成和确立的关键时期，儿童出版读物尤其是主题出版读物对其成长有着重要影响。随着我国儿童主题出版繁荣发展的同时，但也存在着对于党和国家关于出版的宣传要求理解不透、研究不深、关注点不准、选题不精、出版品种少等问题。如何坚持正确的出版导向，帮助儿童正确地认识社会热点问题，已经成为目前儿童主题出版必须直面的问题。密切关注国家政策导向和行业发展动态，将儿童相关阅读政策的宣传、落实等情况以及主题出版的市场情况等纳入评价范围，为出版社把握市场机遇，结合实际情况策划出版提供参考，对于打造具备思想性、时代性、艺术性和趣味性的精品主题出版读物，满足儿童的阅读需求具有重要意义。

表1-5-1　3—8岁不同阶段儿童阅读特点

年龄	阅读特点
3—4岁	集中注意力时间最多为5—10分钟，不能长时间保持静态地阅读。喜欢重复阅读。对色彩鲜艳、形象逼真，有重复语言、重复情节、单一单幅的且内容熟悉的图书感兴趣
4—5岁	不能很好地观察每一页画面上的人物与背景，观察过程十分依赖成人，结论也脱离不了成人的帮助。有意注意在逐步发展，但注意的稳定性不够，部分孩子仍未掌握翻书的基本顺序与方法
5—6岁	能仔细观察画面、细节，但联想推理能力欠缺，认识少量文字，喜欢文字阅读，喜欢与同伴分享或独立阅读。该阶段幼儿语言能力逐步发展，是阅读兴趣和独立思考打基础的时期，且不满足于画面的欣赏，开始关注文字
6—8岁	开始从亲子阅读过渡到自主阅读，需要提供丰富的阅读资源和信息，开始多元化阅读，有自己的喜好和读书方式，阅读时间因为上学而被挤压，需要碎片化的阅读时间，需要注意阅读习惯的养成

（三）儿童阅读供给侧与需求侧的精准对接需要评价体系

据2021年第七次全国人口普查数据，我国0—14岁人口为25338万人，占总人口的17.95%[①]。儿童人口数量多，目标市场基数大，阅读需求强劲，但目前儿童阅读服务供给侧依然存在着出版物精品少、亲子阅读指导缺乏、政策落实不到位等问题，为推动儿童阅读服务供给侧结构性改革，必须建立新时代背景下的大阅读评价体系，对阅读环境、基础设施、亲子阅读、阅读效果等情况进行全方位评估，在深度了解阅读现状的基础上提炼问题、挖掘需求，为供给侧结构性改革提供依据，形成供给侧和需求侧的良性互动，推动儿童阅读供给侧在精准对接国家的主流价值、主流思想的同时，能够以内容和服务的丰富形态，满足儿童不断增长的多元阅读需求。

（四）推动儿童阅读服务走向纵深需要评价体系

目前全民阅读已上升为国家战略，影响力覆盖全社会。儿童阅读作为全民阅读的重中之重，受到国家和地方全民阅读主管部门的重视。近年来全国各地在举办儿童阅读推广活动、发布推荐书单、打造儿童阅读空间、关注留守儿童等特殊儿童群体阅读需求、地区儿童阅读情况调研、优化阅读资源配置促进儿童阅读发展等方面已经积累了丰富的经验，3—8岁儿童大阅读评价体系是将这些实践成果转化成的制度成果，大阅读评价体系的建立与儿童阅读服务发展相互促进，能够进一步推动儿童阅读走向纵深。

七、建设“五位一体”的3—8岁儿童大阅读评价体系设想

在梳理分析3—8岁儿童阅读政策、阅读环境、阅读供给、阅读评价现状的基础上，智库从全民阅读角度出发，紧跟政策呼吁需求，围绕儿童阅读面

① 数据来源：国家统计局发布的《第七次全国人口普查主要数据情况》。

图1-5-1 “五位一体”的3—8岁儿童大阅读评价体系

临的新挑战，以3—8岁儿童阅读为研究对现象，结合3—8岁儿童阅读特点，探索儿童大阅读评价体系的建立。

3—8岁儿童大阅读评价体系的建设应重视过程和参与性，兼顾整体性和差异性。引入大数据思维，建立3—8岁儿童用出版物、有声读物、IP相关数据库，将亲子阅读纳入评价体系，同时将亲子阅读、各地涉及3—8岁儿童阅读的相关数据及指标、公共图书馆基础设施及活动开展情况、全民阅读中涉幼儿活动开展情况纳入评价范畴，兼顾3—8岁儿童不同年龄段阅读特性，通过大数据建立“五位一体”的3—8岁儿童大阅读评价体系。

（一）阅读需求侧：围绕阅读需求、阅读分级、阅读质量评估展开

阅读需求侧以3—8岁儿童为评估对象，围绕儿童阅读需求、儿童阅读分级与指导、个人阅读质量评估等维度展开。儿童阅读需求方面，将供给侧内容包括出版物、有声书、视频、少儿IP等纳入评估范畴，考察其数量、质量、类型是否符合3—8岁儿童阅读需求；儿童阅读分级与指导方面，3—8岁是儿童阅读能力快速变化的阶段，不同年龄段的儿童阅读特点不同，需要通过阅读分级，根据不同阶段儿童身心特点和发展规律，通过测试、选书、读书、测评、纠正、进阶等系列流程，进行分级阅读与指导，针对性地提出

适宜、有效的阅读策略、阅读载体、阅读内容；个人阅读质量评估方面，对3—8岁儿童阅读的态度描述、阅读能力、阅读年龄、科技素养变化、人文素养变化、阅读数量变化、场景、空间、互动性等进行持续监测评估。

（二）阅读环境侧：以区域为对象，对不同地区阅读环境进行评估

阅读环境侧以儿童阅读环境为评估对象，围绕3—8岁儿童阅读区域宏观环境、家庭环境、阅读环境展开。区域宏观环境方面，包含幸福指数变化、地区风气变化、人文变化、科学素养变化以及城市空间变化等；家庭环境方面，主要针对亲子阅读场景，从家长及其他监护人参与阅读的互动性、陪伴性、阅读激励、阅读指导等内容进行评估；阅读环境方面，以区域为对象，围绕政策制定、公共基础设施、区域阅读情况、阅读推广活动、亲子阅读、区域阅读差异等，对不同地区阅读效果进行阶段性评估。其中，政策制订是3—8岁儿童阅读政策的出台及落实情况。公共基础设施主要是对图书馆基础设施建设、阅读延伸服务站、特色阅读空间的情况进行评价；区域阅读情况，既包括地区居民整体阅读情况评价，也包括地区人文氛围的考察；阅读区域阅读差异，主要指城乡之间、留守儿童及其他相关群体在阅读资源的获取、阅读需求的关注等方面呈现出来的差异。

（三）阅读程度：围绕数字阅读、课外阅读、教辅阅读、纸质阅读进行

阅读程度的评价以3—8岁儿童为评价对象， 围绕数字阅读、课外阅读、教辅阅读、纸质阅读四个维度进行。顺应阅读新趋势，数字阅读主要针对儿童数字阅读使用率、数字阅读形式的选择、数字阅读时间、数字阅读内容、数字阅读产品等进行评价；课外阅读评价主要考察在课本之外的儿童阅读情况，可以从阅读量度、阅读广度（书籍类型阅读面）、阅读向度（老师有意识地干预、限制阅读题材）、阅读深度（识字量、阅读能力、理解能力等）四方面进行评价；教辅阅读主要考察3—8岁儿童能否抓住书中的关键要素，进行分析、整合及表达，可以从读前、读中、读后三方面评价，读前评价，

教师采用检查、调查等方式对学生阅读起点、阅读情况进行研判；读中评价，教师通过观察、调查、检测等手段及时了解学生所需，进而对阅读的策略、探究的主题、讨论的话题等进行相应的调整与改进；读后评价，包括对整个阅读过程的回望、反思等。纸质阅读主要是针对儿童纸质阅读情况的考核，包括纸质阅读率、纸质阅读内容的选择、书籍的来源等。

（四）阅读可用性：从家庭、教育机构、社会层面对阅读成效评价

阅读可用性的评价围绕家庭、教育机构、社会三个维度进行。家庭层面是针对亲子阅读情况进行评价，包含亲子阅读基本情况（陪读时间、家庭阅读环境等）、3—8岁儿童智力发育、语言表达能力的发展、性格培养、家庭情感交流、家长对儿童阅读认知程度等；教育机构层面主要针对儿童的文学素养、兴趣培养、专注程度三个方面，其中文学素养主要是对儿童在阅读活动的参与度、阅读内容的运用、阅读层次、阅读效果等内容评价；兴趣培养主要是儿童阅读内容的选择、儿童参与活动的类型等；专注程度是对儿童阅读时长、儿童阅读频率等内容的评价。社会层面是针对儿童阅读成效在社会层面体现的评价，包括社会化程度、对各种情感的理解和表达、认识自然与环境、理性思维能力与社会安定等。

（五）阅读个人属性：围绕技能与能力、态度与立场、动机和激励机制评价

阅读的个人属性以3—8岁儿童为评价对象，围绕技能与能力、态度与立场以及动机和激励机制三个维度进行。技能与能力是针对阅读素养的评价，主要评价儿童在读书活动、读书交流会、读书笔记中等展现出的能力与素质，包含阅读计划、阅读习惯、阅读策略与方法、自主阅读情况、对阅读内容的理解、阅读表达能力、阅读的专注度等；态度与立场是针对阅读感受的评价，包含阅读兴趣、对阅读的认知、对阅读的热爱程度、阅读目的、阅读努力程度、阅读抗挫能力、阅读目标等内容；有效阅读激励是针对动机与激

励的评价，对儿童阅读的激励包括口头激励、书面激励或者加分激励等，评价内容包括激励措施、有效程度、儿童的接受度等。

八、思考与建议

（一）儿童阅读评价体系构建需要社会各界共同参与

3—8岁儿童阅读内涵丰富形式多样，涉及出版物、有声书、音频、视频、少儿IP等不同内容形式，也需要兼顾城乡、区域差异以及留守儿童、低收入家庭儿童、福利院儿童、城市务工人员子女等特殊儿童群体的阅读需求。搭建一个兼具全面性和针对性的儿童大阅读评价体系，需要学校、家庭、全民阅读推广部门、出版机构、图书馆、图书销售平台、儿童视频和有声书平台、城市基础设施建设、儿童公益组织、智库等社会各界共同支持。

（二）依托大数据推动体系建设，进行动态数据监测分析

3—8岁儿童大阅读评价体系的建立应该按照“数据智能+儿童阅读”的理念，引入大数据思维，建立数据库，结合3—8岁儿童的阅读特点和需求，将各地涉及3—8岁儿童阅读的相关数据及指标、公共图书馆涉儿童阅读的基础设施建设、地区及城乡差异等因素纳入考察范围，进行动态阅读数据监测和分析，通过大数据建立涵盖供给侧、需求侧、阅读分级、阅读质量、阅读环境等维度的评价体系建设。

（三）关注儿童阅读新趋势，及时将新业态纳入阅读评价体系

随着智能技术的发展，儿童有声书、音频、IP等新业态发展近年来发展迅速，同时也出现分级缺乏统一标准等问题。在国家政策、市场竞争、儿童需求等因素的推动下，持续关注儿童阅读发展新趋势、新问题、新需求，及时将新业态纳入儿童阅读评价体系，已成为儿童阅读发展的必然要求。

（四）依托全民阅读推进大阅读评价体系的落地

目前全民阅读已上升为国家战略，影响力覆盖全社会。在国家和地方相关政策的支持下，各类精品活动层出不穷，全社会掀起了阅读热潮，3—8岁儿童大阅读评价体系是全民阅读的制度成果之一，作为构建全民阅读推广服务体系的重要一环，其落实和实施应该依靠全民阅读工作的引领。

（本报告为“中国少年儿童阅读数智平台”课题研究的第一阶段初步成果。
课题组成员：李忠、姚贞、马萧萧、张文彦、刘永丹、刘振兴、党琳、郑莉。
技术支持：中新宽维传媒科技有限公司，2022年12月）

第六篇
主题出版引领主题阅读
——出版深度融合背景下的新时代主题出版发展观察

一、主题出版概念及发展历程

（一）主题出版是围绕党和国家重大事件、题材、理论等主题进行的选题策划和出版活动

党的十八大以来，随着党和国家有关部门对主题出版的高度重视，主题出版迅速发展，数量和质量都有明显提高，主题出版成为出版的重要领域，也成为行业、学界关注的热点问题。目前，行业、学界对主题出版的定义较为统一，即围绕国家政治、经济、社会、文化等方面的工作大局，就党和国家发生的一些重大事件、重大活动、重大题材、重大理论问题等主题进行的选题策划和出版活动①。

主题出版中的“主题”指特定的题材、主旋律。从政策制订层面，早期指围绕一些重大事件纪念日、重要会议贯彻落实、重大事件的宣传等题材，后来逐步扩展，扩展到所有弘扬主旋律、直接为党所领导的中华民族伟大复兴中国梦这一重大主题服务的出版题材②。中国共产党所领导的中华民族伟大复兴中国梦这一重大主题包含以下几个层面：第一个层面也是最核心的指

---

① 王建华：《浅谈主题出版的内涵与发展》，《发展》2020年第4期。
② 周蔚华：《主题出版及其在当代中国出版中的地位》，《编辑之友》2019年第10期。

导思想层面，即马克思主义及马克思主义中国化的创新性成果；第二个层面是党和国家的价值主张，即社会主义核心价值体系；第三个层面是对马克思主义及马克思主义中国化创新性成果的宣传阐释解读等；第四个层面是中国共产党在不同时期根据国内外形势变化而作出的重大决策、政策主张、会议精神及不同阶段的重点工作的宣传贯彻；第五个层面是党和国家的各项重大活动的宣传，包括一些重大节庆、节点、纪念日活动的宣传；第六个层面是运用马克思主义及马克思主义中国化创新性成果的立场、观点和方法解释和分析国内外现实中遇到的重大理论和实践问题[①]。

主题出版就是围绕上述六个层面的重大主题而进行的出版选题策划和出版实践活动。因此，主题出版是出版业为服务于党和国家中心工作，围绕党和国家的一些重大理论与现实问题、重大事件和重大活动而进行的出版活动。

（二）主题出版是中国特色社会主义出版事业显著特点，满足人民群众精神文化需求，体现出版业社会、经济效益高度统一

做强做优主题出版，既是政治文化要求，也是政治任务。主题出版作为中国特色社会主义出版事业的重要组成部分，既为党和国家大局大事营造积极的文化环境和良好的舆论氛围，又满足人民群众基本的精神文化需求。

主题出版是中国特色社会主义出版事业最显著的特点，是党的主张、国家意志在出版领域最重要的标志，是中国出版业的灵魂，对教育出版、专业与学术出版和大众出版等其他出版领域具有统领性和指导性，出版的政治性、思想性、导向性在主题出版领域得到最准确和鲜明的体现。如果说其他几种出版领域的主要职能是传递信息、传播知识、传承文化、教化育人、提供娱乐等，那么主题出版的主要功能更多的是传播真理、确立价值、明确信仰、坚定信念，其他出版领域如果离开了主题出版，离开主题出版所体现的

① 周蔚华：《主题出版及其在当代中国出版中的地位》，《编辑之友》2019年第10期。

思想观念、价值理念等，就会失去灵魂、失去方向，这就是主题出版在当代中国出版业中的地位[①]。

主题出版是最能体现出版业社会效益和经济效益高度统一的领域，高质量的主题出版策划和主题出版活动也能够切实回应广大人民群众的关切，传达人民群众的呼声，解答人民群众的思想认识困惑，满足人民群众对美好精神生活的需求，可以切合市场的需要，产生巨大的经济效益，形成巨大的社会影响力。因此，出版业在任何时候都必须把主题出版作为中心任务抓实抓好，使主题出版在促进中国当代出版事业的发展和繁荣中持续发挥引领作用[②]。

（三）政策引领主题出版做强做优，主题出版已经成为我国基本出版制度的重要组成部分

党的十八大以来，中宣部、国家新闻出版广电总局等有关部门高度重视主题出版工作，引领主题出版做强做优。2021年年底，国家新闻出版署印发《出版业“十四五”时期发展规划》，为“十四五”时期主题出版给出了方向与方法。《规划》将做强做优主题出版作为“十四五”时期出版业发展的重要任务，提出“把学习宣传贯彻习近平新时代中国特色社会主义思想作为长期重大政治任务，及时策划、编辑、出版、传播党的创新理论读物，打造文献精编、权威读本、理论专著、通俗读物等多层次作品体系，推动党的创新理论更加深入人心、落地生根。坚持围绕中心、服务大局，打造更多培根铸魂、启智增慧的出版精品，更好为全面建设社会主义现代化国家统一思想、凝聚力量”。并从“加强党的创新理论出版研究”“做好重大主题作品出版传播”“推进弘扬中华民族精神作品出版传播”“强化主题出版组织引导”等方面提出具体要求。

---

① 周蔚华：《主题出版及其在当代中国出版中的地位》，《编辑之友》2019年第10期。

② 周蔚华：《主题出版及其在当代中国出版中的地位》，《编辑之友》2019年第10期。

2017年国家新闻出版广电总局发布的《新闻出版广播影视“十三五”发展规划》，也对主题出版作出规划部署。一是在“主要任务”部分中提出，“切实组织开展好习近平总书记系列重要讲话精神和党中央治国理政新理念新思想新战略宣传阐释，认真做好中国特色社会主义、中国梦、‘五位一体’总体布局、‘四个全面’战略布局、新发展理念、社会主义核心价值观、中华优秀传统文化等主题宣传和主题出版”；二是专门就“主题出版工程”作出具体安排，“紧密结合党和国家工作大局，统筹做好重大选题出版工作，凸显党中央治国理政新理念新思想新战略、中国特色社会主义和中国梦、社会主义核心价值观，围绕重大活动、重大会议、重大事件、重大节庆等主题，特别组织实施好聚焦党的十九大、中国共产党成立95周年、改革开放40周年、中华人民共和国成立70周年、中国人民解放军成立90周年等国家重大主题出版工程”。

目前，主题出版已经成为我国基本出版制度的重要组成部分，主要体现在以下几点：一是自2003年起，无论是原国家新闻出版总署、原国家新闻出版广电总局还是中宣部（国家新闻出版署），每年都会发出关于主题出版的工作部署、内容范围、工作要求、选题重点的相关通知，自2012年起，中宣部办公厅等有关部门每年年初均向各地各部门印发《关于做好主题出版工作的通知》，明确该年度主题出版的选题重点，如中宣部办公厅印发通知，明确2022年主题出版六方面选题重点；二是中宣部每年都会向全国各地区各部门的出版单位征集国家重点主题出版物选题目录，这个目录的出台、运行和推动，已成为业内非常重要的一个抓手，如中宣部办公厅公布2021年主题出版重点出版物选题170种；三是“五个一工程”奖、中国出版政府奖、中华优秀出版物奖等重大评奖活动，都把主题出版作为重要出版物门类来考量[①]。

---

① 郝振省、韩建民：《主题出版的历史与内涵》，《出版与印刷》2021年第1期。

（四）主题出版历经20年发展迈入高质量发展时期，社会认可度高，持续发力走出去，成为体现中国出版特色的出版方式之一

自2003年原国家新闻出版总署正式提出实施“主题出版”工程之前，相关图书的出版工作也一直在进行，如以人民出版社为代表的出版机构就曾推出不少围绕某类主题的图书，尽管只是出版机构的自发行为，但为主题出版的发展奠定了基础。2003年主题出版工程的实施，从国家层面对出版机构的生产进行方向性引导，为出版行业宣传国家大政方针、围绕党和国家工作大局服务提供了指南。自2003年“主题出版”工程开始实施，经过19年的发展，主题出版成为中国特色社会主义文化的重要组成部分。根据主题出版涵盖的内容和数量，可将主题出版的发展分为以下几个时期：

1.初始期（2003—2006年）：以纸质出版物为主，围绕重大活动、重大事件开展相应出版活动

初始期的主题出版主要是纸质出版物。出版内容凸显党和国家工作主线，紧紧围绕党中央、国务院的重大活动、重大会议、重点工作，以及重大节庆、重大事件等开展相应的出版活动。2003—2006年，我国主题出版选题数量从400余种增加至700余种。

初始期的选题内容主要集中在以下四个方面：一是为了配合党和国家工作，落实当时指导思想如“三个代表”重要思想、科学发展观的选题，代表作品如《“三个代表”重要思想概论》；二是继续深入探索马克思列宁主义、毛泽东思想、邓小平理论的相关选题，代表作品如《马克思主义哲学的当代论域》等；三是关于近现代发展重大节点的选题，如毛泽东诞辰110周年、中国工农红军长征胜利70周年等，代表作品如《毛泽东传（1949—1976）》等；四是与中国社会现实紧密结合的重大理论选题，代表作品如《西部大开发与地区协调发展》等[①]。

---

① 武丛伟：《主题出版的回顾与展望》，《出版广角》2020年第3期。

2.成长期（2007—2012年）：数字出版物取得迅猛发展，主题出版图书数量增加

成长期的主题出版，纸质出版物的销售由过去的线下逐渐延伸到线上，数字出版物也取得了迅猛发展。这一方面是由于期间重大热点、重大事件不断涌现，如2008年北京奥运会、2010年上海世界博览会等，为主题出版提供了广阔空间和丰富题材；另一方面是各出版机构更加积极主动地贯彻中央精神，积极开展主题出版工作，推动主题出版的快速发展。2012年底，主题出版图书数量已达到2000多种。

成长期的主题出版选题主要集中在以下方面：一是关于党和国家的重大历史事件以及一系列重大活动。2009年是中华人民共和国成立60周年，全国多家出版社组织策划了一系列的“献礼书”，如《中华人民共和国大事记（1949—2009）》等；二是对马克思主义理论中国化的继续探索。出版界既扎根于中国社会的现实发展，又占据理论的制高点不断推陈出新，编辑出版马克思主义的新译本，如《马克思恩格斯文集》等；三是对我国社会现实问题的深入探讨，如《科学发展观与中国经济改革和开放》等图书；四是致力于国民文化素养提升的图书。这类图书主要针对青少年及农村青壮年人口，如“青少年人文与科学素养丛书”[①]。

3.深入发展期（2013—2017年）：主题出版增速趋稳，选题内容更加深入丰富

深入发展期的主题出版，选题内容拓展到文化、经济、政治等诸多领域。同时，主题出版也在市场上获得高度认可。根据中国版本图书馆CIP中心统计，2013 年至2017年主题出版选题数量每年维持在2000余种。相较前两个阶段，这一时期主题出版的增长速度趋于稳定，主题出版图书的范围扩

① 武丛伟：《主题出版的回顾与展望》，《出版广角》 2020年第3期。

展，内容更加深入和丰富。

深入发展期的主题出版选题主要集中在以下方面：一是针对习近平总书记系列重要讲话精神和治国理政新理念、新思想、新战略的选题，包括读本、讲话和解读习近平总书记思想的理论读物，如《平易近人——习近平的语言力量》等；二是深入解读社会主义核心价值观的选题。如脱胎于北大名师大讲堂的《铸魂：社会主义核心价值观十二讲》，由厉以宁等12位知名学者结合自身的研究领域，阐释社会主义核心价值观概念的起源和流变，引导读者深入了解社会主义核心价值观内涵；三是关于党的十八大以来党和国家取得的伟大成就的选题。如由外交部、教育部等权威部门撰写完成的《十八大以来新发展新成就》；四是关于重大历史事件、重大时间节点的选题，如《南京大屠杀：第二次世界大战中被遗忘的大浩劫》等图书在抗日战争胜利70周年之际推出①。

4.高质量发展期（2018—至今）：社会认可度高，持续发力走出去，成为体现中国出版特色的出版方式之一

2018年至今，主题出版迎来高质量发展期，并呈现以下新的特点：一是社会认可度高，实现社会效益和经济效益双丰收。据2018年的统计，重点主题图书单品种平均印数近28万册，远超全部图书单品种平均印数（1.9万册），在年度单品种印数超过100万册的90种一般图书中，主题图书有35种，占比近39%；二是持续发力走出去。将一批优秀的主题出版物通过译介推向海外市场，典型如外文出版社的《习近平谈治国理政》（第一、二卷）累计出版20多个语种，覆盖160多个国家和地区，扩大主题出版的国际影响力；三是主题出版日渐成为体现中国出版特色的出版方式之一，无论是党委宣传部门的工作安排还是出版单位的工作计划，主题图书都是单独部署，在

① 武丛伟：《主题出版的回顾与展望》，《出版广角》2020年第3期。

书店亦是专柜陈列。国内的学术界也把主题出版作为一个独立的类型予以研究①。

二、重点主题出版案例分析

近年来，主题出版全面贯彻落实习近平总书记关于出版工作的重要论述，紧扣中宣部重点方向和国家重要时间节点，配合国家宣传工作，围绕党和国家重点工作和重大活动、重大事件等，打造丰富优质的精品主题出版物，发挥主题出版的导向性价值，在党和国家的政治生活和思想文化建设中发挥了重要作用，对推动出版业高质量发展，建成社会主义出版强国、文化强国具有重要意义。

对2012—2021年主题出版重点选题方向进行整理（表1-6-1），结合各年度主题出版重点出版物选题情况，将近年来重大周年纪念类选题（包括中国共产党成立100周年、新中国成立70周年、改革开放40周年等）、疫情防控类选题、脱贫攻坚类选题作为主题出版经典案例进行分析，体现主题出版在国家重点工作、重大活动、重大事件中的重要作用。

（一）周年纪念类主题出版——宣传贯彻中央精神，推动思想文化建设

对2015—2021年中宣部办公厅公布的各年度主题出版重点出版物选题进行分析（表1-6-2），中国共产党成立100周年、新中国成立70周年、改革开放40周年、建军90周年、西藏自治区成立50周年等周年纪念类重大历史时刻的相关重点主题出版入选种类在年度总量中占比均较高。围绕这些重大时间节点，各出版单位积极推出一系列记录、呈现、反映相关重大事件的优秀作品，在宣传贯彻中央精神、推动思想文化建设方面发挥重要作用。

---

① 数据来源：人民网发布的《主题出版：向精品化行进》。

表1-6-1 2012—2021年主题出版重点选题方向

年份	主题出版活动
2012	回顾和总结党的十六大以来的建设成就和经验；迎接党的十八大
2013	中国特色社会主义道路、理论体系、制度；中国特色社会主义的总依据、总布局、总任务；科学发展观；全面建成小康社会、全面深化改革开放、“中国梦”；社会主义核心价值体系建设；纪念毛泽东同志诞辰120周年
2014	学习贯彻习近平同志系列重要讲话精神；培育和践行社会主义核心价值观；庆祝新中国成立65周年；纪念邓小平同志诞辰110周年
2015	“四个全面”战略布局；深化中国特色社会主义和中国梦学习宣传教育；纪念中国人民抗日战争暨世界反法西斯战争胜利70周年；新疆维吾尔自治区成立60周年；西藏自治区成立50周年
2016	党中央治国理政新理念新思想新战略；中国特色社会主义和中国梦；经济发展新常态和结构性改革；社会主义核心价值观；庆祝中国共产党成立95周年；纪念红军长征胜利80周年
2017	迎接、宣传、贯彻党的十九大；深化党中央治国理政新理念新思想新战略重大主题宣传；“五位一体”；“四个全面”；中国人民解放军建军90周年；香港回归20周年；内蒙古自治区成立70周年
2018	习近平新时代中国特色社会主义思想；党的十九大；中国特色社会主义和“中国梦”；社会主义核心价值观；改革开放40周年
2019	习近平新时代中国特色社会主义思想；新中国成立70周年、澳门回归20周年、西藏民主改革60周年；经济形势政策宣传读物；社会主义核心价值观；充分展示真实、立体、全面的中国；聚焦革命传统与时代精神
2020	习近平新时代中国特色社会主义思想；全面建成小康社会、脱贫攻坚；中国伟大抗疫事业、中国抗疫英雄故事讲述；加强健康安全和生态保护教育；宣传阐释党中央精神和决策部署，唱响中国经济“光明论”；深化社会主义核心价值观宣传阐释；恩格斯诞辰200周年、列宁诞辰150周年、中国人民抗日战争胜利75周年
2021	中国共产党成立100周年；习近平新时代中国特色社会主义思想；党的十九届五中全会精神；“十四五”规划；全面建设社会主义现代化国家新征程；深入贯彻党的十九大和十九届二中、三中、四中、五中全会精神；全面贯彻党的基本理论、基本路线、基本方略；增强“四个意识”、坚定“四个自信”、做到“两个维护”；聚焦举旗帜、聚民心、育新人、兴文化、展形象的使命任务；弘扬中华优秀传统文化
2022	习近平新时代中国特色社会主义思想；深入贯彻落实党的十九大和十九届历次全会精神；弘扬伟大建党精神；深刻认识“两个确立”的决定性意义；增强“四个意识”、坚定“四个自信”、做到“两个维护”；迎接党的二十大暨宣传贯彻党的二十大精神工作主线；建设社会主义文化强国目标；经济形势政策宣传读物；北京冬奥会、冬残奥会精神；塑造可信可爱可敬的中国形象

注：来源于2012—2022年中宣部、国家新闻出版署关于做好主题出版工作的通知。

1. 中国改革开放40周年

2018年是中国改革开放40周年。为庆祝改革开放40周年，各出版单位以改革开放40年历程为主线，聚焦党和国家事业取得的历史性成就、历史性变革，反映40年来我国经济、文化、教育、科技等各方面的丰硕成果，推出一批具有思想性、权威性、理论性的重点主题出版物，充分展现中国改革开放40年来的伟大成就，大力弘扬以改革创新为核心的时代精神，持续推动“思想再解放，改革再深入”。

庆祝改革开放40周年相关主题出版物主要包括通史专题类、学术理论类、文学艺术类作品，集中展示改革开放的历程、成就、经验，阐释新时代改革开放的目标任务和战略举措，突出时代性、思想性、实践性。例如，人民出版社的《中国改革开放全景录》、当代中国出版社的《改革开放四十年：历程与经验》、中国统计出版社的《改革开放四十年》等，反映了全国

表1-6-2　2015—2021年周年纪念类重点主题出版情况

年份	重大历史时刻	重点主题出版数量（种）	年度重点主题出版总量（种）	占比（%）
2015	西藏自治区成立50周年 新疆维吾尔自治区成立60周年	24	125	19.20
2016	中国共产党成立95周年 红军长征胜利80周年	22	120	18.33
2017	中国人民解放军建军90周年	20	97	20.62
2018	改革开放40周年	26	81	32.10
2019	新中国成立70周年	24	90	26.67
2020	全面建成小康社会、打赢脱贫攻坚战	27	125	21.60
2021	中国共产党成立100周年	>60	170	>35

注：主要参考吴志海《基于主题出版重点出版物选题的分析与启示——以2015—2020年国家主题出版重点出版物选题为研究对象》（《科技与出版》2020年第9期）。

及各省区市在改革开放和社会主义现代化建设中取得的历史性成就；人民出版社的《中国农村改革40年》《中国对外开放40年》、中国大百科全书出版社的《改革开放以来的中国经济：1978—2018》等学术专著，从政治、经济等不同领域，梳理研究中国改革开放取得成功的原因；新世纪出版社的《改革开放：40年的40个中国成就故事》、人民美术出版社的《春天的画卷·纪念改革开放40年连环画集》等，通过生动的故事和艺术的形式，折射出40年改革开放的历史变迁。

2. 中华人民共和国成立70周年

2019年是中华人民共和国成立70周年，也是全面建成小康社会、"十三五"规划收官前的关键一年。根据《中央宣传部办公厅关于做好2019年主题出版工作的通知》，各出版单位贯彻习近平新时代中国特色社会主义思想，加强爱国主义、集体主义、社会主义宣传教育，将庆祝新中国成立70周年作为贯穿全年工作的主线，推出一批思想性、艺术性、可读性俱佳的重点主题出版物，坚持价值引领、彰显时代风采、展示共和国70年来的光辉成就、伟大历程和宝贵经验，具有重要的时代意义和历史价值。2019年入选的90种主题出版重点出版物中，庆祝新中国成立70周年相关选题的主题出版物达24种，占比达26.67%。

庆祝新中国成立70周年相关主题出版物的主要特点为主题鲜明、内容丰富、形式多样，注重价值引领、记录典型人物和故事，以小见大、多层次、立体化呈现相关内容。例如，人民出版社的《新中国70年大事记》、广东人民出版社的《中华人民共和国通史》、经济科学出版社的《辉煌中国70年系列丛书》、法律出版社的《新中国成立70周年立法历程和成就》等，深入阐述新中国成立70年来的奋斗史、创业史、发展史；外文出版社的《"如何看中国"系列丛书（中英文版）》、广东人民出版社的《账本里的中国》、中国人民大学出版社的《对话中国》等，以普通人、专家学者、外国人等不同视角，多角度、全方位地展现新中国的历史和成就；上海科学技术文献出版社的《70年邮票看中国》、河南文艺出版社的《歌声里的中国——为祖国70岁献礼》、太平洋影音公司的《我和我的祖国——庆祝中华人民共和国成立70周年音像制品纪念套装》等，以邮票、歌曲、音像制品等不同载体形式，为庆祝新中国成立70周年营造浓厚氛围。

3. 中国共产党成立100周年

2021年是中国共产党成立100周年，是全面建成小康社会、“两个一百年”奋斗目标历史交汇之年，也是实施“十四五”规划、开启全面建设社会主义现代化国家新征程的第一年。根据《中央宣传部办公厅关于做好2021年主题出版工作的通知》，各出版单位深入贯彻落实中央精神，聚焦主题主线，围绕庆祝中国共产党成立100周年，推出了一批高质量、旋律突出、市场认可度高、专业特色鲜明的主题出版物，充分展示中国共产党领导人民革命、建设、改革的光辉历程，体现党在各方面工作中的重大成就和历史经验，传递建党精神，提供党史学习教育权威资料。在2021年入选的170种主题出版重点出版物中，聚焦建党百年相关选题的主题出版物达60余种，占比超35%。

从建党100周年重点主题出版物内容类型来看，建党百年主题出版物整体更偏重于论述类、文献类、党史教育类选题，具有一定思想性、精准性、教育性。例如，人民出版社的《中国共产党建设史丛书（1921—2021）》《中国共产党宣传工作简史》《中国共产党一百年大事记（1921年7月—2021年6月）》、党建读物出版社的《中国共产党组织建设100年》、中国财政经济出版社的《百年大党：走向最强大政党》等，展现了中国共产党100年来的发展历程，以及党和国家事业取得的光辉成就；学习出版社、人民出版社联合推出的《习近平新时代中国特色社会主义思想学习问答》，人民出版社、中共党史出版社出版的《中国共产党简史》，人民出版社和当代中国出版社出版的《中华人民共和国简史》《改革开放简史》《社会主义发展简史》等，对于党史学习教育具有重要意义，均被列为党史学习教育用书或重要参考资料。

从建党100周年重点主题出版物表现方式和载体来看，建党百年主题出版物体裁丰富创新、多元融合传播，推出了一批纪实文学、画册、连环画、纪录片、音乐集、有声听书等形式多样的主题出版物。例如，人民美术出版社和连环画出版社联合推出的《非凡百年奋斗路——庆祝中国共产党成立100周年百种经典连环画》、连环画出版社的《永恒的初心——中国共产党成立100周年连环画集》，以连环画艺术形式，展现中国共产党百年奋斗史；上海音乐出版社的《百年赞歌——庆祝中国共产党成立100周年优秀歌曲集》、浙江摄影出版社的《革命与复兴：中国共产党百年图像志》、江苏凤凰电子音像出版社的《“记忆100——献礼中国共产党百年华诞”百集微纪录片》，分别以音乐、摄影、纪录片体裁，展现党的发展历程、精神气质和实践经验。

（二）疫情防控类主题出版——加强出版服务，助力打赢疫情防控阻击战

新冠肺炎疫情是百年来全球发生的最严重的传染病大流行，是新中国成立以来我国遭遇的传播速度最快、感染范围最广、防控难度最大的重大突发公共卫生事件。2020年2月6日，国家新闻出版署发出通知要求，出版界要进一步加强出版服务，助力打赢疫情防控阻击战。各出版企业快速响应，策划了一批主题图书，做好疫情防控的出版社会服务，增加科学防控、知识科普、健康传播等方面的内容供给，讲述中国抗疫故事，宣扬抗疫中的先进人物和感人事迹，全面客观地记录中国政府和人民的抗疫进程；各专业与学术出版单位凭借自身的专业优势，策划了一大批专业学术性抗疫图书，为国内疫情防控提供解决方案，体现了出版业在特殊时期的社会责任和历史担当。

2020年6月，中宣部办公厅印发《关于公布2020年主题出版重点出版物

选题的通知》，将抗击疫情类图书、音像电子出版物纳入主题出版重点选题范畴。在125种主题出版重点出版物选题中，与疫情防控相关的选题超20种，占比达16%。

从应对重大突发公共卫生事件的出版时效性来看，疫情之下，图书出版业快速响应，迅速推出了一批专业性、针对性强且种类多样的抗疫相关主题出版物。在2020年1月21日至3月16日不到两个月的时间内，各出版单位正式出版抗疫图书570种，内容涵盖抗疫手册、抗疫纪实、童书教材、心理辅导、法律法规、疫病历史、复工复产、医学医术等。2020年1月23日，广东科技出版社仅用48小时就出版全国第一本预防新冠肺炎的科普图书《新型冠状病毒感染防护》，成为全国最早推出的抗疫图书，其电子书通过微信公众号推送，两天内阅读量突破2000万。随后，各人文社科类出版社编辑出版了一大批抗疫图书，其中防疫指导手册类读物数量最多，至3月中旬已达235种[①]。

从疫情相关主题出版的选题来看，我国防疫抗疫主题出版选题目的性、实用性强，选题结构较为合理。防疫主题出版物中，防控指导类出版物属应对突发重大疫情最急需的实用类出版物，整体占比较高。例如，人民卫生出版社的“新型冠状病毒肺炎防护丛书”、江西科学技术出版社的《新型冠状病毒肺炎防控工作手册》、浙江大学出版社的《基层医院新型冠状病毒肺炎防治手册》等。文史纪实类主题出版物内容丰富、形式多样，用具体生动的案例，以图记、歌曲集、美术作品等形式，记录抗疫英雄集体和个人的职业精神、责任担当和人性光辉，鼓舞民众。例如，由五洲传播出版社和人民出版社共同策划的《大国战“疫”：2020中国抗击新冠肺炎疫情纪实》（中、英、法、西、俄、阿文版）、人民卫生出版社的“致敬最美战‘疫’医务工

---

① 张丽、王彦祥、刘子涵等：《抗疫奋发的一年——2020年我国人文社科图书出版盘点》，《科技与出版》2021年第3期。

作者丛书”、中国画报出版社的《人民至上　携手同行：2020抗疫图记》（中、英文版）等。

另外，位于疫情中心的湖北省相关出版单位以一线视角推出一批抗疫主题出版物，其中5种入选2020年主题出版重点出版物。包括武汉出版社的《众志成城——武汉战“疫”记》、崇文书局的《抗疫英雄谱》、长江文艺出版社的《“逆行者”：全民抗击新冠肺炎疫情诗选》、长江少年儿童出版社的《战“疫”书简》等。

从抗疫防疫主题出版走出去看，各出版单位将我国主题出版的防疫抗疫出版物多语种版权输出国外，为世界提供防疫抗疫中国方案，助力全球抗疫。例如，广东科技出版社的《新型冠状病毒感染防护》发行量接近200万册，版权输出到10多个国家；人民卫生出版社和中国中医药出版社形成了具有医学特色的智库，出版了48种疫情防控出版物，开放了9个知识服务平台；湖北科学技术出版社的《新型冠状病毒肺炎预防手册》已与24个国家和地区达成了20个语言版本的版权输出，创造了湖北省图书版权输出的历史纪录①。

（三）脱贫攻坚类主题出版——讲好扶贫故事，助力脱贫攻坚

2020年是我国“十三五”规划的收官之年，是实现第一个百年奋斗目标的关键之年，也是决胜全面建成小康社会，决战脱贫攻坚的收官之年。2020年至2022年的主题出版重点出版物选题中均将“脱贫攻坚”“全面小康”作为主题出版重点选题范畴。2020年，中宣部办公厅印发的《关于公布2020年主题出版重点出版物选题的通知》中，扶贫脱贫、建设小康社会相关选题27种，在125种重点选题中占比达21.6%；在2021年主题出版重点出版物选题中也有超10余种脱贫攻坚相关主题出版物入选，仅次于建党百年相关选题。

① 程丽、周蔚华：《2020—2021年中国图书出版业发展报告》，《出版发行研究》2021年第2期。

近年来，各出版单位聚焦“脱贫攻坚”“全面小康”等主题出版选题，守正创新、稳中求进，推出了一批主题鲜明、内涵丰富、风格多样的脱贫攻坚主题出版物。呈现脱贫典型人物事迹、记录脱贫实践案例、展现贫困地区人民生活变化、总结扶贫经验、弘扬脱贫攻坚精神，体现时代精神、反映时代价值，为巩固拓展脱贫攻坚成果、全面推进乡村振兴提供智力支持和决策参考，为世界减贫治理事业提供中国样本。

从脱贫攻坚主题出版的内容类型来看，主要涵盖了具有典型性与实录性的通俗读物类、具有理论性和宏观性的理论研究类，以及文学艺术类。

脱贫攻坚与人民生活密切相关，选题中聚焦个体人物与真实事迹的相关主题占比最高。例如，人民出版社的《脱贫攻坚60个经典案例》、中国农业出版社的《100个产业脱贫帮扶故事》收录了脱贫攻坚及产业脱贫帮扶典型案例；中国青年出版社的《中国脱贫攻坚群英谱》，聚焦不同行业、不同地域、不同身份的普通人，着重刻画脱贫模范人物；外文出版社的《外国人眼中的中国扶贫》（中、英、法、西、阿文版）从不同视角出发，描述外国人眼中的中国扶贫；中国妇女出版社的《勤劳敲开幸福门：巾帼减贫脱贫故事》讲述了中国女性在决胜脱贫攻坚时期的典型故事。

脱贫攻坚主题出版中也有部分出版物注重理论性、学理性，立足宏观视角，聚焦中国脱贫思想理论、政策方针、模式机制和实践经验，对我国脱贫攻坚之路进行整体呈现与阐释。例如，江西人民出版社的《中国共产党怎样解决贫困问题》、经济科学出版社的《脱贫攻坚与精准扶贫：理论与实践》、华中科技大学出版社的《中国脱贫攻坚精神》等。此外，还有部分重点主题出版物展现了习近平总书记关于扶贫工作的重要论述及其对扶贫脱贫的实践探索。例如，研究出版社的《深入学习习近平关于扶贫工作的重要论述》、商务印书馆出版的《习近平扶贫故事》、新华出版社的《习近平的扶贫足迹》等。

从脱贫攻坚主题出版的体裁来看，相关主题出版物形式丰富多样，所涉体式涵盖画册、音像、诗歌、摄影集等。例如，人民美术出版社的《“决胜全面小康、决战脱贫攻坚”宣传画集》、浙江摄影出版社的《诗意栖居——在“浙”里看见美丽中国》、中国唱片集团有限公司的《百年小康梦圆时——“全面建成小康社会”优秀原创音乐集》、上海音乐出版社的《在希望的田野上——脱贫攻坚大众金曲一百首》等。

三、出版深度融合背景下主题出版的特点及发展策略

2022年4月18日，中共中央宣传部印发《关于推动出版深度融合发展的实施意见》的通知，围绕加快推动出版深度融合发展，构建数字时代新型出版传播体系，坚持系统推进与示范引领相结合的总体思路，制定实施意见。

出版业深度融合已是大势所趋，它要求传统出版与数字出版在内容、渠道、平台、运营等方面进行深度融合。作为国家级重要出版工作的主题出版，在内容、创意、策划、设计等方面也应符合出版转型融合发展趋势，实现“主题”选取与“出版”活动的良好结合。随着主题出版的内涵和外延不断扩展，出版机构需要发挥主观能动性，创新探索，走出一条新时代主题出版融合发展之路。

（一）新时代主题出版呈现的特点

1.主题出版内涵不断拓展

新时代的主题出版内涵不再局限于围绕党和国家工作大局的传统题材，还包括中华优秀传统文化、科技文化等方面的题材，学术专著、文学作品、摄影作品、原创歌曲集等不同类型的作品，只要能够在新时代反映时代需求和特色、彰显党和国家意志，也被纳入主题出版物的范畴。如作家出版社的《暖夏》、经济科学出版社的《中国共产党经济思想史（1921—2021）》、

浙江人民美术出版社的《点亮：一位摄影师眼中的邓小平》、上海音乐出版社的《百年赞歌——庆祝中国共产党成立100周年歌曲集》等选题均入选“2021年中宣部主题出版重点出版物”[①]。

2.主题出版物内容达到上下兼顾

进入新时代，主题出版物在内容导向、价值取向方面，既向上靠拢，坚持以习近平新时代中国特色社会主义思想为指导，又向下兼容，在出版物的制作工艺、设计审美方面满足受众的阅读需求，达到上下兼顾、双效统一的传播效果。新时代的主题出版物兼顾内容和市场，既有内容，又有营销，让主题出版物实现教育功能的同时，达到广泛的传播效果。一部分广受社会热议的出版物，是通过以小见大的讲述方式来拉近与受众的距离、引发大众情感共鸣的。比如广东人民出版社的《账本里的中国》以个人或家庭的小账本为载体，来反映新中国成立70年来广大家庭和个人的生活变化；上海科学技术文献出版社的《70年邮票看中国》从七个集邮本讲起，以个性化的集邮故事描绘新中国70年“画像”[②]。

3.主题出版以全媒体传播形态满足读者需求

主题出版以重点出版物主题确定内容服务导向，以全媒体出版形态营造浓厚的舆论氛围。新时代主题出版提供了更多优质内容服务，更新内容承载介质，由纸质书向电子书、音视频、数据库、移动App等全媒体介质方向延伸，以适应不同场景下读者的阅读需求。出版机构更加注重“一种内容多项输出”，将选题品牌化，推动开发影视剧、视听节目、动漫作品产业链，扩大受众范围。

---

① 数据来源：中央宣传部办公厅发布的《中央宣传部办公厅关于公布2021年主题出版重点出版物选题的通知》。

② 王海昆：《京城里推广集邮文化的“老年天团”（中篇）》，《中国邮政报》2012年1月12日。

4.主题出版在数字科技引领下持续创新与转型

随着科技不断发展，人类进入人工智能、区块链、云计算和大数据等技术快速迭代时代，特别是随着5G的普及，数字化转型浪潮为主题出版带来了全新的机遇和挑战。大型出版单位建立出版基地并与出版智库合作，共同促进产业创新发展。北京国家数字出版基地是北京市唯一的国家级数字出版基地，它在互联网技术的支持下，将教育出版、网络出版与移动出版作为核心，重点培育数字出版、文化创意产业及数字文化内容产业，助推国家数字中国建设。数字出版作为重要的新型出版业态，以多元化的传播形态增强了主题出版的渲染力，已成为主题出版和重大主题宣传工作的重要手段。

（二）新时代主题出版的新要求

1.主题出版必须推动习近平新时代中国特色社会主义思想深入人心

新时代的主题出版必须以习近平新时代中国特色社会主义思想为根本指导，深刻认识“两个确立”的决定性意义，增强“四个意识”，坚定“四个自信”，做到“两个维护”，坚持党对出版工作的全面领导，弘扬和践行社会主义核心价值观，围绕党和国家工作大局，围绕建设社会主义文化强国目标，担当起举旗帜、聚民心、育新人、兴文化、展形象的使命任务，做强、做亮、做活主题出版，打造更多讴歌新时代、满足新需求的出版精品。

2.主题出版必须坚持把社会效益放在首位

2015年9月，中共中央办公厅和国务院办公厅印发的《关于推动国有文化企业把社会效益放在首位、实现社会效益和经济效益相统一的指导意见》指出，一些国有文化企业改革还没有到位，两个效益相统一的问题还没有很好地解决，片面追求经济效益、忽视社会效益的现象时有出现。

新时代的主题出版作为提供精神产品的重要渠道，必须坚定履行新时代的出版使命，扛起社会效益大旗，必须始终坚持把社会效益放在首位，实现社会效益和经济效益相统一，正确处理好“社会效益和经济效益”“社会价值和市场价值”的关系，当“两个效益”“两种价值”出现不一致时，经济效益要服从社会效益，市场价值要服从社会价值。

3.主题出版必须严格按照精品要求，严抓主题出版物质量

一方面，主题出版单位要讲政治，要高度重视主题出版物质量，并通过建立健全质量管理制度体系（如“三审三校”制度、责任编辑制度、责任校对制度等）、运营机制来贯彻落实。对主题出版选题，出版单位必须严格执行《图书质量保障体系》《图书质量管理规定》等出版物质量管理法规和国家有关质量标准，凡涉及重大选题备案的，必须要按照有关规定认真履行备案手续，确保主题出版重大选题入口关安全。

另一方面，在主题出版物出版过程中，出版单位必须要按照国家有关规定要求，健全机构、相关岗位及人员管理制度，杜绝在“三审三校”、印前检查和成品书检查等环节中的疏忽、差错现象，把所有问题在成品之前解决。

4.主题出版必须以先进技术驱动融合发展

2020年9月，中共中央办公厅、国务院办公厅印发《关于加快推进媒体深度融合发展的意见》，明确提出“要以先进技术引领驱动融合发展，用好5G、大数据、云计算、物联网、区块链、人工智能等信息技术革命成果，加强新技术在新闻传播领域的前瞻性研究和应用，推动关键核心技术自主创新”。主题出版单位未来的发展必须充分利用前沿数字技术、推动媒体融合向纵深发展，主题出版机构要发挥数字技术优势，在提供技术加持的同时，拓展主题出版的多样化功能，如满足主题出版用户的学习需求，促进主题出版的大众化、市场化、读者年轻化，推动主题出版扩展传播范围，做大做强主流舆论等等。

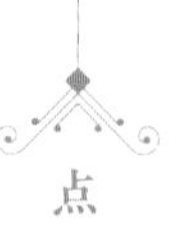

（三）新时代主题出版的发展策略

1.强化主题出版使命任务，展现中国文化软实力

2022年中宣部印发通知，明确主题出版六方面选题重点：一、突出“两个确立”的决定性意义，推动习近平新时代中国特色社会主义思想深入人心。二、聚焦主题主线，为奋进新征程、建功新时代营造良好氛围。三、坚定历史自信、增强历史自觉，巩固拓展党史学习教育成果。四、坚持稳中求进工作总基调，展现中国经济的光明前景和广阔空间。五、强化社会主义核心价值观引领，更好弘扬新风正气。六、向世界展现可信、可爱、可敬的中国形象，提升讲好中国故事的能力[①]。

进入新时代，主题出版作为宣传思想工作的重要载体，必须坚持正确政治方向。主题出版应实现统一思想、凝聚力量的目标，助力实现“加强党对意识形态工作的领导，全面推进党的理论创新，推动中国特色社会主义和中国梦深入人心，广泛弘扬社会主义核心价值观和中华优秀传统文化，不断巩固壮大主流思想舆论，大幅提升国家文化软实力和中华文化影响力”。

2.拓展主题出版选题范围、注重原创内容建设

主题出版的选题及内容从宏观向微观拓展，开始涵盖政治、经济、社会、文化和生态发展的方方面面。主题出版不仅要聚焦宏观叙事，而且要关注社会个体成长。下一步，主题出版应致力于通过规划打造一批高质量的大众普及读物，推动人的全面发展、社会的全面进步；助力提高全民的思想觉悟、道德水准、文明素养和科技素养，为青少年在其价值观形成和确定的关键时期提供正确的思想、行为指引。

主题出版还要持续讲好中国故事，聚焦中国方案。当前，主题出版要加强对科技强国、文化强国、技术振兴、数字经济以及家国情怀、中国青年奋

① 数据来源：中国文明网发布的《中宣部办公厅印发通知明确2022年主题出版六方面选题重点》。

发有为等方面内容的总结和弘扬，特别要重视反映普通老百姓个体精神面貌等方面原创作品的出版。因此，新时代的主题出版要注重对中国方案、中国智慧、中国力量、中国榜样等方面素材的挖掘与整理，通过系统规划、精心布局、认真打磨，真正打造一批思想精深、艺术精湛和制作精良的主题出版文化产品。

3.塑造主题出版重点品牌项目、重视宣传推广

随着主题出版物的运营方式越来越市场化，其影响力也不断扩大，受到越来越多读者的主动关注。出版单位要积极开发图书的品牌价值，提升品牌影响力。

例如中宣部理论局自2003年起推出的“理论热点面对面”系列通俗政治理论读物，结合每年的政治理论热点，将群众普遍关心的问题以问答形式呈现，采用鲜活的事例和通俗易懂的语言给出专业、准确的回答，体现了主题出版物浓重的人文关怀，已成为主题出版的标志品牌。《人民日报》曾对该系列之一《全面小康热点面对面》发表评论《有温度的理论暖人心》，认为这本书“将政策的善意倾注笔端，以此疏导社会情绪、纾解时代焦虑”[①]。

随着主题出版物品牌效益的形成，出版单位应借势延伸产业链，以全媒体形式打造主题出版品牌，新媒体平台就是重要的品牌运营渠道。出版单位应展开全方位、立体化宣传，综合利用线上线下两种渠道。线上通过微博、微信公众号等新媒体平台和电商平台进行精准推广；线下通过讲座、论坛、征文、公益推广等活动扩大知名度和影响力。

除以营销为目的宣传外，主题出版还应重视公益宣传，与全民阅读相结合。全民阅读活动自2006年开展以来，现已进入蓬勃发展阶段，目前全国各地都已建立了自己的全民阅读品牌活动，开展贯穿全年的阅读推广活动。主

---

① 吕小勋：《有温度的理论暖人心》，《人民日报》2016年1月15日。

题出版的宣传推广要与全民阅读结合起来，利用全民阅读强大的社会推广力量，发挥1+1＞2的影响力。

4.加强主题出版队伍建设、加大创新和投入力度

新时代，随着出版企业社会效益考核评价机制的逐步推广，主题出版的品种、质量及效益情况直接关系出版企业的社会效益考核，而社会效益考核又事关出版企业的健康可持续发展。因此，出版企业必须进一步加大对主题出版的创新和投入力度，做强做优主题出版。未来，各出版单位还需在以下方面加强建设：

一是出版企业要进一步加大在主题出版人才队伍建设方面的投入，特别是加大对从事主题出版相关人员的培训力度，除了常规的继续教育培训，还要重点加强对其政治素质、业务素养的锻造，为精品出版打下良好的思想和能力基础。

二是出版企业要加强对具有主题出版属性的高质量、原创、可持续内容的长期培育，以及作者的长期培养，在稿酬方面充分尊重作者的创作价值。

三是出版企业要加大在主题出版物产品设计方面的投入，确保主题出版物既有内容品质，又为读者提供良好的阅读体验。

四是出版企业要进一步加大投入，大力探索主题出版的立体化格局。随着5G的普及，内容在线化、视频化逐渐兴起，主题出版物应更好、更快地实现一个产品、多种形态的立体化格局。

5.加大主题出版全球宣传和走出去力度

习近平总书记在党的十九大报告中提出，要加强中外人文交流，以我为主、兼收并蓄。推进国际传播能力建设，讲好中国故事，展现真实、立体、全面的中国，提高国家文化软实力。目前，主题出版已逐渐成为国际社会了解中国的重要窗口，承担着重要的文化使命，将会形成更广阔的影响力。

外文出版社出版的《习近平谈治国理政》是当前主题出版走出去的典

范。《习近平谈治国理政》系统全面地解答了新时代环境下我国发展的重大理论和现实问题，同时也是国际社会了解当代中国的重要途径。该书自2014年9月出版发行以来，在国内外引起热烈反响，目前已出版22个语种、25个版本，截至2017年6月共发行625余万册，覆盖世界160多个国家和地区，海外发行突破50万册[①]。2022年7月，《习近平谈治国理政》（第四卷）的中、英文版在香港发行，随后在全球规模最大的出版行业展会——法兰克福书展上展出，为渴望了解和感知中国共产党执政理念的读者再次带来一把"金钥匙"[②]。

数字化、融媒体化的发行方式，使主题出版超越传统媒体限制，打破了国家、文化和阅读习惯的界限，实现一体化传播。作为《习近平谈治国理政》（第一卷）中文版、中文繁体版和英文版电子书的全球发售平台，掌阅在2018年率先上线《摆脱贫困》英文版和法文版，积极主动出海，服务国家文化"走出去"战略[③]。这些得力于发行渠道的数字化，进一步优化了主题出版物海外销售的效率。

6.创新主题出版形式、充分发挥技术支撑作用

在出版融合背景下，读者的阅读需求与习惯发生了变化，电子媒介让读者形成了碎片化、移动化的阅读习惯，5G技术的开放使用，为主题出版注入新的活力。这要求主题出版充分发挥技术支撑作用，勇于探索创新路径。

一是要加强前沿技术探索应用。紧盯技术发展前沿，用好信息技术革命成果，强化大数据、云计算、人工智能、区块链等技术应用，以创新驱动主题出版。建设专业化数字平台，为主题出版物拥抱互联网，开展移动化、数据化、全媒体化的融合出版提供了平台支撑，拓展了主题出版创新发展的广

---

① 严文斌、骆珺：《〈习近平谈治国理政〉的国际传播创新探索》，《对外传播》2017年第10期。

② 数据来源：新华社发布的《让世界进一步读懂中国——〈习近平谈治国理政〉第四卷中、英文版在法兰克福书展上展出》。

③ 徐飞：《张凌云 让阅读无处不在》，《北京观察》2020年第12期。

阔空间。

二是促进成熟技术应用推广，促进数字出版内容的多介质、多角度延伸，打造主题出版重点出版物新产品、新服务、新模式。推动融媒体产业链的开发，满足读者的个性化需求，以融媒体合力对出版物的生产、销售、营销与衍生服务进行整体规划。如出版社在图书中植入新媒体入口，将固有读者引入新的媒体领域：利用互动平台等媒介，如读者交流圈、小社群服务等，实现读者与出版社、出版社与新媒体、读者与作者之间的绑定与融合，在稳固既有市场的同时开拓新的市场，扩大主题出版物的传播效果，实现主题出版资源的再开发、再利用。

四、主题出版引领主题阅读，主题阅读深化主题出版

自2003年国家新闻出版总署正式提出实施“主题出版”工程以来，经过近20年的发展，主题出版已经成为中国特色社会主义文化的重要组成部分，大批政治导向正确、学术价值高、艺术性强的精品力作层出不穷，呈现百花齐放的繁荣局面，主题阅读氛围日益浓厚，在引领时代、服务国家重大战略需求和人民期待、推动发展方面发挥了重要作用，巩固壮大了积极健康向上的主流思想舆论，为社会营造了良好的氛围。

2022年3月5日，第十三届全国人民代表大会第五次会议在北京开幕，“全民阅读”再次进入《政府工作报告》。从2014年“倡导全民阅读”到2017年“大力推进全民阅读”再到2022年“深入推进全民阅读”，全民阅读的受重视程度逐步加深，主题阅读推广作为全民阅读活动的重要组成部分，重要程度日益显现。在政策推动和不断升温的主题阅读市场吸引下，越来越多的中央出版社、地方出版社和大学出版社勇于担当，竞相参与到主题出版和主题阅读推广的行列。

主题出版引领主题阅读，主题阅读深化主题出版，主题阅读是主题出版下沉效果的重要体现形式，近年来，主题阅读推广呈现出以下新形势。

（一）丰富的主题阅读推广活动

开展“书香中国万里行”、“红沙发”系列高端访谈、北京阅读季、深圳读书月、“书香上海”读书周、“书香进校园”等丰富多彩的主题阅读推广活动，充分发挥主题出版物的引导作用，让主题出版物焕发时代光辉。

“书香中国万里行”走基层采访活动作为国家级的全民阅读品牌活动，自2014年4月在北京启动第一站以来，截至目前，共进行了42站采访活动，足迹遍布北京、天津、石家庄、唐山、廊坊、青岛、苏州、扬州、福州、郑州、三门峡、漯河等50多个城市和地区。“书香中国万里行”活动形式多样，内容丰富，关注国家文化强国的战略部署、名家大师的经典推介、书香城市建设的典型示范、读书励志人物的榜样引领等全民阅读文化工程的方方面面。通过活动的开展，从城市到乡村，从政府机关到田间地头，营造出了一派热烈浓郁的书香文化氛围；从校园到家庭，从莘莘学子到白发长者，民众的阅读兴趣得以提升，百姓的阅读热情得以激发。2021年，“书香中国万里行”活动沿着“追寻光辉足迹”主题阅读活动的线路走进井冈山、遵义等地，传播红色文化、传承红色精神。

“红沙发”系列访谈活动创办于2012年6月，由中国全民阅读媒体联盟、中国新闻出版传媒集团有限公司主办，已在全国图书交易博览会、北京图书订货会以及武汉、海口、杭州、苏州、福州、三门峡、太原、长治、大同、石家庄、包头、廊坊、天津等地连续举办线下活动共37期215场。活动围绕业内关注的热点和痛点，邀请媒体、专家、知名人士、读者等业内外专家做主题分享，并根据出版发行机构与阅读推广的重点需求，邀请专家做专场解答。例如，第十二届全国人大教科文卫委员会主任委员、原国家新闻出版总署署长柳斌杰，原国家新闻出版广电总局副局长邬书林、闫晓宏，原

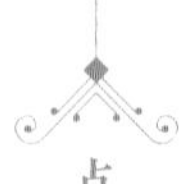

国家新闻出版广电总局党组织成员宋明昌先后做客“红沙发”，向行业内发布总署、总局推动全民阅读的最新政策导向。“红沙发”系列访谈活动已经成为全民阅读国家文化工程的一个业界风向标，越来越受到各界关注。“红沙发”访谈之“红”，象征着理想、激情，代表着焦点、热点。读书圆梦、中国梦圆、中华民族的文化复兴，都需要用激情去点燃，靠热情去奋斗、创造。

全国各地书香品牌，开展形式新颖、内容优质的阅读推广活动，如北京阅读季的“颂读百年·信仰永恒”朗诵会、“百部红色经典”领读直播、“北京庆百年华诞百部红色图书展”、“忆满京城·情思华夏”，深圳读书月的“崭新的境界·经典诗文朗诵会”、“发展大局观”名家领读、“文学经典映照百年”文学党课、南国书香节的“主题出版物联展”“红色文化轻骑兵”等，除此之外，各地党政部门、高校企业等组织开展的各类朗诵、评比、论坛、讲座等主题阅读活动。这些活动极大地提高了群众的主题阅读热情，充分体现了“主题出版引领主题阅读，主题阅读深化主题出版”。

（二）主题研学打造主题阅读新阵地

读万卷书，行万里路。主题研学通过对重大题材开展的主题研学活动，将国家深厚的文化底蕴、丰富的历史故事、海量的古迹遗产和有趣的社会实践等相结合，开展体验式、浸入式阅读活动。通过理论、互动等形式，引导参与者更加全面准确地认识历史、戏曲、建筑、中国汉字、传统节日、名人等中华民族的文化积淀，增强其民族文化自信和价值观自信。

红色研学以红色文化为载体，将革命传统教育主题转化为参与者感兴趣的活动主题，组织参观博物馆、重大历史事件、重要人物和重要革命纪念地等，让参与者通过亲历感悟、实践体验、行动反思接受红色洗礼，培养爱国主义情怀、传承红色革命精神。例如，围绕中华人民共和国成立70周年开展研学活动，将爱国主义教育的形色神貌展现出来，引导广大青少年共抒爱国情怀、共话祖国新貌，增强爱国情感、弘扬民族精神；结合建党100周年契机，开展研学主题活动，使参与者了解了中国革命历史，加深了对革命精神的感悟等。

以推动中华优秀传统文化的传承和发展为主题的研学活动，全国各地充分挖掘本地资源，围绕讲好家乡故事、弘扬地域优秀文化开展了一系列富有创新、富有成效的研学活动，以“大秦正声”为主题，欣赏非遗项目的秦腔、华阴老腔，参观易俗社、三意社等百年老社，了解秦腔这种古老艺术的流变以及对中国革命的贡献，了解毛泽东、鲁迅、于右任等人与秦腔结缘的故事；以“心忧天下”为主题，带领学生参观杜甫祠、杨虎城纪念馆，学习古今仁人志士心怀天下苍生的博大情怀；以“探幽访古”为主题，带领学生参观古城墙、古城门、钟鼓楼等，抒发幽古之思，感受历史之沧桑；以“古塔古镇”为主题的活动，带领学生参观大雁塔、西塘古镇、凤凰古镇、乌镇、周庄等建筑或庄园村落，了解古代建筑文化、古代民俗等[①]。例如书香苏州开展的“走读大运河之旅”，以活动赋能大运河苏州段文化带建设，弘扬江南文化、大运河文化；书香中国·北京阅读季开展的“走读北京中轴线”活动，邀请多位北京文化专家进行讲解，边走边读边讲，让参与者在游览中领会北京古代城市建筑的精髓。

（三）“学习强国”：最活跃的数字化主题阅读平台

2019年1月1日，“学习强国”学习平台在全国上线，同年12月，“读书频道”上线。目前“学习强国”学习平台由PC端、手机客户端两大终端组成，平台PC端共有“学习新思想”“学习文化”“环球视野”等17个版块、180多个一级栏目，手机客户端有“学习”“视频学习”两大板块、38个频道，聚合了大量可免费阅读的期刊、古籍、公开课、歌曲、戏曲、电影、图

① 宋献普：《基于复兴中华优秀传统文化的研学旅行》，《陕西教育（教学版）》2020年第12期。

书等资料。“学习强国”平台面对不同身份特征、知识水平的受众，提供有针对性的资讯，首次实现了“有组织、有管理、有指导、有服务”的学习，极大地满足了互联网条件下广大党员干部和人民群众多样化、自主化、便捷化的学习需求。

“学习强国”聚集了海量的阅读内容和资源，以网站为例，“红色中国”板块方便大家学习党史知识。它有“永远的丰碑”“经典著作”“红色记忆”“党史学习”等栏目。“永远的丰碑”栏目介绍了李大钊、蔡和森、刘胡兰等英雄的故事。“党史学习”栏目，回答了开国大典的礼炮为什么要鸣放28响、上海解放初期为什么会发生“米棉之战”、毛泽东为什么在中共七大上肯定陈独秀的功绩等问题。

“学习文化”板块内容极为丰富，共分设中华古籍、中国文学、中华诗词、中国戏曲、中国音乐、中国美术、中华文博、中国建筑、中华武术、中华医药、中国成语、中国楹联、中国灯谜、中华人物等栏目。每个栏目都有大量内容。

“读书”频道电子书栏目集纳人民出版社、人民文学出版社、商务印书馆、电子工业出版社、人民卫生出版社、清华大学出版社等出版单位的优质电子书资源，包括新时代新经典、学习用书、政治历史、文化社会、文学艺术、教育科技、军事法律、人文地理、人物传记、综合性图书等类别图书，全部免费阅读。“读书频道”另设书评、荐书、读书、人物、强国教材等栏目。其中“荐书”以“荐”为主旨，形式丰富多样，既有书讯书摘，又有深度访谈，而且，该板块还根据图书内容划分了“理论经纬”“文化书林”“军事天地”“教师书房”“童书荐读”“农家书屋”等九大板块。2021年，“读书频道”进一步优化，加载了EPUB阅读器和“我的书架”，升级了电子书的阅读体验。

“学习强国”学习平台在倡导主题阅读，繁荣出版行业，推动“多读书、读好书、善读书”的良好氛围和文明风尚中发挥了重要作用，截至2020年上半年，“学习强国”全国注册用户（一个手机号对应一个真实用户）已突破1.9亿[①]，用户总数遥遥领先其他中央媒体，且截至当前，用户数量仍在快速增长。“学习强国”已成为用户最活跃的国家优质思想文化聚合平台和主题阅读平台。

（四）新媒体助力主题阅读

随着数字化技术的发展，主题阅读呈现多媒体化的趋势。《2021年度中国数字阅读报告》显示，2021年我国数字阅读用户规模为5.06亿，相比2020年增长了2.49%[②]。与此同时，一方面，主题出版在形式上求新求变，增加亲和力和吸引力，例如不再拘泥于传统纸质书形式，逐渐向多元化形态扩散，形态上出现了H5、纸屏融合出版读物等，探索出“主题出版物+微视频+体验+原创动漫+知识产权（IP）资源应用”等多种形式。另一方面，利用新媒体技术拓展多元化传播渠道，利用微信公众号、音频、视频等新媒体平台，精准对接多元化、个性化的需求，实现主题出版物单向传播向双向传播、线性传播转变，有效的提升内容传播的思想性、广泛性和深刻性。例如“中国好书”“书香江苏”“书香龙江”等一大批优秀阅读新媒体号相继在微信、微博、有声读书、短视频等新媒体平台上线。多媒体的立体呈现方式，既满足了人民群众日益增长的阅读需求，又为党和国家大局大事营造出良好的文化环境和舆论氛围。

为充分发挥好优秀阅读新媒体号在主题出版物宣传和主题阅读推广方面的引领示范作用，提升全民数字化阅读率，中国新闻出版传媒集团有限公司、中国全民阅读媒体联盟连续5年成功举办“大众喜爱的50个阅读新媒体号”推荐活动。2022年，活动在前五届成功举办的基础上进一步增加了哔

① 数据来源：《学习强国·实用功能：“学习强国”陆续开通地市级学习平台》。

② 数据来源：《2021年度中国数字阅读报告》。

哩哔哩、懒人畅听等平台，拓展提升推荐活动的影响力。目前，该推荐活动已经累计推荐390个阅读新媒体号，推荐的阅读新媒体号导向正确、内容健康；能够提供形式多样、有阅读价值的内容，激发大众的阅读兴趣，帮助大众培养阅读习惯。经过连续六届推荐活动的开展，阅读新媒体号在全民阅读活动中发挥的作用越来越大，已成为各地政府主管部门、行业协会、出版单位、出版物发行单位、图书馆、阅读推广机构等开展阅读活动的优秀平台，受到广大读者的喜爱。

总而言之，主题出版物能够彰显文化自信，在新时代，阅读主题出版物有利于接受优秀社会文化的指引，不断奋进，因此把握阅读导向，做好阅读引导对于增强文化软实力，聚集发展正能量，建设文化强国至关重要。出版发行机构要进一步加强主题阅读推广的出版供给，围绕学习宣传贯彻习近平新时代中国特色社会主义思想、围绕党和国家的工作大局，秉持公益精神和社会责任感，坚持文化理想、文化操守和担当，坚持出好书、出精品力作和有广泛影响力的优秀作品，为广大读者奉献健康、有品位的精神食粮，同时全民阅读应呼吁国家各类主题，凝聚读者向上向善，推进主题阅读活动更加扎实有效的开展，只有这样才能真正使全社会的主题阅读氛围不断升华，助力“书香社会”和“书香中国”的建设。

（课题组成员：李忠、姚贞、马萧萧、张文彦、刘永丹、刘振兴、党琳、胡媛媛、郑莉、王瑞雯。技术支持：中新宽维传媒科技有限公司）

第七篇

传承红色基因　增强红色文化影响力

——2021年全民阅读红色主题活动传播影响力研究报告

《中华人民共和国国民经济和社会发展第十四个五年规划和2035年远景目标纲要》提出“深入推进全民阅读，建设‘书香中国’”。在党和政府的倡导推动下，我国各地创办了读书节、读书月、阅读季等各类面向群众、规模开展的阅读活动，经过十几年的发展，形成了众多以“书香中国”为统一标识的地方品牌。

2021年是中国共产党建党100周年，在这特殊的时间节点，各地全民阅读品牌立足本地红色资源，将倡导全民阅读与加强党史宣传、传承红色基因相结合，掀起以“追寻光辉足迹”主题阅读活动为代表，形式多样的红色主题阅读活动浪潮，创造良好的读书氛围，落实爱国主义教育，并在各种媒介的传播中扩大影响力，为知史爱党、全民阅读的良好社会风尚作出贡献。

在此背景下，全民阅读与融媒体智库在《2020年度“书香中国”全民阅读品牌传播影响力大数据研究报告》等研究成果的基础上，持续调研、跟踪各地全民阅读品牌发展，推出《2021年全民阅读红色主题活动传播影响力研究报告》，在对41个全民阅读品牌持续监测的基础上，通过大数据和人工智能采集并经分析、筛选确认，采集各全民阅读品牌下的红色主题活动。并借助大数据平台，对红色主题活动相关报道的传播数据进行分析，以多维度反

映各全民阅读品牌红色主题活动传播情况，从影响力传播层面，为全民阅读红色主题活动的开展提供有益参考。

一、研究思路和数据收集情况

为更深入了解各地全民阅读红色主题活动传播情况，本次数据监测研究的红色主题活动内容经过两轮筛选。由大数据人工智能采集初筛800多个红色主题活动，再由分析、筛选出各全民阅读品牌下的各地宣传部门、全民阅读主管部门组织、参与的具有代表性的近200个红色主题活动。

本次数据收集时间范围为2021年1月1日—12月3日。数据采集渠道包括报纸、网站、微信、微博、其他应用程序、论坛社区等六类平台，累计采集相关报道23597篇，数据信息涉及报道来源、时间、平台等维度。智库将根据以上数据，集中对41个地区的全民阅读品牌，进行传播影响力分析。

受疫情影响，2021年部分全民阅读品牌线下活动延期、缩小规模或取消，如2021年上海书展，因此本次统计结果与往年相比可能存在一定误差。此外，受数据采集时间限制，部分全民阅读品牌红色主题活动在12月3日之后举办，因此未纳入统计范畴。

二、综合传播影响力排行及数据分析

综合传播影响力排行所体现的是2021年全年各全民阅读品牌红色主题活动媒体综合报道情况。上榜单的为综合报道数量排名前20的全民阅读品牌，包括“书香中国·北京阅读季”等17个省级品牌和“深圳读书月”等3个市属品牌。（如表1-7-1）

表1-7-1 2021年全民阅读红色主题活动传播影响力Top20榜单

综合排名	阅读品牌	报道总数
1	书香中国·北京阅读季	2470
2	书香江苏	2110
3	书香贵州	1932
4	书香浙江	1915
5	书香上海	1462
6	书香三秦	1148
7	深圳读书月	1048
8	书香岭南	702
9	美丽河北·书香燕赵	692
10	书香赣鄱	680
11	书香重庆	676
12	书香陇原	601
13	书香山东	594
14	书香杭州	584
15	书香八闽	583
16	书香荆楚	560
17	书香成都	491
18	书香云南	479
19	书香天府	469
20	书香吉林	331

整体来看，本次全民阅读品牌红色主题活动报道排行，呈现以下两个特征：

（一）“追寻光辉足迹”活动对红色革命老区宣传提升作用明显

由中宣部出版局牵头的“追寻光辉足迹”主题阅读活动，在红色革命老区积极营造了浓厚的宣传氛围，起到良好的宣传效果。本次综合传播影响力

排行前20名的全民阅读品牌中，7个“追寻光辉足迹”主题阅读活动举办地（嘉兴、上海、井冈山、遵义、延安、西柏坡、北京）的全民阅读品牌全部挤进前10名，分别为书香浙江、书香上海、书香赣鄱、书香贵州、书香三秦、美丽河北·书香燕赵、书香中国·北京阅读季。其中，书香贵州、书香三秦等红色革命老区所在地阅读品牌分列第三、第六位，提升作用明显。

（二）东南沿海地区的红色主题活动宣传影响力相对较大

红色主题活动宣传影响力与当地全民阅读品牌发展、经济文化发展水平呈正向相关性。除部分红色革命老区外，本次排名前20名的全民阅读品牌，有接近一半来自东南沿海文化、教育、经济等综合发展水平较高，且全民阅读品牌历史悠久的地区，如书香江苏（始于2005年）、书香岭南（始于1993年）、书香上海（始于2000年）、书香杭州（始于2007年）。

三、全民阅读红色主题活动传播情况

（一）传播时间：传播影响力贯穿全年，4月为高峰期

4月是全民阅读红色主题活动传播的高峰期。由于绝大多数全民阅读品牌所在地选择在世界读书日4月23日正式启动当年全民阅读工作，公布活动安排并举办相应的主题阅读活动，因此红色主题活动的传播也在4月大规模开启并达到高峰，如重庆市全民阅读活动办公室4月承办的2021年“书香重庆·阅读嘉年华”活动“红色文献展”。

从时间范畴来看，2021年4月至7月期间全民阅读红色主题活动传播影响力最大。2021年7月1日是建党100周年，多数全民阅读红色主题活动将红色主题阅读与庆祝建党百年相结合，通过诵读红色经典、学习党史等方式，将阅读和传承红色精神结合。

此外，由于部分全民阅读品牌旗下重点品牌活动固定举办时间存在差

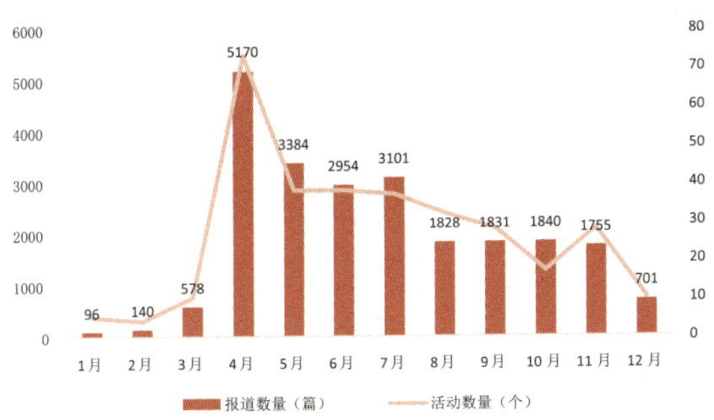

图1-7-1　2021年全民阅读红色主题活动及报道数量

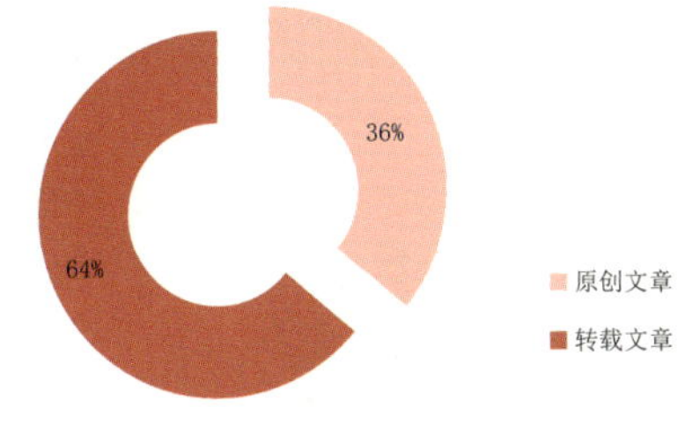

图1-7-2　2021年全民阅读红色主题活动报道原创转载情况

异，如“深圳读书月”于每年11月举办，因此全民阅读红色主题活动的传播贯穿全年。

（二）报道类型：整体原创率36%，东南沿海的老牌全民阅读品牌原创率高

2021年全民阅读红色主题活动报道中转载文章占较大比重，整体转载率为64%，平均1篇原创报道将产生近3篇报道。整体来看，综合传播影响力排名前10的全民阅读品牌中，东南沿海的老牌全民阅读品牌更倾向于通过原创文章进行影响力传播。其中，“深圳读书月”以48%的原创率在所有全民阅读品牌中排行第三，“书香岭南”“书香江苏”“书香上海”的原创率均保持在42%左右，高于36%的平均水平。

（三）平台分类：以新媒体平台为主，网站、客户端表现突出

2021年全民阅读红色主题活动的传播媒介形式多样，以网站为主，新闻资讯客户端、微信次之，传统报纸占比相对较小，但仍高于微博。具体来说，网站报道9868篇，占比42%；新闻资讯客户端报道7849篇，占比33%；报纸报道1659篇，占比7%；微信报道3771篇，占比16%；微博报道446篇，占比2%。其中“书香成都”微博报道占比11%，在41个全民阅读品牌中排名第一，表现相对突出。

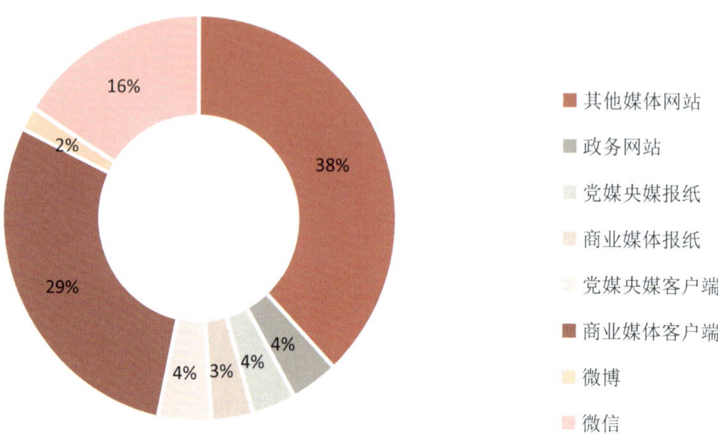

图1-7-3　2021年全民阅读红色主题活动报道媒体类型

（四）媒体类型：党媒央媒发挥引导作用，政务网站起到宣传作用

整体来看，其他媒体类网站在红色主题活动传播中发挥数量优势，占比达38%，商业媒体客户端次之，占比达29%。党媒央媒发挥引导作用，在传统媒介报纸保持优势，党媒央媒报纸发布红色主题相关报道848篇，占所有报道的4%，略高于商业媒体报纸的811篇。此外，政务网站也在红色主题活动宣传中起到作用，发布红色主题相关报道899篇，累计占比4%，与党媒央媒报纸、商业媒体报纸持平。

其中，“书香中国·北京阅读季”其他媒体网站报道占比50%，在所有全民阅读品牌中表现突出。“书香厦门”政务网站报道占比19.5%，“深圳读书月”商业媒体客户端报道占比51%，在所有全民阅读品牌中排名第一。

四、全民阅读红色主题活动举办情况

（一）活动类型：形式丰富多样，党史党课类活动最受欢迎

2021年正值中国共产党成立100周年，各地全民阅读品牌围绕庆祝建党百年，将地方特色与红色主题相结合，举办丰富多样的红色主题阅读活动。其中，常见活动形式包括党史党课、诵读领读演讲、青少年、比赛评选、阅读读书、讲书荐书、新媒体类、书展展览、征文、打卡答题、农民农村类，以及其他如版权保护、人文行走等。

从不同类型活动举办数量看，各地全民阅读品牌更青睐通过党史党课类活动进行全民阅读红色主题宣传，如河南省“2021全民阅读”系列活动“知来路　启新程”党史大课堂。诵读领读演讲、青少年、比赛评选类次之。

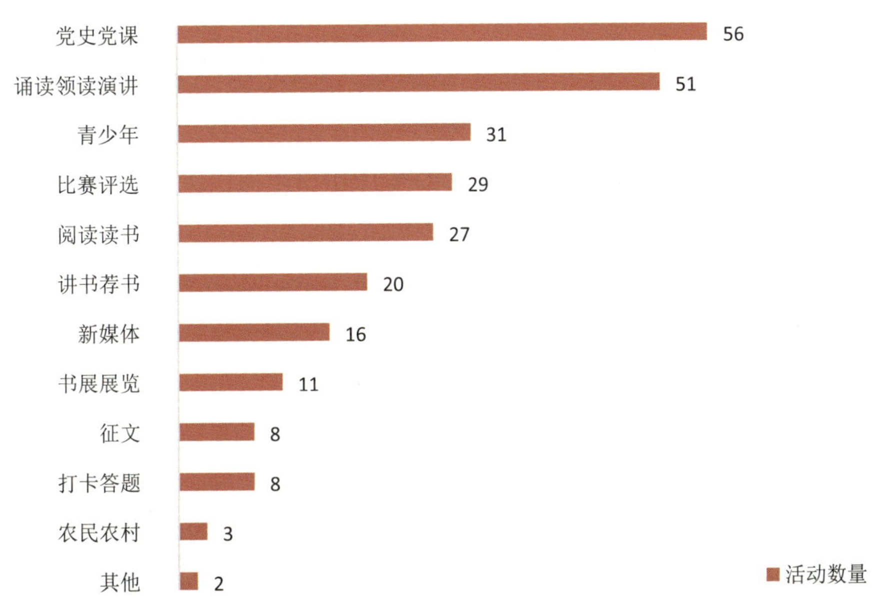

图1-7-4　2021年全民阅读红色主题活动类型

（二）活动形式：受疫情影响，新媒体线上活动、VR等新技术受到青睐

受疫情影响，2021年全民阅读红色活动部分由线下转移至线上，通过人民群众喜闻乐见的短视频、直播、H5、小程序等线上活动形式进行红色主题文化宣传，如“书香中原”举办的“献礼建党百年 讲好红色故事”微视频大赛。此外，部分全民阅读活动灵活使用VR等新技术，使观众不用亲临现场也可感受到不同地域红色主题文化的熏陶，如“追寻光辉足迹”主题阅读活动VR成果展，同样起到良好的宣传传播效果。

（三）活动报道：“追寻光辉足迹”主题阅读活动传播影响力大，诵读演讲、比赛类活动报道多

从活动整体传播影响力看，2021年全民阅读红色主题活动的报道具备以下特点：一是由中宣部出版局牵头，各地全民阅读主管部门主办，在嘉兴、上海、井冈山、遵义、延安、西柏坡、北京等地举办的“追寻光辉足迹”主题阅读活动，整体报道数量多、传播影响力大，全部跻身传播影响力前十，如“追寻光辉足迹”主题阅读活动·上海站，总报道数量达829篇；二是比赛评选类活动，由于参与人数多，受众广，关注度高，整体传播影响力普遍较大，如“书香江苏”的“我心向党”全省中小学生诵读大赛，报道总量达

表1-7-2　2021年“追寻光辉足迹”活动报道情况

全民阅读品牌	红色主题活动	报道数量
书香浙江	“追寻光辉足迹”主题阅读活动·嘉兴站	656
书香上海	“追寻光辉足迹”主题阅读活动·上海站	829
书香赣鄱	“追寻光辉足迹”主题阅读活动·井冈山站	576
书香贵州	“追寻光辉足迹”主题阅读活动·遵义站	686
书香三秦	“追寻光辉足迹”主题阅读活动·延安站	590
美丽河北·书香燕赵	“追寻光辉足迹”主题阅读活动·西柏坡站	543
书香中国·北京阅读季	“追寻光辉足迹”主题阅读活动·北京站	562

注：按活动时间顺序。

441篇；三是部分全民阅读品牌通过采用H5、微视频等新媒体形式宣传红色主题活动，增强民众参与性、互动性，整体传播效果较为突出，典型如辽宁省第十届全民读书节“打卡红色地图”活动，报道总量达207篇。

五、典型案例

（一）“追寻光辉足迹”主题阅读活动·上海站

“追寻光辉足迹”主题阅读活动·上海站于2021年世界读书日前夕在中共一大会址举办，中宣部副部长张建春发表书面寄语。该活动由中宣部出版局指导，上海市委宣传部主办，黄浦区委宣传部和中共一大纪念馆承办。

上海站活动在黄浦、静安、虹口、徐汇、宝山、长宁、浦东、杨浦等八个区同步开展，充分利用上海红色资源优势，在中国共产党各时期光辉历程中代表性地点包括中共一大会址、中共二大会址、中共四大纪念馆、渔阳里团中央机关旧址、上海毛泽东旧居陈列馆、上海龙华烈士陵园、上海解放纪念馆、上海凝聚力工程博物馆、上海中心大厦、杨浦滨江等开展主题阅读活动，以形成全城联动，同时围绕建党百年在全年不同时间节点推出系列全民阅读活动。

“追寻光辉足迹”主题阅读活动·上海站总报道量829篇。其中政务网站45篇，其他媒体网站350篇，党媒央媒报纸34篇，商业媒体报纸29篇，党媒央媒客户端21篇，商业媒体客户端271篇，微博10篇，微信69篇。按报道创作类型分，原创312篇，转载517篇。

（二）书香中国·北京阅读季“庆百年华诞百部红色图书展”

2021年世界读书日，“颂读百年路·展阅新征程”2021年北京全民阅读暨第十一届书香中国·北京阅读季启动，“北京庆百年华诞百部红色图书展”活动于当天启动。

在本次活动中，北京市围绕庆祝建党100周年组织出版的百部红色图书在全市各实体书店设专区、专柜进行重点集中展示，并组织相关阅读推广活动。本次集中出版展览的红色图书聚焦党史、北京红色文化等主题，如《北大红楼与中国共产党创建历史丛书》《中共中央北京香山革命历史丛书》《北京文化书系·红色文化丛书》《为什么是中国》等。

书香中国·北京阅读季“北京庆百年华诞百部红色图书展”总报道量291篇。其中，政务网站1篇，其他媒体网站176篇，党媒央媒报纸2篇，商业媒体报纸8篇，党媒央媒客户端1篇，商业媒体客户端84篇，微信18篇，微博1篇。按报道创作类型分，原创80篇，转载211篇。

（三）深圳读书月“文学经典映照百年”文学党课

第22届深圳读书月于2021年11月启动，本届深圳读书月按照1+3（N）的模式，策划了1个年度钜献、3大主题板块，共推出16项主推活动与40余项延伸活动，以及24家成员单位组织策划250余项、1400余场主题活动。年度钜献为“崭新的境界·献礼建党百年”系列活动，包括“崭新的境界”——第22届深圳读书月经典诗文朗诵会、“发展大局观”名家领读、“文学经典映照百年”文学党课、党史学习主题书展等。

其中，“文学经典映照百年”文学党课作为代表性活动之一，邀请北京大学、中央党校等专家，深圳文化名家在深圳书城中心城讲授文学党课，以微信小程序打卡听课等方式吸引读者。

“文学经典映照百年”文学党课总报道量303篇。其中，政务网站6篇，其他媒体网站65篇，党媒央媒报纸5篇，商业媒体报道5篇，党媒央媒客户端31篇，商业媒体客户端176篇，微信15篇。按报道创作类型分，原创177篇，转载146篇。

（四）“声入人心　红动广州——寻找广州最美‘悦’读之声”主题阅读活动

“声入人心　红动广州——寻找广州最美‘悦’读之声”主题阅读活动

是羊城书展的重要活动之一，该活动由中共广州市委宣传部、广州市总工会、“书香羊城”全民阅读活动组委会办公室指导，广州新华出版发行集团股份有限公司联合广州广播电视台、珠江电影集团有限公司主办。该活动也是广州市在全社会广泛开展“四史”宣传教育的重点活动之一。

“声入人心 红动广州——寻找广州最美‘悦’读之声”主题阅读活动选择红色经典和具有广州特色的图书及电影片段，以线上诵读、配音等方式让参与者以第一人称视角代入人物角色和场景，通过举办“红色故事我来讲”经典诵读活动和“经典有我”电影配音大赛，让广大参与者在讲好中国共产党故事、广州红色故事的同时，重温党的历史、感受百年大党在新时代新征程中焕发出的新活力。

羊城书展“声入人心 红动广州——寻找广州最美‘悦’读之声”主题阅读活动总报道量205篇。其中，政务网站8篇，其他媒体网站106篇，党媒央媒报纸5篇，商业媒体报纸13篇，党媒央媒客户端0篇，商业媒体客户端57篇，微信15篇。按报道创作类型分，原创72篇，转载133篇。

六、趋势和展望

通过各类媒介特别是新媒体、融媒体等创新方式，发布全民阅读红色主题活动信息、宣传信息、服务信息，可以激发广大群众关注、了解以及自发宣传全民阅读红色主题活动的热情，进而提升红色主题阅读活动的传播影响力。这将有助于在全社会营造出爱读书、读好书、善读书的良好氛围，同时引领广大群众牢记历史、珍惜现在，为中华民族的伟大复兴而努力奋斗。

尽管各全民阅读品牌红色主题活动的传播情况受活动本身，以及当地经济文化、融媒体发展情况等多种因素影响，但通过本次综合传播影响力分析，仍能得出一些共性的传播特点，可供借鉴和思考的经验：一是活动举办层面，由中宣部牵头的全国性系列红色主题活动，对地方特别是红色革命老区传播带动效果显著；二是传播层面，网站、客户端、微信等新媒体传播方式已成为主流，各全民阅读品牌特别是红色革命老区阅读品牌可从加强此类新媒体报道宣传入手，同时考虑通过微博、短视频等其他渠道增强活动传播影响力；三是报道层面，目前红色主题活动的传播整体上对转载文章较为依赖，头部全民阅读品牌未来可考虑从提高报道原创率入手，其他全民阅读品牌可以从提高报道转载率入手，同时加大原创力度；四是活动类型层面，创新红色主题活动及宣传方式，激发群众的参与互动力度，如将红色主题活动与H5地图打卡等互联网爆款宣传方式结合，有助于传播影响力提升。

表1-7-3　2021年全民阅读品牌红色主题活动传播影响力Top20榜单

全民阅读品牌	总报道量	政务网站	其他媒体网站	党媒央媒报纸	商业媒体报纸	党媒央媒客户端	商业媒体客户端	微博	微信	原创	转载
书香中国·北京阅读季	2470	61	1235	58	56	11	734	15	300	638	1832
书香江苏	2110	85	784	57	125	59	649	26	325	885	1225
书香贵州	1932	104	771	109	45	7	597	34	265	562	1370
书香浙江	1915	50	547	54	86	66	647	17	448	669	1246
书香上海	1462	55	619	42	54	24	530	12	126	599	863
书香三秦	1148	57	509	84	42	36	273	14	133	352	796
深圳读书月	1048	17	270	16	21	121	529	9	65	500	548
书香岭南	702	32	247	32	41	2	248	7	93	300	402
美丽河北·书香燕赵	691	31	298	44	36	6	172	5	73	234	457
书香赣鄱	680	35	298	42	26	16	169	16	78	214	466
书香重庆	676	8	298	29	7	3	225	10	96	306	370
书香陇原	601	11	205	14	12	104	137	6	112	215	386
书香山东	594	44	216	16	18	67	127	12	94	244	350
书香杭州	584	22	163	16	19	71	129	21	143	198	386
书香八闽	583	35	204	10	5	17	74	9	229	127	456
书香荆楚	561	11	318	16	16	69	56	19	56	371	190
书香成都	491	8	193	13	7	11	163	53	43	187	304
书香云南	479	7	190	13	28	2	180	4	55	205	274
书香天府	469	27	232	19	22	7	106	4	52	211	258
书香吉林	331	16	92	9	1	3	143	1	66	110	221

（课题组成员：李忠、姚贞、马萧萧、张文彦、刘永丹、朱梅、刘振兴、党琳。

技术支持：中新宽维传媒科技有限公司，2022年2月）

第八篇 乡村振兴战略下的乡村阅读可持续发展研究

一、研究背景

（一）政策背景

2017年10月，党的十九大报告首次提出实施乡村振兴战略。报告指出农业、农村、农民问题是关系国计民生的根本性问题，必须始终把解决好“三农”问题作为全党工作的重中之重，实施乡村振兴战略，并将乡风文明作为乡村振兴的总要求之一。2018年2月，中共中央、国务院发布《乡村振兴战略规划2018—2022年》，明确提出“加强农村科普工作，推动全民阅读进家庭、进农村，提高农民科学文化素养”“推进农家书屋延伸服务和提质增效”。2020年11月，党的十九届五中全会审议通过《中共中央关于制定国民经济和社会发展第十四个五年规划和2035年远景目标的建议》，对新发展阶段优先发展农业农村、全面推进乡村振兴作出总体部署。《2021年政府工作报告》中指出，“推进城乡公共文化服务体系一体建设，创新实施文化惠民工程，倡导全民阅读”。另外，自党的十九大报告提出“乡村振兴战略”以来，2018年至2022年连续发布的中央一号文件均对乡村文化振兴进行了强调。

乡村阅读作为乡村文化振兴的重要载体，在推进乡村文化建设过程中发挥重要作用，同时也是全民阅读工作中的重点任务。2020年10月，中宣部印

表1-8-1　中央一号文件乡村文化振兴相关内容（2018年—2022年）

年份	相关内容
2018	坚持物质文明和精神文明一起抓，不断提高乡村社会文明程度，加强农村思想道德建设；传承发展提升农村优秀传统文化；加强农村公共文化建设；开展移风易俗行动
2019	加快推进农村基层综合性文化服务中心建设
2020	改善乡村公共文化服务。推动基本公共文化服务向乡村延伸，扩大乡村文化惠民工程覆盖面
2021	推进城乡公共文化服务体系一体建设，创新实施文化惠民工程
2022	创新农村精神文明，建设有效平台载体；启动实施文化产业赋能乡村振兴计划；整合文化惠民活动资源

发的《关于促进全民阅读工作的意见》中提出，“推动全民阅读基础设施与新时代文明实践中心、县级融媒体中心建设有机结合，有效整合公共文化服务资源”“推动更多优秀出版物进农村”“做好革命老区、民族地区、边疆地区、贫困地区的全民阅读促进工作”等；2021年3月，中宣部办公厅印发的《关于做好2021年全民阅读工作的通知》提出，“深入基层群众，加强优质出版内容供给，优化基层阅读资源配置，改善公共场所阅读条件，更好满足人民阅读新期待”。

（二）乡村阅读的重要意义

党的十九大以来，习近平总书记围绕实施乡村振兴战略，提出一系列关于“三农”发展的重要论述，是新时代我国农业农村改革发展的思想指导和行动指南。乡村文化振兴是乡村全面振兴战略“五位一体”建设的重要构成和内在动力，而乡村阅读是实施乡村文化振兴的重要载体和必然要求。据统计，我国有近80%的民众居住在乡村，倡导乡村阅读的目的，就是要提升乡村居民的整体素质，培养有文化、有技术的新型乡村居民，以提高乡村社会文明程度、促进乡村社会的发展进步。

从助力乡村文化建设来看，乡村阅读系列文化活动的开展有利于提升乡

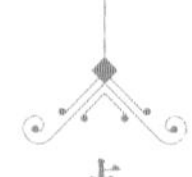

村居民文化素养，丰富广大农民的精神文化生活，增强乡村居民对中华民族文化的自信，增加广大农民对道路自信、理论自信、制度自信的高度认同，为乡村文化振兴提供源源不断的精神动力。

从促进乡村产业发展来看，推广乡村阅读能够帮助乡村群众加快了解我国新型农业科学技术、先进发展理念等知识，及时跟进我国农业产业政策、商品流通信息、法律法规等，通过阅读学习计算机操作，拓宽优质农产品网络推广渠道，进而促进乡村产业发展。

从推动乡村教育进步来看，推进乡村阅读工作有利于培养学生形成阅读习惯、开阔眼界，提升其思维、语言表达能力。阅读推广工作能够提升老师的教学水平与教研水平，增强乡村教师团队师资力量。长期开展阅读推广工作，将有效辅助乡村教育发展。

（三）乡村阅读情况相关数据

2022年4月23日，中国新闻出版研究院发布第十九次全国国民阅读调查报告。数据显示，2021年我国成年国民综合阅读率为81.6%，成年国民人均纸质图书阅读量为4.76本；城镇居民的图书阅读率为68.5%，农村居民的图书阅读率为50.0%，城乡居民图书阅读率差值为18.5%；城镇居民的纸质图书阅读量为5.58本，农村居民的纸质图书阅读量为3.76本，城乡居民纸质图书阅读量差值为1.82本，农村居民阅读量较城镇居民阅读量低。将近5年城乡居民图书阅读率及纸质图书阅读量数据进行对比分析，我国图书阅读率及纸质图书阅读量均持续稳定增长，城乡居民图书阅读率及阅读量差距逐步缩小，但仍存在较为明显的差异。目前，我国城乡居民数字化阅读倾向明显，全民阅读品牌活动基本满足成年国民对阅读活动的诉求，公共阅读服务设施持续建设发展，农村居民阅读的普及程度有所提高，但仍需加大乡村阅读建设力度，促进乡村阅读发展，进一步缩小城乡阅读差距，助力乡村振兴战略实施。

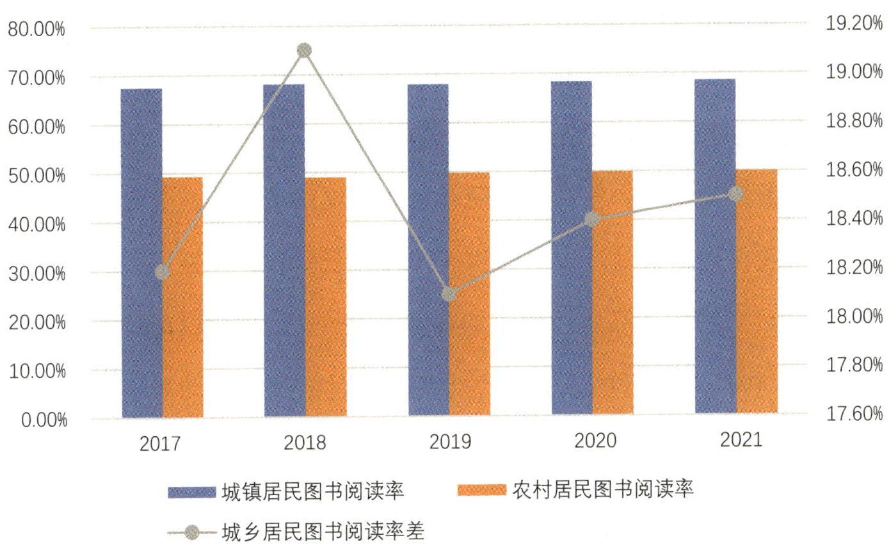

图1-8-1 城乡居民图书阅读率及差值

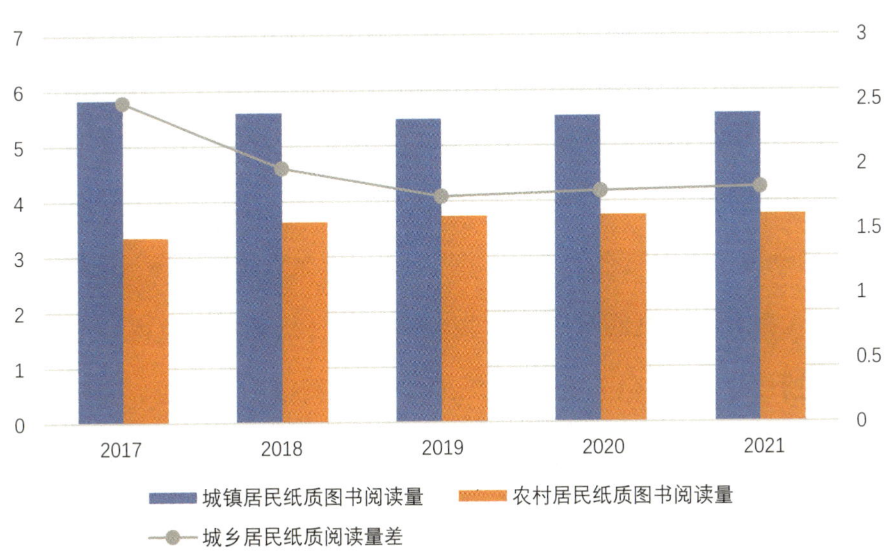

图1-8-2 城乡居民纸质图书阅读量及差值

注：数据来源于2017—2021年各年度全国国民阅读调查报告。

二、乡村阅读发展现状及分析

（一）全民性乡村阅读文化活动持续开展

乡村阅读活动作为乡村文化活动开展的主要呈现载体，充分发挥了全民阅读在乡村文化振兴实施过程中的积极作用。据调查数据显示，2021年，我国成年国民对全民阅读品牌活动的知晓率达73.1%，对全民阅读品牌活动的参与度达65.4%，71.6%的成年国民对其参加过的阅读活动表示满意。近年来，我国各地乡村开展的全民阅读活动，依托"书香中国"等具有标识性的全民阅读品牌，有效推动阅读活动向基层延伸，陆续在乡村及基层社区等阅读资源和服务相对稀缺的地区开展阅读推广活动，丰富农村地区阅读资源，拓展乡村文化传播渠道，不断满足广大基层群众精神文化生活新期待。

"新时代乡村阅读季"是中央宣传部、农业农村部、国家乡村振兴局等有关部门联合组织开展的全国性农民阅读活动，已连续举办四年。该活动通过图书推荐、读书打卡、公益直播、图书捐赠等多项重点阅读活动，推动乡村阅读阵地建设与知识服务整合优化，引导更多农民群众参与，推进城乡公共文化服务协同发展。2021年"新时代乡村阅读季"成果丰硕，"我爱阅读100天"活动覆盖全国31个省（区、市），210万余农民群众参与阅读打卡；"读好书　跟党走"视频分享活动联合快手平台征集农民微视频作品1074个，累计播放量超过1亿人次[①]。2022年，以"阅读小康气象，奋进振兴征程"为主题的"新时代乡村阅读季"于4月24日在京启动，各省（区、市）陆续开展各项适农、乐农阅读活动，聚焦农村阅读需求，助力乡村文化振兴。

为向农村地区深入开展全民阅读活动，各省（区、市）还举办"农民读书节"，组织开展丰富多样的阅读活动，提升基层阅读设施服务效能，营造

① 数据来源：四川在线发布的《聚焦2021天府书展：2021新时代乡村阅读盛典在四川举行，"5G+数字"更新乡村阅读体验》。

乡村书香氛围。例如，2022年江苏举办第十二届农民读书节，组织开展主题阅读、网络公益项目、农家书屋阅读推广等系列阅读活动，启动活动直播吸引农民群众30.2万人次在线收看[①]；四川“农民读书月”截至2021年已连续举办15年，读书月开展农民读书征文、关爱乡村学生（儿童）、送书刊下乡、出版物联展等系列活动，增强阅读覆盖面与吸引力，让阅读活动真正深入基层。

另外，各省（区、市）还分别开展了符合当地基层群众需求的全民阅读项目，进一步推进阅读活动进乡村。例如，北京阅读季“阅读驿站”以流动书车、流动书香节、书刊捐赠等形式，惠及京郊农村、基层社区群众300多万人；“南国书香节”创办“书香暖山区”项目，集合社会爱心力量，开展图书募集、图书捐赠、爱心阅览室援建、阅读推广活动进乡村等活动，为欠发达山区的农村中小学、乡镇文化站输送文化资源。

（二）优质乡村阅读内容供给进一步加强

在推进乡村文化振兴的过程中，“三农”出版发挥着重要作用，从供给侧加强针对农村群众的优质阅读内容产出。“三农”出版是指与农业、农村、农民相关的文化产品，包括农业教育、科研和生产以及面向农村和农民的农业科技图书和科普读物等一系列出版物[②]。近年来，各省（区、市）进一步推动“三农”精品出版物的创作、出版和传播，丰富“三农”出版产品的内容、载体和形式，同时积极举办农村出版物推荐活动、发布推荐书目，帮助农村群众学习农业知识、技术，了解前沿乡村产业信息、政策法规，有效提升农村居民文化素质，助力乡村产业发展。

为推进各地农家书屋标准化、均等化建设，做好农家书屋出版物补充更

---

① 数据来源：江苏省新闻出版局发布的《第十二届江苏农民读书节暨2022淮安周恩来读书节在盱眙启动》。

② 席清、童云、林孝栋：《守正创新“三农”出版 助力国家乡村振兴》，《出版广角》2021年第18期。

新工作，自2008年以来，国家新闻出版署每年组织制定《农家书屋重点出版物推荐目录》，推荐符合农村群众阅读需求的图书、报刊、音像制品和电子出版物，提高农家书屋出版物配备的针对性、适用性、可读性，更好地满足农民群众精神文化需求。2022年3月24日，国家新闻出版署印发《2022年农家书屋重点出版物推荐目录》，共推荐重点图书1692种、报纸30种、期刊157种、音像制品和电子出版物101种、少数民族文字图书205种。涵盖政经、科技、文化、医卫生活、少儿等各类重点图书，加强思想文化引领，发挥优秀出版物导向引领作用，为乡村振兴提供强大精神力量，为党的二十大胜利召开营造良好文化氛围。

自2019年开展以来，“农民喜爱的百种图书”推选活动作为中央宣传部、农业农村部、国家乡村振兴局主办的“新时代乡村阅读季”重点活动之一，到现在已进入第四届。“农民喜爱的百种图书”以《农家书屋重点出版物推荐目录》为基础，通过农民荐书、地方推荐、网络投票、专家评审等多种方式，推选出农民喜爱的各门类图书，切实关注农村群众阅读偏好，为农村群众提供了更加丰富的精神文化产品。

另外，各省（区、市）还积极组织开展乡村振兴图书出版相关工作研讨会、推出出版振兴项目等，加强农业科研成果转化和普及，策划更多与时俱进的“三农”图书选题。例如，安徽推出“助力乡村振兴出版计划”，预计3年出版100种融媒体出版物；广西以“做强科技出版　助力乡村振兴”为主题的“三农”图书出版研讨会，集中探讨围绕党和政府的中心工作做好“三农”出版、创新出版业与各领域合作方式、农业出版应对数字化挑战以及高质量服务乡村振兴等方面的问题。

（三）乡村阅读基础设施建设逐步完善

农家书屋、公共图书馆、基层文化服务中心作为乡村全民阅读推广的重要窗口和阵地，持续发挥着阅读推广服务、丰富农民精神文化生活、乡村读者培养等重要作用。党的十八大以来，各地区各部门坚持物质文明、精神文明一起抓，持续推进农村公共文化基础设施及服务体系建设，扩大全民阅读惠民覆盖范围，目前全国大部分行政村都有了农家书屋、电子阅览室和文化活动室，乡村文化活动服务效能进一步提升，广大农村群众精神文化生活日益丰富。

在农家书屋建设方面，农家书屋工程作为党中央、国务院实施的公共文化“五大惠民工程”之一，截至2020年底，全国共建设农家书屋58.7万多家，覆盖全国有基本条件的行政村，累计配送图书超过12亿册，在保障农民基本文化权益、巩固农村思想文化阵地、推进城乡公共文化服务标准化均等化等方面发挥了重要作用。2022年4月，中央宣传部、文化和旅游部、国家广播电视总局联合发布《关于表彰第九届全国服务农民、服务基层文化建设先进集体的决定》，共346个集体受表彰，其中共有35家农家书屋获得表彰。

在公共图书馆、文化服务中心等建设方面，根据《中华人民共和国公共图书馆法》规定：“公共图书馆是社会主义公共文化服务体系的重要组成部分，应当将推动、引导、服务全民阅读作为重要任务。”“地方人民政府应当充分利用乡镇（街道）和村（社区）的综合服务设施设立图书室，服务城乡居民。”目前，各地积极优化城乡公共资源配置，广泛建立县级文化馆图书馆总分馆制，扎实推进基层综合性文化服务中心建设。截至2020年12月，全国有2578个县（市、区）建立文化馆总分馆制；2397个县（市、区）建立图书馆总分馆制；全国累计建成村级文化服务中心575384个[①]。

在基础设施服务体系建设方面，根据《中华人民共和国公共文化服务保障法》《关于建立健全基本公共服务标准体系的指导意见》等对乡村全民阅

① 数据来源：中华人民共和国文化和旅游部发布的《中华人民共和国文化和旅游部2020年文化和旅游发展统计公报》。

读工作的要求，全国省、市、县三级结合实际情况，建立健全基本公共文化服务标准体系，制定《基本公共文化服务实施标准目录》，对基础设施建设、全民阅读服务、公共文化场馆开放等项目发布实施标准，促进基本公共文化服务标准化、均等化，保障农村群众基本文化权益。

（四）乡村文化资源数字化有序推进

随着公共基础设施建设、现代技术条件、科技创新环境的持续向好发展，我国文化数字化、阅读数字化实现了快速发展，但城乡差距仍较为明显。2019年5月，中共中央办公厅、国务院办公厅印发《数字乡村发展战略纲要》，提出繁荣发展乡村网络文化，加强农村网络文化阵地建设，推进乡村优秀文化资源数字化。目前，全国各地区有序推进乡村阅读数字网络公共服务平台、数字农家书屋建设，形成线上线下融合互动、立体覆盖的乡村文化服务供给体系，利用现代科技手段进一步促进新时代乡村阅读发展。

一是加强农家书屋数字化建设。近年来，各省以实体农家书屋为基础，已陆续开展书屋数字化建设的探索与实践，充分发挥信息化技术优势，提供免费优质的在线图书阅读及音视频服务，提高线上线下图书流通效率，进一步缩小城乡阅读差距。2022年5月，湖南“数字农家书屋”正式上线，依托“互联网+大数据”技术优势，集在线阅读、“三农”学堂、百姓点单等功能于一体，扩大农村群众获取知识新渠道，丰富群众网络文化生活。2022年7月，宁夏数字农家书屋线上服务启动，以自治区政府“政务云”为支撑，以“我的宁夏”App等平台为载体，结合实体农家书屋规范化管理方式，形成三位一体的农民阅读服务体系。

二是积极搭建覆盖城乡的公共文化云平台。为加快完善现代公共文化服务体系，推动数字化服务普惠应用，建成覆盖城乡的公共文化设施网络，各地区均已积极推进公共文化云平台建设，各市、区、乡镇（街道）图书馆、文化馆入驻，整合各方优质数字化资源下沉一线，使农村居民能足不出户进行农业知识学习、图书阅读、线上参与阅读活动，在丰富乡村阅读供给中发挥了积极作用。例如，江苏公共文化云平台提供阅读活动预约服务；内蒙古文化云平台提供具有内蒙古特色的数图资源。

（五）乡村阅读榜样引领作用持续发挥

发挥乡村阅读榜样的引领作用是推进乡村阅读的客观需要，加大乡村阅读典型人物和先进事迹的发掘和宣传，突出榜样示范作用，能进一步提升整体农村居民的阅读积极性，推动乡村形成爱读书、读好书、善读书的浓厚氛围。近年来，各地基层图书馆馆员、农家书屋管理员、乡村教师、优秀乡村阅读人等群体，积极参与乡村阅读推广，通过创办农家书屋、帮助农民读书识字、扩大乡村图书资源等方式，鼓励乡村居民开展阅读活动，养成阅读习惯，提升广大农民的阅读水平，提高公民素质、科学素养、知识技能，进一步推动美丽乡村建设。

为发挥阅读榜样示范带动作用，引领乡村阅读风尚，助力乡村文化振兴，中央宣传部、农业农村部、国家乡村振兴局联合主办“发现乡村阅读榜样”活动，在全国范围内大力发掘乡村阅读推广典型人物及其先进事迹，并进行评选表彰。2021年10月，2021“新时代乡村阅读盛典”在四川省成都市举行，对18位来自全国各地的“乡村阅读榜样”进行表彰，鼓励动员更多群众参与乡村阅读推广工作，推动农民群众精神生活共同富裕。

2022年4月，在农家书屋全面建设15周年之际，“乡村振兴十大阅读推广人”活动推选结果于“首届全民阅读大会·乡村阅读推进论坛”发布，推选出10位乡村振兴阅读推广人，对农家书屋管理员群体予以激励和肯定，进一步发挥阅读在推动乡村振兴中的文化引领作用。

除全国性的阅读榜样评选活动外，各省（区、市）也对地方开展了其他优秀乡村阅读人的评选表彰活动。例如，2021年，山东省委宣传部对40个书香之乡（镇、街道）、40个书香之村（社区）等给予表彰；成都市全民阅读活动指导委员会办公室评选出99个书香家庭和68个书香之村（社区）。

三、乡村阅读推广工作中存在的难点

（一）各地优质阅读资源分配不均衡

现阶段，我国乡镇地区政府对于阅读推广、文化建设工作重视程度不足。乡镇政府普遍重视发展本地经济，在一定程度上忽视了公共文化事业，导致目前农村的基层公共文化资源有限，地方政府对于文化基础设施的建设和管理尚有待提高，对于图书馆、文化活动中心、农家书屋等基础设施缺乏定期维护，各项阅读推广活动难以落地推进。而伴随着近些年城市化进程加快，多数乡村高素质、高文化水平人才纷纷选择在城市发展，导致乡村阅读推广队伍组建困难，政府部门在人才引进及培养方面工作力度不足，使阅读推广和文化建设工作得不到有效开展。

（二）阅读资源尚未精准对接农民阅读需求

当前乡村群众对文化生活需求逐渐多样化，但各地提供的阅读资源内容较单一，未能充分满足地域的差异化需求和读者的多样化需求。同时，各地区的乡村阅读推广工作未能做到精准区分帮扶对象，依据当地民情挖掘群众的精确需求，有针对性地调整书籍结构，如乡村水产大户需要生态养殖类书籍，但当地相应部门未能及时提供，不仅对激发群众阅读兴趣造成影响，同时对乡村产业发展造成影响。而乡村中小学的阅读活动开展次数和类型较少，没有为学生充分提供良好的阅读环境和阅读氛围。同时随着数字化、网络化的发展在乡村的普及，仍需加大乡村数字内容资源平台的搭建力度，丰富乡村移动阅读资源内容。

（三）乡村群众的阅读习惯仍需巩固

目前我国乡村地区的常住人口仍以妇女、老年人、留守儿童为主，乡村群众文化程度普遍偏低，尚未形成固定的阅读习惯。如我国中西部贫困地区的很多老年人不识字，精神文化生活长期匮乏，阅读推广利用文字本身实现知识传播的效果有限。多数农村留守妇女忙于照顾孩子或进城务工，鲜少有时间阅读。而农村留守儿童受家庭经济条件制约和重视程度不足的影响，难以接触到优质少儿读物，阅读意识有待培养。另外，不少乡村地区仍存在"读书无用论"的论调，乡村群众普遍对阅读的重要性不了解，降低了乡村阅读推广工作的有效性。

（四）专业化阅读服务水平有待提高

现阶段我国基层公共文化资源种类繁杂、未进行有效整合，导致乡村地区无法统筹规划各类阅读资源，整体服务能力不强。具体来说，一是乡村阅读工作中缺乏有效的需求反馈机制，偏远地区的群众只能被动地接受政府惠民政策，导致高层政策目标、基层执行方式和农民实际需求之间存在错位，未能精准对接群众的阅读需求。二是乡村阅读管理员服务水平普遍不高。如各地农家书屋的管理员大多由村干部兼任，书屋管理人员缺乏专业知识和主动服务意识，未能较好地引导农民群众走进书屋、养成阅读习惯。在此情况下，我国尚需全面建设乡村阅读服务体系，培养阅读管理员掌握专业服务技能，从而对农民群众进行有效的阅读引导和反馈，打破贫困地区缺乏阅读内生动力的文化困境。

四、乡村阅读推广的可持续发展建议

（一）地方政府提供制度保障、做好指导协调工作

在乡村阅读工作推广过程中，政府应把好第一道关，从全局和宏观角度出发，对乡村社会、政治、经济、文化以及生态发展进行协调，充分发挥乡村阅读的重要作用。首先，地方政府应确保城镇居民和乡村居民阅读权益的

平等性，包括阅读保障、阅读救济、阅读自由、阅读平等。随着乡村文化建设工作不断开展，政府部门需对相关法律政策加以完善，维护群众阅读权益。其次，各级政府需提供制度保障，以制度调动各方，强化各部门的职责，明确分工、加强协作，如经费来源、经费管理、主办单位、协办单位、举办周期及各单位职责范围等细节问题，都应在相关制度中明确，使乡村阅读推广工作有据可依、有效落实。最后，政府应加大对乡村阅读推广工作的资金投入，财政部门设立推行乡村阅读的专项资金，地方政府充分发挥灵活性、创造性与主动性，通过专款专用、专款配套等方式，平衡城镇和乡村阅读推广的投入，缩小城镇和乡村之间的文化建设差距。

（二）全媒体覆盖宣传、延伸乡村阅读广度和深度

各地应持续发挥全媒体宣传功能，扩大乡村阅读系列活动的传播力、影响力。新媒体具有传播速度快、全面覆盖乡村的优势，是推行乡村阅读的得力推手，能与传统媒体形成合力、相得益彰。乡村文化建设宣传既要使乡村文化在乡村内部得到认可、认同，也要使乡村文化的精髓向村外延伸，最终形成全国知名品牌和世界响亮名片：一是要牢牢把握全民阅读的网络阵地，让中华优秀传统村落文化在网络主流媒体上广泛传播，以增加乡村文化产品的外销渠道和乡村文化旅游的知名度。二是要充分发挥融媒体作用，通过App、微信公众号、微博、微网、微视等有效途径，持续推送乡村文化风情，引导关注者转发和再传播，将热度从线上带到线下，打造特色乡村文化产业链，带动本地经济、文化繁荣。三是要探索建设乡村文化振兴试验区、示范区，塑造更加丰富多彩的精品乡村阅读文化品牌，使乡村文化成为乡村振兴的重要支点和引擎。

（三）挖掘特色乡村文化资源、匹配群众阅读需求

各地通过高质量的乡村文化资源开发工作，打造更多精品乡村文化阅读资源，形成乡村文化振兴与全民阅读相互融合的新态势、新格局、新亮点。一是

在乡村文化挖掘方面，各地需要从深厚的乡村文化底蕴中大力挖掘乡村文化资源，通过查阅乡村史料、整理乡村习俗、观察和记录农村群众的日常生活习惯等，对乡村文化的呈现形式进行分类管理，为更好地通过全民阅读传承推广乡村文化铺好路、奠好基。二是在阅读资源配置方面，结合农民需求进行出版物的补充和更新。根据地域风俗、阅读群体、供给需求等因素，自主配备满足农民需求的书刊报纸，激发农民群众用知识改变命运的文化自信。三是在阅读载体呈现方面，针对乡村文化的亮点、特色进行不同维度的剖析、阐释，形成有助于提升阅读体验感的各种载体形态，如通过全民阅读活动的实地传播，使群众激发阅读兴趣、增强阅读意识，从而提升阅读自觉性。

（四）加强乡村儿童阅读推广力度、培养儿童阅读习惯

我国乡村儿童的阅读环境已大幅改善，但在阅读数量、阅读意愿、阅读习惯等方面仍与城镇儿童存在一定差距，推广乡村儿童阅读将是乡村阅读推广工作的长期着力点，可从以下几个方面推进：一是丰富乡村儿童的阅读体验。借助农家书屋、校图书馆、县级图书馆等多方资源，完善优质少儿图书选配、补充机制，提供更新、更有吸引力的优质儿童读物；利用图书阅读场地和假日时间，举办面向儿童的阅读活动，提升儿童的阅读参与感。二是在农村中小学做好学生阅读能力培养工作。在学校开设阅读课、晨读活动等，引导和培养儿童读书习惯与兴趣。中小学阅读课程主张推广全学科知识内容，培养儿童全科阅读的习惯；学校图书馆也应组织图书流动活动、建立班级图书角等，鼓励学生自主阅读。三是充分发挥假期回乡学生、阅读志愿者的引领作用。各地阅读推广部门制订假期农村阅读领航计划，广泛调动各界力量举办阅读活动、提高乡村儿童阅读的积极性。

（五）提高乡村公共文化服务水平、创新数字化管理机制

各地应继续加强乡村阅读专业队伍建设，做好阅读推广工作中针对管理员的专业化培训，提高乡村公共文化服务水平，创新乡村阅读数字化管理机

制。一是通过问卷调查、实地考察、走访村民等科学调研方式，确定乡村阅读推广的重点服务对象，精准掌握乡村群众的阅读需求，积极拓展服务种类，优化服务方法、提高服务质量。二是通过加强农家书屋的数字化和网络建设，实现书籍内容数字化和实现管理服务的数字化升级，提高农村公共数字文化服务水平，从而开展数字文化精准扶贫。三是鼓励、引导社会各界力量参与乡村阅读设施建设，形成促进、推动乡村阅读的合力。个人、企业、社会组织等捐建农村图书室的公益活动近年来屡见不鲜，有的依托农家书屋建设，有的是独立的空间及运行体系，它们都属于乡村阅读的基础设施，共同促进了农家书屋资源与社会办书屋的资源共享、统筹调配。

（课题组成员：李忠、姚贞、马萧萧、张文彦、刘永丹、朱梅、刘振兴、王瑞雯、胡媛媛。技术支持：中新宽维传媒科技有限公司，2022年12月）

第九篇 媒体深度融合的战略、理论与现实坐标

截至2021年，我国已建成全球规模最大的光纤网络和4G网络，网民规模由2015年底的6.88亿增加至“十三五”末的9.89亿，互联网的普及率由“十二五”末的50.3%达到了“十三五”末的70.4%①。我国34个省级行政区域县级均全面开展融媒体中心建设，北京、天津、上海、江西等至少9个省市已实现“县级融媒体中心”建设全覆盖。中宣部、网信办、广电总局多部门合作，在全国范围内推动县级融媒体中心建设，至目前为止，县级融媒体中心挂牌超过2400个，成为乡村基层主流舆论阵地②。根据《2020全国党报融合传播指数报告》显示，在考察的377家党报中，党报的网站开通率达96.8%；微信平台和聚合新闻客户端，入驻率均接近90%，84.4%的党报开通了抖音账号；78.8%的党报建设了自有新闻客户端（App），76.1%的党报入驻了微博平台③。

本报告将基于定量、定性研究，以报业媒体融合为主要视角，通过对标国家战略的目标要求、对标学界的理论与价值判断、对标业界榜样的现实探索案例三部分的分析、研究，梳理总结目前媒体融合发展的基本情况、优秀案例及难点痛点，为未来报业媒体融合深度发展提供研究基础。

---

① 数据来源：国家互联网信息办公室发布的《数字中国发展报告（2020年）》。

② 数据来源：国家互联网信息办公室发布的《数字中国发展报告（2020年）》。

③ 数据来源：人民网研究院发布的《2020全国党报融合传播指数报告》。

一、媒体融合政策分析

自2014年8月《关于推动传统媒体和新兴媒体融合发展的指导意见》到2020年9月《关于加快推进媒体深度融合发展的意见》，从“推动”“融合”到“加快推进”“深度融合”，我国媒体融合发展进入新阶段，党和国家积极部署媒体融合发展格局，制定并出台相关法律法规、方针、政策，为媒体融合发展提供政策支持和保障，加快推进媒体深度融合发展。

2014年8月，中央全面深化改革领导小组第四次会议审议通过《关于推动传统媒体和新兴媒体融合发展的指导意见》，提出整合新闻媒体资源，推动传统媒体和新兴媒体融合发展，是落实中央全面深化改革部署、推进宣传文化领域改革创新的一项重要任务，是适应媒体格局深刻变化、提升主流媒体传播力、公信力、影响力和舆论引导能力的重要举措。2016年7月，国家新闻出版广电总局发布《关于进一步加快广播电视媒体与新兴媒体融合发展的意见》，力争两年内，广播电视媒体与新兴媒体融合发展在局部区域取得突破性进展。2017年1月，中共中央办公厅、国务院办公厅印发《关于促进移动互联网健康有序发展的意见》，提出大力推动传统媒体与移动新媒体深度融合发展，加快布局移动互联网阵地建设，建成一批具有强大实力和传播力、公信力、影响力的新型媒体集团。2017年5月，中共中央办公厅、国务院办公厅印发《国家“十三五”时期文化发展改革规划纲要》，扶持重点主流媒体创新思路，推动融合发展尽快从相“加”迈向相“融”，形成新型传播模式。2018年11月，中央全面深化改革委员会第五次会议审议通过《关于加强县级融媒体中心建设的意见》，提出要深化机构、人事、财政、薪酬等方面改革，调整优化媒体布局，推进融合发展，不断提高县级媒体传播力、引导力、影响力。2019年1月，中共中央宣传部、国家广播电视总局联合发布《县级融媒体中心建设规范》。2019年4月，国家广播电视总局发布《总局办公厅关于建立“国家广播电视总局媒体融合发展专家库”的通知》，通过建立“国家广播电视总局媒体融合发展专家库”，凝聚最广泛力量，汇集全行业智慧，贯彻落实好中央“推动媒体融合发展、构建全媒体传播格局”重大战略部署，为总局推进媒体融合发展决策提供重要参考，推动总局广播电视行业治理体系和治理能力现代化水平。2019年10月，国家广播电视总局发布《总局关于创建广播电视媒体融合发展创新中心有关事宜的通知》。2019年11月，科技部发布《关于批准建设媒体融合与传播等4个国家重点实验室的通知》，批准建设“媒体融合与传播国家重点实验室”“传播内容认知国家重点实验室”“媒体融合生产技术与系统国家重点实验室”“超高清视音频制播呈现国家重点实验室”等4个实验室。

2020年9月，中共中央办公厅、国务院办公厅印发《关于加快推进媒体深度融合发展的意见》，要求用1到2年时间，将更多“人财物”投向互联网主阵地，打造新型传播平台，对外拓展传播渠道，大幅提升主流媒体内容生产能力、信息聚合能力、技术引领能力，培养一批采编播管人才，不断提高主流媒体传播力、引导力、影响力、公信力；用2到3年时间，深化媒体内部体制机制改革，在重点领域和关键环节实现突破，进一步优化全媒体采编网络和工作流程，实现融为一体，合而为一；未来逐步构建网上网下一体、内宣外宣联动的主流舆论格局，建立以内容建设为根本、先进技术为支撑、创新管理为保障的全媒体传播体系。

2021年3月，中国政府网发布《中华人民共和国国民经济和社会发展第十四个五年规划和2035年远景目标纲要》，提出全面繁荣新闻出版、广播影视、文学艺术、哲学社会科学事业，推进媒体深度融合，实施全媒体传播工程，做强新型主流媒体，建强用好县级融媒体中心。

在国家积极制定、出台相关政策的基础上，各部委领导也对媒体融合发展提出了相关发展建议。2019年2月25日，中共中央政治局委员、中宣部部

长黄坤明在媒体深度融合工作推进会议中提出，媒体融合是一场不容回避的自我革命，要坚持传统媒体和新兴媒体一体化发展方向，推进信息生产供给侧结构性改革，强化技术创新的引领驱动，大力培养全媒记者、全媒编辑、全媒管理人才，打造具有强大影响力和竞争力的新型主流媒体。2021年6月3日，中宣部副部长张建春在中国报业创新发展大会上作主旨发言，提出八大创新要求：创新思路理念，引领新时代报业发展新征程；创新战略谋划，建立新型报业传播体系；创新内容生产，发挥报业主流价值影响力；创新传播技术，激发报业改革发展新动能；创新形态业态，提升报业市场竞争力；创新体制机制，释放报业文化生产力；创新队伍建设，打牢报业高质量发展的人才基础；创新监督管理，营造报业良好发展环境。

二、难点痛点：目标与现实之间的问题与差距

自2014年8月中央全面深化改革领导小组第四次会议审议通过《关于推动传统媒体和新兴媒体融合发展的指导意见》以来，我国传统媒体顺应行业发展新趋势，积极采取各种措施加快融合发展进程，取得积极成效，但仍存在一些问题和不足。

（一）体制机制改革有待完善，动力与压力、激励措施尚需优化

2014年4月，国务院办公厅发布《文化体制改革中经营性文化事业单位转制为企业的规定》和《进一步支持文化企业发展的规定》，进一步明确要深化文化体制改革，但目前部分传统媒体改革仍不到位，资本运行效率不够高，内部经营管理问题有待解决，传统媒体组织结构、传播体系和管理体制需进一步调整和完善。

（二）距离“融为一体，合而为一”尚远，存在“两张皮”现象

目前各媒体机构都在做“增量”，通过设立媒体融合部门、开通网站、

微博、微信公众号，将传统媒体内容平移到新媒体平台上，但仍未实现采编业务、组织机构和资本方面的全面融合，缺乏具有市场号召力的传播平台、融合发展路径及清晰的盈利模式，造就了传统业务和新媒体业务的“两张皮”现象①。

（三）技术能力与技术水平落后于市场化的互联网企业

在2014年提出媒体融合的重大战略之后，传统媒体更加重视先进技术的运用，在中央厨房、融媒体中心、移动客户端、媒体云等方面取得较大进展，但技术能力与互联网平台企业相比仍有一定差距。在报刊与出版企业中，技术型领导相对较少；并且优秀技术人才薪资较高，传统媒体囿于资金实力和工资总额等制约，薪酬与市场化机构相比缺少竞争优势；传统媒体在媒体融合中没有对传统采编流程进行彻底重构，导致生产力与生产关系不匹配，制约技术发挥、发展②。

（四）传统商业模式失灵、用户连接失效，运营创新力不足

传统媒体行业最经典的商业模式是通过售卖媒体的影响力来获取收入。商业模式成功与否取决于收入能否覆盖所有成本。移动互联网出现后，广告人更偏向于广告的损耗较少、用户更精确、转化率更高的媒体广告运营方式。传统媒体用户连接断裂的主要原因是信息化环境下对于用户的媒体价值弱化和用户体验缺失，随着互联网的普及，更多用户向新兴媒体迁移。

（五）人才队伍有待更新，人力资源市场竞争力不足

随着新媒体快速发展，受媒体内外环境诸多因素影响，传统媒体精英人才不断流失，新媒体技术人才和运营人才有限，导致传统媒体的核心竞争优势正在降低。传统媒体人才流失呈现出加速、层级提高、多元化等特点，主

① 刘序明：《报网融合要克服“两张皮”和“一锅煮”》，《光明日报》2015年9月12日。
② 唐春兰、华灿星：《主流媒体直播带货模式的现状与突破——以央视新闻为例》，《北方传媒研究》2021年第2期。

要成因是媒体格局深刻变革、薪酬待遇偏低、发展空间受限、职业成就感和荣誉感下降等。

（六）资金投入有限，资本融通渠道尚待拓宽

在互联网强力冲击下，传统媒体广告收入长期下滑，难以储备充足的资金支持媒体融合转型。而媒体融合转型是一项牵涉面广、耗时较长、极为艰巨的系统性工程，所需的资金投入数额较大。完全市场化的互联网产品主要依靠市场化融资，但传统媒体由于体制等因素难以进行市场化融资，进一步减缓媒体融合进度。

（七）观念与思路需要进一步解放、拓宽、提升

我国媒体融合发展实际工作中还存在一些滞后认识和观念偏差，存在部分满足现状、畏难情绪、惰性心理、缺乏信心、存在惯性思维等问题，主要原因是没有完全跳出传统媒体的本位和思维。推动媒体融合发展，应解放思想，破除陈旧观念的束缚，形成适应融合发展的新观念新认识。

（八）内容版权保护意识、文化品牌IP运营意识不足

传统媒体在发展和转型过程中，版权问题一直存在矛盾和争议。传统媒体拥有较多存量版权资产，且每天都有大量增量版权资产产生，而传统媒体对版权管理和保护的认识未达到相应高度，尚未真正将版权作为重要资产管理，未将版权意识贯穿各工作环节，未能将版权意识深入贯彻到版权产品的采编销售整体流程之中。

三、媒体融合理论探索：行政力量与技术力量并举

我国学界对媒体融合的探索始终以传统媒体作为理论主体。在实践上，学者曾白凌认为，传统媒体融合同时存在两种推动力：行政力量和传播技术力量。行政力量应建立在技术和受众决定的源动力基础之上，两种力量共同

作用成为传统媒体的独特资源优势和创新动力[①]。

目前，在我国媒体融合进程中发挥主导力量和决定性作用的是行政力量，传播技术和受众需求主导的市场配置和作用还没有得到应有的重视。在产权转型和体制转型的双重压力下，传媒行业存在渠道萎缩、受众流失、内容单一、业态封闭等现象，传统媒体融合实际是一场被迫的转场。而“中央厨房”作为传统媒体转型的标配，成本高昂，容易导致内容同质化，无助于呈现新闻产品的个性与特色。

传统媒体要把流失的受众与流量找回来，关键是打破业态、内容、渠道、角色的边界，实现四个方面的突破：第一是突破媒体形态的边界，实现媒介形式、内容生产、传播方式的融合；第二是突破传者和受者的边界，实现传播关系中主体、客体不同角色的消融；第三是突破传播权力与表达权利的边界，构建管理到治理、共治的网络多元化治理结构；第四是突破内容的边界，实现人与信息的融合[②]。

跨越媒介形态的边界，需要把表达归还给身体。海勒认为，新技术的到来使身体超脱了在场或缺席的观念，回到控制论的模式/随机的观念[③]。身体在传播中的主动性、决定性进一步增强，人们彼此能够轻松实现零成本、零障碍沟通。而当下“沉浸传播”的时代，就是一个“以人为中心、以连接所有媒介形态的人类大环境为媒介而实现的无时不在、无处不在、无所不能的传播”[④]。

突破传者与受者的边界，需要依靠用户生成内容（UGC）促成受众的蜕变。用户生成内容实际也是在生成联系，互联网从物质和技术层面把自我表达从梦想变为现实。用户生产内容（UGC）、专业生产内容（PGC）、机器生产内容（MGC）、职业生产内容（OGC）、智能生产内容（IGC）等等，

---

① 曾白凌：《论传统媒体融合的边界、偏向与在场》，《现代出版》2020年第2期。
② 曾白凌：《论传统媒体融合的边界、偏向与在场》，《现代出版》2020年第2期。
③ 刘海龙：《传播中的身体问题与传播研究的未来》，《国际新闻界》2018年第2期。
④ 李沁：《沉浸传播：第三媒介时代的传播范式》，清华大学出版社2013年版，第18页。

万物皆为内容生产之“媒”，技术进一步瓦解了传统媒体内容生产者的地位，在自媒体时代，每个普通人都能成为信息的生产者或传播者[①]。

突破传播权力与表达权利的边界，主要依赖网络传播的去中心化特点。互联网的技术创新在于分布式的网络结构。基于此形成的去中心化传播体系打破了传统媒体对信息的垄断，对以传者为中心的传统传播系统进行解构。去中心化使受者和传者不再以特定地域为中心，而是以自己的意志、利益、目的和兴趣为中心，跨越地域寻找自己感兴趣的信息。

打破内容的界限，离不开技术创新的支持。网络去中心化、大数据和算法使精准信息服务轻松实现，传播技术进步使信息回归传播主体地位。信息技术的提升甚至促进了社会形态的转向，“数字社会”“业态社会”“微粒社会”等新概念不断涌现，而智能互联等技术为网络社会增添了新的物理特点，人类走进“智能网络社会”，大众传播就此突破媒体边界[②]。因此，传统媒体融合必须借助互联网技术，与个人和社群建立有效、信任、直接的信息通道。

“任何一次技术革命的背后，实际是一种主体性质的观念革命。”[③]以互联网思维推进媒体深度融合，既要理解媒体平台的延展与生态重构过程，又要重新认识人在传播中的主体作用。整个传媒业在大众传播时代经历了深刻的变革：“多源聚合+人工分发”的整合型平台、“多源搜索 + 算法调度”的搜索引擎、“人际网络 + 大众传播”的社会化媒体、“临场体验 + 社交传播”的VR+AR平台、“生活场景 + 新闻推送”服务类平台[④]……未来在重构的媒介生态中，一种新型的传播秩序尚待重建，它将对媒体融合产生何种影响，令人翘首企盼。

---

① 曾白凌：《论传统媒体融合的边界、偏向与在场》，《现代出版》2020年第2期。

② 严功军：《走出思维困境：媒介融合的认识论反思》，《现代传播（中国传媒大学学报）》2019年第11期。

③ 陈卫星：《媒介域的方法论意义》，《国际新闻界》2018年第2期。

④ 彭兰：《未来传媒生态：消失的边界与重构的版图》，《现代传播（中国传媒大学学报）》2017年第1期。

四、中央主流媒体充分发挥领先作用

在我国媒体融合发展过程中，中央主流媒体充分发挥引领示范作用，依托信息、技术、资金、人才等优势，在技术应用创新、内容生产创新和传播推广创新等方面取得诸多成果，为省、市、县级地方主流媒体的融合实践提供了有益启示。

（一）《人民日报》围绕内容主业全方位布局，打造党媒优质内容聚合平台，发展原创品牌，推动媒体方阵走向智能化

1997年，《人民日报》创办网络版；2012年，《人民日报》官方微博首次发声；2013年，《人民日报》微信公众号开通推送；2014年，《人民日报》手机客户端正式上线[①]。《人民日报》在数字化转型过程中通过媒介融合逐渐构筑起自己的全媒体阵营。《人民日报》的数字化发展历程可分为报纸网络化、报网融合、新媒体拓展、全媒体覆盖四个阶段。报纸网络化是数字化转型的第一步，充分利用互联网传播优势，拓展传播范围，提升传播速度；报网融合是数字化转型的深化，新闻由定时更新、及时更新到实时、即时更新，并开始运用声音、视频等多种媒体表现形式；新媒体拓展是根据媒体发展趋势和方向，不同媒介之间合作与共享；全媒体覆盖则是综合利用所有的传播媒介、渠道，达到“一次策划、一次采集、多种生成、多元传播、全天滚动、全球覆盖”的传播效果[②]。

1.在生产机制方面，《人民日报》以“中央厨房”和“创作大脑”为根本支撑，构建高效、优质、即时的内容生产体系

2015年，《人民日报》首次发布“中央厨房应用系统1.0”，打造“一

---

① 吴冰、张炜、钱一彬：《人民日报推进深度融合发展纪实：这样聚起6.35亿粉丝》，《人民日报》2017年8月9日。

② 徐蕾、常晓洲、姚雯雯：《媒介融合背景下〈人民日报〉数字化转型研究》，《新闻爱好者》2018年第1期。

体策划、一次采集、多种生成、多元传播、全天滚动、全球覆盖”新模式。目前，人民日报的“中央厨房”经过多年的实践探索，已形成完善的运作机制。《人民日报》“中央厨房”以内容的生产传播为主线，通过高效的编辑分发流程为内容生产提供了坚实保障，为媒体行业搭建支撑优质内容生产的公共平台，聚拢各方资源，形成融合发展合力。人民日报“中央厨房”可提供18个语种的新闻产品，向全球500家主流媒体和新闻网站供稿[①]。

2018年6月，人民日报社新媒体中心正式推出“人民日报创作大脑”平台。“创作大脑”为智能生产工具，集成智能写作、智媒引擎、语音转写、数据魔方和视频搜索五大功能，为用户提供内容纠错、发文助手、自动封面三项主要创作服务，实现融合新闻生产的智能化，为融合新闻的创新生产提供全面保障[②]。

《人民日报》还培养了一大批极具创新能力的优秀人才，建立了近50个融媒工作室，尝试“跨部门、跨媒体、跨地域、跨专业”的兴趣化组合，进行“跨介质协作，项目制施工”，创造出大量爆款融媒产品[③]。

2.在传播渠道方面，《人民日报》多平台联动，加快推进融媒体矩阵建设

截至2021年末，人民日报社已形成拥有报、刊、网、端、微、屏等10多种载体的媒体方阵，综合覆盖总用户数超过9亿。

《人民日报》客户端用户自主下载量达2.73亿，活跃度在主流媒体创办的新闻客户端中保持领先。人民日报法人微博粉丝数超过1.4亿，人民日报微信公众号用户订阅量突破4100万，人民日报抖音账号粉丝数超过1.4亿，人民日报快手账号粉丝数超过5400万。截至目前，人民日报社全媒体覆盖用户总

① 叶蓁蓁：《人民日报“中央厨房”有什么不一样》，《新闻战线》2017年第2期。

② 数据来源：北京星传广告发布的《迎接智媒时代，三大央媒都有哪些动作？》。

③ 关玉霞、宋曼、杨知然：《人民日报“中央厨房”——基于媒体融合的产业供应链再造》，《南方电视学刊》2017年第1期。

数超过11亿[①]。

《人民日报》以内容建设为根本，打造优质融媒体报告。如“品味红色经典”栏目破圈传播，其中《爱国的少年心，总是相通的》微博话题阅读量达3.3亿人次。新媒体中心推出的互动体验馆“复兴大道100号”，线上稿件和产品总阅读量超过10亿人次。人民日报客户端31个地方频道累计发布各类产品17.01万件，总阅读量达58.1亿人次[②]。

《人民日报》努力突破媒体融合技术瓶颈，推动融合采编平台建设，完善全媒体新闻生产机制和流程，实现全媒体指挥调度中心常态化运行，如上线人工智能视频制作平台“AI编辑部2.0”，参与报道全国两会；上线“智能创作机器人”，发挥5G智能采访、AI辅助创作、新闻信息追踪等功能[③]。

3.在原创品牌方面，人民在线、人民数据以开放战略引领“数据+咨询”智库转型，助推衍生内容生产价值

2008年，人民网舆情监测室正式组建，提供专业化的舆情服务和数据业务；2009年，北京人民在线网络有限公司成立，与人民网舆情监测室一体化运作，早期以舆情知识普及、提供专业分析报告为主；中期推出服务三条产品线的舆情整体解决方案，服务于多个行业数百家客户；进入互联网大数据时代后，人民网舆情监测室升格为人民网舆情数据中心，人民在线舆情服务专业性不断升级，进入数据与智库相结合的智能舆情阶段，通过先进的大数据技术和系统分析，全面、立体、准确地反映舆论态势，在舆情研究、平台服务、智库咨询领域处于领先地位。

---

① 数据来源：人民网发布的《人民日报社社会责任报告（2021年度）》。

② 数据来源：人民网发布的《人民日报社社会责任报告（2021年度）》。

③ 数据来源：人民网发布的《人民日报社社会责任报告（2021年度）》。

（二）新华社媒体融合专注于技术赋能内容与形式创新，以技术创新打造精品融媒体产品，开启我国在大数据和人工智能方面融合先例

1.新华社应用“无人机+新闻”“卫星+新闻”报道形式，开启新闻摄影新视角新模式

2016年，在新华社总编室的指导下，摄影部牵头成立“天空之眼”无人机创新工作室，组成一支由30余名“机长”领衔，100余架无人机和近200名“记者飞手”组成的专业化无人机新闻报道队伍，并通过新华社各个分社辐射全国。2016年，新华社摄影部已基本实现“无人机+新闻”形式发稿常态化。“无人机+新闻”形式主要用于重大事件报道，如G20、博鳌论坛、世界互联网大会等；对特别重大灾害等突发事件进行报道，如南方洪灾、江苏盐城龙卷风、冰雹灾害等。同时，新华社还策划了“天空之眼瞰祖国”“扶贫攻坚”“四季美丽生态”等系列产品，以无人机航拍为主要技术手段，向读者呈现中国的发展变迁和风貌，题材涵盖经济、科技、文化、扶贫、社会、体育等领域，全年提供照片近2000张①。另外，驻外摄影记者在以色列、俄罗斯、美国等地也多次运用无人机进行新闻摄影报道。

2019年8月至2020年7月，新华社卫星新闻实验室推出“60万米高空看中国”系列卫星新闻报道，通过卫星遥感技术最新成果，对全国各地30余个省、自治区、直辖市以及特别行政区进行了卫星新闻报道，全方位、立体化展示中华人民共和国成立70余年来全国各地沧海桑田的变迁，在全国各地引起广泛关注，传播效果显著。据新华社统计，截至2020年1月4日，新华社“60万米高空看中国”系列卫星新闻短视频总浏览量超31亿，互动量超1.27亿②。

---

① 王建华：《天空之眼，摄影升维——新华社“天空之眼”无人机队新闻摄影实践与思考》，《中国记者》2017年第1期。

② 刘洪亮：《航拍+科技：5G时代卫星新闻的融合创新——以新华社〈60万米高空看中国〉为例》，《传媒》2021年第10期。

2.新华社打造“智能编辑部”“媒体大脑”“AI合成主播”等，将人工智能引入新闻生产，引领传媒产业的智能化进程

2017年12月，新华社推出全国首个智能化媒体生产平台“媒体大脑”，并生产了第一条MGC（机器生产内容）视频新闻，受到业界广泛关注。“媒体大脑”提供基于云计算、物联网、大数据、人工智能（AI）等技术的八大功能，覆盖报道线索、策划、采访、生产、分发、反馈等全新闻链路。2018年12月，“媒体大脑”发布新版本“MAGIC短视频智能生产平台”。2019年11月，“媒体大脑3.0融媒中心智能化解决方案”发布，成为全国首个面向融媒中心智能化解决方案。

2018年11月，新华社联合搜狗公司发布全球首个AI合成主播“新小浩”，通过人脸关键点检测、人脸特征提取、人脸重构、唇语识别、情感迁移等技术，呈现与真人主播无异的信息传达效果。2019年2月，新华社发布站立式AI合成主播及合成女主播“新小萌”。2019年6月，新华社与塔斯社合作推出俄文AI合成主播“丽莎（Lisa）”。2020年，推出全球首位3D版AI合成主播“新小微”。2021年两会期间，新华社与搜狗公司联合推出升级版AI合成主播“雅妮”。

2019年12月，新华社首个智能编辑部正式投入使用，推动“一次采集、N次加工”的媒体融合传播模式新变革。新华社智能化编辑部在智能采集、智能加工、产品生产、智能审核、智能分发、智能反馈的全链条中充分运用人工智能技术，全方位提升新闻生产和信息传播的效率。在智能化编辑部系统助力下，新闻生产效率可提升3至5倍。

3.新华社打造“媒体创意工场”，全面推动新闻信息视频化、移动化、知识化、智能化

2018年12月25日，新华社正式启动视频化战略，新华网媒体创意工场正式揭牌。媒体创意工场占地1900平米，分为四大区域，包含配套录音棚、审片室、多功能交互数控影棚、MR混合现实智能演播厅、工作室孵化区等，整体建设投资达5千万。创意工场拥有覆盖全流程的短视频创作团队，微视频业务主要包括重大主题报道类产品线、新闻资讯类产品线、知识人文类产品线三部分。凭借“创意+技术”的体系化原创生产能力，新华社推出一系列爆款短视频产品，引领短视频新闻的发展。2018年，创意工场拍摄的《我梦想　我奋斗　我奔向》微电影，仅一周时间观看量破亿，获得300余家媒体转发置顶。从2016年9月开播的《国家相册》，截至当前已推出四季，总集数近200集，总播放量超30亿，成为短视频业务的常青树和标杆[①]。

（三）中央广播电视总台利用先进技术和品牌特色助力视频场景化、媒体平台化、产品特色化

1.中央广播电视总台全面推进媒体深度融合，从传统技术布局向“5G+4K/8K+AI”战略格局转变，以超高清电视、移动新媒体、人工智能等视听产品为重要发力点

2018年12月，中央广播电视总台与中国电信、中国移动、中国联通及华为公司在北京共同签署合作建设5G新媒体平台框架协议并启动建设我国首个国家级“5G新媒体平台”。2019年5月，中央广播电视总台“5G+4K+AI媒体应用实验室”揭牌仪式在上海举行。2019年8月，中央广播电视总台公布在“5G+4K/8K+AI”的应用实践上的战略布局，包括融合制播、超高清电视、移动新媒体、人工智能四部分。提升总台高品质新媒体制作能力，加快推进高清（HD）向超高清（UHD）升级换代，提升总台超高清电视制作能力和节目产量，发挥5G网络技术优势，创新媒体形态，优化媒体制播流程，再造融媒体生产传播平台，支撑总台从传统媒体向国际一流新型主流媒体转型升级[②]。2020年7月，中央广播电视总台发布《5G媒体应用白皮书》，提出采集

---

① 数据来源：金融界网站发布的《引领短视频浪潮　新华网打造媒体创意工场为5G做好准备》。

② 数据来源：北京星传广告发布的《迎接智媒时代，三大央媒都有哪些动作？》。

传输、移动云制作、VR制作及分发等关键环节的业务和技术标准，为5G与媒体生产的深度结合和快速发展打下坚实基础。

2.中央广播电视总台拓宽产品形态，革新视听传播话语，主流媒体直播带货更具公益性、权威性，传播效果好，影响范围大

2020年4月，国家发展和改革委员会印发《消费扶贫助力决战决胜脱贫攻坚2020年行动方案》，协调中宣部、农业农村部、商务部等23个部委，依托消费扶贫帮助湖北解决特色农产品滞销问题。4月6日及12日，央视两场公益直播为湖北带货累计超过1个亿[①]。

在传播渠道方面，中央广播电视总台直播带货采用矩阵式传播，采用多个平台进行直播，用户可以通过央视新闻客户端、央视频、央视新闻抖音号、微信公众号、百家号等不同渠道进行观看和购买，有效扩大用户量，提升知名度，取得更大的传播效益；在直播基础设施方面，央视带货更具专业性，直播采用5G信号传输、4K摄像设备，拥有专业的工作团队、舞美、灯光、布景；在主播形象方面，央视主播在进行带货时，通常不使用美颜滤镜，除产品的实用性、使用场景等基本信息，还会对产品相关的历史文化背景进行解读，具备一定的文化功底[②]。

3.中央广播电视总台推出“央视频”，建设移动端账号集群，打造集服务性、社交性于一体的内容生态媒体

2019年11月20日，中央广播电视总台“央视频”5G新媒体平台正式上线。“央视频”基于“5G＋4K/8K＋AI”等新技术，依托中央广播电视总台海量节目资源和内容生产能力，实现手机刷视频、看电视、观直播等功能，同时携手广大创作者建设账号森林，打造视频社交媒体平台。在形式上，

---

① 李月媛：《一场直播吸引1.27亿人次观看 夏丹祖蓝联手为湖北带货超6000万元》，《湖北日报》2020年4月14日。

② 唐春兰、华灿星：《主流媒体直播带货模式的现状与突破——以央视新闻为例》，《北方传媒研究》2022年第2期。

"央视频"以短视频为主，兼顾长视频和移动直播，具有独特的"以短带长""直播点播关联"等功能；在内容上，"央视频"聚焦泛文体、泛资讯、泛知识三大品类，以账号体系为内容聚合逻辑，连接撬动总台长期积累沉淀的优质资源和各类社会头部创作力量，以开放共建的姿态实现优质社会资源整合，共同打造总台的新媒体新平台。在技术上，"央视频"的技术核心为AI中台，拥有智能标签、视频理解、智能剪辑、安全审核、质量检测、画质提升等能力，旨在为前台、视频中台、数据中台提供各种智能化生产能力和机器训练学习能力，为"央视频"规模化、精细化、智能化的内容生产传播提供了重要技术支撑。

五、省市级传统纸媒践行市场化策略

在中国媒体融合发展的时代浪潮中，涌现出了一批迅捷而稳健的探索者，以纸媒为代表的传统媒体成为转型升级的前沿阵地。在互联网传播环境下，传统媒体纷纷通过延伸价值链、差异化集中、打造内容稀缺性等战略途径，实现自身融合转型，具体分为以下三种路径：

（一）延伸媒体价值链，拓展外向服务价值

在国家战略需求和媒体融合转型的大背景下，传统媒体向舆情组织、智库转移成为一些媒体机构的业务增长点，这样不仅能够解决自身营收问题，还能促进深度内容生产，创新社会治理模式。

其中，具有代表性的是南方报业集团。其旗下设有南方舆情数据研究院和南都大数据研究院。南方舆情数据研究院，聚合网络舆情、社会舆情和媒体舆情，提供预警、研判、应对、培训、品牌管理和数据分析等服务；南都大数据研究院，通过数据库开发、智库报告生产和研究课题开发，推出数据报道、榜单评价、民意调查、咨询研究等系列产品。南方报业集团通过对

数据库、智库的开发和应用，在传媒行业研究领域创收颇丰，同时以课题成果反哺传播实践，逐步打磨并稳固了报、刊、网、端、微、屏等多元传播矩阵。

《四川日报》的媒体融合成果同样引人瞩目。其立足全媒体时代，以《四川日报》为引领，以“川观新闻”为驱动，以“四川在线”为协同，打造“智能+智慧+智库”大平台，为用户提供多元智媒体服务；以建立全媒体传播体系为重点，促进四川省内媒体向“一支队伍、一个平台、三大终端、全媒一体”深度融合，建立智慧主导的全媒体内容体系，扩大主流价值影响力版图[①]。

（二）聚焦成长性产业，加速视频化转向

随着媒体融合发展进入到深化阶段，大众化市场逐渐饱和，基础网络服务提速降价，媒体必须在细分市场中建立优势。信息获取形式的视频化成为网络内容发展的主流趋势。利用视频技术，传统媒体能够更有效地将优质内容资源以受众喜闻乐见的新形式呈现出来，从而提高优质内容的到达率和受众对传统媒体的认可度。

《新京报》率先提出“移动优先，视频优先”的差异化集中战略。在严肃新闻领域，用“我们视频”抢占市场，以直播、短视频的形式对时政、社会热点和重大事件进行报道；在泛资讯领域，用全媒体呈现“动新闻”，以二维、三维动画的形式对新闻进行深入的解释说明，让观众对新闻事件发生的来龙去脉有更直观的感受。《新京报》通过推出视频新闻产品，在版权、流量和广告等方面实现盈利。同时对视频新闻的拍摄技术要求，也促使记者从单纯的文字记者向全媒体记者转型，进一步推动了人才的深度融合。

---

① 四川日报报业集团编委会：《构建全媒体传播体系，建设新型主流媒体集团》，《新闻战线》2022年第9期。

（三）坚持内容原创，深耕稀缺内容

媒体融合时代，传播格局、舆论生态都在发生深刻变化，平台和渠道的重要性日益凸显，但“内容为王”仍是媒体融合发展需要坚守的信条。内容创新是成本较低的融合发展尝试，媒体应借助最先进的科技手段生产原创性内容，使传统媒体和新兴媒体优势互补，通过新的传播渠道持续性输出，令目标用户产生持续性记忆。

财新传媒有限公司作为国内专业财经媒体的标杆，不仅拥有专业内容生产团队，还建立了具有商业价值的数据库，这些是它能够实行付费功能的前提优势。财新传媒有限公司率先将“付费墙”模式引入中国，推出“财新App”，在内容上一方面针对政经研判类新闻的稀缺性，另一方面利用财经大数据整合行业舆情及热点信息，以其独特性和可观性的内容开创新闻付费模式，分项目、分时段、分内容向用户收费，通过知识付费产品开创盈利道路。

六、县级融媒体尝试差异化布局

以县为单位的融媒体建设是我国媒体融合发展设计中的重要一环。从2018年开始，县级融媒体中心建设在全国展开。县级融媒体按照党中央部署的“媒体+”理念，将媒体与党建、政务等业务相结合，形成包括媒体服务、党建服务、政务服务、公共服务和增值服务在内的五大服务类型，为用户提供多样化综合服务，满足用户多样化需求。但由于各县经济发展状况、民生情况存在较大差异，融媒体建设水平也各有不同。目前，有以下五种初见成效的县级融媒体发展模式：

（一）媒体+产业模式

具有经济实力及媒体基础资源的区县，选择“媒体+产业”的融媒体机制，积极扩大媒体的市场占有率。如全国百强县浙江省长兴县组建长兴传媒集团有限公司，推行事业单位企业化运作，自主开发融媒体传播平台和移动终端“融媒眼”智慧系统，优化全媒体策采编发流程，推动各媒体平台业务的网状联合、信息共享和产品各异，借助市场力量实现了社会效益与经济效益的统一。

（二）媒体+行业模式

县级媒体与不同行业跨界合作，打通社会资源。例如，北京市16区区级融媒体中心广泛借助“外脑”，与人民网、新华网、央广网、人民日报媒体技术股份有限公司、《北京日报》、北京广播电视台、千龙网等中央和北京市属媒体、技术公司强强联手。海淀区融媒体中心还开发了“校企资源型外脑”，与高校、企业合作，整合媒体、科教和政务资源，合作方各自发挥优势功能，积极推进媒体融合①。

（三）媒体+本地媒体模式

报纸或广播电视台实力较强的县，可整合原有媒体，策划资源联动。如原广播电视台实力较强的甘肃省玉门市建立了首个县级融媒体中心。“玉门样本”的融媒体共享平台包括“一中心四系统”，形成“一次采集、多种生成、多元发布”的融媒体运行机制，确立了“新闻+政务+应用服务”的融媒体建设路径。②

（四）媒体+跨区域媒体模式

县级媒体突破区域、省域限制，寻求优势媒体合作。例如，四川合江县与山东广电传媒集团有限公司的轻快融媒项目平台合作搭建融媒体平台。作为四川省经济欠发达县域，合江县媒体服务范围相对集中。目前，合江县融媒体中心已整合合江通讯社、合江广播电台、合江新闻网等县内主流媒体资

---

① 数据来源：央广网发布的《县级融媒体中心建设　打通媒体融合“最后一公里”》。

② 田野：《甘肃首个市级融媒体中心在定西揭牌》，《中国新闻出版广电报》2022年3月24日。

源，构建起“一中心”“两报”“两网”“三台”“四微”的“12234”型融媒生态[①]。

（五）媒体+中央级/省级媒体模式

新闻体量较小、优势不明显的县域，可以嵌入省级或中央级媒体。如江西日报社推出具有独立知识产权、省市县三级部署的聚合型媒体融合平台“赣鄱云”。“赣鄱云”通过连接“现场云”等中央级平台，发挥大数据、云计算的技术引领作用，将省市县媒体融合连接成“一张网”，实现内容、用户、技术、数据、传播平台的打通共享，打造媒体深度融合的“江西样本”，从而大大节省了各地融媒体的建设成本[②]。

不可否认的是，当前县级融媒体中心发展仍面临许多困境，比如县级机构缺乏联动、难以协调统筹，内容平台盲目扩张、后续运营乏力，内容生产简单相加、原创环节缺失，人才管理未成机制、专业程度不足等。未来，我国县级融媒体应加强内外联动合作、整合媒体资源、实施传媒产业策略，以制度为保障推动媒体融合发展，解放新闻生产力，激发创造活力。

---

① 数据来源：国家广电智库发布的《四川合江：志之所趋不可阻挡，融媒逐梦不负时代》。

② 王晖：《江西日报社社长王晖——“赣鄱云”：融合发展的江西样本》，“新闻战线”微信公众号2018年5月20日。

表1-9-1　媒体深度融合重要文件及主要内容

序号	日期	文件	主要内容
1	2014年8月	中央全面深化改革领导小组第四次会议审议通过《关于推动传统媒体和新兴媒体融合发展的指导意见》	整合新闻媒体资源，推动传统媒体和新兴媒体融合发展，是落实中央全面深化改革部署、推进宣传文化领域改革创新的一项重要任务，是适应媒体格局深刻变化、提升主流媒体传播力公信力影响力和舆论引导能力的重要举措。通过融合发展，使我们的主流媒体科学运用先进传播技术，增强信息生产和服务能力，更好地传播党和政府声音，更好地满足人民群众的信息需求。推动媒体融合发展，要遵循新闻传播规律和新兴媒体发展规律，强化互联网思维，坚持正确方向和舆论导向、坚持统筹协调、坚持创新发展、坚持一体化发展、坚持先进技术为支撑。推动媒体融合发展，要将技术建设和内容建设摆在同等重要的位置。要顺应互联网传播移动化、社交化、视频化的趋势，积极运用大数据、云计算等新技术，发展移动客户端、手机网站等新应用新业态，不断提高技术研发水平，以新技术引领媒体融合发展、驱动媒体转型升级。同时，要适应新兴媒体传播特点，加强内容建设，创新采编流程，优化信息服务，以内容优势赢得发展优势。推动媒体融合发展，要按照积极推进、科学发展、规范管理、确保导向的要求，推动传统媒体和新兴媒体在内容、渠道、平台、经营、管理等方面深度融合，着力打造一批形态多样、手段先进、具有竞争力的新型主流媒体，建成几家拥有强大实力和传播力、公信力、影响力的新型媒体集团，形成立体多样、融合发展的现代传播体系。要一手抓融合，一手抓管理，确保融合发展始终沿着正确的方向推进
2	2015年9月	国务院出台《三网融合推广方案》	要求总结推广试点经验，将广电、电信业务双向进入扩大到全国范围，并实质性展开工作
3	2016年7月	国家新闻出版广电总局发布《关于进一步加快广播电视媒体与新兴媒体融合发展的意见》	力争两年内，广播电视媒体与新兴媒体融合发展在局部区域取得突破性进展，形成几种基本模式。在“十三五”后期，融合发展取得全局性进展，建成多个形态多样、手段先进、具有竞争力的新型主流媒体，打造出数家拥有较强实力的新型媒体集团，基本形成布局合理、竞争有序、特色鲜明、形态多样并具有可持续发展能力的中国广播电视媒体融合新格局
4	2017年1月	中共中央办公厅、国务院办公厅印发《关于促进移动互联网健康有序发展的意见》	大力推动传统媒体与移动新媒体深度融合发展，加快布局移动互联网阵地建设，建成一批具有强大实力和传播力、公信力、影响力的新型媒体集团

续表

序号	日期	文件	主要内容
5	2017年5月	中共中央办公厅、国务院办公厅印发《国家"十三五"时期文化发展改革规划纲要》	现代传播体系逐步建立，传统媒体与新兴媒体融合发展取得阶段性成果，形成一批新型主流媒体和主流媒体集团，网络空间更加清朗，社会舆论积极向上。推动媒体融合发展。扶持重点主流媒体创新思路，推动融合发展尽快从相"加"迈向相"融"，形成新型传播模式。支持党报党刊、通讯社、电台电视台建设统一指挥调度的融媒体中心、全媒体采编平台等"中央厨房"，重构新闻采编生产流程，生产全媒体产品。明确不同类型、不同层级媒体定位，统筹推进媒体结构调整和融合发展，打造一批新型主流媒体和媒体集团
6	2018年11月	中央全面深化改革委员会第五次会议审议通过《关于加强县级融媒体中心建设的意见》	要深化机构、人事、财政、薪酬等方面改革，调整优化媒体布局，推进融合发展，不断提高县级媒体传播力、引导力、影响力
7	2018年12月	国务院办公厅《关于推进政务新媒体健康有序发展的意见》	按照前台多样、后台联通的要求，推动各类政务新媒体互联互通、整体发声、协同联动，推进政务新媒体与政府网站等融合发展，实现数据同源、服务同根，方便企业和群众使用
8	2019年1月	习近平总书记在中共中央政治局第十二次集体学习时的重要讲话	推动媒体融合向纵深发展，做大做强主流舆论。提出主流媒体要大胆运用新技术、新机制、新模式，加快融合发展脚步；通过技术支撑和内容建设，打造一批具有强大竞争力的新型主流媒体，从而掌握舆论场主动权和主导权
9	2019年1月	中共中央宣传部、国家广播电视总局联合发布《县级融媒体中心建设规范》	县级融媒体中心应整合县级媒体资源，巩固壮大主流思想舆论，不断提高县级媒体传播力、引导力、影响力、公信力
10	2019年4月	国家广播电视总局发布《总局办公厅关于建立"国家广播电视总局媒体融合发展专家库"的通知》	通过建立"国家广播电视总局媒体融合发展专家库"，凝聚最广泛力量，汇集全行业智慧，贯彻落实好中央"推动媒体融合发展、构建全媒体传播格局"重大战略部署，为总局推进媒体融合发展决策提供重要参考，提升总局广播电视行业治理体系和治理能力现代化水平。建设初期，专家库包括"优秀专家学者"和"优秀行业从业人员"两个子库
11	2019年9月	国家广播电视总局发布《总局关于创建广播电视媒体融合发展创新中心有关事宜的通知》	决定择优创建广播电视媒体融合发展创新中心，以改革创新的思路举措，汇聚各方力量、深入研究探索、强化应用示范，加快推进广播电视媒体与新兴媒体深度融合一体发展
12	2019年11月	科技部发布《关于批准建设媒体融合与传播等4个国家重点实验室的通知》	为适应全媒体时代发展需求，推动媒体融合向纵深发展，强化科技支撑，批准建设"媒体融合与传播国家重点实验室""传播内容认知国家重点实验室""媒体融合生产技术与系统国家重点实验室""超高清视音频制播呈现国家重点实验室"等4个实验室

续表

序号	日期	文件	主要内容
13	2020年9月	中共中央办公厅、国务院办公厅印发《关于加快推进媒体深度融合发展的意见》	深刻认识全媒体时代推进这项工作的重要性、紧迫性，坚持正能量是总要求、管得住是硬道理、用得好是真本事，坚持正确方向，坚持一体发展，坚持移动优先，坚持科学布局，坚持改革创新，推动传统媒体和新兴媒体在体制机制、政策措施、流程管理、人才技术等方面加快融合步伐，尽快建成一批具有强大影响力和竞争力的新型主流媒体，逐步构建网上网下一体、内宣外宣联动的主流舆论格局，建立以内容建设为根本、先进技术为支撑、创新管理为保障的全媒体传播体系
14	2021年3月	《中华人民共国和国民经济和社会发展第十四个五年规划和2035年远景目标纲要》	全面繁荣新闻出版、广播影视、文学艺术、哲学社会科学事业；推进媒体深度融合；实施全媒体传播工程（从格局、体系到工程）；做强新型主流媒体；建强用好县级融媒体中心
15	2021年9月	中共中央办公厅、国务院办公厅印发《关于加强网络文明建设的意见》	深入推进媒体融合发展，实施移动优先战略，加大中央和地方主要新闻单位、重点新闻网站等主流媒体移动端建设推广力度，这意味着主流媒体移动化转型迎来新的红利期
16	2022年4月	中宣部、财政部、国家广电总局联合下发《关于推进地市级媒体加快深度融合发展实施方案的通知》	要按照资源集约、结构合理、差异发展、协同高效的原则，完善中央媒体、省级媒体、市级媒体和县级融媒体中心四级融合发展布局。努力打造全媒体对外传播格局，讲好中国故事，传播中华文化
17	2022年4月	中宣部印发《关于推动出版深度融合发展的实施意见》	要围绕坚持正确发展方向、科学设定发展目标、统筹规划发展布局，加强出版融合发展战略谋划；要立足扩大优质内容供给、创新内容呈现传播方式、打造重点领域内容精品，强化出版融合发展内容建设；要着眼加强前沿技术探索应用、促进成熟技术应用推广、健全科技创新应用体系，充分发挥技术对出版融合发展的支撑作用等
18	2022年8月	中共中央办公厅、国务院办公厅印发《"十四五"文化发展规划》	加快推进媒体深度融合发展，有效整合各种媒介资源、生产要素，推动在信息内容、技术应用、平台终端、管理手段等方面共融互通，打造一批具有强大影响力、竞争力的新型主流媒体
19	2022年10月	党的二十大报告	加强全媒体传播体系建设，塑造主流舆论新格局

（课题组成员：李忠、姚贞、马萧萧、张文彦、刘永丹、刘振兴、王瑞雯、胡媛媛。

技术支持：中新宽维传媒科技有限公司）

第二部分

新时代　新媒体　新阅读

"大众喜爱的阅读新媒体号"推荐活动

第一篇 凝心聚力树品牌　推优荐新助阅读

——第六届“大众喜爱的阅读新媒体号”推荐活动启动

2021年12月21日，第六届“大众喜爱的阅读新媒体号”推荐活动在京启动，活动由中国新闻出版传媒集团有限公司、中国全民阅读媒体联盟、全民阅读与融媒体智库共同举办。推荐活动既是一个启动会，也是一个征求意见的研讨会。与会专家对于此次推荐活动给予充分肯定，并结合自身专长、优势，为更好地开展此次推荐活动建言献策。来自多家出版单位、新媒体机构、媒体单位代表，就如何更好地开展这一推荐活动进行了深入探讨。

图2-1-1　第六届“大众喜爱的阅读新媒体号”推荐活动在京启动

一、主办方发言

（一）切实满足不同读者多元阅读需求

中国新闻出版传媒集团有限公司党委书记、董事长马国仓指出，2014年以来，全民阅读已连续八次被写入《政府工作报告》，习近平总书记多次强调“要提倡多读书，建设书香社会”“创新服务方式，推动全民阅读，更好满足人民精神文化需求”。多年来，中国新闻出版传媒集团有限公司一直很重视全民阅读的宣传推广工作，专门成立了全民阅读媒体联盟办公室、品牌与专题部两个部门开展全民阅读的推广工作，形成了全民阅读“红沙发”系列访谈、“书香中国万里行”、“大众喜爱的阅读新媒体号”推荐活动、全民阅读大讲堂、“微笑彩虹·书香温暖童年”公益活动、“妈妈导读师”等系列品牌。

2016年，首届“大众喜爱的50个阅读微信公众号”推荐活动，通过政府机构推荐、媒体推荐、账号自荐、WCI检测、大众投票、专家评审等环节，向社会推荐了50个优秀的阅读微信公众号。2020年，在连续成功举办4届“大众喜爱的50个阅读微信公众号”推荐活动的基础上，第五届推荐活动增加了音频、视频号的推荐，活动更名为“大众喜爱的阅读新媒体号”推荐活动。截至目前，共向社会推荐250个（次）微信公众号，50个音频、短视频号，入选的账号形式活泼、内容优质、方式创新，能够满足不同层次读者的阅读需求，在新闻出版界、文化界和广大读者中形成了良好口碑。

图2-1-2 中国新闻出版传媒集团党委书记、董事长马国仓

第六届“大众喜爱的阅读新媒体号”推荐活动将面向广泛的内容平台，并运用全民阅读与融媒体智库自主研发的大数据采集、

数据模型学习演化、跟踪监测，其中智库技术团队自主研发的微信指数、微视频指数等系列新媒体指数矩阵，将首次运用在本届推荐活动中。

本届推荐活动安排大体如下：

一是政府及媒体推荐、专家推荐、账号自荐阶段。通过政府主管部门推荐、账号自荐、媒体和平台推荐以及全民阅读与融媒体智库大数据和人工智能采集筛选，形成新媒体账号的“采集池”。

二是数据监测及专家初选阶段。将把参选账号在2021年1月至2021年12月底所发布的全部内容，纳入数据监测与专家初评范围。充分发挥全民阅读与融媒体智库全网数据监测与评价体系优势，汇集“大数据+行业智慧”，对“采集池”中账号进行筛选。

三是网络大众投票阶段。通过设计专业投票系统，对进入初选的200个阅读类新媒体号进行大众投票。

四是专家终评阶段。邀请专家对公众号内容进行评审，本着群众评价、专家评价和大众传播相统一的原则，结合大众投票结果，按照专家评选（40%）、大众投票（30%）和数据检测（30%）三项指标，权重加权之后，进行排名，推荐50个优秀阅读微信公众号。按照专家评选（40%）、大众投票（30%）、新媒体指数（30%）进行权重加权，按照排名推荐25个阅读音频号、25个阅读视频号。合计共推荐100个阅读新媒体号。

（二）推进阅读内容多元呈现与多端传播

中国新闻出版传媒集团有限公司总经理、全民阅读与融媒体智库理事长李忠指出，“大众喜爱的阅读新媒体号”推荐活动，以传播精品阅读内容、弘扬中华优秀文化、推荐创新阅读方式、推广阅读方法知识、营造全民阅读氛围为主要目标，以导向正确、内容健康、资源丰富、形式活泼、方式创新、影响广泛为基本标准，推荐的对象包括全国各级新闻出版主管部门、媒体、图书、报纸、期刊、音像、电子出版物、互联网出版单位、出版物发行单位、图书馆、读书会等开办的推广全民阅读的微信公众号、音频和短视频号。

图2-1-3　中国新闻出版传媒集团总经理、全民阅读与融媒体智库理事长李忠

经过5年的发展，“大众喜爱的阅读新媒体号”推荐活动的推荐基数越来越大、推荐程序逐步健全、推荐标准愈加严格，形成了有序、良性的发展特征。这一推荐活动的举办，充分发挥了优秀阅读新媒体号在阅读推广领域的引领示范作用，为推动线上线下相结合的阅读新趋势，满足人民更为丰富、更高质量的精神文化需要和服务文化强国建设贡献了力量。

新冠肺炎疫情给全民阅读带来前所未有的挑战，阅读方式、出版形式、内容需求、产业业态等均发生较大变化，全民阅读迎来发展新变局。以技术赋能内容，以数字提升传播，推动优秀图书全媒体出版、立体出版，推进阅读内容多元呈现、多端传播，成为新时期的发展要求与思路。

一是继续推进“全民阅读+新媒体”传播。我国视听阅读市场的增速平稳，“两微一端”、音频及短视频平台上的读书类信息内容迎来了数字化、网络化和智能化的变革。全民阅读媒体联盟也将充分发挥资源优势，促进线上与线下媒体携手，共同致力于推介优质阅读内容、引领阅读风向，搭建全民阅读活动平台，联盟成员将把新媒体号作为独立产品进行打造和运营，探索联盟成员之间的合作模式，加快形成资源共享与业务协作机制。

二是打造阅读知识付费盈利新模式。阅读新媒体平台和账号正在积极探寻多元化盈利模式，发力新型营销。未来将继续深挖阅读垂直领域，寻求新的营收增长动能。

三是坚持以读者为中心的创新营销模式。阅读品牌营销将单一诉求转变为多维互动分享，加快布局线上读书会、读者电台、读者小站、线上图书直播、在线阅读技能培养等矩阵传播生态，促使读者自发推荐、社群共享，利用多元化传播进行口碑营销，使内容更加新颖有趣、贴近大众。

四是5G技术赋能信息表达。阅读体验已经从“读”转变到“听”，从量的增长转变到质的提升。随着5G技术的落地、虚拟技术的提升以及人工智能的发展，打造沉浸式互动体验将是数字阅读行业未来的发展趋势。今后，图文、音频、视频及AR、VR等数字技术的加入将使阅读变得更加生动立体，数字阅读、云端知识消费、网络互动服务将更加多元化和人性化，用户的阅读体验将进一步提升，也会催生更多高品质的优秀文化内容。

二、智库发言

（一）以榜样力量引领阅读推广

中新宽维传媒科技有限公司总经理、全民阅读与融媒体智库研究员马萧萧指出，前4届“大众喜爱的50个阅读微信公众号”推荐活动是从政府和行业协会、出版社、媒体、出版物发行单位、图书馆、阅读推广组织等6类机构主办的阅读公众号中甄选出50个大众喜爱的阅读公众号，4年共计200个次。

就历届账号入选次数来看，政府与行业协会账号、出版机构账号及传统阅读品牌连续多届入选，成为行业引领阅读推广的榜样性力量。

第五届“大众喜爱的阅读新媒体号”推荐活动增添了三大特色。一是增加阅读类音频、短视频号推荐。二是全面运用大数据、人工智能分析，对账号信息进行数据处理，通过机器学习的方法开发价值评估模型，确保数据完整、精准和推荐内容的专业性与客观性。三是着力推广全媒体阅读新渠道。活动旨在向全社会举荐更多基于全媒体的优秀阅读新渠道，开展线上与线下结合的纸质阅读与数字阅读推广活动，在更广的受众范围内、更高的矩阵平台上，播撒书香，分享智慧。

入选的阅读新媒体号传播特征：一是知识性与娱乐性并存，着力打造优质的知识类内容，深入浅出地为大众轻松科普。二是紧跟文化热点和网络流行符号，将其进行本地化、可视化和交互化传播，能迅速获得受众的关注和青睐。三是深耕垂直细分领域，在内容传播上围绕图书讲解、好书推荐、读后感分享、线上讲座、阅读活动资讯等多元角度进行精细化传播，获取独特竞争优势。四是紧扣“大众喜爱”，洞察碎片化阅读习惯，传播大众喜闻乐见、通俗易懂的内容，满足广大人民群众的阅读需求。

图2-1-4　中新宽维传媒科技有限公司总经理、全民阅读与融媒体智库研究员马萧萧

（二）最大限度创造更高价值

中新宽维传媒科技有限公司首席技术官、全民阅读与融媒体智库研究员刘永丹指出，随着信息技术的发展，数据智能成为推动各行业创新的动力，高效地利用大数据与行业智慧相结合，融合专家主观能动性与数据客观合理性，最大限度地创造更高的价值。为了对此次新媒体账号进行推荐，技术准备工作从2021年年初就已开展。

一是建立新媒体账号池。目前已经建立了一个范围完备、囊括7000+的阅读新媒体账号池，账号主体类型包括政府与协会类、出版社类、媒体类、出版物发行单位类、图书馆类、阅读推广机构类、微视频类。

图2-1-5　中新宽维传媒科技有限公司首席技术官、全民阅读与融媒体智库研究员刘永丹

二是建立新媒体指数矩阵。结合之前的研究成果作了一些改进，原先是对单个的媒体建立一种评价的方式模型，如今拓展到所有平台的指数矩阵，根据不同的类型进行了适当的划分。同时针对不同平台特点设置指标，如微信侧重传播力，读者侧重反馈人数，抖音侧重生产数量、粉丝数量、点赞数量、转发数量等。

三是已开始采集重点账号数据。以历届入选账号为重点，如微信、听书、短视频，采集2021年1月1日至今的所有可采集数据项。通过数据的输入进行修正、优化，利用大数据技术弥补一些全量分析的不足。

四是启动网上投票平台的开发。往年的活动是通过公共平台进行投票，此次开发的投票平台具有移动端便于普及推广、投票结果可导出分析、直观便捷的投票形式、数据永久保存不断增值、自主研发数据安全可控等优势。

三、专家点评

（一）体现新要求与新观点

韬奋基金会理事长聂震宁指出，“大众喜爱的阅读新媒体号”推荐活动已经做得比较成熟，且形成了良好的影响，相信今后将会做得更好。这项推荐活动应体现党的十九大以来全民阅读工作的新要求、新观点。具体来说，我认为，一是要强调阅读的内容价值。阅读新媒体号有一定的娱乐性，这无可厚非，但同时也要注重内容的厚重性，建议在评审环节多关注娱乐性不强但内容具有较强厚重性的公众号。二是要关注行业数据智能。在智慧时代，智慧出版如何服务于智

图2-1-6　韬奋基金会理事长聂震宁

慧阅读，数据智能是一个重要支撑。三是要进一步关注融合出版。在加强传统出版内容厚重性的同时，也要与新媒体结合推广传统的好书、精品书。四是要关注知识产权。推荐的新媒体号要保证内容不存在侵权问题。

（二）紧跟发展前瞻性趋势

中国书刊发行业协会理事长艾立民指出，这一推荐活动抓住了全民阅读发展的前瞻性趋势，平台技术为推荐活动奠定了很好的技术基础。经过多年的积累，推荐程序越来越科学、公平、公正，推荐活动对于出版社的选题优化、促进媒体融合深度发展等方面具有很强的牵引力。

图2-1-7 中国书刊发行业协会理事长艾立民

推动阅读特别是打造新的阅读方式，推动阅读服务的产品化，才有可能在深度融合发展过程中找到一个路径。“大众喜爱的阅读新媒体号”以数字阅读的方式鼓励所有平台更好地服务阅读，带动图书销量，这是一个事半功倍的撬动方式。

（三）彰显融合创新精神

光明日报社副总编辑、光明网董事长陆先高指出，推荐活动以“新媒体+全民阅读”为特色，活动的权威性和影响力逐年提升，这离不开三个维度的合理设计：一是围绕活动目标，推荐的方式合理。活动将推荐对象确定为微信公众号等媒体号，对象的大众属性与全民阅读的大众属性高度契合。借力新媒体大众参与范围广、内

图2-1-8 光明日报社副总编辑、光明网董事长陆先高

容传播速度快、互动体验效果好等优势，可以丰富全民阅读传播内容和形式，优化传播渠道和载体。二是推荐的前提设置合理。将推荐前提设定在全国各级新闻出版主管部门，媒体、出版社、图书馆、报纸、期刊等开办的新媒体号范围，突出了活动的官方属性、专业优势，对引导全民阅读高质量发展、构筑全民阅读良好文化生态大有裨益。三是评定标准设置合理。推荐活动注重定性与定量的结合，引入数据化分析的同时，重视专家意见与网友反馈，这使推荐结果更具科学性，也更加人性化。同时，网络投票环节也可进一步带动活动的社会参与度。

（四）精品活动形成品牌效应

中国出版协会副理事长兼秘书长王利明指出，“大众喜爱的阅读新媒体号”推荐活动已成功举办5届，每届都与时俱进，各个环节的设计也越来越简明规范，越来越科学合理，成功地吸引更多的新媒体广泛参与，得到业内和广大读者的持续关注和充分肯定，真正把这个活动办成了品牌活动，形成品牌效应，成为引领全民阅读的重要助推器。

我建议现在的阅读新媒体号应该让编辑出版人员更多地参与进来，让他们利用自身专业和特长，为新媒体内容赋能。据统计，现在的新媒体从业人员中，“90后”“95后”占据了半壁江山，他们虽然有很强的创新意识、思维活跃、勇于开拓，但在内容方向、视角和质量把控上，尚有很大的提升空间。而这恰恰是编辑出版人员的长处，他们经历过长期的专业培训和经验积累，大都具有较高的政治意识、大局意识和责任意识，还具备较好的思想素质、文化素质和职业素质。有他们的参与，将最大程度保障内容政治方向和舆论导向，提升内容质量，

图2-1-9　中国出版协会副理事长兼秘书长王利明

吸引更多读者的关注，真正实现阅读新媒体号的高质量和健康有序发展，推动全民阅读走深走实。

（五）将读者引流到优质平台

中国人民大学新闻学院教授周蔚华指出，党的十八大以来，党中央高度重视全民阅读工作，把全民阅读提到“不断提升人民思想境界、增强人民精神力量”的高度加以认识。全民阅读既是提升民族精神境界和增强人民精神力量的需要，更是出版业赖以生存的基础，也是出版业存在的价值和目的之所在。

图2-1-10　中国人民大学新闻学院教授周蔚华

当前媒体和社会对阅读推介和引导的热情空前高涨，同样也有必要对这些推介和引导阅读的新媒体平台进行评价和选择，将读者引流到那些导向正确、内容精彩、大众喜爱的新媒体平台上去。从这个意义上说，“大众喜爱的阅读新媒体号”推荐活动在引领大众阅读方面做了一件大好事。推荐活动已经连续举办5届，这次主办者在总结之前评审推荐经验的基础上，制定了较为全面的评价推荐标准，从内容的导向性、内容的精彩性、传播的专业性和受众的趣味性等具体指标方面进行推荐选择，并运用大数据抓取、大众投票等客观指标，加上有关专家的综合评价进行最终评选，因此这个评价体系全面、客观、公正，有较高的权威性。我相信，经过主办单位和广大参与者的不懈努力，活动一定会越办越好，在推动全民阅读、建设书香社会方面起到引领作用。

（六）对海量数据精准抓取及分析评估

北京新闻出版研究中心项目主管刘佳妮指出，根据前期研究成果的积累，此次活动是通过阅读新媒体号的推荐进一步扩大全民阅读的社会影响力和传播力，规避大众阅读甄选的盲区，提高大众阅读甄选的质量，为大众推荐更好、更快的阅读方式、阅读内容和阅读体验。

图2-1-11　北京新闻出版研究中心项目主管刘佳妮

基于此，我认为，一是需要进一步量化，定性与定量相结合，通过定性分析和定量分析能够从不同侧面反映出大众阅读的喜好倾向和阅读新媒体号的优劣；二是可以参考北京阅读季社会影响力评估的相关研究成果，在评估维度上要凸显科学性；三是权重指标的科学性，对被推荐阅读新媒体号各个考察指标在整体评价中的价值高低和相对重要程度以及所占比例的大小要凸显科学性；四是针对之前专家提出的评估对象分类难的问题，将评估分为前端和后端两部分，前端是大众的阅读方式、阅读内容和阅读体验的评估，后端是社会影响力评估，前后结合可以适当规避分类难的问题。

四、嘉宾研讨

（一）阅读的本质始终未变

人民邮电出版社副总编辑李际指出，从推荐阅读微信公众号，到推荐阅读微信公众号、音频号和短视频号，这一推荐活动的内涵和外延随着数字时代新媒体行业的发展不断变化。不过，不论人们的阅读行为模式和阅读载体、阅读内容如何变化，阅读的本质——人对信息、知识、智慧、认知、生命、世界、宇宙的思考不会变。因此，我认为，不论推荐的媒体如何变化，推荐标准是相对固定的。

在我看来，一是要把“大众喜爱”作为最重要的标准。推荐活动要紧扣“大众喜爱”这个关键点，推荐出传播大众喜闻乐见、通俗易懂的内容，满足广大人民群众阅读需求的阅读新媒体号。二是要把内容优质作为标准之一。要更关注兼具知识性与娱乐性，着力打造优质的知识类内容，深入浅出地进行内容传播的阅读媒体号。三是要加大科技科普类阅读新媒体号的入选比例。近几年，国家非常注重对全民的科学普及工作，做好大众科普阅读，是对国家科技强国战略的重要支撑。

图2-1-12　人民邮电出版社副总编辑李际

（二）优质平台"用数据说话"

人民文学出版社副社长王秋玲指出，作为意识形态工作的宣传窗口、新兴的营销宣传途径，新媒体平台的发展势头有增无减，愈来愈重要地融入日常工作中。如何轻松应对市场变化？如何更好地为读者提供服务？"大众喜爱的阅读新媒体号"推荐活动为行业提供了揭晓答案的机会。

此次推荐活动将面向更广泛的阅读平台，活动加入了"融媒体智库"的大数据筛查技术，真正实现了真实、高效、简洁、明了的"用数据说话"。通过活动不仅可以展示优质的新媒体平台，也可以让出版机构在排行榜上看到别人的长处、捕捉到自己的差距，对今后优化新媒体平台的运营和维护，助力弘扬中华优秀文化、促进全民阅读深入展开起着至关重要的作用。

总而言之，"大众喜爱的阅读新媒体号"推荐活动对于出版机构探索新媒体营销的途径、促进媒体融合发展等方面具有重要的现实意义。

图2-1-13　人民文学出版社副社长王秋玲

（三）全面提升大众性、广泛性与影响力

新星出版社社长马汝军指出，随着时代的发展，阅读推广平台的作用也在发生变化，建议“大众喜爱的阅读新媒体号”推荐活动在以下三个方面继续发力，将活动越办越好。

图2-1-14　新星出版社社长马汝军

一是阅读新媒体号选择范围要更“大众性”。目前，与阅读推广相关的媒体平台越来越多，阅读新媒体号的选择要“扩军”。二是推荐过程要体现“广泛性”。首先科学定量是前提，第一轮海选要从用户大数据入手，粉丝量、阅读量、点赞量、转发量、互动量等量化因素，都可以采用技术手段达到；其次要做好定性的引导，专家在海选大名单的基础上加以遴选。三是多平台推荐要注重“影响力”。在更多有影响力的主流媒体平台上投票，不仅可以体现投票活动的大众性、广泛性，也同样会提升推荐活动的影响力。

（四）标准设立既“高大上”又“接地气”

中信出版集团副总编辑蒋永军指出，“酒香也怕巷子深”。大众喜爱的阅读平台需要“广而告之”，让这些平台更吸引公众关注，也更容易提升大众的认可度。全民阅读既包括传统阅读，也包括新媒体阅读，从这一层面说，“大众喜爱的阅读新媒体号”推荐活动为全民阅读活动开展起到很好的促进和提升作用。

图2-1-15　中信出版集团副总编辑蒋永军

这届推荐活动以传播精品阅读内容、弘扬中华优秀传统文化、推荐创新阅读方

式、推广阅读方法知识、营造全民阅读氛围为主要目标，以导向正确、内容健康、促进阅读、形式多样、关注大众、影响力广泛为基本标准。这个基本标准的设立可以说既“高大上”——精品阅读、导向正确、弘扬传统文化，又“接地气”——关注大众、影响力广泛。

（五）行业提供借鉴与引导

接力出版社副总编辑、青年分社社长马婕指出，“大众喜爱的阅读新媒体号”推荐活动坚持创新发展，给很多出版社提供了借鉴和学习的方向。在技术支持上，通过账号筛选+数据采集的数据处理模块和指标建模+模型训练+自动评估的机器学习模块的配合，让整个推荐过程极大程度减少人为干扰，让新技术和行业进行深度融合。在内容推荐上，推荐活动依托行业内容优势，鼓励各新媒体账号关注内容质量、提升内容创新，坚守“内容为王”的理念，抵制低俗内容引流的做法，为全行业的新媒体运营提供了借鉴和正面引导。希望“大众喜爱的阅读新媒体号”推荐活动可以带领各个出版机构整合内部资源、拓宽眼界，引领行业新媒体账号突破自我。

图2-1-16　接力出版社副总编辑、青年分社社长马婕

（六）文化与科技融合助力

北京点众科技股份有限公司董事长陈瑞卿指出，“大众喜爱的阅读新媒体号”推荐活动把群众评价、专家评价和市场检验统一起来，充分体现了“大众喜爱”的基础核心，完善的评判标准具有极高的示范价值。同时，活动充分运用了科技创新

图2-1-17　北京点众科技股份有限公司董事长陈瑞卿

手段，通过大数据采集、数据模型学习演化、跟踪监测等技术手段，既确保推荐活动的广泛性原则，更保障了活动的客观性、高效性，完美践行了以文化与科技融合推动全民阅读发展。

（七）发挥“精神地标”引领作用

中国文化报社编辑中心副主任党云峰指出，如今人们的阅读内容极为丰富，阅读新媒体号推选出的优秀篇目便如同网络中的“精神地标”，具有导向作用，“大众喜爱的阅读新媒体号”推荐活动的重要性也更加凸显。

图2-1-18　中国文化报社编辑中心副主任党云峰

通过近几年的发展，新媒体阅读日益壮大，日渐成为阅读传统的一部分。阅读方式的多样化为推广全民阅读、打造书香社会提供了重要条件。阅读新媒体号要充分运用新媒体传播手段，调动民众阅读的热情，引导人们养成良好的读书习惯，尤其是阅读的自觉。

（八）将更多精品力作展示给读者

今日头条副总编辑章胜指出，“大众喜爱的阅读新媒体号”推荐活动，一是充分体现了新时代的大众阅读不再局限于传统阅读方式，且融合新媒体传播方式，趋于多媒介、多方式、多渠道的形势。二是充分展现了大众阅读普遍性，大众在新媒体上的阅读量越来越大，无论是实现新媒体阅读的便利，还是新媒体阅读的广泛，趋于全群体、涉猎广、高增长态势。三是充分呈现了精品阅读意识，通过活

图2-1-19　今日头条副总编辑章胜

动将更多的精品力作展示给广大读者，给大众提供更多好的精神食粮。

（九）激发读书热情的重要平台

快手科技副总编辑高培指出，如何在书海中读到好书？具有社会责任感的专业阅读媒体的引荐与解读就显得尤为重要，用户也越来越重视媒体在优秀图书推荐中发挥的作用。

图2-1-20　快手科技副总编辑高培

“大众喜爱的阅读新媒体号”推荐活动运用大数据与人工智能技术，对账号信息进行数据处理，开发价值评估模型，确保数据完整、精准和推荐内容的专业性、客观性，保障了推荐工作的科学性、准确性和公正性。活动得到了社会各界的高度关注，成为激发全民读书热情的重要平台。

（十）填补读者不同需求空缺

喜马拉雅价值出版事业部总经理陈恒达指出，此次推荐活动增加了阅读类音频、短视频号推荐。这些阅读新趋势在过去几年愈加明显，推荐更多关注新兴的阅读场景、新特征的阅读行为，不断扩大了我们的视角，同时，也吸引更多有创造力的新媒体加入其中，填补读者不同需求的空缺。

大家可以多关注有声阅读新媒体号的兴起，尤其是那些在不同赛道内容上真正做到了创新发展的新媒体号，也应更多关注技术创新带来的内容迭代，鼓励利用虚拟形象、虚拟声音等新技术的新媒体号，它们即将在未来的高科技领域占据先发优势。

图2-1-21　喜马拉雅价值出版事业部总经理陈恒达

（十一）新鲜血液吸引更多受众参与

图2-1-22　蜻蜓FM内容总监郭群

蜻蜓FM内容总监郭群指出，从第五届开始，“大众喜爱的阅读新媒体号”推荐活动的推荐范围从公众号扩大到音频、视频账号，我觉得这一点非常有必要。

除了将音频、视频账号纳入推荐范围，这几届活动在保留了一些做得非常好的知名大号的同时，也注入了一些新鲜的血液，甚至有些新媒体号目前阅读量虽不是很高，但具有非常大的潜力。我觉得这也是推荐活动得以持续保持生机，吸引越来越多的团体和机构参与其中的一个重要原因。

（原载《中国新闻出版广电报》2022年1月21日）

（扫码查看此报道）

第二篇
为全社会营造浓厚的书香氛围
——第六届“大众喜爱的阅读新媒体号”揭晓

2022年4月24日上午，第六届“大众喜爱的阅读新媒体号”推荐活动在首届全民阅读大会上揭晓。本届推荐活动经过基础数据收集、监测和初步筛选、网络大众投票、终评4个阶段，结合大众投票、大数据监测结果及专家意见等，最终确定90个“大众喜爱的阅读新媒体号”，其中60个微信公众号、15个音频号、15个视频号。

中国全民阅读媒体联盟名誉理事长、清华大学新闻与传播学院院长柳斌杰对于本次活动的成功举办和入选单位、平台表示祝贺。他指出，多年来，中国新闻出版传媒集团有限公司、中国全民阅读媒体联盟一直很重视全民阅读的宣传推广工作，在推动全民阅读深入开展方面作出了重要贡献。“大众喜爱的阅读新媒体号”推荐活动坚持导向正确、内容优质、形式多样、推动有力，在推动全民阅读上发挥着重要的引领作用。他希望，入选的“大众喜爱的阅读新媒体号”继续深挖特色、发挥引领作用，为全社会营造浓厚的书香氛围作出新的贡献。

中国新闻出版传媒集团有限公司党委书记、董事长马国仓介绍了第六届“大众喜爱的阅读新媒体号”推荐活动的组织情况及其创新。他表示，本届推荐活动运用全民阅读与融媒体智库技术团队自主研发的新媒体指数矩阵（简称CMI指数）对大数据进行采集、数据模型学习演化、跟踪监测及定量评价。通过“行业专家+大数据”的定性定量综合分析，使入选的新媒体号

图2-2-1 中国全民阅读媒体联盟名誉理事长、清华大学新闻与传播学院院长柳斌杰讲话

图2-2-2 中国新闻出版传媒集团党委书记、董事长马国仓致辞

真正做到优中选优，能够引领全社会形成健康、阳光、积极向上的新媒体阅读风尚。

中国新闻出版传媒集团有限公司总经理、中国全民阅读媒体联盟常务副理事长李忠宣读《第六届“大众喜爱的阅读新媒体号”推荐活动入选情况分析报告》。《报告》分析认为，此次入选账号主要呈现以下六个方面的特点：庆祝建党百年，红色主题阅读数量显著上升；经济较发达地区账号持续入选，中西部省会账号发挥区域指导作用；行业领军账号把握主题主线，深耕融合传播；重服务让全民阅读更有温度；视频号以优质内容实现引流；音频号打造全民阅读新高地。

中国人民大学新闻学院教授周蔚华、光明日报社副总编辑陆先高分别代表微信公众号组、音视频号组评审专家发言。他们认为，这次主办者在总结之前评审推荐经验的基础上，制定了较为全面的评价推荐标准，从内容的导向性、内容的精彩性、传播的专业性和受众的趣味性等具体指标方面对大众喜爱的阅读新媒体号进行推荐选择，并运用大数据抓取分析、大众投票统计等客观指标作为重要依据，加上有关专家的综合评价，以及有关管理机构和重要研究机构的把关，从而体现了推荐活动评价体系的权威、全面、客观、公正，能够对出版业、受众以及媒体起到较好的示范效应。

光明日报社副总编辑陆先高，中宣部出版局副局长李一昕，中国新闻出版传媒集团有限公司总经理、中国全民阅读媒体联盟常务副理事长李忠，中国新闻出版传媒集团有限公司、副总编辑冯文礼，中国人民大学新闻学院教授周蔚华，北京盛世全景科技股份有限公司总经理邵忠，北京市新闻出版研究中心项目主管刘佳妮，工人日报社苏墨为入选单位颁发荣誉证书。“北京阅读季”“人民文学出版社”“中信书店”“中华读书报”“首都图书馆”“读者”“都靓读书”新媒体号代表上台领取证书并分享新媒体号运营的心得体会。上海哔哩哔哩科技有限公司作为新媒体平台代表，介绍了其利用新媒体推广全民阅读的经验。受疫情影响，“书香江苏”“小荷听书”代表京外入选新媒体号进行了视频发言。

图2-2-3　中国新闻出版传媒集团总经理、中国全民阅读媒体联盟常务副理事长李忠代表主办方宣读入选新媒体号名单

图2-2-4　中国人民大学新闻学院教授周蔚华发言

图2-2-5　光明日报社副总编辑陆先高发言

据悉，2016年至2019年，中国新闻出版传媒集团有限公司联合中国全民阅读媒体联盟连续举办4届“大众喜爱的50个阅读微信公众号”推荐活动。2020年，活动在前4届推荐活动成功举办的基础上，增加音频号和视频号推荐，拓展提升为“大众喜爱的阅读新媒体号”推荐活动。

本届活动由中宣部出版局指导，中国新闻出版传媒集团有限公司、中国全民阅读媒体联盟、全民阅读与融媒体智库主办，中新宽维传媒科技有限公司、北京盛世全景科技股份有限公司协办。

图2-2-6　光明日报社副总编辑陆先高（右一）、中宣部出版局副局长李一昕（左一）为入选微信公众号代表颁发证书。

图2-2-7　中国新闻出版传媒集团总经理、中国全阅读媒体联盟常务副理事长李忠（左一），北京盛全景科技股份有限公司总经理邵忠（右一）为入选信公众号代表颁发证书

图2-2-8　中国人民大学新闻学院教授周蔚华（右一）为入选音频号、视频号代表颁发证书

图2-2-9　北京市新闻出版研究中心项目主管刘佳（左一）、工人日报社会新闻部苏墨（右一）为入视频号代表颁发证书

图2-2-10　嘉宾与入选单位代表合影

入选名单

（一）微信公众号

1. 政府与行业协会类

包括：北京阅读季、书香江苏、书香上海、书香天府全民阅读、书香天津、书香中山、文学陕军、中国好书

2. 出版社类

包括：北京大学出版社、法律出版社、高等教育出版社、广东教育出版社、海天出版社、机工教育、接力出版社、清华大学出版社、全总职工书屋、人民教育出版社、人民文学出版社、人卫健康、三联书店三联书情、商务印书馆、上海古籍出版社、小荷听书、异步图书、译林出版社、悦读中医、中华书局1912

3. 出版物发行单位类

包括：百草园书店、大众书局、慢书房、深圳书城、文友书店、西西弗书店、中信书店

4. 媒体类

包括：当代、读者、上海书评、文史知识、央视综艺朗读者、阅读公社、中华读书报

5. 图书馆类

包括：长沙图书馆、重庆图书馆、大连图书馆、国家图书馆、杭州图书馆、浦东图书馆、厦门市图书馆、深圳图书馆、首都图书馆、武汉大学图书馆

6. 阅读推广机构类

包括：凯叔讲故事、赛先生、为你读诗、魏小河流域、小鸡卡梅拉

7. 微信视频号类

包括：济南新华书店、人民音乐出版社、译林出版社

（二）音频号

包括：365读书（蜻蜓FM）、白云出岫（喜马拉雅）、北京科学技术出版社（喜马拉雅）、读者（喜马拉雅）、樊登读书（喜马拉雅）、蜻蜓队长（蜻蜓FM）、人文读书声（喜马拉雅）、十点读书（喜马拉雅）、书香安徽（喜马拉雅）、喜马讲书（喜马拉雅）、新经典（喜马拉雅）、云听精品有声书（喜马拉雅）、臧汝德（懒人畅听）、浙江少年儿童出版社（喜马拉雅）、中信书院（喜马拉雅）

（三）视频号

包括：蔡丹君老师（哔哩哔哩）、戴建业老师（哔哩哔哩）、都靓读书（抖音）、樊登（抖音）、焦尾Tyler（抖音）、康震（抖音）、李好帅的黄金屋（哔哩哔哩）、磨铁图书（抖音）、人民日报出版社（抖音）、首都图书馆（快手）、天真的和感伤的小说家（哔哩哔哩）、无穷小亮的科普日常（抖音）、小播读书（哔哩哔哩）、浙江图书馆（抖音）、中国科学技术出版社（快手）

（原载“全民阅读媒体联盟”微信公众号2022年4月24日）

（扫码查看此报道）

第三篇
构建新媒体传播矩阵
推动全民阅读纵深发展
——第六届“大众喜爱的阅读新媒体号”推荐活动分析报告

2021年12月，中国新闻出版传媒集团有限公司、中国全民阅读媒体联盟和全民阅读与融媒体智库启动第六届“大众喜爱的阅读新媒体号”推荐活动，按照导向正确、内容健康、促进阅读、形式多样、关注大众的推荐标准，由技术团队建立账号池、创建指数模型矩阵，对账号进行分类筛选和排序。活动历时4个多月，最终确定了90个大众喜爱的阅读新媒体号，包括60个微信公众号、15个音频号和15个视频号。

一、第六届推荐活动流程及亮点

本届推荐活动共分为基础数据收集、监测和初步筛选、网络投票、专家评审4个阶段：一是基础数据收集阶段，由各地新闻出版主管部门、媒体和专家推荐，新媒体号自荐和大数据抓取，形成3万多个阅读新媒体号的账号池；二是监测和初步筛选阶段，经过专家评审和大数据检测、大数据内容审核等环节，筛选出160个候选阅读新媒体号，进入大众投票阶段；三是网络大众投票阶段，本阶段累计投票总数超17万张，投票页面访问量超42万次；四是终评阶段，结合大众投票结果、大数据检测结果及专家意见等得出最终推荐名单。

本届推荐活动体现三大亮点：一是首次运用全民阅读与融媒体智库技术团队自主研发的新媒体指数矩阵（以下简称CMI指数），对大数据进行采集、数据模型学习演化、跟踪检测及定量评价。通过算法分析技术对参与推荐的各新媒体号进行内容核查。二是推荐范围逐步扩大，进一步增加懒人畅听、哔哩哔哩等推荐平台。三是推荐名额不设限，本届活动本着严格执行推荐标准、宁缺毋滥的原则，没有设置严格的推荐数量，以确保推荐账号的内容质量。

二、本届入选情况与往届情况对比

本届推荐活动共60个微信公众号入选，总数较去年增加10个。其中出版社类、图书馆类账号入选数量较去年显著增加，出版物发行单位类、阅读推广机构类账号及微信视频号的入选数量与去年基本持平。“北京阅读季”“书香江苏”“书香上海”和“文友书店”4个账号连续6届入选，“书香天津”“慢书房”“重庆图书馆”“为你读诗”等14个账号在近两届活动中连续入选。

阅读新媒体号迸发新活力，音频号、视频号竞争激烈，推荐活动优中选优。本届连续入选的账号占比33%，新入选的账号占比67%。“樊登读书”“蜻蜓队长”“人文读书声”等10个账号持续入选。

三、微信公众号入选情况分析

（一）入选微信公众号类型分析

本届入选的微信公众号中，出版社类、图书馆类账号表现相对突出，“北京大学出版社”“法律出版社”“高等教育出版社”“广东教育出版社”“海天出版社”等20个出版社类账号入选，占比33%。“大连图书馆”“国家图书馆”“杭州图书馆”“浦东图书馆”“厦门市图书馆”等10个图书馆类账号入选，占比17%。政府与行业协会类、出版物发行单位类、媒体类公众号数量紧随其后，分别为8个、7个、7个，阅读推广机构类账号入选5个，微信视频号入选3个。

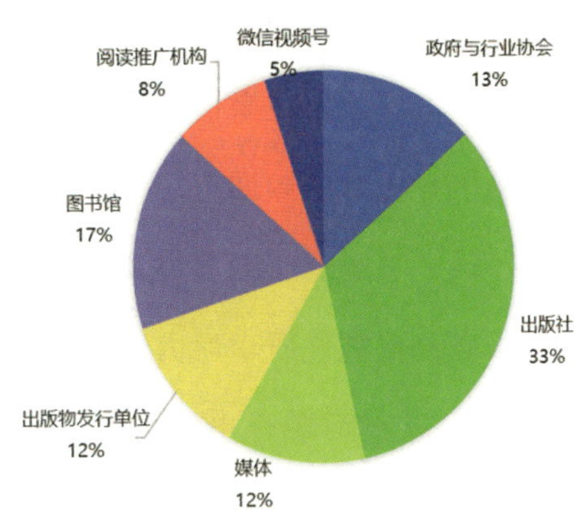

图2-3-1　入选微信公众号类别占比

（二）入选微信公众号特征分析

根据微信公众号的数据反馈情况，从内容生产力来看，“阅读公社”“书香上海”“清华大学出版社”等账号发布文章超1000篇；“深圳图书馆”“厦门市图书馆”“人民文学出版社”“文友书店”“杭州图书馆”等账号发文数超700篇；从文章触达度来看，“读者”总阅读量超6400万，总点赞数突破11万，单篇平均阅读量超17万；“百草园”“为你读诗”的总阅读量超3000万，单篇平均阅读量达到10万+，其中“百草园”的总点赞量突破150万，位居首位。经过智库的CMI指数计算和内容终审后，评分排名前十的公众号如表2-3-1所示。

在出版业融合发展新要求下，本届入选的微信公众号紧扣“互联网+”知识经济新趋势，在内容上兼顾思想性与趣味性，满足不同读者的阅读习惯及消费需求；在形式上提供图文、音频、视频、小程序、数字阅读、购书链接等多元一体的资源与渠道，加速产品服务升级。

例如，“人民文学出版社”微信公众号内设有免费听书专栏，听书社区为读者提供百种经典文学有声作品，官方听友群进一步促进读者交流听书体会。社区页面能够跳转自营商城，实现知识服务与线上销售一体化。“异步

图书”由人民邮电出版社创办，专注于精品IT图书出版，在微信公众号内开发异步社区，提供视频课程、专业类图书专栏、线上直播课、纸质书及电子书商城等服务，促进优质学习内容的交流与分享，积极实践融合出版创新。民营书店西西弗的微信公众号重视原创生产力，持续推出不同类型的原创图书榜单、推广旗下阅读子品牌及新品图书策划，致力于为广大书友推荐更多优质书籍。

表2-3-1 微信公众号CMI指数前十名

排名	微信公众号名称	CMI指数
1	读者	97.18
2	百草园书店	94.16
3	为你读诗	93.72
4	凯叔讲故事	92.56
5	清华大学出版社	87.64
6	阅读公社	85.77
7	悦读中医	81.28
8	赛先生	80.57
9	北京大学出版社	78.70
10	人民文学出版社	78.40

四、音频号、视频号入选情况分析

（一）入选音频号、视频号类型分析

第六届“大众喜爱的阅读新媒体号”推荐活动音频号、视频号共入选30个（音频号15个、视频号15个）。超70%的账号以阅读推广和传播类内容为主，“365读书”“白云出岫”“读者”“樊登读书”“蜻蜓队长”“天真的和感伤的小说家”“无穷小亮的科普日常”等22个账号入选“大众喜爱的阅读新媒体号”。传统图书出版与发行单位新媒体矩阵初见成效，“北京科学技术出版社”“浙江

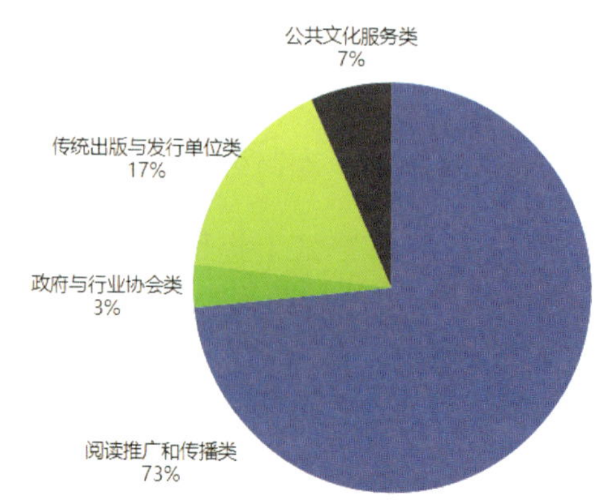

图2-3-2 入选音频号、视频号类型占比

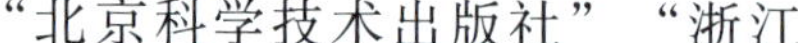

少年儿童出版社”“中信书院”“人民日报出版社”“中国科学技术出版社”5个账号入选，占比17%。其次是公共文化服务类和政府与协会类账号，分别占比7%和3%。

（二）入选音频号、视频号特征分析

音频号中的“读者”“中信书院”“北京科学技术出版社”“喜马讲书”“365读书”等，视频号中的“无穷小亮的科普日常”“樊登”“都靓读书”“天真和感伤的小说家”等CMI指数表现比较突出。“读者”“十点读书”等账号在文化领域长期耕耘，总播放量均过10亿；“中信书院”“北京科学技术出版社”“喜马讲书”等账号评论数过万，其中“中信书院”基于优质内容资源，定位于在商业、社科、亲子等细分领域，打造全方位的知识服务，以满足用户的学习和阅读需求，深受大众喜爱，评论数达7万+。

视频号中，“无穷小亮的科普日常”“樊登”“都靓读书”“人民日报出版社”等粉丝均在百万以上，其中“无穷小亮的科普日常”凭借专业的科普知识和有趣的表达方式，聚集粉丝超2000万，成为科普短视频赛道的现象级达人；“樊登”“小播读书”“焦尾Tyler”等发布作品超200个，“天真的和感伤的小说家”“康震”“李好帅的黄金屋”等点赞量达100万+。

从平台来看，喜马拉雅和抖音平台作为音频、视频创作者最集中、最活跃的平台，在活动中更具优势。哔哩哔哩作为首次参与的平台，也有亮眼表现。在入选的15个音频号中，有12个来自喜马拉雅，在入选的视频号中，有8个抖音账号入选，5个哔哩哔哩账号入选。

五、入选新媒体号整体特征分析

（一）唱响主旋律：庆祝建党百年　红色主题阅读数量显著提升

2021年各阅读品牌围绕建党100周年，充分利用特色红色资源，发挥新

媒体传播优势，开展形式多样的红色主题阅读宣传活动，在线上线下营造良好的全民阅读氛围，落实爱国主义教育。

"北京阅读季"微信公众号充分发挥首都阅读品牌的引领示范作用，联动各新媒体平台策划开展建党百年"E悦读"系列活动、《百部红色经典》领读直播、"红色故事会"分享活动等，充分散播红色文化影响力。"书香江苏"在江苏全省开展为期108天的红色阅读盛宴，线上线下联动组织一系列阅读推广活动，并在"学习强国"江苏平台、交汇点、荔枝新闻客户端、喜马拉雅、微信公众号等多个新媒体平台推送有声精品读物，成功吸引超过900万人参与活动。"书香天津"以"书香颂百年 永远跟党走"为主题，开展十大系列读书活动，在各大新媒体平台宣传"阅读红色经典"活动、"诵读红色故事音频"征集活动、"书香天津云课堂"等，让"红色阅读"无处不在。

（二）东西部区域差异化特征鲜明：经济较发达地区账号持续入选　中西部省会账号发挥区域指导作用

在本届推荐活动中，经济较发达地区的阅读新媒体号入选数量继续保持领先，"书香上海""三联书店三联书情""书香江苏""译林出版社""浦东图书馆""深圳书城""深圳图书馆"等新媒体号持续入选，在线上阅读活动的举办数量、组织规模、传播触达度、大众反馈等方面较往年均有稳步提升。

与此同时，中西部地区也有代表性新媒体号入选，尤其是省级出版集团及行业协会类账号牢牢抓住本地区阅读特色，为本省开展全民阅读工作打好头阵。读者出版集团有限公司作为甘肃最大的国有文化企业，在新媒体时代探索转型之路，积极经营新媒体商业平台矩阵，目前已在多个平台稳坐阅读类头部账号位置，在本届同时入选微信公众号与音频号名单。"书香天府"全网联动举办"2021天府书展"，四川本省阅读服务平台"文轩九月"联合中国出版集团有限公司、网络书城及实体书店共同设立融合展场，并结合新营销渠道，增设9个线下直播间。书展共组织900余场活动，打造线上线下互通互融的阅读文化平台。

（三）社会影响力持续提升：行业领军账号把握主题主线　深耕融合传播

各出版单位围绕党和国家工作大局，走高质量发展之路，适应数字时代网络传播新形势，有序安排好新媒体出版宣传工作，提升行业整体传播力、影响力。

“中国好书”由中宣部出版局指导，经中国图书评论协会组织专家团队评选，持续推出“中国好书”月榜与“中国好书”年榜，微信公众号同步更新榜单并在主页链接小程序界面，旨在为读者发现好书，为好书寻找读者，倡导全民阅读，共建书香中国。“人民文学出版社”“北京大学出版社”“清华大学出版社”“悦读中医”等新媒体号引领出版业提升融合宣传的能力和水平，全年发文量均在600篇以上，文章平均阅读数达1万+，其中“清华大学出版社”发文量突破1000，文章总阅读数超2200万，总点赞量突破19万，居出版社类微信公众号首位。

（四）关注个性化需求：重服务让全民阅读更有温度

各类新媒体账号注重公共服务，关注公众的个性化阅读需求，不断实现账号功能的迭代更新，让阅读内容精品化、阅读界面清晰化、阅读体验便捷化。例如，“国家图书馆”“首都图书馆”“重庆图书馆”等账号都有图书检索、入馆预约等功能，除此之外，重庆图书馆还有微图到家、阅读买单等特色服务，首都图书馆还针对少年儿童设立少儿天地阅读板块；武汉大学图书馆云阅读模块推出23天共读打卡、知识视界等特色栏目。

（五）视频号：以优质内容实现引流

阅读视频号从公众的阅读需求出发，借助平台的强大传播能力吸引受众，以专业化、垂直化、深度的内容留住受众。“无穷小亮的科普日常”“樊

登”“都靓读书”“戴建业老师”“康震”“焦尾Tyler”“人民日报出版社”等账号均以优质的内容、独特新颖的表达方式吸引粉丝百万以上。

例如，“无穷小亮的科普日常”以娱乐性表达解构严肃的科普知识，让科普更加接地气，专业与趣味兼具的内容展现出强大吸引力，截至目前，抖音账号“无穷小亮的科普日常”粉丝数超过2200万。“都靓读书”一直深耕于阅读推广领域，围绕书籍解读、知识分享等内容做透做深，在众多竞争对手中脱颖而出，通过打造抖音、快手、哔哩哔哩、央视频等多个账号的传播节点，迅速扩大用户范围，利用矩阵间账号的联动，实现优质内容传播最大化。目前，仅抖音平台，“都靓读书”这一阅读品牌的粉丝数已超过3600万。

（六）音频号：打造全民阅读新高地

《2020年度中国数字阅读报告》显示，2020年人均有声书阅读量6.3本，较去年增长5.5%，有声听书在全民阅读工作中发挥更大作用。“读者”“白云出岫”“喜马讲书”“樊登读书”粉丝数均超200万。其中“读者”通过开设“读书写作”“中国文化”等精品节目，更是深受广大受众的喜欢，粉丝量在580万以上。“读者”“中信书院”“北京科学技术出版社”“喜马讲书”播放量均超2000万。“365读书”“喜马讲书”“北京科学技术出版社”“浙江少年儿童出版社”的作品平均播放数均为1万+，其中“365读书”内容优质、声音专业，为受众营造了更好的听觉体验，平均播放数超7万；“中信书院”“书香安徽”“白云出岫”“人文读书声”“新经典”作品发布量达2000+，其中“书香安徽”作为全民阅读品牌账号，作品发布量达5000+。

六、阅读新媒体号发展趋势

（一）推动主题出版、重点出版物走到群众身边

阅读新媒体号将进一步围绕迎接党的二十大暨宣传贯彻党的二十大精神，守住新媒体阵地，推广优秀主题出版物、重点出版物，让党的创新理论走到群众身边，走进百姓心间。阅读品牌应加快提升公共阅读服务效能，覆盖更广泛的阅读群体。尤其在引导青少年健康成长方面，新媒体号应坚持正确的舆论方向，组织“青少年讲党史”“优秀青少年读物推广”“网络阅读正能量引领计划”等线上活动，营造健康向上的网络阅读环境。

（二）阅读新媒体号进入“内容为王”时代

随着新媒体技术的快速发展和全民阅读走向深入，内容质量已经成为影响各类阅读新媒体号可持续发展的关键因素，未来阅读新媒体号之间的竞争必将为内容的竞争，因此阅读新媒体号在深挖垂直领域的同时，下一步还应紧跟时代发展趋势，勇于在“探索元宇宙”“自然科学类”“老龄阅读”等薄弱或者新兴领域提供有营养、有品质的内容，保持账号的活力和动力，成为推动全民阅读工作的催化剂。

（三）构建全媒体传播矩阵突显宣传优势

习近平总书记指出：“全媒体不断发展，出现了全程媒体、全息媒体、全员媒体、全效媒体，信息无处不在、无所不及、无人不用。”在媒体融合背景下，构筑“图书报刊+广播电视+网络、微信、微博、短视频、音频”等组成的多元传播全媒体矩阵已经成为必然趋势。全媒体时代，阅读新媒体号更需做好内容供给，以符合时代需求，贴近自身实际与受众需要的融媒体传播思路和手段，加强合作，打造融合传播的新路，推动优质文化内容高质量、高水平、高效率传播，助力深入推进全民阅读，建设书香中国。

（四）图书直播赋能出版产业化发展

当前直播已成为阅读类新媒体号实现快速涨粉的途径，图书直播更成为出版单位重要的营销渠道，形成产业化发展的新赛道。对阅读类新媒体号而言，应通过直播传播更多公益性、知识性内容，注重与粉丝互动交流，满足读者的求知欲及阅读需求，不断通过直播效果和平台反馈调整内容方向，维系用户黏性。出版机构类账号除实现图书销售盈利外，仍需警惕超低价带货、打折倾销、图书侵权盗版等市场乱象，不可盲目依赖平台流量扶持。

（课题组成员：李忠、姚贞、马萧萧、刘永丹、朱梅、刘振兴、胡媛媛、郑莉。

技术支持：中新宽维传媒科技有限公司、北京盛世全景科技股份有限公司。

原载“全民阅读媒体联盟”微信公众号2022年4月28日）

（扫码查看此报道）

第四篇
2022年阅读新媒体号市场发展趋势报告

一、近两年我国阅读政策推进情况及国民阅读整体表现

随着信息数字技术的不断革新应用，数字阅读已成为全媒体时代的新型阅读方式，成为全民阅读的重要组成部分。2022年10月，党的二十大报告明确提出“深化全民阅读活动”“实施国家文化数字化战略”。2020年10月，中宣部印发的《关于促进全民阅读工作的意见》，其中将“提高数字化阅读质量和水平，加大优质内容的网上供给力度”作为重点工作要求之一。2021年3月，《中华人民共和国国民经济和社会发展第十四个五年规划和2035年远景目标纲要》中也强调“深入推进全民阅读”“实施文化产业数字化战略，加快发展新型文化企业、文化业态、文化消费模式，壮大数字创意、网络视听、数字出版、数字娱乐、线上演播等产业”。2022年4月，中宣部首次就出版融合发展领域专门发布政策文件《关于推动出版深度融合发展的实施意见》，提出“加快推动出版深度融合发展，构建数字时代新型出版传播体系”。

近两年来，我国国民阅读总量稳定增长、阅读形式更加多元化。由中国新闻出版研究院发布的《第十九次全国国民阅读调查结果》显示，2021年我国成年国民各媒介综合阅读率、人均纸质图书阅读量、电子阅读接触率、电子书阅读量均持续稳定增长。其中，2021年我国成年国民的媒介综合阅读率为81.6%，较2020年提升0.3%；图书阅读率为59.7%，较2020年增长0.2%；

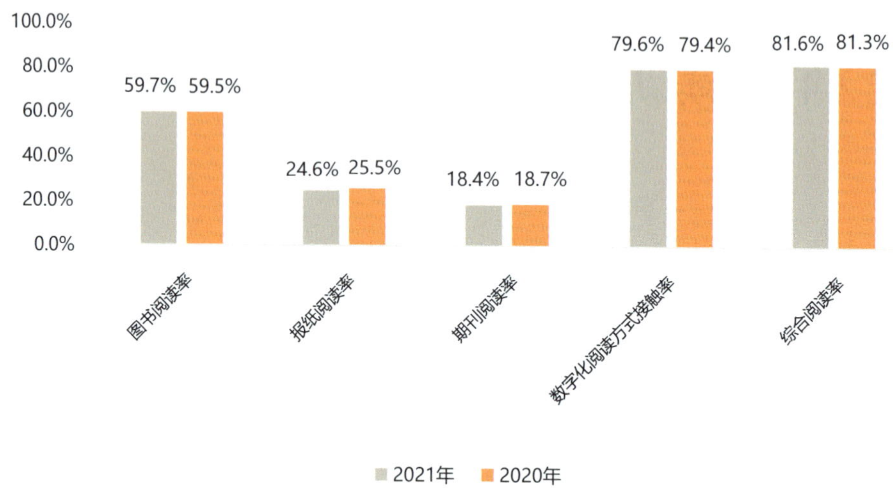

图2-4-1　2020—2021年我国成年国民各媒介综合阅读率

数字化阅读方式（网络在线阅读、手机阅读、电子阅读器阅读等）的接触率为79.6%，较2020年增长0.2%；人均电子书阅读量为3.30本，高于2020年的3.29本。

根据国民阅读整体表现及发展前景，数字阅读行业还呈现出以下新兴特征：一是我国数字出版行业规模扩大、数字阅读产品日益增多。根据国家互联网信息办公室发布《数字中国发展报告（2021年）》显示，我国数字阅读用户规模首次突破5亿，2021年，我国数字出版、互联网文化娱乐平台等数字文化新业态特征较为明显的16个行业小类实现营业收入39623亿元，较上年增长18.9%。二是我国知识付费阅读规模不断扩大。据《2022年阅读趋势研究报告》显示，2021年中国知识付费市场规模达675.0亿元，中国知识付费用户规模已超4.77亿，主要集中在华东和华南地区，为网络付费阅读市场提供了坚实的用户基础。三是有声听书市场发展迅猛，正在培养国民新的阅读习惯。2021年，我国有三成以上（32.7%）的成年国民有听书习惯，较2020年的平均水平（31.6%）提高了1.1%，其中选择“移动有声App平台”听书的国民比例为17.9%[①]。四是"视频讲书"成为阅读新选择，阅读呈融合形式发展。2021年，有54.4%的成年国民倾向于新型阅读方式，"视频讲书"走入大众视野[②]。在B站发布的首份读书生态报告中，2021年约 9060 万人在B站观看读书类视频，读书类视频总播放量超58亿次，更具讲解性、互动性的视频读书形式为用户带来崭新的阅读体验。

二、2022年阅读新媒体市场发展趋势

2022年，阅读新媒体平台及新媒体号继续紧跟全民阅读工作部署、引领数字阅读行业发展，在国家战略布局、行业重大事件、市场热点趋势、新兴媒介形态、数字阅读新技术等共同影响下，我国阅读新媒体市场呈现出新的发展趋势。

（一）贯彻落实党的二十大精神，党媒党刊及头部阅读新媒体号强化内容引领

党的二十大报告中明确提到要"深化全民阅读活动"，这是继2012年党的十八大报告历史性地写入"开展全民阅读活动"以来，"全民阅读"第二次写入党的全国代表大会报告中。

为深入学习贯彻党的二十大精神，全国党媒党刊率先发挥引领作用，发挥融媒体矩阵宣传推广作用，扩展"党刊+"的传播影响力。《求是》杂志刊发党的二十大报告全文，并在其全媒体平台发布党的二十大专刊、党的二十大报告诞生记、党的二十大精神系列学习阐释文章，将纸媒内容、理论权威与网评、网文、微理论视频、H5等新媒体手段全面融合，筑牢党的二十大融媒体产品矩阵。

① 数据来源：中国新闻出版研究院发布的《第十九次全国国民阅读调查结果》。

② 数据来源：中国新闻出版研究院发布的《第十九次全国国民阅读调查结果》。

全国出版行业扎实做好党的二十大出版物发行工作、利用全媒体传播矩阵做好党的二十大精神宣传工作。人民出版社联合“学习强国”、中国共产党理论资源数据库等网络平台，重磅推出党的二十大报告单行本，在全媒体渠道持续向社会推广多种大会文件、学习辅导读物及各领域主题出版类图书，献礼党的二十大。全国工会电子职工书屋联合技能强国—全国产业工人学习社区、“学习强会”推出“党的二十大精神学习平台”，设立“学习二十大精神”“声音里的党代会”“党建读物专区”等栏目，展示各级工会学习情况和典型经验。《中国出版》杂志在全媒体平台推出“深入学习贯彻党的二十大专题”，邀请出版界名家、全国出版单位负责人等解读党的二十大后中国出版的发展路径。

出版行业将不断筑牢主题出版阵地，始终坚持“为人民出好书”理念，不断推出满足人民群众阅读需求的优秀作品，积极探索精品出版、数字出版、融合出版，全面推动出版业高质量发展，为建设社会主义文化强国作出更大贡献。

（二）首届全民阅读大会成功举办，筑牢新媒体阅读阵地

2022年4月23日至25日，首届全民阅读大会在京成功举办，开幕式上习近平总书记发来贺信，充分体现了党中央对推动全民阅读、建设书香中国的高度重视。

在首届全民阅读大会期间，由中宣部出版局指导的第六届“大众喜爱的阅读新媒体号”推荐活动结果揭晓，包括微信号、视频号、音频号在内的90个“大众喜爱的阅读新媒体号”入选。活动在总结往届推荐经验的基础上，进一步完善评价标准，运用大数据抓取分析、大众投票统计等客观指标作为重要依据，加上专家的综合评价、有关管理机构和研究机构的把关，充分彰显了活动评价体系的权威、全面、客观、公正，对出版业、受众及媒体起到良好的示范作用。

自2016年以来，“大众喜爱的阅读新媒体号”推荐活动已有序开展六年，评选出上百个导向正确、内容优质、形式多元的阅读新媒体号。以“北京阅读季”“书香上海”“书香江苏”为代表的微信公众号连续六年入选，突显政府与行业协会类账号长期稳健的引领优势。以“樊登读书”“蜻蜓队长”“人文读书声”为代表的音频号、视频号连续入选，以“天真的和感伤的小说家”“李好帅的黄金屋”为代表的B站视频号首次入选，彰显出活动推陈出新、深挖特色、服务大众、引领阅读新风的特点和亮点。

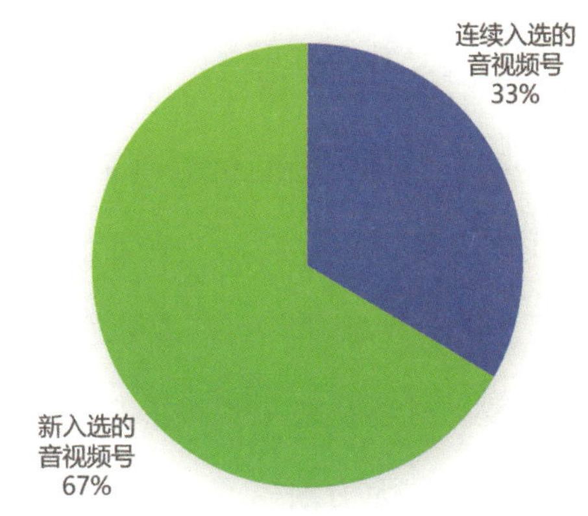

图2-4-2 在第六届“大众喜爱的阅读新媒体号”推荐活动中，连续入选与新入选的音视频账号占比

优质的阅读类新媒体号还将进一步拓展阅读体验场景，丰富阅读服务内容及形式，增进大众参与度、促进阅读产业升级、优化全民阅读生态，为在全社会营造“爱读书、读好书、善读书”的浓厚氛围贡献新的力量。

（三）阅读推广持续深入乡村，文化力量助推乡村振兴

2022年“新时代乡村阅读季”的主题为“阅读小康气象，奋进振兴征程”，今年阅读季的活动更注重结合地方特色、提供线上线下多样化阅读服务。主要活动之一“我爱阅读100天”依托咪咕阅读App开展，共吸引全国31个省（区、市）287个市（州、盟）2086个县（区）参与，活动页面访问量2228万、参与用户209万，与去年相比均有显著增长①。

各地的全民阅读新媒体号积极丰富乡村阅读的推广模式，如“书香江

① 数据来源：“咪咕阅读”微信公众号发布的《1个月超200万读者打卡！它凭什么这么火？》。

苏”微信公众号围绕“阅读新时代 喜迎二十大”主题，汇集全省多地农家书屋活动的最新进展情况、持续宣传“江苏省数字农家书屋”。同名视频号联动介绍富有地方特色的竺坞书房，生动地勾勒出清晰立体的农家书屋形象。山东省委宣传部启动“书香山东·数字阅读”共享工程，读者通过微信“书香山东”小程序，可获取超过3.8万册电子书等免费阅读资源。同时，山东省鼓励乡村群众线上积极参与“我爱阅读100天”活动，下属市、县书香新媒体号发文大力推广。最终潍坊市在活动中拔得头筹、山东省9个市组织的得分进入活动前20名。

根据新媒体传播及反馈数据来看，“2022新时代乡村阅读季”在我国经济较发达地区传播范围更广，而在中西部及偏远地区的收效更好，群众参与度更高，这与历年“大众喜爱的新媒体号”推荐活动入选账号的特点具有相似性。随着数字阅读在我国中西部地区的深度推广，加上移动阅读的便利性、低成本等特点，我国城乡阅读鸿沟将进一步缩小，广大群众足不出户也能获得同等的精神文化享受，这将进一步激发乡村读者的阅读兴趣、满足城乡居民多样化的数字阅读需求。

（四）阅读新媒体号跨圈联动，线上线下结合带动营销新潮流

近年来，阅读品牌纷纷探索不同类型的跨界组合，希望通过知识互通、媒介交融等形式打破壁垒，产生“阅读+”的合力，在扩大全民阅读意义范围的同时，为自身发展注入源源不断的创新活力。

文旅跨界是阅读类新媒体号首选的“破圈”方式。例如“北京阅读季”新媒体号通过与北京中轴线申遗工程联动，助力北京推进全国文化中心建设工作。2022年10月1日起，《北京中轴线文化遗产保护条例》实施，特别突出了传承利用与公众参与，鼓励社会各界进行北京中轴线的遗产价值研究、发掘与阐释。“北京阅读季”积极响应，在微信公众号联动宣传“阅读中轴”“中轴线大讲堂”等活动，邀请专家以短视频形式解读中轴线上的建

筑文化类图书，借助新媒体力量挖掘北京中轴线故事、展现北京中轴线风采。成都图书馆持续推出“阅读+”品牌融合服务，在城市旅游线路上设置“城市流动阅读新阵地”，为市民及游客提供文旅信息、精品讲座等数字阅读资源，线下协同景点及博物馆开展阅读品牌活动，线上联动“成都图书馆”“书香天府全民阅读”等新媒体号持续宣传，成功促进文旅消费体验不断升级。

另外，对于出版发行机构而言，发挥新媒体矩阵优势进行跨平台知识传播，也成为越来越重要的运营法宝。如“北京大学出版社”微信公众号与当当、北大博雅讲堂等长期合作，每周推出多场图书直播活动，分享及解读各领域优秀的图书作品。“三联书店三联书情”利用微信视频号和哔哩哔哩账号同步直播文学对谈、新书分享、好书专场等活动，也较为成功带动了知识的跨界传播。

（五）阅读自媒体品牌积极建设传播矩阵，形成阅读推广品牌IP

近几年，随着5G网络的普及和短视频的快速发展及全民阅读工作的深入推进，通过微信公众号、短视频、有声听书等新媒体平台进行图书推介的自媒体博主不断涌现。目前，能够持续保证专业化内容产出的头部阅读自媒体大多已形成具有一定影响力的个人阅读推广品牌，由专业团队进行选题、制作、宣传、运营，在全媒体平台搭建传播矩阵，形成不断扩散的品牌效应。

2022年，各阅读自媒体品牌持续拓展传播渠道，积极建设全平台传播矩阵，优化账号传播内容，进一步扩大阅读品牌的传播影响力。例如，都靓团队在央视频、抖音、快手、视频号、哔哩哔哩、小红书等平台均开设阅读推广账号，包括“都靓读书”“都靓的1001页”“都靓Amber”“都靓电台”四个细分账号，从年轻人的生活方式、读书、诗词等角度切入，以专访和图书短内容视频相结合的营销形式吸引大量读者，全网粉丝量超3600万，短视频播放量超30亿[①]。“凯叔讲故事”自媒体矩阵覆盖微信、微博、抖音、快手、头条号、百家号、企鹅号、网易号等十余家媒体平台，依托超3万集的原创儿童内容和自有图书IP，全平台全年曝光量超30亿[②]。

通过统一品牌IP在不同平台搭建传播矩阵的同时，阅读自媒体还打造了同一垂类下的自播账号矩阵，通过每个账号内容的不同定位进行差异化运营，提供同一领域不同类目的内容输出，满足受众对不同类型知识获取的需求，形成粉丝矩阵并相互引流。例如，樊登读书团队在抖音上开设“樊登”“樊登读书App”“樊登读书官方旗舰店”“樊登读书新父母”等多个账号，发布亲子教育、国学经典、职场发展、图书问答等不同内容类型的短视频，通过账号的矩阵化运营，收获数千万粉丝，成功塑造“樊登读书”品牌IP。

（六）图书直播内容全面升级，从“低价让利”转向“知识普惠”

随着短视频和直播平台的不断发展，图书直播逐渐呈现出常态化、大众化、多元化之势，但图书直播带货长期以低价让利作为关键卖点，一定程度削弱了以折扣带动消费的效用。2022年，随着图书直播的规模化、规范化发展，越来越多的出版社、自媒体从业者寻求突破创新，从低价让利转向知识普惠，共同推动图书直播内容升级。

2022年，图书直播通过知识带货及邀请作家、书店经营者、出版社编辑、知识达人、读书博主等书业人士入驻直播间，提高图书直播内容输出质量，进一步推动图书销售。例如，“东方甄选”主播董宇辉利用自己的知识储备、文化优势，在卖书时加入自己的阅读思考，采用传播干货知识与销售图书“齐发”的直播模式，在图书销售上取得突出成绩，作家迟子建的长篇

---

① 数据来源：“全民阅读媒体联盟”微信公众号发布的《都靓：用更贴近年轻人的表现手法找到文化自信的“骄傲点”》。

② 数据来源：中华网发布的《凯叔讲故事布局多个平台，发力儿童少年原创优质打造》。

小说《额尔古纳河右岸》被董宇辉带货超80万册，销售额超千万。同时，莫言、刘震云、梁晓声等诸多作家也纷纷入驻短视频平台，通过直播分享创作经历、阅读故事，并进行图书发售，《生死疲劳》《一日三秋》《人世间》等作品深受读者喜爱。

除通过名人名家进行内容输出外，各专业出版机构依托自身优势，专注垂类内容，通过特色定位凝聚粉丝，获得市场增量。例如，“中国中医药出版社”抖音直播间选品以中医专业和古籍类图书为主，并于今年进一步提升了直播频次和时长，常规直播单场GMV可达2万元左右，专场促销直播单场GMV可达7万至10万元左右[①]。“浙江文艺出版社”账号探索并开辟抖音图书品类新赛道，锁定情怀动漫品类，自2021年6月开始运营，粉丝数现已超23万，账号累计销售额上千万元。

（七）视频号突出内容标签，精准定位受众，兼具趣味性和思考性

近年来，我国网络视频行业市场规模正以较快增速增长，其中短视频行业年复合增长率达44%左右[②]。各阅读视频号依托“抖音”“快手”“B站”“小红书”等流量较大的视频平台，以兼具趣味性与思考性的音频、视频内容创作及精准满足受众需求的内容标签，进一步增进受众对图书的认知和了解，触发读者阅读兴趣和阅读消费诉求。

目前，各网络视频平台均提供视频打标签、带话题功能，通过内容标签化快速传递内容重点、吸引视频观看者。2022年，各阅读视频号持续应用标签功能开展新的阅读主题与活动，通过“#经典作品”“#书单”“#新书速读”及书名与作者等标签快速聚类相关内容，并通过视频平台推荐机制对用户行为特征及个人喜好进行定位，具有针对性地进行相关图书视频推荐，吸引读者阅读兴趣，促进读者的互动交流。例如，2022年4月以来，“人民文

① 数据来源：北晚在线发布的《出版业开拓新渠道，抖音电商助力出版机构图书销售》。

② 数据来源：中研网发布的《2022自媒体行业市场调查与发展前景分析报告》。

学出版社"在小红书开展"读不尽的红楼梦"深读计划，官方账号推出"读不尽的红楼梦"系列精彩讲读笔记，同时邀请广大用户带话题标签进行互动，共读文学经典并发布阅读笔记，话题浏览量已超100万，吸引众多读者参与发布读书感想。

另外，不同于纸质图书的传统文本载体和有声书的听觉为主的阅读形式，视频阅读类账号从单一的内容传递形式转变为音视频与文字结合的传递方式，通过对作品客体的二次加工，以不同的语言风格、视频剪辑及思想表达，为受众创造更多内容价值，兼具娱乐性和思考价值。例如，"浙江图书馆"抖音号以轻松有趣的段子再现历史典故、人物故事、文化知识，进行文化传播和阅读推广，获得超300万点赞；"无穷小亮的科普日常"以诙谐幽默的方式为网友科普自然知识，其哔哩哔哩平台"网络热门生物鉴定"视频播放量超3亿，并陆续推广《小亮老师的博物课》《北京自然观察手册》《我的100位昆虫朋友》等多部自然科普类书籍。

（八）音频号依托优质版权资源，发挥精品IP扩散效应，持续探索有声阅读盈利模式

目前，我国在线音频产业仍处于快速发展的上升期，有声读物市场以两位数的速度稳步增长，2022年市场规模预计将达到72亿元[①]。2022年，"喜马拉雅FM""懒人听书""蜻蜓FM"等有声听书App，通过各类音频号打造和推出更多精品内容，举办"4·23听书节""双11声动好物节""有声图书馆开放日"等全民阅读活动，为广大读者带来高质量、多样化的阅读体验。

2022年，各传统出版单位、专业内容生产商以及个人内容创作者持续入驻有声听书平台，为有声阅读市场提供优质的内容、版权资源，持续推进精

① 数据来源：消费日报发布的《2022年中国在线音频市场有声读物以两位数速度增长》。

品内容有声化，助力纸声融合出版。目前，已有包括中信出版社、长江文艺出版社、接力出版社等全国500多家知名出版社与懒人听书建立合作关系，约160家头部出版社与喜马拉雅建立了业务合作[①]，阅文集团、中文在线等内容提供方及“凯叔讲故事”“樊登读书”等优质自媒体也先后与各音频平台签约合作。依托经典著作、畅销作品与优质自媒体内容等具有一定IP热度的精品版权资源的扩散效应，为音频号带来用户引流，进一步增强其传播影响力。例如，喜马拉雅自制品牌“回响剧场”，专注于中外文学经典，《红楼梦》全本有声剧播放量已经过亿，在2022年“4·23听书节”期间播放量也位居前列。“北京科学技术出版社”在喜马拉雅平台推出的《小恐龙大冒险》系列作品，第一季收听量超2300万，第二季收听量也已突破240万。

在扩大优质内容版权资源的同时，为进一步拓宽内容变现渠道，增加经济收益，各大有声听书平台通过“上线纸质书”“以有声书带纸质书”“会员+点播”付费体系等模式，持续探索有声书盈利模式，扩大各音频号内容转化率，帮助其实现内容综合收益最大化。例如，北京科学技术出版社、联合读创书院、果麦文化、中国妇女出版社、中国青年出版社、新经典等机构将精品书籍的纸书和有声专辑在喜马拉雅“4·23听书节”同步上线，纸质书与有声专辑相结合，为受众带来听书、买书的一站式服务。

三、总结与展望

整体来看，2022年各类阅读新媒体号贯彻落实党的二十大精神及各项政策要求，加大优质内容网络供给力度，推动出版深度融合发展，在传播渠道、阅读形式和创作内容上不断探索和创新，加强阅读引领作用，促进全民

① 数据来源：《中国日报》中文网发布的《成立十周年，喜马拉雅以科技赋能文化，助力创作者变得更好》。

阅读高质量发展。在内容引领方面，党报党刊及头部阅读新媒体号深入学习贯彻党的二十大精神，利用全媒体传播矩阵做好党的二十大精神宣传工作；在乡村阅读推广方面，各地全民阅读新媒体号积极丰富乡村阅读推广模式，满足城乡居民多样化的数字阅读需求；在新媒体平台建设推广方面，各阅读新媒体号线上线下跨平台合作互动，积极搭建新媒体平台传播矩阵，形成阅读推广品牌，视频号突出内容创作与内容标签，图书直播转向知识带货，音频号发挥精品IP扩散效应，不断提升受众的阅读体验。

展望未来阅读新媒体市场的发展前景，将迎来机遇与挑战并存的时期。

在市场层面，我国数字阅读市场规模还将持续扩大，数字阅读整体形成全方位、全覆盖、全链接的战略格局，我国正在迈向全球出版大国和阅读大国，对外做好数字内容出海，向海外持续输出优质文学作品和华语作家，构建海外数字出版生态体系。对内把握住阅读数字化转型浪潮，一方面，紧跟全民阅读政策部署，做好主流阅读内容供给，增进服务人民群众的知识普惠；另一方面，探索并完善全媒体出版产业链条，打造数字经济领域新的增长点，促进社会效益与经济效益的有机融合。

在内容层面，知识付费市场将继续下沉，惠及更多普通用户。阅读新媒体号应坚持“内容为王”的根本原则，将浅阅读和深阅读、泛读和精读有机结合起来，筑牢全媒体阅读传播矩阵。阅读新媒体平台应着力于提升内容丰富度、产品性价比、平台口碑等。同时，阅读平台应加强优质IP版权收购和改编力度，不断培养并提高用户版权意识，以内容升级提高自身的市场竞争力。

在媒体层面，新媒体继续助力新阅读模式，线上线下阅读继续深度融合。主流移动阅读平台将继续巩固并扩大用户覆盖规模，完善付费阅读与免费阅读的并行机制。有声书行业的增量空间依然很大，有声听书平台将逐步建立完整的音频生态，提升用户付费听书的意愿。视频阅读平台将进一步打破文字阅读壁垒，坚持视频化阅读的渗透和普及，将小众爱好培育成大众习惯。

在技术层面，5G互联技术带动终端智能产品升级，为数字阅读行业带来更好的智慧阅读产品，人工智能及大数据采集将为锁定精准用户和了解用户阅读习惯提供技术支撑，AI语音阅读将为用户提供个性化阅读服务、点亮视障用户阅读可能，元宇宙阅读产品的后续开发还将为用户带来更优质的沉浸式阅读体验。

未来，“大众喜爱的阅读新媒体号”推荐活动将持续开展并升级优化，在总结往届推荐经验的基础上，不断完善活动评价标准、增强活动技术手段、扩大账号的评选范围及渠道，坚持客观、公正、全面、权威的评选原则，评选出导向正确、内容优质、形式多元、特色鲜明的阅读新媒体号，发挥良好的示范带头作用，进一步加强阅读引领，培育阅读新风，推动全社会形成“爱读书、读好书、善读书”的浓厚氛围，以书香中国建设促进文化强国建设。

（课题组成员：李忠、姚贞、马萧萧、刘永丹、朱梅、刘振兴、胡媛媛、王瑞雯。技术支持：中新宽维传媒科技有限公司、北京盛世全景科技股份有限公司，2022年12月27日）

第五篇 第六届“大众喜爱的阅读新媒体号”推荐活动颁奖嘉宾致辞

2022年4月24日，在首届全民阅读大会上，第六届“大众喜爱的阅读新媒体号”推荐活动结果发布，评委周蔚华、陆先高代表评审委员会在大会上致辞。

一、周蔚华：优选阅读平台　助力全民阅读

党的十八大以来，党中央高度重视全民阅读工作，把全民阅读提升到“不断提升人民思想境界、增强人民精神力量”的高度加以认识。习近平总书记多次谈到读书的重要性，要求领导干部要“爱读书、读好书、善读书”，在视察读者出版集团有限公司时提出要“提倡多读书，建设书香社会”。全民阅读既是提升民族精神境界和增强人民精神力量的需要，更是出版业赖以生存的基础，是出版业存在的价值和目的之所在。在现实中，每年出版界提供的品种多达数十万种，难免让人眼花缭乱、无所适从，而且很多网上推荐的出版物信息，内容参差不齐，泥沙俱下，因此需要一批具有社会责任和专业素养的阅读推广人对阅读内容加以评价、推介和引导。

当前，新媒体平台对阅读的推介和引导热情空前高涨，我们同样也有必要对这些平台进行评价和选择，将读者引导到那些导向正确、内容精彩、

大众喜爱的新媒体平台上去，从这个意义上说，中国新闻出版传媒集团有限公司、中国全民阅读媒体联盟、全民阅读与融媒体智库联合举办的“大众喜爱的阅读新媒体号”推荐活动在引领大众阅读方面做了一件大好事。

图2-5-1 中国人民大学新闻学院教授周蔚华

“大众喜爱的阅读新媒体号”推荐活动已经举办六届，这次主办者在总结之前评审推荐经验的基础上，制定了较为全面的评价推荐标准，从内容的导向性、内容的精彩性、传播的专业性和受众的趣味性等具体指标方面对阅读新媒体号进行推荐选择，并运用大数据抓取分析、大众投票统计等客观指标作为重要依据，加上有关专家的综合评价，以及有关管理机构和重要研究机构的把关，体现了推荐活动评价体系的权威、全面、客观、公正，定能够对出版业、受众以及媒体起到较好的示范效应。

我相信，经过主办单位和广大参与者的不懈努力，“大众喜爱的阅读新媒体号”推荐活动一定会越办越好，在推动全民阅读、建设书香社会方面起到引领作用。

（原载“全民阅读媒体联盟”微信公众号2022年5月27日）

（扫码查看此报道）

二、陆先高：多方协力　共担使命　塑造全民阅读内容生态

这次推荐活动，入选专家终评环节的音频号、视频号共有60个，最终评出了30个，也就是今天的获选新媒体号。这其中，有安徽全民阅读组委会办公室主办的音频号“书香安徽”、人民文学出版社主办的“人文读书声”等，也有文化传播类公司主办的“十点读书”“喜马讲书”等，还有由个人运营的账号“无穷小亮的科普日常”“白云出岫”等。可以看出，在全媒体传播格局下，随着人们的阅读活动不断朝数字化、网络化延伸，阅读活动价值链上游的内容生产者也越来越多元。在评审中，我们全体评委始终以严守推荐活动推荐标准的基本原则，秉持公平、公正、公开态度，兼顾不同平台和运营主体的特点，在全面审读、交叉比较、综合评判基础上给出了推荐意见。

从推荐结果看，阅读音频号、视频号并不只适用于浅阅读。有不少新媒体号充分利用平台技术优势实现对人文价值的追求，如“白云出岫”音频号，定位传统国学经典传播，系统制作了包括“四书五经”等海量内容的古籍有声书，免费对大众开放，深受听众喜爱，创作者的情怀担当令人感动。阅读音频号、视频号能很好地覆盖儿童和老年群体的听读需求。年纪大的人看书觉得费眼睛，低年龄段儿童自主阅读能力有限，对他们来说，听书都是不错的选择。“臧汝德”“蜻蜓队长”等音频号制作的优质内容自然非常有市场。阅读音频号、视频号在青年群体中也频繁带动阅读热潮。华中师范大学中文系教授戴建业在哔哩

图2-5-2　《光明日报》副总编辑陆先高

哔哩开设的视频号，操着一口带湖北口音的普通话讲唐诗宋词，影响了非常多的年轻人爱上古诗词、爱上传统文化。中国国家地理张辰亮的个人抖音号“无穷小亮的科普日常”，带领读者亲近自然、了解博物学，内容兼具知识性与趣味性，提示我们在新传播场景下，可以更多去关注大众个性化、差异化的阅读需求。

阅读音频号、视频号的蓬勃发展也辐射着全民阅读的全生态。“樊登读书”与“樊登”（分别为音频号、视频号）同时入选，是阅读类新媒体号矩阵化运营的优秀案例；视频号“焦尾Tyler”的图书带货能力让我们看到推进全民阅读过程中，社会价值和商业价值双赢的可能。各类以音视频为表现形式的新媒体号，共同拓展着阅读活动的体验场景，丰富着阅读服务的内容、形式和手段，增进了阅读活动中大众的参与度，也有助于促使阅读消费升级。“大众喜爱的阅读新媒体号”推荐活动关注到这些变化趋势，通过梳理调研和科学设计评选标准，实现价值引领，对塑造全民阅读内容生态有非常积极的意义。

《2022年政府工作报告》对全民阅读的要求从“倡导”转变为“深入推进”，落实这一要求需要多方协力，我们要共同担负起使命和责任。

（原载“全民阅读媒体联盟”微信公众号2022年5月30日）

（扫码查看此报道）

第六篇
优秀案例述评

一、书香京城：三千多年建城史铸就“四种文化” 七百余载中轴线申遗阅读助力

2022年4月，在中宣部牵头举办的首届全民阅读大会上，“北京阅读季”微信公众号入选第六届“大众喜爱的阅读新媒体号”名单。值得一提的是，自2016年起，由中国新闻出版传媒集团有限公司、中国全民阅读媒体联盟联合举办的“大众喜爱的阅读新媒体号”推荐活动，迄今已历6届，“北京阅读季”毫无悬念地连续六届入选。6月，全民阅读与融媒体智库发布的《2021年度“书香中国”全民阅读品牌传播影响力大数据研究报告》显示：“书香中国·北京阅读季”高居“综合传播影响力榜单”之首，位居前十的其他品牌是：深圳读书月、书香岭南、书香上海、书香江苏、书香天府、书香浙江、书香安徽、书香天津、书香重庆。

春花烂漫时节，2022年4月，北京市正式发布了《关于新时代繁荣兴盛首都文化的意见》《北京市推进全国文化中心建设中长期规划（2019年—2035年）》，提出了新时代首都北京繁荣兴盛“古都文化、红色文化、京味文化、创新文化”的基本思路和主要举措。

自2011年至今，由北京市委宣传部主办的“北京全民阅读暨书香中国·北京阅读季”活动，着力于培养首都市民的阅读风气，引领阅读风尚，传承和弘扬北京的“四种文化”，推进首都北京全国文化中心建设。

图2-6-1 北京文化论坛开幕式

打开“北京阅读季”微信公众号，我们看到，2022年7月25日，首届北京文化论坛开幕。主论坛上，“全国文化中心建设2021年度十件大事”评选结果发布，“‘书香京城’建设推动全民阅读深入人心 ”入选。数据显示，2021年，北京市大力加强“书香京城”建设，全市实体书店超过2000家，万人拥有实体书店0.93家，居全国首位，居民综合阅读率领跑全国，举办各类阅读活动3万余场，覆盖人群2000万人次。阅读，早已成为首都北京文化建设的一道亮丽风景。

北京地区有人类生活遗迹的历史可以上溯到70万年前。2021年，作为中国“百年百大考古发现”之一，被誉为“北京城之源”的房山区琉璃河遗址考古取得重大收获，新出土的青铜卣等青铜器铭文，记载了召公建燕的历史，为北京地区3000多年建城史提供了最早的文物证据；自1153年金海陵王完颜亮迁都燕京算起，北京建都史也有860多年；元、明、清三代在北京地区形成的京师文化，成为整个中华民族文化中颇具典型性的地域文化。

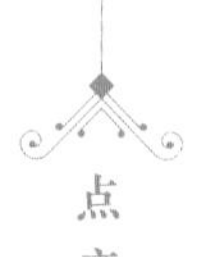

北京地区的燕文化，崇尚勇武侠义。秦朝至辽金以前，这里是典型的边塞军事文化，中原王朝以此地为军事要塞，对北方游牧民族频繁地展开防御战争和出塞反攻。唐代陈子昂登上当年燕昭王的黄金台，抚今追昔，写下千古绝唱《登幽州台歌》："前不见古人，后不见来者；念天地之悠悠，独怆然而涕下。"杜甫诗曰："渔阳豪侠地，击鼓吹笙竽""坐见幽州骑，长驱河洛昏"。魏文帝曹丕所作《燕歌行》曰："秋风萧瑟天气凉，草木摇落露为霜。"

辽金以降，北京地区逐渐成为北方的文化中心，乃至全国的文化中心。元朝定都北京，推动"汉化"，多元文化相互融合，儒、释、道三教在北京地区仍占据主导地位，游牧文化、藏传佛教文化也有一席之地，域外的伊斯兰文化、基督教文化也在此有了初步的传播。元朝把全国著名的艺人编入乐籍，征调到京城，岁时为朝廷庆典演出歌舞，北京地区文人与艺人合作交流，促进了元杂剧的繁荣发展。

明初，北京一度丧失了政治与文化中心的地位，直至燕王朱棣"靖难之役"夺取帝位后，1421年，自南京迁都北京，北京地区重新恢复成为全国的政治、文化中心。明代《永乐大典》的抄录、佛教《大藏经》的刊印，都是发生在北京的重大文化事件。

虽是少数民族建立的政权，清朝在文化传承上，却延续了中华民族农耕文化为主体的多元文化。著名史家戴逸先生主编的《中国地域文化通览·北京卷》中，将清朝北京文化的地域特色概括为：包括圆明园在内的皇家园林文化超过了以往各朝代；王府文化的发展前所未有，曹雪芹《红楼梦》中的大观园，其实就是北京王府文化的缩影；会馆文化的发展达到了空前的程度；庙会文化越来越繁荣。

1840年以后，西方军事侵略和文化传入开始对中国造成双重冲击。北京首当其冲，虽被动但却较早地接触到西方文化。京师大学堂的诞生、清政府选派出国留学生，等等，教育体制的变化与东西方文化的冲突、交融，在北京地区乃至全国范围产生的文化影响巨大而深远。中国社会向近代转型的结果，就是封建帝制的终结、清廷覆亡。取而代之的北洋军阀统治期间，在内忧外患的黑暗压迫与痛苦煎熬之下，北京地区爆发了引领全国的文化与思想大解放运动——五四运动。

此后，北京发生的重要文化事件大家就更加耳熟能详，随着马克思主义思想的传播，红色文化的风暴旋即席卷北京地区。沧海桑田，百年巨变之后的今天，2021年，中国共产党历史展览馆在京落成、北大红楼重新亮相，成为首都红色文化新地标。

北京是马克思主义在中国早期传播的主阵地、也是中国共产党的主要孕育地之一，革命文物数量众多。比如，李大钊故居、邵飘萍的京报馆旧址、鲁迅故居、中国人民抗日战争纪念馆、香山革命纪念地，等等。目前，北京市红色文化遗址主要包括了中国共产党早期北京革命活动、抗日战争、新中国成立三大主题片区。

2021年3月1日，新修订的《北京历史文化名城保护条例》开始实施。1982年，北京被确定为全国第一批历史文化名城，2005年《北京历史文化名城保护条例》得以制定，15年后新修订的《条例》表明，要全域保护，老城不能再拆了，建立保护名录、革命文物名录等向社会公示。要传承展示历史文化，历史文化是城市的灵魂，要注重延续历史文脉，传承红色基因，让城市留下记忆，让人们记得住乡愁、不忘来时路。

借助全民阅读系列活动的深入开展与广泛传播，北京城市文化的珍贵记忆及其蕴含的当代价值，得以在首都2000多万市民中薪火相传、赓续绵延。

打开“北京阅读季”微信公众号，我们看到，2022年4月23日，“首届全民阅读大会·北京阅读季”启动仪式在中关村国家自主创新示范区展示交易中心举办，活动的主题为“阅北京　读中国　向未来”。作为2022年“北京阅读季”的一项重要内容，“阅读中轴”系列活动也在现场隆重发布。8月7日，在2022年“北京历史文化名城保护对话会”上，文化和旅游部副部长、国家文物局局长李群介绍，拟推荐“北京中轴线”作为我国2024年世界文化遗产申报项目。10月1日，伴随《北京中轴线文化遗产保护条例》的实施，北京中轴线的保护也纳入了专门的法治轨道。

如果说北京文化是一本大书，中轴线就是这本书的总目录。从永定门到钟鼓楼，全长7.8公里、历经700余年的北京城市中轴线，是由古代皇家建筑、城市管理设施、居中历史道路、现代公共建筑和公共空间共同构成的历史建筑群，整体建筑布局体现出的中正和谐之美、壮丽宏大之美、凛然正气之美，代表了东方文明古都规划设计和建设的最高成就。中轴线是北京老城的脊梁和灵魂，其建筑的尺度、色彩、形态构成了一种富有韵律的秩序关系，反映出元、明、清以来，多元一体的中华民族文化中对于几千年儒家礼制文化的一种认同与传承。

中轴线不仅集中体现了北京“古都文化”之美，还记录了北京“红色文化”的历史印痕。

2022年9月29日，“北京阅读季”微信公众号发布的《北京中轴线的新生》一文中描述：1918年，不满25岁的毛泽东为组织新民学会青年赴法勤工俭

图2-6-2　首届全民阅读大会·北京阅读季启动式暨“点亮读书灯”主题活动启动现场

图2-6-3　晴朗天气里，市民在天坛公园游园散心，北京中轴线的保护离不开他们的参与

学，第一次来到北京，寄居在钟楼附近豆腐池胡同杨昌济老师的家中。此后，毛泽东到中轴线东侧的北大红楼，担任图书管理员，在这里，他结识了李大钊等中国革命的播火者。一年后，五四运动游行的队伍从这里出发。北大红楼、天安门、中华门、东交民巷……一夜之间，中轴路成为一条救国之路。

从钟鼓楼向南约500米，是与京杭大运河相交、建于元代的万宁桥。元代这里漕运密集、车水马龙，商贸繁荣，形成元大都“前朝后市”的城市格局。如今，古桥上依旧行驶着现代交通工具，而四周餐饮、旅游、文创等百业俱兴，古老的“京味文化”继续在熙熙攘攘的市声烟火里绵延，潜滋暗长于中轴线两侧纵横交错的胡同深巷与传统雅致的四合院之中。

1949年，大年初六，中国人民解放军在前门大街举行盛大的入城仪式，中轴线自此迎来了真正的新生。此后，人民大会堂、人民英雄纪念碑、国家博物馆等一批批新建筑沿线拔地而起。北京市文物局局长陈名杰说：“中轴线见证了中华人民共和国成立以来的重大历史进程，也寄托了中华民族伟大复兴的梦想。”

今天，传统中轴线向北延伸，鸟巢、水立方、国家会议中心，直至燕山山脉，向南延伸，在建中的南中轴森林公园、大兴国际机场，直至永定河水系。中轴线延长线丰富了首都文化功能以外的生态保护功能、国际交往功能，彰显了当代北京“创新文化”的崭新风貌，现代文明与古代文明在中轴线上得以有机融合。

“阅读中轴”是2022年度北京市成千上万项全民阅读活动当中的一个系列。迄今为止，北京市先后举办了“对话中轴线”“中轴线大讲堂”等专家交流活动，面向市民推荐了一批中轴线主题的特色图书，邀请专家以短视频形式解读中轴线上的建筑文化图书，推出了中轴线专题文献展，打造中轴线上的“最美阅读地”，以文化遗产点为节点举办作家、读者漫步骑行活动，组织市民探访中轴线沿线博物馆、老字号、潮品门店，感受北京中轴线“文

图2-6-4　从北京景山北望北京中轴线

图2-6-5　位于北京中轴线上的钟鼓楼

图2-6-6　从景山公园俯瞰故宫，历经数百年风雨的建筑群依然蔚为壮观

物、建筑、非遗、人物、民俗”等各领域北京文化的独特魅力。8月2日，北京市新闻出版局发文启动“开展北京中轴线书店评审认定申报工作”，引导北京实体书店传播中轴线文化，助力推动北京中轴线申遗。

近日，北京市委常委、宣传部部长莫高义发表署名文章指出：“北京市深入贯彻习近平总书记重要指示精神，把全国文化中心建设摆在新时代首都发展突出位置，举全市之力做好首都文化这篇大文章，传承发展丰富厚重的红色文化、源远流长的古都文化、特色鲜明的京味文化、蓬勃兴起的创新文化，建设中国特色社会主义先进文化之都迈出坚定步伐。”

霜白叶红时节，让我们一起加入“书香中国·北京阅读季”漫步骑行者的队伍吧！从钟鼓楼出发，从永定门出发，沿着中轴线向南、向北，向东、向西，去房山琉璃河找寻西周古国3000年的沧桑遗韵，去北大红楼瞻仰红色革命100年的绝代风华，去京郊长城、通州大运河、西山永定河，感受“山水相依，刚柔并济”的京城三大文化带，生态、文化与生活和谐共融，去石景山首钢园，领略“双奥之城”城市复兴新地标的璀璨荣耀。

从读书到阅城，让万卷书伴随万里路，首都北京的文化建设，已从阅读起步，步履铿锵，踏石留印。北京市民的文化自信与文化自强，当从学习、热爱、传承和弘扬这座伟大城市的历史传统与当代价值开始，踔厉奋发，勇毅前行。

（原载《中国新闻出版广电报》2022年10月28日，原文有删减）

二、书香上海：阅读照亮前行的路

2022年4月，在中宣部牵头举办的首届全民阅读大会上，“书香上海”微信公众号再次入选“大众喜爱的阅读新媒体号”名单，这也是“书香上海”连续六次入选该榜单。6月，由全民阅读与融媒体智库发布的《2021年度“书香中国”全民阅读品牌传播影响力大数据研究报告》显示，尽管受到疫情的严重影响，沪上各项出版展会与阅读活动纷纷缓办、停办，“书香上海”品牌综合传播影响力仍然高居全国第四位。

2021年12月31日，忙碌了一年的“书香上海”微信公众号编辑部，以《愿阅读照亮你我前行的路》为题致信读者朋友，信中说道：2021年“书香上海”努力做好上海阅读推广平台建设，开设了“党史学习”专栏，累计发布党史学习内容200余篇；全年发布近两千篇微信微博，推荐沪版精品好书2000余种；主办“短视频荐书大赛”，征集短视频作品141条，活动吸引了超过85万人次围观；主办“社长、总编辑荐书”全民阅读活动，吸引了全国56名出版社掌门人为上海读者荐书。

透过“书香上海”微信公众号，我们看到，2022年1月1日起，由上海学生阅读联盟、上海世纪出版（集团）有限公司牵头，邀请国内12位知名教授，面向上海市中学生群体，以学生、家长共读的方式，围绕《诗经》《说文解字》《论语》《史记》《资治通鉴》《水经注》《本草纲目》《唐诗三百首》等12部中国传统文化典籍，举办覆盖全年的48场导读讲座，线下讲座的部分视频还陆续上传至公共平台供广大读者学习。2022年起，少年儿童出版社与抖音共同推出“十万个为什么科普短视频制作者招募计划”，《十万个为什么》视频化内容将以专题合集的形式，在抖音青少年模式、学习频道和益童成长平台大力推荐，同时，“十万个为什么”品牌以《彩绘拼音版》为标志，全面进入低幼阅读领域。全民阅读，从娃娃抓起，少年强则国强。

2022年1月17日，“书香上海”微信公众号上一篇题为《聚典数据开放平台：为阅读赋能　为学习赋能　为搜索赋能》的文章披露：由上海世纪出版（集团）有限公司规划设计、上海辞书出版社自行开发建设的聚典数据开放平台，是响应读者在移动阅读时的即兴知识查检需求而开发的。该平台的开通，填补了市场空白点。入库数据首选了各类荣获国家级奖项的权威工具书，如《辞海》《汉语大词典》《大辞海》，遴选了各学科领域代表性的工具书，如《中国历史大词典》《中国哲学大词典》《心理学大辞典》等，建立近150万条目的百科库，采购了《英汉大词典》《汉英大词典》等双语词典，建立了超100万条目的双语库，建立了古今地名库和历史纪年库。总条目已达300多万条。建立可持续发展的工具书数字出版运行模式，为出版行业和互联网企业服务、为全民阅读服务，这一次，上海又走在了全国同行的前列。

2022年2月19日，位于上海图书馆东馆4楼的上海通志展示馆启动“上海滩大讲堂”，为公众打开一扇全方位了解上海的综合性窗口，打造具有品牌影响力的上海地情文化中心，为更多奋斗在这座城市的人提供“讲好上海故事”的公共平台，让社会大众从不同角度了解上海的历史文化脉络和城市发展之路。

2022年3月，新冠疫情反扑，肆虐上海。透过“书香上海”微信公众号，我们看到，上海出版行业与阅读领域的同仁们，一边顽强抗疫，一边持续地为广大民众提供贴心的阅读服务。上海交通大学电子音像出版社第一时间将《大学生抗疫心理情境应对指南》全书内容免费公开，为封闭管理中的上海高校同学提供服务；华东师范大学出版社围绕抗疫专门整理了一份书单，提供给家长、老师和专业人士参考，举办“读书散疫，爱在华东师大”线上读书会，吸引了一批又一批居家抗疫的读者参加；上海书画社联合掌阅平台，挑选了37种文艺经典好书，提供免费阅读服务；上海音乐出版社免费开放《中国小提琴优秀作品曲选》等资源，用美妙的琴声去抚慰疫情困扰下的读者朋友们；上海市各新华书店、上海书城的工作人员为居家上网课的中小学生送书上门，风雨无阻，有求必应。

3月18日—20日，上海市心理健康与危机干预重点实验室（筹）、华东师范大学出版社、九三学社上海市委科普工作委员会、上海图书馆联合推出三期疫情防控时期心理健康教育网络公益课堂；上海图书馆于3月10日临时闭馆后，自18日起，启动云读书服务；上海博物馆开启“云看展”和线上课程；上海市群众艺术馆启动“云美育”系列公共文化服务。丰富多彩的阅读与文化活动成为上海市民应对疫情的一味良药。

作为中国共产党初心的始发地，上海市借助出版与阅读，守护红色文化资源和传承红色文化血脉的行动，不曾因为疫情影响而受到阻断。2022年3月5日是伟人周恩来诞辰124周年纪念日，3月6日，“书香上海”微信公众号刊文，借助上海人民出版社出品的《周恩来在上海》等书籍披露的史料，追寻敬爱的周总理早年在上海的红色足迹；3月30日“书香上海”微信公众号介绍：上海淞沪抗战纪念馆闭馆不闭展，组织拍摄和播放《来自文物的声音》微视频，带领观众重温上海人民那段艰苦卓绝的抗日斗争以及解放上海的峥嵘岁月，创新讲述红色故事；4月5日清明时节，“书香上海”专文向读者介绍了以罗亦农、杨殷、彭湃、陈延年、赵世炎、陈乔年、林育南、杨匏安、张佐臣、许白昊、杨培生11位英烈为主人公的首批“龙华英烈画传系列丛书”；5月，“书香上海”重磅推荐作家孙甘露的红色题材长篇力作《千里江山图》，小说回到20世纪30年代上海的历史尘烟之中，打捞出一段隐秘而伟大的革命斗争往事，刻画了一群理想主义者，用生命照亮了风雨如晦的暗夜；6月，“书香上海”面向青少年推出《战上海》《红路：中国共产党百年征程》《不可磨灭的红色记忆：上海市革命纪念地之旅》等红色经典书单；7月23日，是党的一大召开纪念日，“书香上海”专文介绍刚刚出版的《伟大的起点：中国共产党是这样创立的》，讲好建党故事，弘扬伟大建党精神……

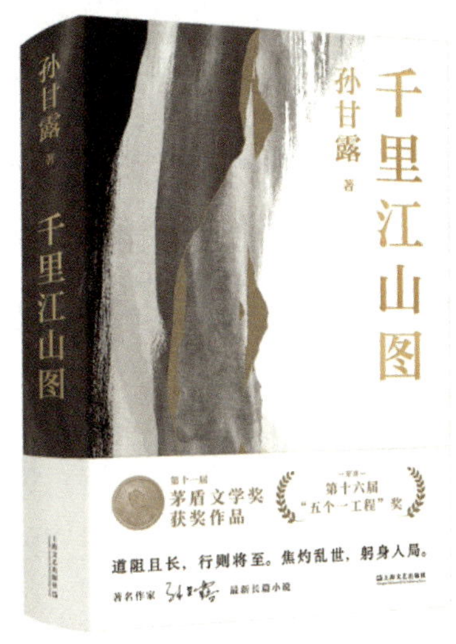

图2-6-7 《千里江山图》，上海文艺出版社出版

按照学界的观点，上海地域文化的始源自春秋战国时期的吴越文化，近源则是魏晋至明清时期的江南文化。透过“书香上海”微信公众号，我们发现，上海出版文化领域十分注重对“江南文化”中的优秀内容进行传承和推广。比如，由上海博物馆与上海人民出版社共同推出的“江南文化丛书”，共分江南雕刻、书画、染织绣、陶瓷、印章五册，是一套由远

图2-6-8 《江南文化丛书》，上海人民出版社出版

古至近代国宝珍品故事串联起来的江南最美艺术史。2022年1月，这套丛书的广告在纽约时代广场的户外巨屏上连播三天，中国青白瓷画面与巨幅书法“江南”二字相互映衬，吸引了无数路人仰视的目光；再比如，上海书店出版社出版了一套“江南文化研究丛书”，旨在推动长三角更高质量一体发展，更加系统地从包括吴韵苏风、皖韵徽风、越韵浙风在内的江南文化传统中汲取丰富的精神资源……

1843年上海开埠以后，由于特殊的地理和历史条件，上海迅速崛起成为江南乃至全国的中心城市，在江南文化的基础上，形成了近代上海的“海派文化”，学界概括其特点为：趋时求新、中西交融、商业意识、市民趣味。“书香上海”微信公众号在专文推介《海派文化新论》一书时说，该书理清海派文化的准确内涵和合理外延，深入挖掘海派文化精髓与当代上海城市精神和城市品格的内在契合之处，为新时代的上海发展提供丰富的精神滋养和文化动力。

透过“书香上海”微信公众号，我们看到，上海市委常委、宣传部部长赵嘉鸣表示，上海红色文化、海派文化、江南文化资源丰富，上海市将不断提升“上海文化”标识度，提高城市文化软实力，早日把上海建设成为具有世界影响力的社会主义国际文化大都市。

透过“书香上海”微信公众号，我们注意到，2022年6月6日，由人民出版社、上海人民出版社联合出版的《当好改革开放的排头兵——习近平上海足迹》一书，在上海中心大厦52层朵云书院举行新书首发式，该书翔实记述了习近平同志担任上海市委书记期间抓改革、促发展、求真务实、担当作为的故事。在任期间，习近平同志为上海确立的“海纳百川、追求卓越、开明睿智、大气谦和”新的城市精神，进一步丰富提升了上海的城市气质与品格，而这四句关于上海城市精神的概括，当是上海城市文化建设事业与全民阅读推广活动的高标与旨归。

随着疫情的日渐平稳，由秋入冬，上海又先后开展了“阅读走进如常生活”“喜迎和庆祝二十大”主题图书联展、“云端新阅读”等三个阶段线上线下相结合的特色活动。终于，2022年11月18日，市民朋友们迎来了全民阅读活动的年度收官阶段——上海书展回归上海展览中心。疫情终将消散，书香回归生活。就像上海市促进全民阅读联盟“致全市爱书人”的一封信中说的那样：阅读教会我们回望历史、沉思当下，敬畏自然、崇尚科学，尊重生命、热爱生活。

是的，阅读所储备的能量，可以照亮自己，照亮生活，照亮你我前行的路。

（原载《中国新闻出版广电报》2022年11月25日，原文有删减）

三、书香江苏：彰显阅读的力量与价值

2022年6月30日，由全民阅读与融媒体智库编制的《2021年度“书香中国”全民阅读品牌传播影响力大数据报告》正式发布。《报告》显示，与上年相比，“书香江苏”的综合传播影响力指标从全国第六上升至第五，传播力单项指标从第八上升至第五，影响力单项指标从第五上升至第三，美誉度单项指标从第六上升至第二。“书香江苏”的金字招牌越擦越亮，愈发熠熠生辉。

“书香江苏”阅读品牌传播影响力的不断提升，一方面说明了江苏省全民阅读工作的扎实有效推进、人民群众的积极广泛参与；另一方面也体现了在江苏省全民阅读办公室、江苏省新闻出版局的带领下，江苏全民阅读活动借助大众与专业媒体，尤其是借助新媒体的力量进行了充分良好的传播，线

下与线上结合，加强优质内容引导，提供活动案例示范，改善服务体验，营造更加浓厚的书香氛围，赢得了广大读者朋友的认可与点赞。

还有一个事实可以作为旁证：自2016年起，在中国新闻出版传媒集团、中国全民阅读媒体联盟主办的连续6届“大众喜爱的阅读新媒体号”推选活动中，经过全国大众网络投票和专家评审，“书香江苏”微信公众号连续6届入选。

浏览“书香江苏”微信公众号，我们发现，“书香江苏”品牌的魅力，首先来自于省域范围内深厚、独特的历史文化的滋养。江苏所属13个地级市充分挖掘自身所拥有的地域文化与出版资源，为全民阅读活动的深入开展持续不断地提供优质内容支持。

江苏是中国古代文明的发祥地之一，拥有的国家历史文化名城、中国历史文化名镇、中国历史文化街区的数量均列全国首位。由古而今，江苏地域文化的构成主要包括金陵文化、吴文化、楚汉文化、淮扬文化和海洋文化。

南北交汇、兼容并包的金陵文化所在地为南京一带，被南朝诗人谢朓赞为“江南佳丽地，金陵帝王州”。据统计，在中国文化史上，有超过1万部文学作品写作于南京或与南京有关，数量位居全国之首。2019年10月31日，联合国教科文组织宣布：南京入选“世界文学之都”。

细腻灵秀的吴文化发源于太湖流域的苏州、无锡、常州一带，刚健雄浑的楚汉文化分布在徐州、宿迁一带，加之扬州、泰州、镇江、淮安一带清新优雅的淮扬文化，连云港、盐城、南通一带开放豪迈的海洋文化，与金陵文化一起，相互碰撞、激荡、借鉴、融合，构成了江苏省域之内斑斓多姿而又深邃悠远的历史与现代文化底蕴。

2022年4月22日，江苏省委书记吴政隆在南京凤凰书城调研全民阅读工作时指出，江苏是文化大省、开放大省，人文荟萃、名家辈出，具有崇文重教的优良传统。要深入挖掘江苏深厚的历史文化底蕴，创作出版更多经典作

图2-6-9 《江苏历代方志全书》，凤凰出版社出版

品、传世之作，让大家多读书、读好书，得到思想启发、涵养浩然之气。

最古之史，实为方志。浏览“书香江苏”微信公众号，我们发现，截至2021年年底，历时十三载、编纂530余册的《江苏历代方志全书》出版，这是江苏目前已经完成的规模最大的古籍整理项目，也是全国体量最大的省域旧志整理工程。江苏省政府副秘书长谢润盛表示，要挖掘古籍的时代价值，展示江苏深厚的文化底蕴，努力营造全社会读志用志的良好氛围；要用历史的智慧推进治理体系和治理能力现代化，为谱写“强富美高”新江苏现代化建设新篇章提供强大精神动力和智力支持。

浏览“书香江苏”微信公众号，我们还发现，2021年8月，40余万字的《南京百年文学史》由江苏凤凰文艺出版社出版，该书认为，南京是中国文学开始走向自觉和独立的起步之城。

据史料记载，中国历史上第一个“文学馆”设立于南京，中国第一篇文学理论文章《文赋》、第一部诗论专著《诗品》、第一部系统的文学理论和批评专著《文心雕龙》、第一部儿童启蒙读物《千字文》、现存最早的诗文总集《昭明文选》等均诞生于南京。

世界规模最大的百科全书《永乐大典》在南京编纂成书，中国昆曲重要的代表作《桃花扇》在南京创作并演出。据说“诗仙”李白为南京创作过100余首诗歌。《本草纲目》《儒林外史》《红楼梦》等名著都与南京密不可分。南京还是中国山水文学、声律、宫体文学、宋词等文学形式或类型的孕育地。

近现代以来，文学大师鲁迅、巴金等在南京走上文学道路，朱自清、俞平伯、张恨水、张爱玲等也与南京有着千丝万缕的联系。当代，许多评论家都打过这样的比方：要论团体赛，江苏作家群是全国各省份的第一名，是当代文学界团体赛的冠军，在江苏省内，作家多集中于省会南京。

就出版而言，过去10余年，苏版图书在全国的影响力不断扩大，江苏作为出版大省的地位愈发突出，在“五个一工程”奖、“中国好书”、“世界最美的书”等重要评选中，江苏均有骄人成绩。

浏览“书香江苏”微信公众号，我们还发现，“书香江苏”品牌的魅力，还来自于江苏各地全民阅读推广活动持续不断地深入开展。参与其中，人民群众时时处处可以感受到阅读的力量。

12年前，江苏书展从玄武湖畔的南京起步，办到云龙湖畔的徐州，又从瘦西湖畔的扬州，办到金鸡湖畔的苏州。2022年7月2日，第十二届江苏书展如期开幕，主展场仍在苏州，分展场则遍及全省，并且今年书展首次拓展镇、村两级分展场。连云港将30家小镇书房和11家五星级农家书屋纳入分展场，集中开展“喜迎二十大　书香润港城”农家书屋主题阅读示范活动和图书展销活动。宜兴市组织优秀阅读推广人用好全市27个共享阅读空间，开展“你点单 我来读”领读活动。

透过“书香江苏”微信公众号，我们看到，2022年4月23日世界读书日来临之际，在扬州，第八届“朱自清读书节”启动，活动持续到2023年4月，突出迎接、宣传、贯彻党的二十大精神这条主线，举行四大类13项1000

多场活动；在常州，“秋白读书节”暨首届“五一”职工读书节启动；在泰州，第十届“胡瑗读书节”启动，南京大学教授周群以视频连线方式解读了宋代理学大师胡瑗及“泰州学派”“乐学”思想和理念；在南通，第十九届韬奋读书节暨“线上阅读马拉松”同步启动；在淮安，第十二届江苏农民读书节暨2022年淮安周恩来读书节启动；在连云港，第十届花果山读书节启动，首批9000余册新书全部配送到600户“事实孤儿”的农村家庭；在南京，第十八届江苏读书节暨第二十七届南京读书节启动，“书香江苏”形象大使徐雁云上开讲《“敬惜字纸”与“熟读深思”——中文阅读传统的继往与开来》……

君子生非异也，善假于物也。浏览“书香江苏”微信公众号，我们发现，“书香江苏”品牌的魅力，还来自于重视“互联网+阅读”，新媒体的精准、有效传播，形成乘数效应，放大了品牌价值。江苏省委常委、宣传部部长张爱军进一步提出，要继续办好“书香江苏在线”网站、微博和“书香江苏”微信公众号，精心打造“新华书房”“读品周刊”“百名主播诵经典”等栏目节目，引导读者开展好电子阅读、有声阅读、多媒体视频阅读。

植根于丰厚的历史文化沃土，贴近人民大众切实的精神文化需求，持续创作出版精品力作，创新开展全民阅读活动的内容、方式与载体，借助全媒体传播，“书香江苏”品牌在新时代正焕发出无穷的魅力与光彩，彰显出阅读的力量与价值。

（原载《中国新闻出版广电报》2022年7月6日）

四、书香天府：巴蜀好文雅　阅读故事多

西汉景帝末期，蜀郡太守文翁因感蜀地偏僻，有蛮夷风，欲激励后进，乃从郡县小吏中选拔开明有才者十余人，派遣至京师太学深造，学成还归，皆予重用；又于成都城南兴建官学“石室精舍”，招收郡治以外四郊属县子弟，学生均免除徭役。班固在《汉书》中评价：“至今巴蜀好文雅，文翁之化也。”

蜀地此后出现司马相如、扬雄等辞赋大家，文脉绵延，弦歌不辍，与文翁兴学所形成的重文尊教的社会风气不无关系。今天的教育界，仍公推文翁为中国历史上第一位“公立学校”校长，在文翁石室的旧址上，2000多年来一直在持续办学，吴玉章、李劼人、郭沫若、何其芳等文化名家也曾就读于此地，成都名校石室中学如今就坐落于此，季羡林先生题词曰：“古今一校，扬辉千秋。”

如果说战国时期李冰父子主持修建的都江堰水利工程，消除了肆虐川西平原的水旱灾害，使得巴蜀大地成为沃野千里的“天府粮仓”，那么，自西汉文翁开始，蜀地文教勃兴，人才辈出，才真正称得上是经济富庶、文化繁荣的“天府之国”。

2022年在中宣部出版局牵头主办的首届全民阅读大会上，“书香天府全民阅读”微信公众号入围“第六届大众喜爱的阅读新媒体号”。打开“书香天府全民阅读”微信公众号，浓郁的书香气息扑面而来。

透过“书香天府全民阅读”微信公众号，我们看到，由四川省委宣传部带领，在四川省全民阅读活动指导委员会办公室的具体推动下，“天府之国”的全民阅读活动，借助新媒体平台，致力于传播精品内容，弘扬中华优秀文化。此之谓：爱读书、读好书。

作为陈子昂、李白、薛涛、苏轼、李调元的故乡，四川传统文化的传播

有着先天的资源优势。

“惟江上之清风，与山间之明月，耳得之而为声，目遇之而成色，取之无禁，用之不竭。”2018年1月，习近平总书记在十九届中央纪委第二次全体会议上引用了苏轼在《赤壁赋》中的这段话，他说，苏轼的这份情怀，正是今人所欠缺的，也是最为珍贵的。

出生于四川眉山（古称眉州）的诗人苏东坡，对于故乡的记忆是“瓦屋寒堆春后雪，峨眉翠扫雨余天”。眉山素有“千载诗书城”“人文第一州”的美誉，两宋年间，眉山进士886人，史称“八百进士”。今年6月8日，习近平总书记在四川省眉山市考察，专程来到三苏祠，“书香天府全民阅读”微信公众号6月10日发布《来，跟着总书记读苏东坡诗词名作》，该文一一列举了习近平总书记引用过的苏轼的诗文，巧妙地勾勒出了作为大诗人、政治家、求学者的苏东坡的睿智与深情、坦荡与坚忍、豁达与真诚。

作为朱德、邓小平、陈毅、刘伯坚、赵一曼的故乡，四川的红色文化资源同样厚重深邃。2021年以来，四川全省主题阅读推广高潮迭起。“品读红色经典·砥砺奋进征程”阅读活动启动，“红色经典”学习微平台搭建，“百年华诞·书香天府”推荐书目发布，新华文轩等近200家实体书店围绕建党100周年、党史学习教育等设立主题专区、专台、专架，引导读者重温百年奋斗历程，缅怀革命先辈，立志担当复兴大任。

透过“书香天府全民阅读”微信公众号，我们看到，“天府之国”的全民阅读活动，借助新媒体平台，推荐创新阅读方式，推广阅读方法知识。此之谓：善读书，重方法。

“旧书不厌百回读，熟读深思子自知”，“纸上得来终觉浅，绝知此事要躬行”。熟读深思、知行合一，这是苏轼、陆游的读书方法；刘向认为“学无迟暮”，倡导终身学习，“少而好学，如日出之阳；壮而好学，如日中之光；老而好学，如秉烛之明”；陶渊明曰：“好读书，不求甚解，每有

会意，便欣然忘食”；张载倡导读中求疑，“于不疑处有疑”；《钱锺书是怎样做读书笔记的》《胡适：读书的习惯重于方法》《梁晓声：读书与人生》等文坛名宿的读书专论，令人醍醐灌顶。更为可贵的是，“书香天府全民阅读”微信公众号始终在强调引导和服务少年儿童阅读：《亲子阅读十大误区》《让孩子爱上阅读的好方法》《如何给孩子选书》《朱光潜：青少年如何培养阅读习惯》《10个创意读书游戏教孩子学会深度阅读》等内容，面向老师、父母和孩子，循循善诱，不厌其烦，令人感佩。

透过“书香天府全民阅读”微信公众号，我们看到“天府之国”的全民阅读活动，借助新媒体平台，讲述人民群众的阅读故事、汇聚文化强省的精神力量。此之谓：讲故事，聚力量。

四川省攀枝花市79岁的退休老人岳兆恒，年轻时从山东来到攀枝花参加三线建设，便开始购买、收集和阅读与攀枝花市有关的书籍，与书为伴成了他的最大爱好。今年4月，他将自己40年来收藏的两万册图书捐赠给了社区书屋。

同样生活在攀枝花的无臂青年彭超，在第30届全国书博会上荣获“十大读书人物”称号。6岁时因意外失去双臂，他克服残疾与贫困种种艰难，以脚执笔，坚持读书学习，参加央视《中国诗词大会》，夺得该节目首位擂主，先后考取四川大学本科、同济大学硕士研究生。

生长于川东农村的乡土作家贺享雍，做过40多年农民和乡村基层干部，扎根乡土，创作出反映脱贫攻坚题材的长篇小说“时代三部曲”：《燕燕于飞》《村暖花开》《土地之子》。

写书、读书、藏书、捐书，在书香天府这片博大厚重的文化沃土上，年年岁岁持续上演的这些阅读故事，持续涌现的这些阅读人物，鲜活生动、光彩熠熠，折射出了蕴藏在四川人民群众中那种对于诗书继世、文化传承的内在热忱与不懈追求。唯有深入推动全民阅读，促进民众思想道德与科学文化素养的不断提升，才能凝心聚力，众志成城，推动文化强省、文化强国建设，推动民族复兴伟业的早日实现。

（原载《中国新闻出版广电报》2022年7月8日，原文有删减）

五、书香天津：览六百余载津门烟云　阅渤海明珠时代芳华

2022年首届全民阅读大会上，由中宣部出版局指导，中国新闻出版传媒集团有限公司、中国全民阅读媒体联盟、全民阅读与融媒体智库主办的第六届“大众喜爱的阅读新媒体号”推荐活动结果揭晓。历经了大众投票、大数据检测、专家评审等环节，“书香天津”微信公众号一路过关斩将，继上届当选之后，再次成功摘得荣誉，成为本届入选的总计90个优秀阅读新媒体号中，为数不多的8个“政府与行业协会”类别“大众喜爱的阅读新媒体号”之一。

天津，别称津沽、津门，明永乐二年（1404）正式筑城，是一座拥有600余载确切建城时间记录的国家历史文化名城。600多年来，天津从军事要津、漕运码头，逐步发展成为商业重镇，随着城市经济的成长，带有浓厚商业色彩的城市文化也走向繁盛。1860年以后，西方军事与文化的双重入侵，使得天津民间传统文化、漕运码头文化与西方租界文化之间相互碰撞、排斥、交融，又各自独立存在，古今汇聚、东西杂糅，神态各异，斑斓多姿。600多年的天津历史文化进程，光荣与屈辱并存，有康庄之衢，繁花似锦，也有荆棘丛生，凄风苦雨。近代以来，天津更成为了浓缩中国近代历史的一座文化宝库。

新中国成立至今，作为四大直辖市之一，天津已经发展成为国家中心城

市和超大城市，成为中国北方的航运中心、物流中心和现代制造业基地；同时，地处太平洋西岸的“渤海明珠”天津，也已经成为中国北方最大的沿海开放城市。近年来，在城市经济发展日新月异的基础上，天津城市文化建设与全民阅读事业也焕发出新时代的光彩，芳香四溢，硕果累累。

透过“书香天津”微信公众号，我们发现，天津市的全民阅读事业，十分注重对中华优秀传统文化、革命文化和社会主义先进文化的传播与传承。

今年6月6日，“书香天津”微信公众号刊文《端午佳节 跟着总书记传承中华民族精神命脉》，文章配发精美海报图片，梳理习近平总书记关于传承中华优秀传统文化的系列论述。比如，“中国传统文化博大精深，学习和掌握其中的各种思想精华，对树立正确的世界观、人生观、价值观很有益处”；比如，“要坚持守正创新，推动中华优秀传统文化同社会主义社会相适应，展示中华民族的独特精神标识，更好构筑中国精神、中国价值、中国力量”等等。

图2-6-10　滨海新区：重温红色历史，铭记奋斗故事

透过“书香天津”微信公众号，我们看到，由南开大学文学院牵头发起的短视频版《唐诗三百首》项目于2022年6月正式上线，叶嘉莹、周国平、康震等名家，将用一年时间以直播讲座、互动挑战赛等形式在新媒体平台上阐发古代诗歌中蕴含的思想精髓，传承中华文化基因；6月8日，“大运河阅读行动计划·天津站”活动在天津杨柳青画社启动，杨柳青木版年画博物馆被授予“大运河阅读基地”；5月，天津大学冯骥才文学艺术研究院在线举办了《非物质文化遗产通论》《民间文艺学教程》等“非物质文化非遗系列教材”编写启动会；今年还是天津建卫618周年，天津教育出版社集中推出《遇见天津》《天津地名文化通论》《天津小洋楼——名人故居完全档案》《五大道》《赶大营》等多本经典读物，彰显津门文化的魅力，激发广大读者朋友的家国情怀……

透过“书香天津”微信公众号，我们看到，今年7月，在天津静海区吕官屯村举办的“童心向党　喜迎二十大”红色阅读活动中，小学生和村民们一起聆听红色村史、讲述革命故事；5月，在滨海新区图书馆举办的“赓续红色基因 凝聚奋进力量”系列读书分享会上，红色故事分享、快板表演、红色微电影宣讲、诗歌朗诵等主题活动吸引了群众的热情参与；2021年12月，天津市大学生“悦读之星”校园推广活动，入选2021年国家新闻出版署全民阅读优秀项目，活动已连续举办七届，本届活动在全市53所高校深入推进“四史”教育，立足培根铸魂，引导当代大学生深刻认识党的光辉历程，汲取新时代的智慧和力量，增强信仰、信念、信心……

2021年1月，天津市委宣传部牵头举办天津市庆祝中国共产党成立100周年主题阅读活动启动仪式暨“牢记教诲　让好书伴我一生”全民阅读活动；天津市委宣传部与市教委联合组织全市大中小学生开展“传百年记忆　诵时代华章”诵读大赛和“初心如磐心向党”读书分享活动，全市16个区的1369所大中小学参与活动，活动总访问量逾600万人次。

透过“书香天津”微信公众号，我们发现，天津市的全民阅读事业，还十分注重市民公共文化服务设施与服务体系的建设。

在城市，从历史风貌街区、休闲文化广场，到商业聚集区、校园周边、工业园区，布局了超过200个充满活力的城市书吧阅读新空间，街道社区里的24小时智能书房免费提供自助借阅、阅览、电子书下载服务，共享市、区图书馆和城市书房的图书资源；“书香地铁专列”每天穿城而过，图书漂流活动在专列上定期举行；位于天津电视塔257米高处的“天塔西岸书斋·知道吧”已成为网红打卡地。200多个城市书吧、近300家图书馆、1600多家实体书店、2000多个职工书屋、6条地铁线“书香专列”，所有这些，共同构成了天津城市“15分钟阅读圈”，也让这座文化名城的气质更加文质彬彬、书香馥郁。

在乡村，覆盖全市每一个行政村的3556个农家书屋，通过公共图书馆三级服务体系建设，服务效能进一步提升，图书馆、新华书店“阅读大篷车”定期开进农家书屋，遍及200个农村网点，全市乡镇实体书店覆盖率达80%以上。以阅读服务带动乡村文化振兴，在天津，已经成为一种普遍共识和自觉行动。

透过“书香天津”微信公众号，我们发现，天津市的全民阅读事业还十分注重利用现代科技，借助全媒体手段，实现线上线下联动，在网络与现实空间，同步播撒书香文化。

2022年4月，以第27个“世界读书日”来临为契机，天津市全民阅读活动办公室牵头举办书香天津“4·23”期间线上线下系列读书活动：与天津海河传媒中心音乐广播联合策划，推出以“读书时光”为主题的月度特别节目——《音乐朗读者》共享读书时光主题活动；联合市高等学校图书情报工作委员会等机构，开展书香天津数字阅读服务推广活动；联合中国知网、中文在线、龙源、超星、掌阅、读者之星等数字媒体平台，设立“书香天津”

数字阅读专区；还有科普文化网络知识竞赛、云课堂“信息素养与创新能力提升”主题讲座……

与之呼应，天津出版传媒集团新媒体中心发挥融合出版优势，策划了连续三天的“阅读天津·与书相伴”线上直播活动；滨海新区开展“读遍书山·云端阅读”活动；南开区启动“童心向党 党的故事我来讲”线上经典故事会；西青区开展“品尝文化 浸润书香——现代唯美诗集展”线上展览活动；蓟州区开展“e起阅享　蓟情有我”全民阅读网络文化活动；天津出版传媒集团有限公司在持续出版更多精品力作的同时，2022年还将高标准建成天津数字融合出版产业园，以科技创新为引擎，规模化生产电子书、有声书、多媒体出版物等数字融合产品，用好互联网，线上、线下全方位地服务好人民群众的阅读需求。

建城618年的烟云沧桑，倏忽而逝。全面建设社会主义现代化大都市的号角已然吹响，步入新时代的天津，站在了一个新的历史起点之上。

城市的血脉在文化，文化的传承靠阅读。依托良好的全民阅读服务设施、完善的全民阅读服务体系，借助互联网科技与新媒体手段，天津市的全民阅读事业正紧紧围绕中华优秀传统文化、革命文化、社会主义先进文化的传承与传播，围绕中国共产党人精神谱系的学习与弘扬，持续推进，传承红色基因，赓续红色血脉，继往开来，守住中华民族的根与魂。唯其如此，天津社会主义现代化大都市的建设，才有了扎实的文化根基和丰沛的精神动力。

（原载《中国新闻出版广电报》2022年8月12日，原文有删减）

六、“书香中山”的实、新、深、远

俗语说：“窥一斑而见全豹，观滴水可知沧海。”“书香中山”微信公众号入选第六届“大众喜爱的阅读新媒体号”，且是本届活动中唯一入选的地级市新媒体阅读品牌。这不仅说明广东省中山市在书香城市建设中善用新媒体手段传播书香文化，还从侧面折射出地处粤港澳大湾区经济发展核心地带的这座历史文化名城，从政府部门到市民百姓，对于文化的重视、对于阅读的热爱，更重要的是体现了社会大众对中山市委、市政府扎扎实实推动全民阅读、认认真真改善公共文化服务种种努力的充分认可。可以说，老百姓的口碑，是对“书香中山”建设的最高褒奖。

“书香中山”品牌，香在一个“实”字。内容实，书香故事、阅读资讯、名人名家、阅读空间、城市书香计划等融媒体内容，借助跨媒体平台联合推出；推广实，设计全民阅读主题海报，开发阅读文创产品，自2020年以来，指导、参与、统筹中山书展等阅读活动超过400场，还承接了《中国诗词大会》第六季广东省唯一海选赛区；体系建设实，初步形成了覆盖全市的阅读服务网络体系。

“书香中山”品牌，香在一个“新”字。内容持续创新，滚动推出中山全民阅读中的鲜活事例；学习方式创新，吸引更多年轻读者了解党史知识；诸多差异化的特色品牌活动创新，为城市文化注入新活力。

“书香中山”品牌，香在一个“深”字。2014年起至今，“全民阅读”连续九次被写入国务院政府工作报告，2022年的表述是“深入推进全民阅读”。中山市的“全民阅读满意度调查”显示，市民对居所附近购书环境、身边阅读环境、城市阅读推广氛围、政府投入举办的品牌阅读活动等10项指标的评价均在8分以上，不知不觉，市民生活的日常早已深深浸润在氤氲书香之中了；全民阅读推广人、知名专家学者深入到城市各处阅读空间与百姓分享阅读，在中山也已成为一种常态；针对残障人士、贫困家庭、老年人、特殊儿童等不同人群的公益阅读服务也在步步走深走细。

“书香中山”品牌，还香在一个“远”字。中山在广东省各市中率先出台了《促进全民阅读发展的意见（2021—2025）》，分步实施，在建设100多个自助图书馆的基础上，把“打造100个香山书房，拓展市民享受公共文化服务的场景”列入2022年“中山市十件民生实事”中去。一年接着一年干，一张蓝图绘到底。

“最是书香能致远”，作为国家历史文化名城、香山文化的发祥地，中原文化、土著文化、西洋文化、南洋文化曾经在这里不断碰撞融合，也融入中山人的灵魂。如今，“博爱、创新、包容、和谐”八个字的中山精神，成为了香山文化的当代诠释。工业可以立市，产业可以强市，这一点，中山人做到了，而写好“文化兴城”这篇大文章，可以让中山这座秀美之城，更加“秀外慧中”，更加具备学习力和创造力，更有后劲和爆发力，走得更稳、走得更远。

（原载《中国新闻出版广电报》2022年6月17日）

七、书香安徽：徽风皖韵流布华夏　崇文重学泽被后世

在2022年4月举办的首届全民阅读大会上，“书香安徽”音频号二度入选“大众喜爱的阅读新媒体号”。6月，由全民阅读与融媒体智库发布的《2021年度“书香中国”全民阅读品牌传播影响力大数据研究报告》显示，“书香安徽”品牌综合传播影响力位居全国第八。8月，以“皖美新阅读　喜迎二十大”为主题的2022年中国黄山书会在合肥市举行，书会旨在深化出版

发行行业合作交流，推动“书香安徽”建设，擦亮黄山书会全民阅读重点示范品牌，将黄山书会打造成为展示安徽文化形象的重要平台、具有全国影响力的重要书展，让安徽大地书香四溢、全民阅读蔚然成风。由中国新闻出版传媒集团有限公司、中国全民阅读媒体联盟联合主办的全民阅读“红沙发”系列访谈活动也于2022年8月首次走进中国黄山书会，系统梳理和总结安徽省过去10年来全民阅读与书香文化建设的经验与成果。

安徽省书香四溢的文化形象，首先建立在其厚重而多元的历史文化的基础之上。

自古至今，安徽素有“人文渊薮”之誉。康熙六年（1667），清政府将原江南省一分为二，设立江苏、安徽两省，这是安徽建省之始。安徽省域范围内，包含了三个亚文化区域：处于淮河流域的涡淮文化、处于长江流域的皖江文化、处于新安江流域的徽州文化。在漫长的历史发展过程中，三种亚文化差异明显，又趋同共存，相互融合，在华夏文明的大舞台上展现出特色鲜明、摇曳多姿的徽风皖韵。

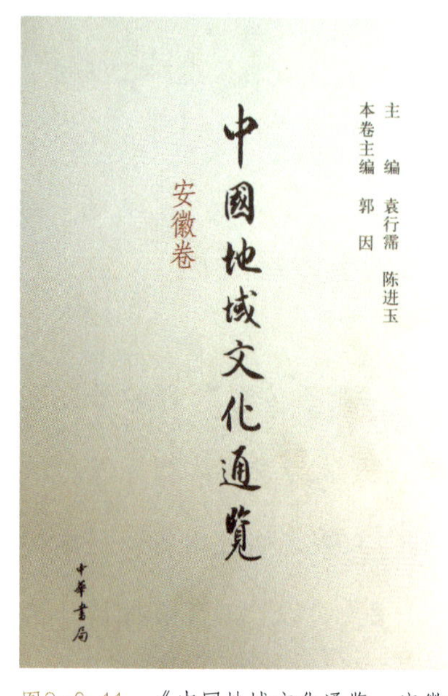

图2-6-11 《中国地域文化通览·安徽卷》，中华书局出版

安徽省绩溪籍学者郭因先生主编的《中国地域文化通览·安徽卷》中，对于安徽地域文化在发展历程中，其重心由北向南迁移的趋势作出了清晰的描述。

可能是由于中原华夏文化与淮夷、东夷文化很早就在涡淮流域交融，文化积淀深厚的缘故，一进入春秋时代，涡淮流域就出现了高度发达的学术文化，产生了管子的学术思想，开创了先秦诸子学时代。之后，以老子、庄子为代表的道家学说，使道家思想成为涡淮流域文化的突出代表，也为中华文化提供了重要的思想支柱。经过西汉《淮南子》的承续，到魏晋时期，道家思想成为魏晋玄学的重要源泉、基础。但北方的长期战乱与灾荒，使淮河流域的社会经济受到严重摧残，涡淮文化也随之走向衰退。宋初，老子故里还诞生了道教学者陈抟，欧阳修守颍州时也为振兴淮上文化作出了很大努力。

隋唐时期，没有受到太多战乱冲击的皖江地区，成为安徽的文化重心，其宗教和文学成就为世人瞩目。大江南北悠扬的梵音和沿江地区诗人的吟哦，成为隋唐时期皖江文化的主要特点。

从南宋到清代中叶，徽州地区一直保持了安徽地域文化重心的地位。新安理学、皖派朴学在此兴起，教育、天文历算、医学、绘画、建筑、雕刻等日渐繁荣，这些文化要素的组合，形成了特色鲜明的徽州文化（或曰新安文化）。

明清之际到清中叶，安徽地域文化的重心出现了向皖江地区回归的倾向，并在清朝中期出现了皖江文化与徽州文化“双峰”对峙的局面。

学界在总结安徽历史文化时特别突出了以下三个特点：

其一，贯穿“通变”精神，汇聚百川加以贯通，自我修补、自我完善、自我发展，实现长期延续；

其二，讲究经世济用、救时之弊，以天下为己任，追求“天下和洽”，勇于实践，敢于担当；

其三，具有较强的辐射力和影响力，很多文化现象孕育于安徽，却传播于全国，成为中华文化的有机组成部分或元素。

比如，发源于涡淮流域的道家学说，成为中华思想文化的重要组成部分；以三曹为核心的文学集团，开创了建安文学时代；以嵇康为代表的竹林玄学，成为魏晋玄学的重要派别。

比如，产生于徽州的皖派朴学，成为清代乾嘉时期学术潮流中的主要派

别之一。以桐城作家为中心的古文创作，扩展成影响有清一代200余年的桐城文派；形成于九华山的地藏菩萨道场，在齐云山孕育起来的道教圣地，宗杲的“说话禅”，成为有全国影响的宗教文化现象。

再比如，诞生于徽州的著名商帮——徽商，将徽商文化带出了皖南的崇山峻岭，影响了从北京到广州的广泛区域；以徽州画家群和寓居外地的一些徽籍画家为基础形成的新安画派，在17世纪的中国画坛上大放异彩；徽班进京，促使京剧的诞生和繁盛；等等。

安徽历史文化之所以能够兴旺繁盛、赓续绵延，追根溯源，一个重要原因在于，从古至今，安徽境内逐渐形成的重视教育、崇尚学习、书香传家的浓厚社会风气。

两汉时期，随着郡县学的兴起，安徽境内的教育也发展起来，在江淮之间还出现了数代从事教育的家族。其中，安徽怀远的桓氏家族是最具代表性的教育世家。桓荣少时家贫，求学于长安，学成后在地方和朝廷先后执教近50年，培养了大批人才，其子桓郁继承父业，“敦厚笃学，传文业，以《尚书》教授，门徒常数百人”。桓氏一门五世儒师，为发展教育、传播文化作出了巨大贡献。

更为后人所熟知的西汉时期徽地庐江郡人氏文翁，任蜀郡太守期间，创办郡学，不仅在属地产生移风易俗之效，也推动了全国地方教育的发展。班固赞曰：“至今巴蜀好文雅，文翁之化也。”

两宋至元代，安徽境内书院兴起，新安理学家们利用书院潜心研究和讲授朱子学，倡导朱熹“明人伦、为圣贤”的教育理念，重视躬行实践和德行养成的学习原则。元末徽州籍著名理学家郑玉坚持“学道行道，救世救民”的教育宗旨，还第一次提出了耕读结合、劳心与劳力并重的主张。

明中叶至清中叶的300多年间，由于徽商投入巨资振兴桑梓文化教育事业以及官绅士子对教育的重视，安徽境内形成了“十里之村，不废诵读”“书院林立，社学遍地”的局面，道光《徽州府志》载，明、清两朝，徽州录取进士达1070人，其中休宁县号称“中国第一状元县”。

鸦片战争后，中国传统教育也开始了近代化转型的过程。安徽寿州（今寿县）人孙家鼐，咸丰九年（1859）状元，光绪帝师之一，他主张“开民智、重科学、办实业、兴学堂”。他担任管理书局大臣时，采购外国图书、仪器设备，培养了一批人才。光绪帝委派孙家鼐为首任管学大臣，命他从扩充官书局开始，筹办新式大学堂。孙家鼐在上奏光绪的《议复开办京师大学堂折》中，提出不能走老路，应以“中学为体，西学为用”，比张之洞1899年3月在《劝学篇》中提出这一思想早了近两年。孙家鼐为京师大学堂制定的章程和条规，成为他留给后来的京师大学堂的宝贵遗产。

图2-6-12 《徽州府志》，黄山书社出版

与孙家鼐同时代的安徽安庆籍教育家吴汝纶，于1902年提出了废科举的改革建议。他提出，强国必须注重实施国民教育，他认为，首先要普遍设立学校，全国各省、府、县都要分立大、中、小学堂，教育对象要包括男女，要推行义务教育，发展师范教育。吴汝纶还进一步提出了实业教育和留学教育的设想。他的一系列教育思想和教育主张，对推动中国教育的近代化进程有着积极的影响，对安徽近代教育的积极影响尤甚。

光绪二十九年（1903），吴汝纶在家乡安庆创办了安徽第一所中学堂桐城县中学堂。同期，李鸿章之子李经方改庐阳书院而成泸州中学堂（现合肥一中的前身），这所学校先后走出了诺贝尔物理学奖获得者杨振宁，中科

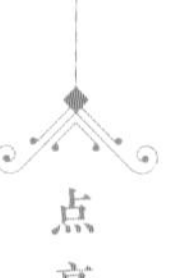

院院士刘庚麟、萧纪美、刘有成、彭一刚，建筑大师戴念兹和心脏病专家何国伟等。晚清从安徽赴海外留学的汪惕予、王星拱、丁绪贤等人，学成归国后，成为中国现当代杰出的医学家、科学家。

概言之，从管子、老子、庄子到魏晋玄学、皖派朴学，从建安文学到桐城文派、新安画派，2700多年的江淮文脉绵延不绝，徽风皖韵流布华夏四方；从桓氏一门五世儒师的“敦厚笃学”到理学家郑玉的“学道行道，救世救民”，从京师大学堂首任“校长”孙家鼐的“中学为体，西学为用”到教育家吴汝纶的国民教育理念，古往今来，崇文重学、书香传家的文化与教育传统贯通涡淮、皖江与新安江流域。

新中国成立后，尤其是改革开放以来，安徽省文化事业发展成效有目共睹，省内出版发行行业充分发掘厚重多元的地域文化资源，持续弘扬崇文重学的悠久文化传统，创新创造，建功立业，硕果累累。

比如，安徽出版集团有限责任公司、安徽新华发行（集团）控股有限公司连续多年入选全国文化企业30强。安徽出版集团有限责任公司承担的国家级重大出版工程、获得的图书国家“三大奖”数量，均居全国各省前列。2022年年初，据国家新闻出版署公布，安徽省14家出版单位共46个项目入选“十四五”国家重点出版物出版规划，项目数量居全国第七，较“十三五”同期增长28%，并首次实现安徽全省出版社规划项目入选全覆盖。

比如，1987年黄山书市创办，30多年来，黄山书市已经发展成为具有全国影响力的中国黄山书会，中国出版协会理事长邬书林将其概括为全国出版发行行业“交流新思想、分享新经验、展示新成果、研究新趋势的盛会”。在广大读者眼里，黄山书会分明又是一场全民阅读的嘉年华、一场文化精品盛宴，走进2022年中国黄山书会主会场1.8万平方米的知识海洋，除了图书，还有作家们关于阅读与写作的精彩分享，还有古籍修复、非遗技艺、书画鉴赏、文创精品、数码产品，还有安徽“文房四宝”——宣笔、徽墨、宣纸、歙砚的展览展示。

从推动全民阅读战略的角度看，中国黄山书会连续17届的成功举办，彰显了书香安徽建设30多年来的脚踏实地、步履坚定、持续向前。中宣部印刷发行局副局长、一级巡视员董伊薇说："举办中国黄山书会，是安徽出版发行战线促进文化强省建设的重要举措。"

国庆节前夕，安徽广播电视台一档全媒体（电视）栏目《阅读第一线》与观众见面，收视对象为大中小学生及其家长，内容包括"亲子阅读、书香校园、农家书屋、走读江淮、每周一书"等子板块，通过安徽卫视ATV客户端、"学习强国"安徽学习平台、抖音及影视频道新媒体矩阵等官方平台同步推送，实现大小屏同步播出。栏目将紧密联系当下生活，跳出读书看读书，将"书卷气"和"烟火气"相结合，让观众感受到思想文化的力量与生活艺术的美感。

2022年4月25日，在"书香安徽 皖美阅读"全民阅读系列活动暨安徽省校园读书创作活动启动式上，安徽省委常委、宣传部部长郭强强调：要认真学习贯彻习近平总书记致首届全民阅读大会贺信精神，传承弘扬安徽崇文重学、书香传家的优良传统，大力营造爱读书、读好书、善读书的浓厚氛围，为加快建设现代化美好安徽注入强大精神力量和知识力量；2022年8月26日，安徽省委常委、合肥市委书记虞爱华在第十七届中国黄山书会开幕式上致辞："科里科气"的合肥，正在全力塑造"文里文气"的城市韵味，努力把历史上兵家的"必争之地"变成商家的"必争之地"，也变成人人向往的"书香之地"。

步入"十四五"时期，在出版强省、文化强省建设加速推进的快车道上，全民阅读接续书香传统，科技创造赋能文化创新，书香四溢的徽风皖韵正焕发出新时代的无穷魅力与无限光彩。

（原载《中国新闻出版广电报》2022年10月14日，原文有删减）

第七篇
阅读新媒体号经验分享

一、北京阅读季：让首都北京书香四溢、润泽八方

书、城、人，美妙的互动改变着个人的命运，也塑造着城市的现在和未来。奋斗在北京的人们，因阅读而与这座城市更亲密。有什么样的城市阅读，就会收获什么样的城市文化形态。阅读让城市更有力量、更有光芒；让城市更加温暖、更加宜居。从“爱读书”到“读好书”，再到“善读书”，“书香中国·北京阅读季”历经12年的精心培育、共同浇灌，从破土新生到茁壮成长，用阅读提升着精气神，用阅读滋养着北京城，用阅读温暖着你我他，让首都北京书香四溢、润泽八方！

“北京阅读季”微信公众号，注册于2015年3月。目前拥有活跃粉丝20余万。公众号自运营以来，平台内容主要发布北京阅读季品牌活动，成员单位、16+1区、各合作机构等相关全民阅读新闻、通知、精彩活动回顾及全民阅读相关政策等。

“北京阅读季”微信公众号自运营以来，突出如下几个特色及亮点。

一是结合热点主题，发布重要通知。“北京阅读季”微信公众号为重要的内容传播平台，以图文、音频、视频等多元形式发布，传递全民阅读最新资讯。

二是全面展示北京全民阅读面貌。“北京阅读季”微信公众号着眼于北京全民阅读工作开展情况，致力于展现丰富、立体的全民阅读面貌。公众号

平台推荐北京市阅读推广的优秀做法、各区的优秀案例，同时推送全民阅读热点话题内容，开阔全民阅读工作者以及读者的眼界。内容包括青少年阅读、银发阅读、数字阅读、版权保护等多个领域。此外，阅读季推送“北京市精选阅读空间”，吸引读者关注北京实体书店，号召读者走到线下阅读空间，提升阅读体验，营造满城书香的阅读氛围。

三是搭建信息资讯平台，整合编辑相关内容。“北京阅读季”微信公众号自运营以来，充分整理各区、各成员单位、各合作机构的阅读活动及预告资讯，旨在全面反映北京全民阅读工作开展的丰富性、多样性。从区级活动、图书馆，再到实体书店，以活动预告及活动摘要汇总各单位开展工作的成果，对阅读活动进行集中推广宣传，进一步发挥“北京阅读季”微信公众号的传播效能，打造首都阅读信息服务平台。

二、书香上海：立足上海出版优势　服务市民阅读生活

上海市新闻出版局政务新媒体“书香上海”设立于2012年2月23日，迄今已满十年。设立初期仅在新浪、腾讯、东方、新民四大平台开通帐号，后又陆续开通运行了微信、抖音、B站账号，并入驻今日头条、一点资讯、上观新闻等多个平台和渠道，所发布的内容包含文字、图片、音频、视频、H5互动页面等多种形式。“书香上海”始终坚持倡导阅读、服务书业的功能定位，打造特色阅读品牌，营造城市阅读氛围，赢得了广大出版人、读书人和普通市民的喜爱和认可，连续六届获评“大众喜爱的阅读新媒体号”称号，获得“上海市文明单位”“上海地区十大最具影响力政务微博”“上海市政务新媒体优秀奖”“上海市优秀网站”等多项荣誉。

“书香上海”围绕服务书业、倡导阅读，主要做了以下工作：

（一）常态化推荐优秀出版物，为倡导阅读用心用力

上海是中国近现代出版的发源地，是重要的出版重镇，每年出版图书一万余种。上海市民普遍喜爱阅读，《2021年上海市民阅读状况调查》显示，上海市民纸质阅读率为92.63%，数字阅读率为91.90%。在具备日常阅读习惯的市民群体中，76.54%的受访者认为阅读能提高自己的幸福感。在上海这座城市开展全民阅读，具有独特的资源优势和受众优势。也正因如此，"书香上海"始终将向读者推荐优秀图书作为一项重要任务，倾力打造好书新书、好书书评、好书书摘、活动预告等10余个重点栏目，策划推出国庆节"带一本书去旅行"、春节"一地一书味"等线上活动，常年不间断地向市民推荐读物。近三年来，"书香上海"年均推荐沪版优质图书1700余种，吸引了市民读者的广泛关注。2020年初新冠肺炎疫情来势汹汹，上海有关单位纷纷组织出版疫情防控类出版物，利用新媒体平台将电子版疫情防控类出版物免费向社会发布。其中，《张文宏教授支招防控新型冠状病毒》通过"书香上海"、"上海发布"等平台发布后，一周内点击下载量全网累计突破159.8万，引发良好社会反响。

2021年是中国共产党成立100周年，为服务好党史学习教育，"书香上海"向社会累计推荐党史主题图书1120种（次），推荐主题读书会和学习教育活动近180场。这些图书包括《细节的力量：新中国的伟大实践》《伟大的开端》《石库门里的红色秘密：党的诞生地·上海革命遗址系列故事》《火种：寻找中国复兴之路》《文献中的百年党史》《光荣之城：上海红色纪念地100》《伟大纪念日》《光明的摇篮》《奋斗荣光》《中国共产党历史图志》《中国共产党创立之路》《地图中的百年上海》《日出东方：近代上海与中国共产党的创建》《邮票中的百年党史》等，活动有"'思南·初心书房'系列活动""光荣之城——上海红色纪念地巡礼展览""日

出东方：庆祝中国共产党成立100周年艺术展”“书映百年伟业，理想照耀初心——玫瑰书香·上海女编辑领读活动”“童音献党·致敬百年音乐会”等。这些图书和活动多角度、多层次展现中国共产党一百年来走过的艰辛历程、取得的辉煌成就，精彩阐释中国共产党为什么能、马克思主义为什么行、中国特色社会主义为什么好的道理，为党史学习教育期间的市民阅读提供了高质量内容支撑。

（二）持续贡献阅读的力量，为抗击疫情加油助力

2020年2月，为助力打赢新冠肺炎疫情阻击战，上海市委宣传部（上海市新闻出版局）策划推出“上海书展·阅读的力量”2020特别网聚活动，协调本市出版单位、发行单位、网络平台等业界资源，集中推出一大批内容丰富、形式新颖的线上阅读活动。“书香上海”作为该系列活动的主要发布平台之一，全程致力于在新媒体领域输出充沛丰盈的“阅读的力量”，助力疫情防控。组织上海38家出版单位积极推出600余场线上阅读推广活动，特别是每晚8点举行的“悦读时刻”重磅活动，先后邀请张文宏、田艺苗、孙甘露、封莉容、严世芸、陈丹燕、庞维国、谢斌、何建明、陈美龄、林少华、方笑一等40余位专家学者和知名人士，围绕健康、人文艺术、亲子、科学、教育、旅游、乐游书店等主题开展线上讲座，一个多月时间累计吸引超过6600万人次点击观看。

2022年3月以来，上海市新冠肺炎疫情防控形势骤然紧张，为更好地服务上海市民居家抗疫期间阅读和学习需求，“书香上海”再次动员上海各出版单位充分运用“上海书展·阅读的力量”2020年特别网聚活动期间积累的经验，梳理各单位优势资源，免费开放大批线上电子图书。上海教育出版社上线沪教全国版英语、化学小程序用于支持师生线上学习，并在“沪学习”App移动平台开展“春日暖暖　阅见自然”阅读挑战赛，引导学生开展线上阅读；上海交通大学出版社开放自有平台“慕知悦读”App部分线上学习和图书资源，含80余种该社教材教辅和教学配套内容，以及10余种电子书和音频；华东理工大学出版社“青橙英语”平台向广大读者免费开放该社外语、社科、基础教育等方面优质电子资源，读者可限时畅读电子书、学习资料包、线上课程、讲座等资源；上海译文出版社“译文有声”平台发布40种经典好书限时免费阅听；复旦大学出版社“复旦i学”电子书板块提供50余种精品电子书供师生免费阅读。

为让市民读者更好地感受“阅读的力量”，“书香上海”倡议和组织引导各单位充分发动社会资源，运用多种形式和平台，开展阅读服务。华东师范大学出版社联合该校中文系、历史系、思勉人文高等研究院等9个院系，联合发起“读书散疫，爱在华师大”线上读书会活动，每天由不同院系老师带领读者阅读一本好书，联合多个专业团体推出抗“疫”助学系列音乐网络公益课堂，为居家老师和音乐爱好者提供音乐视听赏析。上海教育出版社围绕张文宏医生主编的《病菌简史》一书，推出系列科普短视频，短视频由国家传染病医学中心（上海）、复旦大学附属华山医院感染科监制，介绍新冠、结核、流感等常见传染病的病原特征、主要症状、传播途径及防控知识，引发社会广泛关注。上海世界出版集团旗下世纪朵云、华东理工大学出版社、少年儿童出版社抖音账号以居家直播的形式持续开展好书交流、知识分享，助力市民居家抗疫。上海市社联与世纪出版集团、文汇报社联合策划“阅读的力量·一直在一起”主题活动，邀请上海的学者、作家为读者做1+N的推荐：推荐一本优秀图书，再组合推荐一首乐曲、一部电影，甚至一篇好文章，分享阅读观赏经验，有关内容通过“书香上海”等平台发布，引发社会广泛反响。

（三）扩大上海出版品牌影响，为行业发展倾尽全力

在倡导全民阅读、服务书业的过程中，“书香上海”工作团队深刻地认识到，只有依托上海出版丰厚的资源和独特的品质，用心用情地为出版行业

提供服务，全力为沪版优秀出版物、优秀出版人才提供展示的平台，全力满足上海市民对于阅读的需求，“书香上海”才有存在的价值和意义。

近年来，上海入选“十三五”“十四五”国家重点出版物出版规划项目数量、国家古籍整理出版规划项目数量、中宣部主题出版重点出版物选题数量在地方各省市处于领先水平，多部沪版图书获评“五个一工程”、中国出版政府奖、中国好书（年度和月度榜）等重要奖项。对于上海入选的这些重要规划、计划和获得的奖项荣誉，“书香上海”均于第一时间向市民读者发布，相应图书内容还与“学习强国”“上海发布”“上观新闻”“文汇报”“澎湃网”“新民周到”App等平台联动争取转载。“书香上海”联合上海市出版协会，积极刊发在青年编辑论文征集活动中涌现出的高质量论文，与上海市编辑学会合作，连续策划推出多届编辑短视频荐书大赛，借助短视频这一传播形态，利用抖音等平台将沪版好书和相应编辑推向更多的受众，全力扩大沪版图书的品牌影响力。

“书香上海”紧紧围绕上海出版重点工作，全力为编辑服务、为行业发声。2022年，为落实好党中央、上海市委关于人才工作的部署要求，促进上海编辑职业能力素养水平提升，上海市委宣传部（市新闻出版局）策划推出“辑客出发”编辑沙龙系列活动。该系列活动将通过组织上海优秀编辑开展同业间的深度交流和学习互鉴，进一步激发编辑从业人员推进上海出版高质量发展的责任感、进取心和荣誉感，帮助上海编辑进一步提高政治敏感度和导向把关能力，提高专业敏锐度和选题策划执行能力，提升上海编辑和出版社的品牌影响力。该系列活动计划每月举办1次，全年举办12期。每期将有一位出版从业者做客于此，说出TA的故事。“书香上海”作为该系列活动的主要组织者和发布平台，将全程负责活动的具体实施和信息发布工作，助力上海编辑提升品牌影响力。

展望未来，“书香上海”还将继续以“倡导阅读、服务书业”为职责和使命，加强内容建设，在推广沪版优秀图书、提升上海出版品牌影响、探索出版数字化转型和融合发展水平上继续发力，力争为“书香中国”系列品牌建设贡献更大力量。

（原载“全民阅读媒体联盟”微信公众号2022年11月18日；
供稿：上海市委宣传部市新闻出版局）

（扫码查看此报道）

三、书香江苏：加强主题宣传引导　服务书香江苏建设

“书香江苏”微信公众号创办于2014年4月，由江苏省新闻出版局、江苏省全民阅读办公室主办。多年来，“书香江苏”深入学习贯彻习近平总书记关于推进全民阅读、建设书香社会的重要论述及重要指示精神，认真落实中宣部关于促进全民阅读的部署要求，牢牢把握正确导向，坚持以服务读者为中心，加强内容建设，创新传播手段，全力服务书香江苏建设，影响力不断扩大，连续入选“大众喜爱的阅读新媒体号”。2021年我们主要做了以下几方面工作。

（一）加强主题宣传引导

围绕庆祝中国共产党百年华诞，结合“四史”学习教育，在第十七届江苏读书节“百种红色经典”荐读书单发布后，立即推出“阅读红色经典，传承红色基因”百种红色经典图书音频专栏，与学习强国、喜马拉雅、凤凰书苑等平台共同发力，依托基层部门上下合力，不断推动红色经典有声阅读深入城乡各地。据统计，有1055万人次参与收听，已形成红色经典“码上听”的品牌效应。加强精品图书宣传，先后开展“12本好书”“苏版好书”“新华书房”等优秀出版物导读、荐读。将弘扬中华优秀文化与江苏地域特色相结合，以“大运河文化”“世界文学之都”等省内优秀文化品牌为重点，加强富有江苏人文特色的苏籍作家、作品等宣传报道，一本《江苏大运河文化名片》，串联起江苏的运河故事，追踪“文学之都　跨年直播”，邀读者共度书香年。推出的“大家谈阅读”专栏，聚集朱永新、陈平原、曹文轩、朱光潜等一批文化大家的阅读感悟与体会，引人共鸣，发人深省，受到读者朋友的热烈欢迎。

（二）做好阅读活动推广

随着全民阅读工作的深入开展，全省各地的全民阅读活动丰富多彩、各具特色。我们推出“书香微讯”系列活动，加强基层先进典型宣传，介绍各地工作经验，交流活动开展情况，微讯一经推出就得到各地的普遍关注。“4月全民阅读大事集锦”集中报道省全民阅读活动领导小组（扩大）会议、全省居民阅读状况调查结果、江苏读书节启动、书香城市建设示范市名单和省级公益阅读推广活动认证名单等全民阅读大事要事。追踪报道“全民阅读春风行动”、4·23全民阅读日、江苏农民读书节、“9·28”经典诵读等全民阅读重点活动，邀请名家、优秀阅读志愿者参与到阅读活动中来，通过讲座、论坛、读书分享等活动，为读者搭建对话交流的平台。第十一届江苏书展期间推出书展专栏，聚焦重大活动主题，通过文字、图片、视频、直播等方式，对主、分展场活动进行宣传报道，形成浓厚的书展宣传氛围。疫

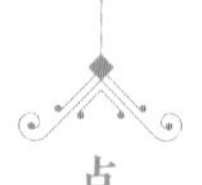

情期间，居家抗疫成了许多人的生活方式，“书香江苏”精品听书积极搭建线上阅读平台，提供精品阅读内容，进行线上公益阅读推广，同时对各地加强疫情防控宣传，推进优质资源分享，积极参与疫情联防联控，开展线上阅读服务，突出疫情无情人有情，精神食粮不断档。

（三）加强与读者互动

围绕庆祝中国共产党成立100周年，2021年7月1日，“书香江苏”微信公众号推出“忆峥嵘岁月，寻革命初心，七一寄语活动”；国庆期间举办“国庆七天乐，读书更快乐”燃情告白向祖国，互动留言享赠书活动，得到读者们的积极响应。在这特别的日子里，我们与读者共同祝福伟大的祖国繁荣昌盛，再创辉煌。书展期间，举办“我为江苏书展点赞”赠书活动，与读者再续一年一度的书香之约。

（四）提升服务读者效能

注重大众阅读体验，“书香江苏”微信公众号设置“书香新闻”“书香地图”“听书看书”三个栏目，通过链接书香江苏在线网站、直通南京图书馆、免费听书看书等，全力打造我省全民阅读信息交流平台，为网友们提供更多更好的全民阅读服务。其中“书香地图”App，实现以地图定位阅读机构，同步展示阅读机构近期活动资讯，受到各单位、各阅读组织及广大网民的大力推荐，为全民阅读活动推广提供新路径。工作中，我们注重加强与省内各级全民阅读机构、媒体、出版发行单位、公共图书馆、共享阅读空间、社会阅读组织等单位沟通交流，推出年度书单，向读者推荐江苏省内图书出版单位年度好书，引导和服务广大群众参与全民阅读活动，让爱读书、读好书、善读书在江苏蔚然成风。

中国新闻出版传媒集团有限公司、中国全民阅读媒体联盟、全民阅读与融媒体智库连续举办“大众喜爱的阅读新媒体号”推荐活动，搭建了阅读新媒体交流学习的良好平台。“书香江苏”微信公众号将积极学习借鉴兄弟阅读新媒体号的先进经验，进一步加强内容建设、扩大品牌影响，在引导读者深度阅读、加强优质内容推介、新闻信息与政务服务紧密结合等方面进行深入探索，推动“书香江苏”建设再上新台阶。

（原载“全民阅读媒体联盟”微信公众号2022年5月26日；供稿：江苏省全民阅读办公室）

（扫码查看此报道）

四、书香天府全民阅读：怀揣文化强国梦　指尖传“阅”书香

浩瀚书海，世事万千，于阅读中我们鉴往知来，思接千载，视通万里。当从“一卷在手”到“一屏万卷”的跨越照进现实，阅读被赋予了更多的可能。

党的十八大以来，“书香天府全民阅读”微信公众号深入学习贯彻习近平总书记关于推进全民阅读、建设书香社会的重要论述重要指示精神，认真贯彻落实《促进全民阅读加快书香天府建设工作方案》，以满足人民精神文化生活新期待为出发点和落脚点，致力于传播精品阅读内容、弘扬中华优秀文化、推荐创新阅读方式、推广阅读方法知识，讲述人民奋斗、时代奋进的铿锵足音。

（一）锚定文化强省建设目标　大力弘扬阅读风尚

从首届全民阅读大会到郊外麦田里的读书会，从图书馆新馆亮相到出版社新书发布，从城市阅读地图和智慧阅读空间到大山深处的书声琅琅……

“书香天府全民阅读”微信公众号着力搭建起全民阅读政策解读、数据发布、经验交流、阅读分享的权威平台，始终在第一时间，通过图文消息、通讯、评论、微视频、Plog、Vlog、图解、直播等种形式，在公众号、抖音、微视、快手、头条号等多平台发布讯息，让书香透过指尖传遍巴蜀大地的每一个角落。

“书香天府全民阅读”微信公众号以鲜活的故事抓住读者——我们大篇幅报道过德阳市旌阳区高槐书院的主人舒銮兵在过去的20多年间，跑遍全国各地收藏20余万册书籍、自费修建书院，免费对外开放的故事；也生动讲述过攀枝花米易县失去双臂的“90后”彭超，与书为伴，闲来读诗，用双脚书写灿烂人生的感人事迹；更全面展示四川省作家协会副主席、作家达真前后历时近两年时间，深入甘孜18个县，进行大量的采访调研，全方位地将扶贫干部和康巴儿女的脱贫历程与生活现状一一呈现的故事……

图2-7-1 舒銮兵自费修建的高槐书院

“书香天府全民阅读”微信公众号将一个个鲜活的人物、一段段精彩的故事呈现，让书香化为广大读者内心更深沉的力量。

深耕优质内容，洞察阅读习惯，公众号以大众喜闻乐见、通俗易懂的形式，对各地形式多样、覆盖面广的“小特精”阅读活动进行多元化、多角度的精细化传播，并在每周推出一篇各地活动预告或动态。持续报道各地全民阅读进社区、进校园、进企业、进军营等“七进”工作的亮点和成效。

针对“4·23书香天府全民阅读”读书月系列活动、四川省乡村阅读季暨农民读书月、天府书展、经典诵读活动、青少年爱国主义读书教育读书活动等，策划推出页面专题，进行集中宣传报道，不断宣传“书香天府·全民阅读”品牌，引导广大群众在阅读中得到思想启发，树立崇高理想，涵养浩然之气。

（二）高举新时代伟大思想旗帜　强化意识培根铸魂

“致敬建党百年·逐梦书香天府”，2021天府书展现场游人如织。面积280平方米的建党100周年主题展区成为人们参观“打卡”的首选。在一大批精品主题出版物中，91岁的老党员刘曰荣拿起了一本《勋章：党和人民不会忘记》认真翻阅，这是“书香天府全民阅读”微信公众号定格下的精彩瞬间。

上下五千年，纵横九万里。泱泱华夏文脉绵延不绝，瑰宝书中隐藏；百年奋斗生生不息，“四史”中诉说辉煌。透过书卷的斑驳，穿越历史的烟云，公众号赓续中华优秀文化，激发逐梦前行伟力。

在四川省全民阅读活动指导委员会办公室的指导下，“书香天府全民阅读”微信公众号开展“品读红色经典·砥砺奋进征程”系列阅读活动，通过搭建“红色经典”学习微平台，发布主题系列海报，开通“读经典”网上答题通道，吸引超过170万人次参与答题；举办“百年记忆　砥砺奋进”线上摄影作品展，共计收到来自各市州的440位作者投稿的1110余份参赛作品；

图2-7-2　91岁的老党员刘曰荣在2021天府书展现场

声音里“四史”有声诵读活动，共收到1000余份诵读作品；筛选各地报送的“学四史　读经典”阅读分享会的图文、视频，精心编辑，在微信公众号开设话题合集推送。一次次重温经典，诵读血与火的光辉历程，一次次穿越时光对话先贤，唤醒深厚的文化基因。

通过公众号推广和组织的全民阅读活动与其他群众性精神文化活动有机结合，更是激发出澎湃动力。

举办留言点赞赠书等互动活动、“我心目中的书香城市”评选活动、农民读书征文评选活动、“农民喜爱的百种图书”投票活动，邀请阿来、袁庭栋等名人名家，“中国好书”“四川好书”编辑、作者、金牌阅读推广人，“书香家庭”“书香社区”“书香城市”“书香校园”代表等开展线上分享活动，为读者搭建对话交流的平台，让全民阅读热闹起来。

一本书或三本杂志兑换一盆多肉植物或时令花卉，三本书或五本杂志兑换一盆绿萝或常春藤……闲置书籍换绿植的活动，以书香换花香，春意暖人心。在熊猫邮局参与“书香天府全民阅读”微信公众号互动活动，即可领取精美明信片和创意文创产品，憨态可掬的熊猫让阅读更有趣味。不断创新的活动形式让全民阅读日益融入人们日常生产生活、滋养心灵。

（三）联动多方资源汇聚力量深入推进全民阅读

只有做到心往一处想、劲往一处使，才能完成好全民阅读“四川答卷”。“书香天府全民阅读”微信公众号积极与读者、出版社、图书馆等多方资源形成合力，以技术赋能内容，以数字提升传播，推动内容、渠道、技术、平台全面创新发展。

“老人也需要被爱”“祝全天下的老人们老有所养，老有所乐”“人老了就越来越像小孩子，需要很多很多耐心，陪着她们接触新鲜的事物尝遍新鲜的美食，心态年轻了精神气就硬朗了”。这些话语均出自《这个百岁奶奶说：“有些事，吃一顿解决不了的，那就吃两顿解决。”》一文的精选留言。及时回复，后台精选。微信公众号着眼最大限度调动各地群众参与全民阅读的热情，及时解答用户问题，分析用户的喜好及阅读数据情况并及时调整内容。不断优化公众号的排版，在文章中合理运用超链接、文末阅读原文等功能方便读者阅读相关内容。同时，根据活动宣传不断调整菜单栏，设置关键词回复，提升阅读便捷度。用户阅读体验的进一步提升，无论居庙堂之高，还是处江湖之远，“闲来即读书”的氛围日益浓厚。

以读者为本位，全方位多角度呈现各出版单位的精品力作，更好地满足读者的高品质阅读需求。大力宣传报道四川历史名人文化传承创新工程、古蜀文明保护传承工程、古籍研究保护利用出版工程等，推出“作家谈”“编辑部的故事”等专栏，分享创作心得、阅读感悟与体会，受到读者朋友的欢迎。

联动各级图书馆、书店，提升服务读者效能。整合网上阅读资源、图书馆在线服务信息、书香活动资讯，完善全民阅读推广服务渠道，增强平台影

响力、号召力。

协同新华网、《四川日报》、《四川新闻网》、《精神文明报》等省级以上媒体及各市（州）媒体共同营造浓郁书香氛围。积极向学习强国、中国全民阅读网、中国文明网等中央级媒体平台推送四川相关阅读工作信息，对外宣传四川全民阅读工作亮点，收到的良好成效。

唯有书香最醉人，阅读书海润生命。“书香天府全民阅读”微信公众号将继续发挥新媒体平台作用，引导人民群众提升阅读兴趣、养成阅读习惯、提高阅读能力，引领更多读者徜徉浩瀚的书海，与知识为伴，不断增强全省人民思想道德素质和科学文化素质，凝聚全省人民奋进新征程、建功新时代的强大精神力量。

（原载“全民阅读媒体联盟”微信公众号2022年7月7日；
供稿：四川省全民阅读活动指导委员会办公室）

（扫码查看此报道）

五、书香天津：凝聚爱书人的线上舞台

如果要知道天津的爱书人有什么共同点？那就看一看他们的微信有没有关注“书香天津”公众号。自2015年创建以来，“书香天津”微信公众号不断拓展多种阅读渠道，不断升级完善各类服务功能，逐渐成为了天津广大爱书人获取阅读活动信息、展示阅读成果的平台，交流读书感悟的“阳台”，

获取各类电子图书的“站台”。通过持续为城乡居民提供健康向上、丰富多彩的数字阅读服务，“书香天津”微信公众号已经成为一个散发着浓郁书香气息的舞台，引领这个城市形成健康、阳光、积极向上的新媒体阅读风尚。

（一）广大市民喜闻乐见的阅读活动聚集地

无论是周末还是假期，天津人想在业余时间听一场讲座，参加一次阅读活动，那一定要打开“书香天津”微信公众号。名家读书讲座、经典诵读、读书征文、知识竞赛、读书演讲、送书下基层、送书进社区等阅读推广活动信息一应俱全，覆盖全市16个区。有人一看到家门口的活动，就马上报名了；有人可能是哪一位专家学者的“铁粉”，不会错过他的每一场讲座；还有人第一次参与，从此以后场场不落，为一大家子人报名的更是大有人在。“书香天津”微信公众号上发布的阅读推广活动形式多样，大家在这里总能找到自己感兴趣的活动。

打开“书香天津”微信公众号，“云课堂”的回访和现场花絮，让网友足不出户就能和行业大咖在“云端”相遇。每逢全市“最美书店”“示范书屋书吧”“读书人物”“优秀阅读推广项目”和“优秀阅读推广人”的评选投票，市民们会在这里投出自己宝贵的一票，通过实际行动支持这些评选。在平台的子栏目下，还可以找到更多主题活动，通过网络平台的引导，激发天津市广大读者的阅读热情，以“润物细无声”的方式科普各类文化知识，满足广大读者多样化、多层次、多方面的文化需求，提供终身学习的线上课堂。

结合疫情防控常态化的工作要求，天津不断创新书屋书吧阅读活动模式，针对不同读者人群阅读需求，邀请聂震宁、楼夷、薄世宁、张静、王振良、王小柔、邴志刚、刘景泰、史佳林、华绍莹、陈秀茹等知名专家学者，围绕科普、文学、艺术、农业农技、家庭亲子、健康养生等领域，走进农家书屋、城市书吧、图书馆、阅读新空间、实体书店等；通过“书香天津”微信公众号将“云课堂”带到百姓身边，举办了“阅读力决定学习力”“花外春来路，芳草不曾遮——中华诗教的当代承传”“让阅读变成‘悦’读”“‘双碳’目标离我们很近”“方寸藏书票 传递书墨香”“给学生的学习方法课”等主题的活动。采取线上线下相结合的形式，开展多领域的全民阅读系列讲座，进一步丰富书屋书吧阅读活动资源，带动全市书屋书吧灵活运用数字化阅读、线上活动等形式。累计举办21场“书香天津·云课堂”线上直播讲座分享活动，累计收听收看人次超过200万。

从2019年开始，天津市全民阅读活动办公室联合中国知网天津分公司，共同策划并开展了多场种类多样、主题鲜明的阅读活动，有效丰富天津市广大读者的精神文化生活，在全天津市营造出浓厚的书香氛围。历年活动包括首届 “天津最美书店”评选活动、2020年书香天津读书月线上系列活动、2021年书香天津“品传统经典 过文化大年”线上系列活动、2021年书香天津“优秀读书人物”“新时代阅读推广人”“优秀阅读品牌”推荐评选活动、“书香天津，瑞虎迎春”2022年春节传统文化主题线上系列活动及 2022年“迎盛会·读经典·向未来”线上主题系列活动。

“书香天津”微信公众号作为天津市全民阅读活动的官方宣传平台，引领了历年活动的宣传和推广工作，受到天津市广大读者的广泛关注和喜爱，活动微信宣传推文篇均点击量达1000+。

（二）海量免费电子资源的“充电站”

越来越多的人，想看什么书了，来“书香天津”微信公众号上搜一搜，想听读书讲座了，打开“书香天津”就可大饱耳福，点开“书香天津”，一定“不虚此行”。

“书香天津”微信公众号上的免费阅读专区，提供包括电子阅读、线上听书等功能，读者可以享受海量免费阅读资源，很多书迷朋友发现，免费阅读专区专栏还会根据读者需求定期进行补充更新。

天津市全民阅读活动办公室联合中文在线、龙源、超星、掌阅数字资源，依托“书香天津”微信公众号推出免费阅读活动，向全市读者提供更为便捷的免费移动阅读服务，在疫情防控期间陪伴大家线上打卡读书。

免费阅读内容包括10万种精品电子书、3万集听书、数百种数字期刊、上百集视频资源……免费开放的图书资源丰富，听书种类繁多，其中包括习近平新时代中国特色社会主义思想相关重点电子图书200种左右，茅盾文学奖及各类获奖作品、名家名作、畅销图书、心理健康图书等3000多种。另外涵盖了文学艺术、少儿读物、自然科学、小说传记等多种图书和有声书，更有科技科普、管理财经、健康生活、经济法律等数百种热门期刊，这些免费线上阅读资源，为满足大家精神文化生活提供了充足的保障。

2019年至今，“书香天津”微信公众号陆续上线中国知网的多种数据资源学习平台，其中包括中华优秀传统文化百科知识库、CNKI生活百科知识库、中国图书全文数据库、中国党建知识资源总库及CNKI群艺学堂，年均点击量高达近4万次，营造了爱读书、读好书、善读书的浓厚氛围，助力书香天津建设。

疫情防控期间，“书香天津”微信公众号开设“疫情防控”宣传专栏，编辑制作发布预防新冠肺炎相关知识、个人防护、居家防护、学生返校、日常工作、出现症状等疫情防控宣传信息近百条。设立“战疫书柜”，集合了全国20家优秀出版单位近30种防疫电子图书、4种少儿科普绘本，以及有声知识内容等，从成人防护、心理健康、儿童科普等多种角度帮助大家充分了解病毒的传播规律。

2021年“书香天津”微信公众号通过线上线下相结合的方式，开展津版精品图书荐读活动，向广大读者集中推荐六期共127种天津市近年来获得过国家“三大奖”的主题出版图书，以及津版精品图书，同时深入高校进行宣传展示，大力推动津版图书阅读宣传，不断扩大津版图书的影响力。

近年来，天津坚持以人民为中心，紧紧围绕文化建设高质量发展，以社会主义核心价值观为引领，以满足人民美好精神文化需求为出发点和落脚点。“书香天津”微信公众号将继续整合资源，开展各种阅读推广及评选活动，加大宣传力度，扩大影响，进一步发挥其在全民阅读中的重要作用。

（原载“全民阅读媒体联盟”微信公众号2022年7月27日；供稿：天津市全民阅读活动办公室）

（扫码查看此报道）

六、书香中山：阅读让城市发光

“书香中山”是中山市深入推进全民阅读、建设书香城市的微信公众平台。自2020年成立以来，在中共中山市委宣传部（市新闻出版局）的领导下，“书香中山”秉持全民阅读理念，不断完善阅读信息发布、阅读工作交流、阅读资源聚合、阅读内容报送、阅读互动参与、阅读活动管理等功能，每周定期向读者发布全民阅读相关资讯，打造“爱阅读”阅读活动品牌，联动多方资源，线上线下结合，为群众提供数字资源阅读服务，全面推动数字资源共建共享。经过两年多的精心打造，“书香中山”已成为最受市民喜爱的阅读服务平台之一。2022年“书香中山”成为地级市中唯一入选第六届“大众喜爱的阅读新媒体号”的政府与行业协会类微信公众号，“书香中山真人图书馆”栏目获2020年度中山十大优秀新媒体创新案例，“书香中山”全民阅读公益宣传片获2020年度中山十佳正能量短视频评选。

（一）聚力以优质内容引导阅读，不断推出精品力作

一是注重特色栏目建设。从不同视角挖掘中山本土文化资源，记录中山当下书香故事，致力于以优质内容引导阅读方向，以响亮品牌引领阅读热潮。“书香中山”阅读服务平台项目的内容输出、版面设计、主题栏目等逐步形成了自身的品牌特色，并实现每周定时定量发布全民阅读相关资讯。“书香中山”微信公众号在创设若干特色栏目的基础上，对推文内容进行调整优化，包括专访阅读推广人或阅读相关名人名家的系列人物报道《真人图书馆》、探寻昔日中山书院在当下的书香故事的《今日书院》、以探访特色图书馆和书店等阅读空间为主的《读城记》、结合时事热点向读者抛出与阅读相关话题的《话题互动》等。

二是发挥融媒体宣传作用。通过各类媒体的宣传优势，不断推进“书香中山”宣传推广内容创新，开展形式多样的“书香中山”品牌宣传工作，通过电视广播、网络新媒体、户外广告等，线上线下不断报道推广中山全民阅读中的鲜活事例、优秀经验、生动故事。其中，包括中山全民阅读主题公益广告户外投放、联合“中山发布”“中山纪念图书馆”等线上平台推出《城市书香计划》主题海报，全民阅读广播融媒体节目《我是朗读者》、电视新闻系列报道，并联合《城市零距离》栏目开展爱心书屋捐募建设项目等。

（二）聚力以宣传推广构建品牌，不断提升品牌影响力

一是积极构建特色品牌。在提供优质内容的基础上，“书香中山”积极进行品牌认知的建构，完成包括“书香中山”阅读服务平台形象标识版权登记，发布“书香中山”全新品牌Logo；结合时事热点，于春节、清明、世界读书日等节点设计全民阅读主题海报，在中国共产党成立100周年之际，“书香中山”还与中共中山市委党史研究室联合推出“党史词典卡片”主题海报，从中共党史和中共中山党史两个角度出发，以精选党史知识为内容，海报设计为形式的创新学习方式，吸引更多年轻读者主动了解党史知识；开

发设计帆布包、书香春节礼盒等系列文创产品，将浓浓书香融入方寸之间，以实用美观的文创产品展现读书美。2021年由“书香中山”设计制作的文创产品“书香春节礼盒”获广东（中山）第九届文化创意设计大奖赛综合赛印刷品类金奖。

二是引领全市阅读活动。自微信公众号2020年启用以来，由“书香中山”指导、参与、统筹的中山书展、“4·23世界读书日”中山读书月活动、“爱阅读”读书分享会等全市阅读活动超过400场。中山读书月期间联合东区、小榄、坦洲等各镇街开展中山市全民阅读活动，开展南国书香节中山分会场暨中山书展的宣传工作，持续宣传“2021年中山市新时代乡村阅读榜样”领读活动，持续营造浓厚阅读氛围，带动形成新时代乡村阅读新风尚等。2021年12月，中山市委宣传部联合国家统计局中山调查队依托“书香中山”阅读服务平台，面向社会开展全民阅读满意度调查活动。调查显示，总体上看，受访市民对居所附近购书环境、身边现有阅读环境、中山阅读推广氛围、政府投入举办的品牌阅读活动、全民阅读资讯宣传的成效、中山免费数字阅读平台建设等

图2-7-3 “阅读新时代 奋进新征程——第二十届中山读书月系列活动”启动仪式现场

图2-7-4 “书香中山·爱阅读”之“用生命捍卫信仰”《红棉傲骨——杨殷》阅读分享会活动现场

10项全民阅读工作成效的评分均在8分以上，合计得分为83.61分。“书香中山”在越来越多爱读书的中山市民心中占据一席之地。

三是推动大型标志性阅读活动。积极参与负责“4·23世界读书日”中山读书月活动、南国书香节中山分会场暨中山书展、“爱阅读”读书分享会等全市大型标志性阅读活动宣发工作，邀请知名专家学者、全民阅读推广人等深入城市各处阅读空间为不同群体开展丰富多彩的阅读活动。其中，2020年由“书香中山”项目组承接的《中国诗词大会》第六季中山赛区选拔活动圆满完成，中山市是《中国诗词大会》第六季设立在广东省的唯一海选赛区。

（三）聚力以体系建设促进阅读，写好“文化兴城”这篇大文章

一是形成深入基层的全民阅读服务网络。近年来，中山市深入推进全民阅读，完善“书香中山”服务体系建设，率先在全省出台贯穿“十四五”时期的全民阅读规划《中山市促进全民阅读发展的意见（2021—2025）》。以创建第四批国家公共文化服务体系示范区为契机，建设了超过100多个各类自助图书馆，“打造100个‘香山书房’，拓展市民享受公共文化服务的场景”被列入2022年中山市十件民生实事内容之一。通过开展全民阅读“七进”活动，满足人民群众多样化、多层次、差异性的阅读需求，涌现出一大批特色活动品牌、阅读推广人、乡村阅读榜样，以书香涵养城市文明，为城市文化注入新活力。

二是积极开展公益阅读服务。保障残障人士、贫困家庭、老年人等群体的基本阅读需求，鼓励公共文化服务机构和社会力量开展公益阅读服务，逐步改善阅读条件。包括聚焦特殊儿童阅读需求，以“普特儿童融合阅读”为抓手，用爱心为特殊儿童插上翱翔的翅膀，为他们的生活打开一扇触摸社会的窗口；启动“2021年中山市新时代乡村阅读榜样”评选工作，24名新时代乡村阅读榜样先后走进多个美丽乡村，将一场场阅读飨宴送至百姓家门口，带动形成新时代乡村阅读新风尚。

未来，中山市委宣传部将继续用好建好“书香中山”这个平台，在全社会大力营造爱读书、读好书、善读书的良好氛围，聚力建设书香中山，打造学习型社会，建设粤港澳大湾区人文地标城市和高品位文化引领型城市，奋力书写好“文化兴城”这篇大文章。

（原载“全民阅读媒体联盟”微信公众号2022年6月16日；供稿：中共中山市委宣传部出版与版权科）

（扫码查看此报道）

七、人民文学出版社：让新媒体成为助力全民阅读的重要力量

在第六届“大众喜爱的阅读新媒体号”推荐活动中，人民文学出版社有4个新媒体号入选，分别是微信公众号“人民文学出版社”“当代”、喜马拉雅音频号“人文读书声”、抖音视频号“康震”，其中“人民文学出版社”已经连续六年入选，“当代”是第三次入选。主办方告诉我，人民文学出版社是入选账号数量最多的一家单位，让我倍感荣幸，这说明人民文学出版社的新媒体阅读推广工作受到了行业的肯定，受到了广大读者和网友的关注，说明有着71年历史的人民文学出版社始终充满着活力。

人民文学出版社一贯非常重视媒体融合的工作，始终紧跟时代步伐，布局人民文学出版社多平台传播矩阵。在新媒体刚刚兴起时，人民文学出版社将微博、微信等以图文为主的新媒体作为突破口，在平台发展稳定和有一些积累后，又相继入驻了喜马拉雅、抖音、视频号和B站等音频、短视频、中视频平台。近年来，人民文学出版社的自媒体平台建设成效突飞猛进，矩阵总粉丝量超过300万，覆盖平台30余个，打造了多个阅读量“10万+”“100万+”的爆款内容和话题，长期处于行业领先地位，成为人民文学出版社品牌宣传、重点图书推广的重要阵地。

图2-7-5　人民文学出版社社长臧永清

人民文学出版社已经走过了71年的光辉历程，所出版的古今中外各类图书总发行量近13亿册，成为几代中国人的文学记忆。基于此，人民文学出版社在新媒体运营过程中特别注重发挥自身强大的资源优势，坚持以读者为中心创新营销。2021年12月31日，人民文学出版社开风气之先，邀请朱永新、李敬泽、梁晓声、曹文轩、张庆善、李洱等18位名家，成功举办“文学·中国”跨年直播，观看量突破千万次。而今年的世界读书日，人民文学出版社与央视文艺频道强强联手，举办了持续10小时的“开卷品书香——4·23全民阅读大直播”，再次受到社会各界广泛关注。

近几年，人民文学出版社因时而谋、顺势而为，充分运用新兴技术提升传播力，不断进行技术迭代，在新媒体平台开创新的运营模式。直播发端之时，人民文学出版社就打造了一个相对专业的直播间，并推出了独具人民文学出版社风格的文学知识类直播活动，也就是每周四晚的“朝内166文学讲座”，秉持“邀请最好的专家，讲解古今中外最好的作家和作品”这一宗旨，至今已经举办活动70余场，在多个平台实现同步直播，总观看量多达千万余次，成为文学爱好者们翘首企盼的阅读盛宴，受到人民网、新华网、

光明网等多家主流媒体的高度评价。

在不断提升自身新媒体平台影响力的同时，人民文学出版社也尤其注重加强与主流平台和作家的深度合作。作为第一家与字节跳动正式签署战略合作协议的出版社，人民文学出版社已为十余位知名作家开设了抖音号，其中莫言、康震、朱德庸的账号粉丝量均达百万级，话题曝光量均突破1亿次，成功“破圈”。

媒体融合工作的发展产生了巨大的传播能量，近年来，人民文学出版社的社会效益和经济效益均有了新的突破，多次荣获各类国家级奖项。4月23日颁发的“2021年中国好书”，人民文学出版社有四本好书入选，再次成为获奖图书最多的一家出版社。

未来，人民文学出版社还将一如既往继续探索融合出版新机遇，以更加开放的姿态拥抱新变化，让新媒体成为促进人民文学出版社高质量发展、助

荣誉证书

人民文学出版社：

贵账号入选第六届“大众喜爱的阅读新媒体号”微信公众号。

特颁此证，以兹鼓励。

中国新闻出版传媒集团
中国全民阅读媒体联盟
全民阅读与融媒体智库
二〇二二年四月

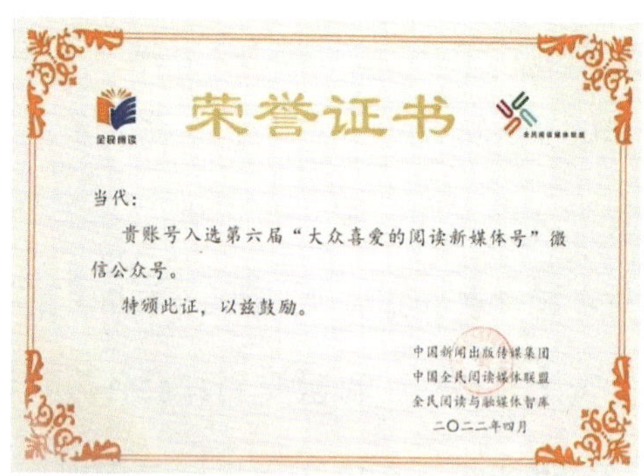

荣誉证书

当代：

贵账号入选第六届“大众喜爱的阅读新媒体号”微信公众号。

特颁此证，以兹鼓励。

中国新闻出版传媒集团
中国全民阅读媒体联盟
全民阅读与融媒体智库
二〇二二年四月

荣誉证书

人文读书声：

贵账号入选第六届“大众喜爱的阅读新媒体号”音频号。

特颁此证，以兹鼓励。

中国新闻出版传媒集团
中国全民阅读媒体联盟
全民阅读与融媒体智库
二〇二二年四月

荣誉证书

康震：

贵账号入选第六届“大众喜爱的阅读新媒体号”视频号。

特颁此证，以兹鼓励。

中国新闻出版传媒集团
中国全民阅读媒体联盟
全民阅读与融媒体智库
二〇二二年四月

图2-7-6　第六届“大众喜爱的阅读新媒体号”部分新媒体号的荣誉证书

力全民阅读的重要力量。

（原载“全民阅读媒体联盟”微信公众号2022年5月16日）

（扫码查看此报道）

八、中华读书报：为广大爱书人打造微信平台上的精神家园

最是一年春好处，书香正浓花正开。今天，我们媒体同仁作为全民阅读的积极推动力量，以号为媒，相聚在这里，领受这份荣誉，同享这份激励。

“大众喜爱的阅读新媒体号”微信公众号既发挥了内容精当、文风严谨的传统优长，又紧扣新型阅读的时代脉动。各家形成了多元一体的新传播格局，异军突起的音频号、视频号作为阅读文化产业链的延伸，为我们提供了新鲜体验和宝贵经验。今天能有机会在这里向大家学习，和大家交流，我深感荣幸。

《中华读书报》是光明日报社与中国出版协会主办的周报。自1994年创刊伊始，即确立了“背靠出版界、面向读书人”，关注中国思想、文化、学术进步的宗旨。1995年年初，作家王蒙便将《中华读书报》的创刊作为上一年度中国文化界令人欣喜的一个事件加以论列。我们的微信公众号上线公告中这样写：《中华读书报》倡导有品质和深度的阅读。这里是学者思想碰撞的平台，是作家灵感呈现的空间，是读者畅享阅读的海洋。2021年10月，《中华读书报》、“中华读书报”微信公众号入选国家网信办最新版《互联

网新闻信息稿源单位名单》，为其中的38家中央新闻单位之一。

一份荣誉，一份责任。政治上，我们强调坚守党报的标准；内容上，我们不懈追求“读书人的精神家园”的特色。

《中华读书报》以高品质的内容享誉读书界。这些内容通过光明网、“光明网”微信公众号、《光明日报》客户端（光明号）、“澎湃新闻”客户端（澎湃号）等多平台分享，形成合力，提升了报纸的综合影响力。

具体到微信公众号，我们一是做好内容的二次编辑。根据屏上阅读的特点拟标题、做导读，增加图片和延伸阅读。比如2021年中国十大考古新发现公布后，我们刊发了《一位编辑和一座古都》一文，报道明中都考古事业的拓荒者、人民教育出版社编辑王剑英。作者发来16幅图片，报纸配发两幅，微信公众号选用了10幅。

二是增强报道时效性，以弥补周报时效之不足。以诺贝尔文学奖为例，公众号先发预测报道，作为预热。诺贝尔文学奖获奖者揭晓当晚，瑞典那边一公布，报社人员马上分头工作，采访、翻译、配图、审定，结果揭晓两三个小时后推送一篇较为深度的报道。下一期纸报刊发长篇综述和采访，公众号同步推送。

此外，微信公众号还是配合重要活动的得力平台。比如，由国家新闻出版署主办，《中华读书报》承办的全国图书交易博览会“年度致敬人物”和“十大读书人物”评选活动，在公众号上进行了读者投票，效果很好。本报与山东大学《文史哲》杂志联合开展了“中国人文学术十大热点”评选，在公众号上征集推选并揭晓评选结果。“书城杯”等各种征文活动也在公众号上进行了推送。

这里，我汇报一下《中华读书报》内容建设方面的工作。

一是深化政治机关意识。贯彻落实党中央重大决策部署，策划了“纪念改革开放四十周年”“庆祝中华人民共和国成立70周年”“庆祝中国共产党成立100周年”等各种系列文章。

二是强化内容原创能力。贯彻落实习近平总书记致《光明日报》创刊70周年贺信精神，更好地团结、联系、引导、服务知识界。名家云集，构成了本报比较强大的作者队伍。近30年来，从名家前辈到学界新锐，中国知识界卓立前沿的一大批专家学者都在《中华读书报》上留下了真知灼见。我们近年开设的“枕边书”栏目，已有一百多位文化名家在此畅谈他们的读书故事。

三是完善荐书机制。形成了较为成熟的新书评价、遴选、推荐机制，是读者信赖的购书、读书指南。自2006年起，本报已连续16年定期发布月度推荐榜、年度十大好书和百种好书。此外全年还推出北京图书订货会书单、“六一”少儿书单、上海书展名家荐书、年度私人书单、全国图书交易博览会“名编荐书”、“开学季”社长总编荐书等几十个书单，并在微信公众号上作链接集纳。

“中华读书报”微信公众号凭借扎实的内容，尽心为广大爱书人打造一个微信平台上的精神家园，影响力日益提升，粉丝量稳步增长。我们愿与大家一道，为推动全民阅读、建设文化强国而努力。愿世界的每一天都是阅读的春天。

（原载“全民阅读媒体联盟”微信公众号2022年5月17日）

（扫码查看此报道）

九、首都图书馆：为读者搭建连接优质资源与便捷服务的桥梁

非常开心“首都图书馆”微信公众号和快手视频号能够入选“大众喜爱的阅读新媒体号”名单，这一份殊荣离不开首图人的奋楫扬帆，更离不开广大读者的万千热爱。今天，我就以微信公众号运营为例，分享首都图书馆在新媒体平台开展阅读服务和阅读推广的经验。

知识宝藏，触网互通。“首都图书馆”微信公众号是首都图书馆为读者搭建的一座连接优质资源与便捷服务的桥梁，我们坚持亲民路线、坚持品牌运营、坚守内容原创，深挖馆藏资源和专家智库，始终致力于将微信公众号打造成为首都全民阅读的“旗舰店”，成为推进全民阅读的“专营店”，联动新媒体矩阵成为满载书香的“连锁店”。

“首都图书馆”微信公众号现有用户总数达45.3万人，公众号坚持日更，年均推送文章千余篇。我们足履实地，不骛虚声，扎扎实实将首都图书馆的服务、资源、活动从线下拓展到线上，为社会大众选书荐书，更突破书的载体，持续输出有深度、有品质、有温度的知识性微信内容，既契合碎片化时代的数字阅读，又推动图书馆从宏富馆藏的知识宝库中搭建全新的智慧图书馆。我们锤炼能力，精益求精，立足大众需求和平台特色，搭框架、创品牌、磨作品、出精品，强服务、重沟通、速反馈，提升大众对首都图书馆的认知度，提高首都图书馆馆藏的利用率，开拓首都图书馆阅读服务的新阵地。

聚焦读者需求，搭建服务贯通之桥。我们将图书馆基础服务汇集至公众号菜单栏，从馆内到馆外、从屏内到屏外，实现一键预约入馆、参与活动、观看直播、打卡积分、使用数字资源，微服务打通阅读所需的有形空间与无形空间，架起读者与资源服务之间的桥梁。

赋予“悦读”能量，塑造满载书香之城。我们通过打造七大固定栏目，

图2-7-7 首都图书馆馆长毛雅君

从孩子到老人，从“看见”到“听见”，从“阅读”到“悦读”，向大众源源不断地输送多元、多维的优质阅读资源。“首图讲坛”不仅预告讲座信息，还深度还原讲座现场，解构讲座精华；“阅读之城”周周荐书，从深度解读一本书到选题各异的主题书单再到创作者的深度访谈，深浅有别的图书推荐搭载线上活动，成为公众号最吸粉的栏目；“少儿天地”不仅是小读者喜欢的故事天地，也是父母们育儿路上的智慧加油站；“数字资源”链接书架，各类资源汇聚指尖，手把手教会大家使用数据库，实现一卡畅享万千数字资源；“首图精选”更是汇集阅读北京、北京记忆、首都市民音乐厅等众多市民喜爱的文化品牌，送上一道道集阅读分享、高雅艺术、京韵历史的文化大餐；“阅美”以日历的形式将金句与名画结合，邀请读者体味岁月美好；“问问”每周一问，提问大家的阅读生活，与读者保持良好的互动。我们深耕细作，完善内核，以内容为主，以信息为辅，帮助读者在碎片时间引入深度思考。

传递时代精神，点亮城市智慧之光。公共图书馆是市民的书房、交流的客厅、创意的工作室，新媒体是手段、是工具、是窗口。时代呼唤我们用好新媒体，在阅读的全链条上协同发力，“首都图书馆”微信公众号不仅要做

图2-7-8 “阅读之城”栏目

图2-7-9 “少儿天地”栏目

好信息发布，链接基础服务，更要做好知识的生产者和传播者，以创意的视角来重新认识和推动公共文化服务发展，充分挖掘文化资料所蕴含的社会主义核心价值，引导更多的市民在“云中图书馆”畅享知识、畅游历史、畅通未来。

习近平总书记在给首届全民阅读大会的贺信中提到，“希望全社会都参与到阅读中来，形成爱读书、读好书、善读书的浓厚氛围”。首都图书馆也将以推广阅读、引领阅读为己任，通过新媒体平台的传播力，提升图书馆的信息公信力，提升公众的阅读力，赋能城市文化建设，涵养社会文化风气，筑牢文化之基，保持时代触感，把读者对我们的喜爱化作不断前行的澎湃动能。

（原载“全民阅读媒体联盟”微信公众号2022年5月18日）

（扫码查看此报道）

十、中信书店：利用新媒体实现店外带动店内、线下引导线上

中信书店目前已在北京、上海、广州、深圳等国内一线城市开设数十家实体书店，作为发力的新媒体之一“中信书店”微信公众号也迅速成长为一个拥有近百万粉丝的好书推荐平台。我们逐渐摸索出适合自己用户喜爱的模式，在承载优质内容传播功能的同时，不断增设中信书店会员运营、小程序电商销售、营销活动等板块，利用图文、短视频、网络直播、新媒体矩阵等新型营销方式，组织引导各方力量共同参与，线上线下融合，得到了越来越多读者的认可和分享。这不仅得益于我们选品编辑的专业和匠心，也有赖于运营工作者灵活多变、简练而又有温度的书评介绍，更离不开内容营销的创意策划和阅读推广的政策支持。

大众都喜爱有趣有品有识的内容，“中信书店”公众号汇聚了一群有趣、有思想和热爱读书的人群，与我们一同学习新的生活方式，学着用成长思维看待生活中遇到的各种问题。中信书店在2021年以优质图书作品为IP，策划“你好自然”“童梦寻游”“国韵风潮”“在一起贺岁”四个主题季，融合了图书选品、文创、餐饮和会员运营，策划推出了系列主题展陈、Workshop、艺术展览、快闪市集、趣味集章打卡、作者活动等，用内容对线上线下文化场景进行新的诠释和解读，让年轻读者更好参与到阅读中来。我们去年新开业了中信书店麦当劳主题店、成都兴隆湖畔书店，以更高颜值、更丰富的新经济、新生活、新消费的场景，吸引年轻读者的关注，为公众号、抖音、小红书等新媒体内容平台提供更多优质素材。

2019年起，通过参与北京书市、上海书展、深圳读书月等公共文化活动，以及参与北京、武汉、福建等地的文化惠民活动，中信书店深度参与文化生活构建，推动全民阅读工作。2021年，中信书店作为执行单位策划了北京市委宣传部主办的第十九届北京国际图书节分会场“北京书店之夜”暨“与书集·串

图2-7-10 中信书店项目部总经理苏日娜

游记”大型文化市集，中秋佳节在北京正阳门举办的三天文化活动，为游客提供了丰盛文化大餐，并通过新媒体渠道扩大线上传播，实现店外带动店内，线下引导线上，触达千万用户，有效促进阅读推广和文化消费。

接下来，在中宣部、北京市及各相关省市对全民阅读推广政策的指导支持下，我们将在新媒体平台阅读推广工作中继续开展更多的创新性探索，努力实现跨界融合，不断孵化新业务、开发新玩法，线上线下融合发展，发挥品牌文化企业的使命与担当，助力深入推进全民阅读，为党的二十大胜利召开营造团结、和谐、向上的书香氛围，在文化环境方面展现出更大的作为、彰显出更多的作用！

（原载“全民阅读媒体联盟”微信公众号2022年5月19日）

（扫码查看此报道）

十一、都靓读书：用更贴近年轻人的表现手法找到文化自信的“骄傲点”

我们在2019年年初入驻抖音、快手平台，创建“都靓读书”账号分享好书。后来围绕这个IP，又衍生出分享诗词、聚焦传统文化的账号“都靓的1001页”和分享生活方式类账号“都靓Amber”。据不完全统计，从2019年至今，我们共发布了1568条短视频，分享了437本书，内容涵盖人文社科类的《百年孤独》，传统文化类的《诗经》《楚辞》《全唐诗》，以及经管类、漫画类等，全网粉丝量超过3600万，视频播放量超过36亿次。

我们用1分钟的时间推荐一本书，希望激发大家的阅读兴趣，进而带动读者的阅读行为。为了推荐好书，我们尝试过很多种形式，包括角色扮演来演绎文人的故事，实地探访、探寻文学的故乡，挖掘作品背后的故事等等。

接下来跟大家分享我们在阅读推广过程中，对爆款内容底层逻辑的一点观察。

现在回看我们发布的1000多条短视频，能很清晰地看到内容变化以及用户的审美趋向。通过后台的粉丝画像技术，我们发现，这3600万喜欢书的小伙伴们，年龄集中在18岁到35岁之间，这群年轻人身上有非常独特的网络特征和亚文化符号：他们的信息获取、消费决策、生活空间更具互联网特征，也更加注重个性化和互动体验。

“Z世代”审美特征概况来说，一是情绪价值。现在的年轻人早已经不只渴望物质上的满足，他们更需要得到精神层面的慰藉。举个盲盒的例子，有数据显示，每年有20万消费者在盲盒上的花费超过2万元，甚至有消费者一年要耗资百万元来买盲盒。年轻人买盲盒买的是什么？是期待，他们是一群愿意为情绪买单的人。悦己、减压、治愈，是他们情绪价值中的关键词。

图2-7-11　都靓读书创始人都靓

今年1月，我们跟读客合作推广了作家莫言的《生死疲劳》，以“精神内耗”这个点来切入，引发了年轻人的共鸣，使年轻人感觉到他们被理解，提供了情绪价值。这样一条短视频，单是通过抖音这一个渠道，就收获了30多万条的互动，卖掉了4万多本书。

二是从“内卷”到“反内卷”。2020年左右，“内卷”这个词流行起来。一个社会学的专业术语被年轻人拿来用在工作环境中，比喻由于职场竞争导致努力的“通货膨胀”，随之而来的就是“反内卷”。

这些行为背后代表这一代人的思维方式：解构，对内容的解构、对工作的解构，甚至是对人生的解构。他们反对焦虑，不迷信权威，去中心化；他们更独立，强调每个人作为个体的感受和思考。

视频内容要想吸引更多年轻人，也要抓住以上特点。我们把口播形式升级为演绎模式，把文学经典融入更接地气的音画表达。我们开展了一期《与妻书》的讲解，聚焦革命英雄作为普通人的一面。这条视频当晚就成为了一个爆款，全网播放量超过4000万、互动量达100多万。红色故事背景下的主旋律题材只要用对了方式，也能在新媒体平台引发年轻人的思考和感悟。

三是多元化审美。青年一代人强调自我，对“成功”的判断标准更多元，线上也呈现多样的内容审美趋势，兴趣领域更加垂直细分。去年我们推荐了一本书叫《东晋门阀政治》，这是一本相对小众的书。视频发出当晚播放量就突破100万，有2万多人在线讨论、分享，直接带来近2000本的销售转化。如果说互联网是一片大森林，每个人的兴趣爱好就像萤火虫，再小众都会在这片森林里发现同类。以前认为小众的领域，一样可以吸引到特定的受众。

四是传统文化复兴。2020年左右，我们发现用户对于视频化的阅读内容有明显的迭代，大家需要更强的获得感。当时我们就想把内容做得更扎实、更优雅一点，知识承载度要更高。除了“都靓读书”这一账号之外，我们又注册了新的诗词账号：“都靓的1001页”。2020年10月17日，“都靓的1001页”发布了第一条视频《钗头凤》，第二天就突破了1000万的播放量，获得接近百万的点赞。从这个过程中我们发现，现在的年轻人真心热爱中国传统文化，也愿意讨论中国传统文化。从河南卫视春晚《唐宫夜宴》，到B站的《舞千年》、央视春晚的《只此青绿》，都“出圈”了，这就是例证。

我们想用更贴近年轻人的表现手法，找到文化自信的“骄傲点”。带着这份理念，我们又做了《洛神赋》、“中国式浪漫”等传统文化相关的视频，播放量都超过了2000万。

再举一个例子，有一本书叫作《中国传统色》。我们一直以来使用的色彩体系和标准都是从西方引进的，而这本书的作者郭浩给颜色创造了一套中国式的命名方法，有的来自文人墨客的诗句文章，有的出自古代器物绘画。他就像一个翻译家，将历史和我们每天都能看到的色彩串联起来，以此彰显着我们的民族自豪感。

我们很喜欢这本书，并围绕这本书做了很多视频，对24节气、72物候提取了独属于中国的颜色，然后把它们视频化。春天对应的物候：夜月一帘幽梦，春风十里柔情。春天的颜色在书里叫“黄白游”，这个颜色的命名来自汤显祖，“欲识金银气，多从黄白游。一生痴绝处，无梦到徽州”。

我们推出的短视频结尾总是有一句话，我们称为slogan（标语）：阅读是一件最重要的小事。今天我们面对的是一个资讯爆炸的信息时代，和以前完全不同，人们有了各种信息获取的选择方式，读书不再是唯一的那一个，但依然有一部分年轻人喜欢阅读、热爱阅读这件事，依然选择用最笨但是最扎实的方式去汲取知识。阅读就像吃饭、喝水或者生活里的任何一件小事一样，不可或缺。

（原载“全民阅读媒体联盟”微信公众号2022年5月20日）

（扫码查看此报道）

十二、读者：把文化产品做得有用有趣、精美优质

2021年是《读者》杂志创刊40周年。《读者》杂志始终坚持“博采中外，荟萃精华，启迪思想，开阔眼界”的办刊宗旨，被誉为“中国人的心灵读本”。“读者”新媒体板块同样坚守真善美的人文价值，打造了由“读者”“读者读书会”“读者人物”“读者蜂虻”等多个内容平台号、音频平台号、视频平台号组成的“读者”新媒体内容矩阵，持续为广大用户提供优质的阅读内容。

“读者”的喜马拉雅音频号自2016年上线以来，已发布音频4000多条，累计收听量突破10亿次。音频内容主要涉及情感、文化、社会热点等多个方面，用体贴入微、洞察人心的美文，温暖醇厚的声音，陪伴抚慰了近600万听众，常居喜马拉雅人文主播排行榜前列。

在音频内容产品的发展领域，我们主要进行了以下三个方面的创新：

第一，坚持原创内容，打造优质专栏。2021年，“读者”新媒体策划出品并上线了精品内容专栏——《你不知道的名人小事（民国篇）》，该专栏包括艺术卷、文学卷、科学卷、教育卷、国学卷、社会活动卷共6卷内容，为听众讲述了100位民国人物故事，展现了100段尘封的传奇往事。

该专栏内容全部由“读者”新媒体签约作者原创，签约主播录制，是“读者”新媒体团队从选题策划到生产制作、平台传播、社群营销等一次全流程的音频产品创新尝试，专栏全部更新完毕不到一年，累计播放量已超过3600万。我们将持续发挥“读者”在内容甄选方面的传统优势，积极打造更适合新媒体传播的原创优质内容，目前已有600篇原创文章正在筹备上线中。

第二，研发具有“读者”特色的知识付费产品。2020年开始，“读者”新媒体逐步开发了付费有声产品，主打《了不起的中国文化》人文系列精品课，包括《600分钟逛吃中国趣读历史》《书画与诗词中的人文素养》《西游计中计》《水浒启示录》《三国职场指南》等内容。该系列课程特邀中国文化权威主讲，涵盖饮食、建筑、民俗等多个主题，随着步步深入的剧情式内容，串讲了5000年的中华文明，希望广大听众能在该课程的熏陶下，感悟中国历史，体会人生哲学。

另外，基于广泛的用户需求，我们还打造了《读者荐书》《领读好书》《读者主编的写作秘籍》等关于阅读和写作的相关课程，获得了写作爱好者的认可。

第三，共创大众喜爱的知名作家有声书项目。2021年，“读者”新媒体

和喜马拉雅平台联合推出了全网首部周国平精品有声书。这套书收录了周国平的《幸福的哲学》《认识你自己》《享受生命本身》等多篇经典散文作品，累计发布240期精心制作的音频，播放量超过440万，深得广大听众喜爱。

图2-7-12 《读者》新媒体矩阵内容主编王莹

2022年，我们再次与喜马拉雅平台联合推出周国平精品有声书第二季，该季计划发布由周国平先生亲选的精华散文400篇，目前已制作完成的100篇正在陆续发布中。后续，我们还将计划上线余秋雨、汪曾祺、林语堂、贾平凹等更多大众喜爱的知名作家的精品有声书目。

“读者”新媒体在“传承文化美学、塑造美好心灵”的精神指引下，通过图文、音频、视频等多种形式，把文化产品做得有用有趣、精美优质，持续为大众阅读提供有价值的内容，提升广大用户的人文涵养、生活智慧，竭力为倡导全民阅读、营造书香社会作出贡献。

（原载“全民阅读媒体联盟”微信公众号2022年5月23日）

（扫码查看此报道）

十三、哔哩哔哩：帮助年轻用户挖掘专业内容　与专业人士学习对话

作为中国年轻时代高度聚集的文化社区和视频平台，哔哩哔哩被大家亲切地称为“B站”。截至2021年底，“B站”上的月活用户约2.72亿，其中35岁及以下用户占比86%。也就是说中国每两个年轻人中就有一位是“B站”的用户。围绕用户、创作者和内容，“B站”构建了一个源源不断产生优质内容的生态系统。今天，我想就哔哩哔哩在倡导、引领全民阅读方面分享一些工作上的感受和思考。

一是发挥新媒体平台的传播优势，带动全民学习的大氛围。过去一年，有1.9亿用户在“B站”观看知识类视频，“泛知识”内容占“B站”全平台视频总播放量的45%，知识区创作者规模增长92%。这些数字背后，是年轻用户对知识内容的渴求。“B站”等新媒体平台应充分发挥优势，帮助年轻用户挖掘专业内容，打破知识壁垒，以年轻人喜闻乐见的形式，与各行各业

图2-7-13　哔哩哔哩公共政策研究院院长谷雨

专业人士学习、对话。中国科学院院士汪品先先生去年6月入驻“B站”，成为一位UP主，为用户讲解深奥的海洋知识，从生物到地质，再到古代人文科学，用户纷纷评论要再去重读一遍《十万个为什么》。

二是鼓励跨界融合，拓展阅读新媒体内容的广度和深度。随着越来越多的专家学者、文化名人参与到新媒体内容传播工作中来，用户能够更直接、更容易与他们形成互动。以罗翔老师“我们为什么要读书”视频为例，累计播放量近1400万次，也就是说，有超过千万用户通过罗翔老师的视频去了解、认识读书的意义。与此同时，在“B站”上已经有300多名学者入驻，涵盖100余门学科。例如，戴建业老师精讲《世说新语》，蔡丹君老师提纲挈领地带读《红楼梦》等，都带动了用户，尤其是年轻用户回归书本，回归阅读。

三是平台结合自身特点创新尝试，倡导、引领全民阅读。早在2020年“世界读书日”，“B站”就联合新华网、新华传媒、公益机构美丽中国以及北大、清华、复旦等九所高校发起了“读书等身”系列专题活动，通过直播与公益相结合的方式，让更多人亲近阅读、喜爱阅读、分享阅读。一方面，我们通过联合UP主发起直播活动。其中包括罗翔老师联袂朱一旦直播阅读《忏悔录》《海子的诗》等内容；纪连海为粉丝们直播解读《红楼梦》，通过不一样的方式来看《红楼梦》，从不一样的角度理解红楼里的恩怨情仇。另一方面，我们也结合阅读发起相关公益活动。每一位“B站”用户发布有关“读书等身”的主题视频，“B站”就向贫困山区的儿童们捐赠一本图书，目前“B站”已累计向贫困山区的儿童们捐赠超过2万本图书，点亮了贫困山区孩子们的阅读之路。

此外，“B站”连续推出系列纪录片《但是还有书籍》，以书为题材，记录这个时代形形色色的爱书之人，捕捉和书有关的精彩故事，点燃观众对书的热爱，为人们在快时代里提供一份阅读指南。目前，该节目已推出两季，共11集，累计播放量超过4千万次。

相信随着活动的影响力越来越大，各方参与的力度越来越强，将会有更多读者通过新媒体提升阅读兴趣、养成阅读习惯，共促全民阅读的社会氛围。

（原载“全民阅读媒体联盟”微信公众号2022年5月24日）

（扫码查看此报道）

十四、小荷听书：为青少年打造高品质有声数字平台

“小荷听书”是山东教育出版社重点打造的一款高品质移动听书产品，自2018年上线以来，以中小学生为主要目标群体，创新开启可听、可读、可视的全媒体阅读模式，多年来以精准的读者定位、丰富的优质内容、便捷的功能应用和密集高效的全民阅读活动，在广大读者中取得了良好的声誉。

目前“小荷听书”已上线专辑1500多个，音视频资源近20万分钟，粉丝量100多万人，荣获国家新闻出版署2020年度“数字出版精品遴选推荐计划”、2020年度“全国新闻出版深度融合发展创新案例”等重要奖项近20项，也在去年获选了第五届“大众喜爱的阅读新媒体号”。

“小荷听书”致力于打造全终端阅读服务平台，现已实现App、微信公

图2-7-14　山东教育出版社社长刘东杰进行视频分享

众号、PC端全终端发布。在内容建设上，“小荷听书”重点围绕红色文化传承、社会主义核心价值观弘扬、学生学科素养提升等方面，设置了24个精品栏目，上线的内容均由专业播音员倾情朗读，其中不乏李野默、康辉等名家作品；对内容进行专业录制、配乐伴奏、同步字幕、三级审核等深度编辑加工，经过三审流程方能发布，严把政治导向关、价值取向关、格调品位关和编校质量关。

在全民阅读工作的推动上，“小荷听书·我爱朗读”活动实现了品牌化、主题化、专场化、赛事化运作，目前已经举办60多场次。活动的策划始终以“打造青少年专属的数字有声阅读平台”为目的，推出年度主题活动、节日主题活动、城市主题活动等不同系列的朗读活动。在活动吸引力上，充分发挥平台的特点与资源价值，为参与活动的读者提供专业的朗读音频编辑展播、专业主播朗读技巧指点等机会，并实现活动的线上线下同步。

“小荷听书”这次入选第六届“大众喜爱的阅读新媒体号”推荐活动名单，我们将以此为新的起点，充分学习借鉴其他获推优质新媒体号的成功经验，开拓思路、创新举措、提升效能，以专业教育出版40年的经验和品质作保障，在引导广大中小学生提升阅读兴趣、养成阅读习惯、提高阅读能力等方面进一步发挥引领服务作用，为全社会营造爱读书、读好书、善读书的全民阅读良好氛围添砖加瓦。

（原载“全民阅读媒体联盟”微信公众号2022年5月25日）

（扫码查看此报道）

十五、中国好书：引领阅读风尚　建设书香社会

简　介

中国图书评论学会是由全国百余家出版社发起，中国图书评论杂志社牵头，经中宣部批准，于1989年4月20日在北京正式成立的，2006年在国家民政部正式注册，成为国家一级社会团体。2014年7月，为了更好地推动和引导全民阅读，传递精神正能量，向大众读者更好地宣传“中国好书”，中国图书评论学会正式开通运营“中国好书”微信公众号。“中国好书”微信公众号2016年至2021年连续五年入选“大众喜爱的阅读新媒体号”，到目前为止，读者订阅量已逾22万，且数量在持续增加。

（一）“中国好书”月榜推荐

2014年3月起，中国图书评论学会开展“中国好书”推荐活动，该活动在中宣部出版局的领导下，依托中国图书评论学会打造优秀图书发布平台，

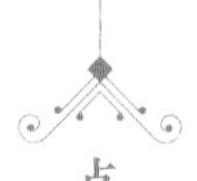

联合中央主要媒体和业内媒体建立科学、全面、权威的优秀图书发布机制。月榜推荐是“中国好书”推选活动的日常、重要的组成部分。每月向大众读者推出综合性图书榜单，上榜图书为近3个月内出版的10本优秀中文图书（2022年后数量有所调整）。

“中国好书”推荐图书的内容，涵盖了切合大众读者工作和生活中阅读需求的人文社科类精品图书；反映当今社会历史和时代进程中的重要发展变化、促进人们思想观念重要变革、帮助读者正确认识社会生活、紧随时代前进步伐的图书；积极向上、感人至深、陶冶情操、传达正能量并具有较高艺术水准、给人以较高审美享受的文学艺术类图书；传播现代科学知识、培养科学精神、能够指导读者建立健康科学的生活方式的科普生活类图书；有助于培养少年儿童树立正确积极的人生观、世界观、价值观的优秀少儿读物；具有较大社会影响力的精品畅销图书等。

“中国好书”微信公众号是“中国好书”的官方权威发布平台，其内容涵盖了“中国好书”月榜上榜图书，以及上榜图书简介、推荐理由、书摘、书评等相关信息。尤其是公众号发布的每期“中国好书”月榜，当前已成为各出版单位的关注焦点，榜单发布后一小时内的阅读量会达到2万左右。同时，借由该榜单的热度，也让“中国好书”微信公众号的关注热度获得持续上升。

“中国好书”微信公众号发布的每期榜单和上榜图书的介绍、书评都被大量转发、收藏。以中央广播电视总台、《人民日报》《光明日报》《经济日报》《中国青年报》《中国教育报》《中国新闻出版广电报》《中华读书报》《中国出版传媒商报》《中国图书评论》等媒体为主的传统媒体，以新浪、搜狐、人民网、凤凰网等为主的门户网站均定期发布“中国好书”榜单，以专题节目、书评、书摘、封面、简介、推荐理由等多种形式大力宣传上榜图书。每月榜单发布后均被全国各地媒体竞相转载，全国主要媒体的读书栏目板块进行密集报道，形成“自动传播链”，既扩大了学会的影响力，又推动了“中国好书”走向广大读者。目前，中国图书评论学会的“中国好书”品牌深入人心，成为媒体荐书，读者选书、书店、电商及图书馆配书的风向标。

中国图书评论学会还积极联系“学习强国”学习平台，在“学习强国”学习平台开设“中国好书”专栏。“中国好书·强国榜”已于2021年4月23日“世界读书日”前正式上线。在2022年首届全民阅读大会期间，中国图书评论学会与中国移动旗下的咪咕签订了战略合作协议。由中国图书评论学会、咪咕和中央广播电台进行三方合作，以“中国好书”月榜、年榜书目为依托，以不同的主题系列，制作音频有声书，形成“中国好书”有声书系列；由好书作者、专家、阅读推广人组成荐书天团，推荐、解读好书，制作一档好书评读会形式的音频节目；以“中国好书”清单为基础，发挥中国移动资源优势，为企业提供系列图书服务，提升“中国好书”的品牌知名度。在此基础上，“中国好书”微信公众号将进一步升级，由咪咕提供运营支持，由学会负责牵头及提供行业资源。初步计划设置“榜单推荐”“好书选读”“新书夜谈”“阅读达人”等栏目，每周持续更新，并考虑将小程序接入咪咕云书店小程序内的“中国好书”专区。

（二）“中国好书”年度颁奖盛典

“中国好书”年度评选及颁奖盛典，是每年“中国好书”推选活动的总结及高潮。“中国好书”年度评选及颁奖盛典是在中宣部出版局直接指导下，由中国图书评论学会和中央广播电视总台具体承担的年度优秀图书评选活动，旨在推动、引领全民阅读，活跃大众读书生活，促进文化繁荣与发展。

自2014年举办首届“中国好书”年榜评选至今，“中国好书”年榜评选活动和好书年度盛典已经走过了8个春秋，共评选出了300余种年度好书，“中国好书”逐渐成长为非常权威的图书推荐榜。每年的年度获奖图书都是从当年约50万种出版物中“万里挑一”甄选出的精品佳作，每本图书都反映了这一研究领域的较高水准，凝聚了作者、编辑的心血和智慧，“中国好书”已经成为中国图书出版界最重要的奖项之一，其品牌效应进一步凸显，在引导行业发展、倡导全民阅读等方面将发挥越来越重要的作用。

2016年“4・23世界读书日”颁奖盛典前，“中国好书”微信公众号将入围年度“中国好书”的所有图书发布，并增加了大众读者投票环节。投票人数突破18万人次，也充分显示了“中国好书”品牌的巨大影响力。

每年“4・23世界读书日”颁奖盛典前，中国图书评论学会联合央视科教频道举办一系列活动，面向全社会大力宣传年度好书。2022年首届全民阅读大会前夕，由央视《读书》栏目主持人、全民阅读形象大使李潘主持的“全民阅读大会・中国好书嘉年华”新媒体直播活动顺利举行，此次活动联合50多家出版社，共推出70多本中国好书，邀请《人民文学》主编施占军、商务印书馆执行董事顾青、中央广播电视总台主持人尹颂、幽默书店主理人启航、清华大学美院教授代大权、自由式滑雪奥运冠军徐梦桃等担任荐书嘉宾，并连线部分图书作者，现场推荐“中国好书”，其主题曲《读吧读吧中国好书》，旋律朗朗上口，让人印象深刻。

（三）线上线下互动

“中国好书”微信公众号设有“漫谈读书”板块，精选众多名家畅谈读书方法的短文、心得，该内容平均阅读量均突破5000人次，有些文章达到1万人次。许多读者在线分享自己的读书心得或对名家的读书方法展开讨论。2017年中国图书评论学会将上述文章进行遴选、编辑，以《读书的方法与艺术》为书名由人民出版社出版，深受广大读者好评。

由中国图书评论学会创办、主管的《中国图书评论》杂志，创办至今的30多年间，杂志一直坚持“大张旗鼓地宣传好书，旗帜鲜明地批评坏书，实事求是地探讨有争议的图书”的办刊宗旨，坚持为人民服务、为社会主义服

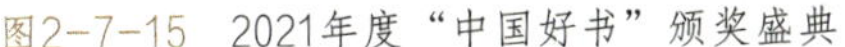
图2-7-15　2021年度“中国好书”颁奖盛典

图2-7-16　2022年“全民阅读大会·好书嘉年华”现场

务的方向，紧跟时代的发展，适应社会的需要，力倡改革创新，努力为文化界、学术界、读书界、出版界相互沟通与联系服务，成为了具有权威性、学术性、前沿性、知识性、可读性的图书评论刊物。一直以来，《中国图书评论》的“阅读地图”栏目每期都集中介绍学会“中国好书”月榜上榜图书，且不定期地发表相关上榜书目的优秀书评，实现线上微信公众号与线下杂志栏目同频共振，不仅丰富了杂志的栏目，也扩大了“中国好书”的宣传，取得了良好的效果。

2021年4月，中国图书评论学会在京主办召开“精品图书与全民阅读高端论坛之主题出版与人文社科类优秀图书出版研讨会”、少儿类优秀图书出版研讨会、文学艺术类优秀图书出版研讨会、科普类优秀图书出版研讨会，共同探讨如何打造既能反映时代精神又能传之久远的文化精品，推动全民阅读，“中国好书”微信公众号对此次活动进行了详细呈现。精品图书与全民阅读高端论坛结束后，参会者提交的论文将结集出版，既填补了本领域的研究空白，也可为出版单位和编辑人员提供一个相当有价值的业务参考。

近年来，中国图书评论学会在中宣部出版局的直接领导下，以引领全民阅读风尚，建设书香社会为己任，在全体会员单位的大力支持和共同努力下，立足图书评论领域，致力于整合出版界、学术界、新闻界等资源，开展了一系列面向社会大众、服务领导机关、协助会员单位的活动，开启了一系列读好书、荐好书的活动，为中国图书评论事业的发展繁荣作出了自己的贡献。

（供稿：中国图书评论学会）

十六、机工教育：打造工程教育领域的专业垂直账号

简 介

机工教育服务号于2014年开通，秉承“传播新知，服务教育”的理念，为广大高校的教师和学生群体提供全面的样书申请、干货推送、教材出版信息、会议通知、教材专题等增值服务。目前，机工教育服务号拥有42万粉丝，2021年共发布376篇推文，累计阅读量170万次。

凭借机械工业出版社在工程教育类教材领域的领先地位，通过多年的布局和运营，机工教育服务号在出版业界站稳了脚跟，并取得了丰硕的成果。同时，机工教育新媒体矩阵也于近几年搭建完毕，包括机工教育服务号、

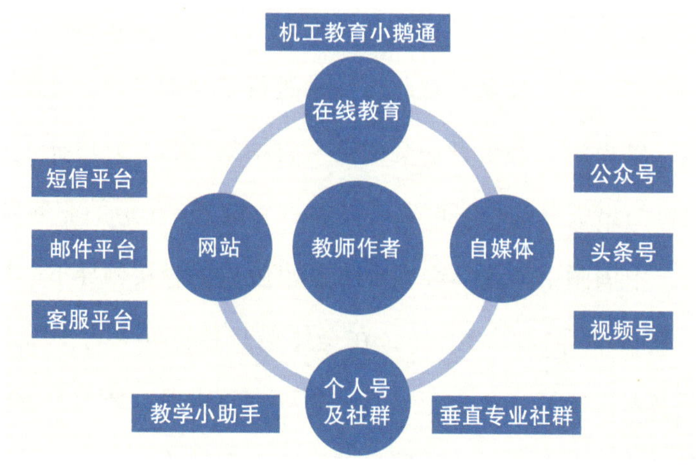

图2-7-17 机工教育新媒体矩阵

“机电微学堂”公众号、机工教育服务网、机工教育头条号、机工教育大讲堂小鹅通、“机工教育”微信视频号、教学小助手微信号、高校专业教师群等。机工教育服务号的运营策略包括：

（一）推文结构固定，内容营销为王

在公众号的运营中，文章内容是决定粉丝黏性的重要因素。目前公众号在人群中普及程度较高，关注内容丰富，能够提供稳定、高质量的内容才会建立起公众号与粉丝之间的信任。机工教育服务号的受众群体主要是高校教师和学生，所以“垂直化内容的运营”模式是我们的首选。简单概括就是以出版社为核心，以教材为基石，在掌握用户痛点的条件下，提供具备独特性以及竞争力的内容，从而实现出版社的价值增值，实现出版社与用户之间的深度连接。

目前，机工教育服务号的推文结构如下图所示。其中，教育资讯是阅读量的稳定来源，通常会放在前两条，包括但不限于高校教师、高校学生、思政教学、论文写作等关键词，每次更新至少要保证1—2篇；会议通知通常包括机械工业出版社合办或自己办的线上或线下的研讨会、研修班、论坛、征稿函等，目的是在宣传和引流的同时，扩大机械工业出版社的教师端私域流量；直播预告则是整合各个教材分社在机工教育大讲堂小鹅通所做的直播，最后以合集的形式对外进行宣传扩散，通常可被其他重要的文章替换；教材干货是重要的板块之一，以机械工业出版社的优质工程教育类教材为依托，在展示教材配套的慕课视频、课件、样章等资源的同时，教师可以添加小助手微信获取文章中PDF版课件资料，这样的组合方式一方面在教师端宣传了机械工业出版社教材，另一方面也为机械工业出版社私域流量的增长提供了稳定的渠道，2021年机工教育服务号累计推广教材200

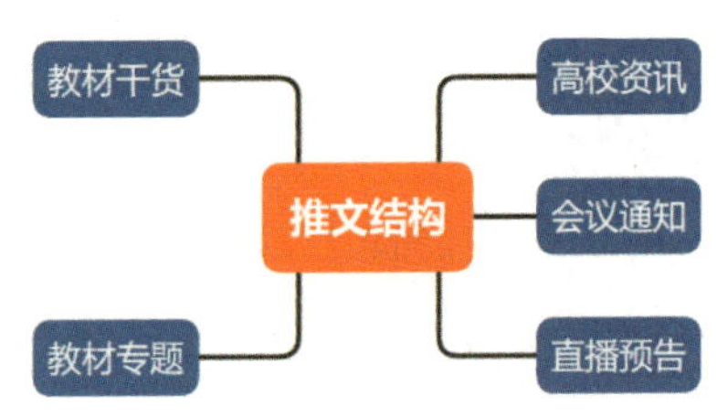

图2-7-18　机工教育推文结构

余种；教材专题也是比较重要的板块，通常在春天和秋天的教材季发布，产品经理定好主题后，由各分社的编辑整理书单，再经产品经理汇总至新媒体编辑，最后为每一本书添加机工教育服务网的链接。在宣传机械工业出版社教材的同时，还可以把教师引流到机工教育服务网。

（二）公众号菜单引导，提供精细化服务

作为公众号的入口，公众号的菜单引导至关重要。我们设置了3个板块，分别是教学服务、教师福利和大讲堂。

教学服务包括教材查询、样书申请、课件资源、教材出版、电子样章，在给机工教育服务网展示入口的同时，能够有效地吸引教师注册并成为机工教育服务网的认证教师，从而增加网站端教师用户数量，进一步扩大机工教育服务号的知名度；教师福利中最重要的就是入群交流，目前机工教育共有100多个专业教师群，教师通过添加小助手微信进入对应的教师交流群后，可以在群内进行干货分享、沟通、专业交流，这也是我们获取教师端私域流量的一种有效手段；最后一个板块是大讲堂，即机工教育大讲堂小鹅通，作为机工教育教材类直播的阵地，大讲堂致力于通过直播、专栏、视频、音频、知识付费等形式对机工社工程教育类教材进行推广。把入口单独设置一个板块也是为了让高校教师和学生更容易进入大讲堂页面，从而发现更多教材之外的优质视频、音频资源，进而提升机工教育的品牌知名度。

（三）以自建平台为中心，相互引流

机工教育服务网作为机械工业出版社旗下的官方网站，为用户提供教材查询、课件下载、样书申请 、教师培训、教材出版等服务，目前用户超过100万，教师用户超过50万，可以说机工教育服务网已经成为业界标杆。

在这种前提下，我们将机工教育服务号的二维码放在网站首页，能够通过宣传语快速的吸引教师粉丝关注机工教育服务号。在机工教育服务号发布的教材专题、活动宣传、会议通知等文章，我们也将其以轮播提示或Banner

的形式挂在机工教育服务网上，感兴趣的老师就会点击图片跳转到对应的公众号文章，从而完成一波引流。

在机工教育干货带教材的文章中，我们会在原文链接处加上对应的机工教育服务网地址，老师点击链接就会跳转到教材详情页；在教材专题中，每一本教材都同样链接到了机工教育服务网，从而实现对服务网的引流和宣传。

（四）建立自有流量池，打造私域闭环

虽然机工教育服务网和机工教育服务号的用户数量都是几十万甚至百万级别，但这仅仅只是一个数据，我们并不能很好地转化利用用户流量。对此，我们在运营机工教育服务号的同时，建立了可持续化、低成本、高转化率的私域流量池，从而把用户连接到自媒体、社群中，并建设自己的会员体系进行用户的深层次运营。

私域流量的经营大体分为以下几个步骤：第一步是链接获取，连接和获取用户的场景很多，形式也很多，不同平台的运营方式也不尽相同，比如通过内容营销获取、通过公域流量平台引流、通过二维码露出、通过社交裂变等方式获取，同时全国各地的驻外人员在拜访老师时也会推荐我们的网站和公众号，或是直接添加微信获取私域流量；第二步是筛选，比如微信教师好友需要先添加小助手微信并通过审核后才可进入微信教师群，机工教育服务网的教师会员也是需要通过教师审核才能使用积分下载课件资源、申请样书；第三步是运营，我们通过各种有价值的内容和通过及时便捷的服务提升用户的使用体验，比如在教师交流群中发布教材专题、直播预告、会议通知，解答教师对于教材出版、样书申请的问题等，让用户能够感知在我们的平台中是有所收获的，这样我们才能够留住用户，更能促使存量用户带来更多的增量用户，从而形成一个正向循环。

在我们看来，个人号和社群其实是沉淀私域流量最好的平台，目前我们

有3个教学助手个人微信号，累计添加教师好友2万余人，同时我们营销人员手中也有几百到上千个微信教师好友，全部加在一起也有上万人。除此之外，教师群的数量也有百余个，群总成员数突破2万人。

尽管公众号已经成为传统新媒体，但我们认为高校教师这类受众群体对于知识渴求和分享的欲望依然强烈，所以在这种环境下，如何围绕私域流量寻求转型发展是每一个出版社都面临的机遇和挑战。目前我们已经将运营私域流量作为常态化运营手段，下一步我们将以自建平台为中心，力争私域流量变现，转换为机工社的生产力，拓宽市场发展空间，从而提升机工社的市场竞争力。

（供稿：机械工业出版社）

十七、清华大学出版社：立足高校定位　打造私域流量

简　介

“清华大学出版社”官方微信公众号现有粉丝140万，平台全年累计曝光量1500万+。自2017年正式运营以来，在出版社“传播先进文化，推动社会进步”的理念指导下，主账号始终认真贯彻执行党的教育方针，政治立场坚定，始终与党中央和学校保持一致，积极努力，不断探索，连续超越，四年内实现微信粉丝数与文章阅读数持续走高。在全网范围内，目前新榜日均指数790，在板块归属的文化榜单排名基本稳定在前150名内。

近年来，由于手机等移动终端的普及与发展，移动互联网已然成为了人们生活中的必需品之一。随着新媒体格局的不断完善，各种媒体形式层出不

穷，这其中，微信的出现更是直接带动了互联网用户爆炸式增长。新媒体的出现，为出版社触达用户提供了一个重要的转型契机，依托微信平台，清华大学出版社通过建立品牌官方微信公众号，有了可以触达用户的平台和工具。针对各类用户的不同需求，出版社结合自身企业定位与相应资源，找到相应的需求实现推广全民阅读的功能最大化。在出版社官方微信公众号的运营工作中，以下五点可以说是重中之重。

（一）牢固树立政治意识，提升运营人政治素养

作为文化产业领域的重要组成部分，出版社承载着传播知识、传承文明的崇高使命。社会发展离不开人类的意识导向，媒体作为塑造社会意识形态的一个关键因素，能够在传递信息的同时引导人们的社会观念和生活意识，从精神层面改造人的思维方式。

在日常运营工作中，运营人要时刻绷紧意识形态之弦，始终坚持正确的舆论导向，坚持宣扬正确的人生观、世界观、价值观，坚决维护“两个确立”，增强看齐意识，在思想上、政治上、行动上同党中央保持高度一致，以此助力出版社真正发挥宣传阵地作用，承担“传播先进文化，推动社会进步”的责任。

（二）精准的粉丝画像：找准目标用户，明确账号定位

作为综合性大学出版社，传统图书销售业务仅需要找到相应领域的受众，而新媒体平台不仅面向图书的读者，更是面向微信流量池内所有可抓取的目标用户。在微信这一已日趋完善的生态内，对于所有的公众号而言，抓住用户需求、提供与之对应的内容，才能实现公众号运营的良性循环。因此，用户喜欢什么、用户需要什么是在公众号建设中始终需要思考的问题。对于公众号而言，通过分析公众号中的基础粉丝画像，并从中提炼出高忠诚度粉丝，是实现私域流量前期建设的重要基础。

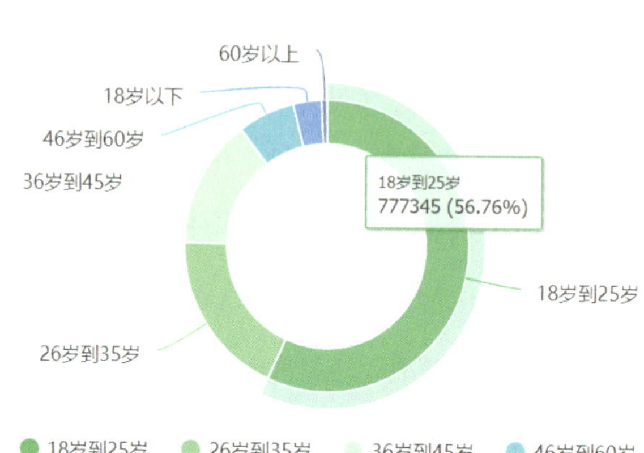

图2-7-19　“清华大学出版社”微信公众号的受众年龄分布

对于新媒体账号的开设，目前比较成熟的流程基本上都是先给公众号找到定位，再针对想吸引的人群输出内容，但对于“清华大学出版社”微信公众号而言，依托清华大学的品牌优势，公众号定位的先天优势已然具有了。作为综合性大学出版社官方公众号，清华大学出版社天然地就会吸引一批年轻人关注。回溯早期数据，在运营初期，出版社官方公众号的主要用户多来源于院校，在校生占比超过90%；从地域上看，粉丝较多分布在北上广深等一线城市。在这个背景下，出版社通过反复调研，对这个群体所感兴趣的内容领域作出了基础判断，并在日常推送中对现有内容进行不断微调。围绕粉丝群体关注热点，通过满足用户实现自我提升、获取知识的需求，获得了一批高忠实度、高活跃度的用户。2021年，“清华大学出版社”微信公众号发文量破千，文章总阅读数超2200万，总点赞量超19万，居出版社类微信号首位。

基于这份较为精准的粉丝画像，公众号找准定位，在教育、社会、科普等相关领域持续深耕输出优质内容，随着时间的推移与内容的不断积累，成功将关注用户稳定在了大学生及职场新人这一年轻群体。目前“清华大学出版社”微信公众号拥有140万用户，超过一半以上为18—25岁的青年人。这一定位同样与公众号内发布的高阅读量文章类型呈正相关，在公众号近3年的高阅读量文章中，教育、校园类文章占比85%，这也为公众号日常内容的选择提供了参考依据。

（三）积极利用现有用户促活拉新

获取流量的核心，是与用户产生更真实的连接关系，让用户对其产生信任感而开展“自来水”行为，从而达到运营目的。现今的营销已经将中间环节更为弱化，通过互联网与相应平台，人人皆可成为流量，仅需找到适合的平台与定位就能挖掘获取目标用户。

以微信公众号为例，通过反复对比，在传播的五种方式中，“人际传播”的方式在微信生态中获得的效果是最好的，通过发布可以引发目标用户共鸣的文章，让用户自发在微信朋友圈、好友聊天、群聊内形成直接的转发分享，从而获得现有用户身边的更多潜在的新目标用户，从而形成更大范围的阅读面辐射。面向已有用户，辅以留言互动，使其拥有与公众号时刻保持强交流的体验感，进一步提升用户黏性。正是借助这种方式，“清华大学出版社”微信公众号实现了在5年内粉丝由“0”至“100万+”的爆发式增长。

（四）打造细化领域，找到正确的内容立足点

在现有大环境下，对于微信公众号而言，现在仍旧是一个内容为王的时代。多年来，清华大学出版社始终坚持正确的政治导向，坚持品牌与图书曝光“两手抓”，全年不间断以热点+图书推荐的形式推送高质量文章，针对各类用户的不同需求，结合自身定位和资源，找到相应的需求实现出版社品牌与优质内容的宣传最大化。

不仅如此，“清华大学出版社”微信公众号也善于从突发事件中找到正确的宣传立足点。2020年初，新冠肺炎疫情时刻牵动着每个人的神经，在此期间，出版社各个分社火速出版多本抗“疫”读物，并率先免费开放文泉学

堂，“清华大学出版社”微信公众号积极同步陆续推送多篇抗击疫情相关知识及读物荐读文章，并于2020年1月29日发布《用知识战“疫”！无需注册登录，清华社开放的免费知识库快来了解一下！》一文，于10小时内突破6万+阅读量，当日粉丝数相较平日实现300%增长。

除去日常面向目标用户的特定领域文章外，出版社也积极承担社会责任，力争实现企业社会责任与流量双赢。作为清华大学下属出版单位，“清华大学出版社”微信公众号坚持在特定时间点推送党建类文章，通过内容对用户进行潜移默化的影响，进一步增强了当代青年的爱国之情与强国理想。

（五）利用品牌优势，提供个性化服务

在新形势下，建立私域流量，出版社正在转型。背靠清华品牌特色，清华大学出版社内的媒体平台吸引了一部分向往清华的学生与关心教育话题的忠实用户。基于这一特色，出版社新媒体平台也围绕教育领域开展积极探索，由单一的图书出版商角色逐渐转变为向用户提供知识学习的内容平台。这一转变，让出版社面向的用户不再仅仅是图书的购买者，而是众多潜在的知识付费用户。通过让用户在公众号内获得尽可能全面的服务，才能实现用户更多、更有效的留存。

除了帮助用户找到对应的矩阵式平台外，2020年底，“清华大学出版社”微信公众号积极开发公众号菜单栏功能，在原有的图书（包括图书与电子书）销售渠道引流的基础上，将出版社内多个部门资源进行整合并通过菜单栏以点击跳转外链形式进行曝光。菜单栏二级栏目内包含了直播课等由出版社各部门所制作完成的独家数字学习资源内容，各个课程均可进行回放，供关注公众号的用户在任意时间自行选取进行学习。新版菜单正式上线后，公众号菜单栏使用率实现了明显提升。由此，清华大学出版社在现有微信端最大的私域流量内将图书、电子书、数字课程形成了线上与线下、曝光与销售的完整闭环。

同时，自2018年起，清华大学出版社市场部牵头整合社内全部新媒体资源，正式组建了“清华大学出版社新媒体联盟”进行统一规范管理，并按照各自公众号主要面向的目标群体建立了“综合类”“垂直类”“精准类”矩阵式的新媒体平台，由各领域中更为专业的编辑与营销人员作为第一运营人，通过打造更加专业的内容平台为用户提供所需内容，辅以主账号通过文章进行账号间的粉丝引流，有效地增强了对图书的曝光销售与清华大学出版社品牌的影响力。联盟内计算机类公众号“书圈”、高考类公众号“清优辅考”、科普类公众号“原点阅读”也在各自领域内取得了斐然的成绩。

现如今，清华大学出版社正在加快实现由单一出版商向内容资源服务商的角色转变，加大内容资源规划整合力度，加快传统出版与新兴出版融合发展，积极搭建全媒体立体出版格局。这其中，私域流量作为能够帮助企业实现盈利的一个重要途径，其运营的常态化、规范化、精细化、智能化、专业化显然是一个需要长期钻研的课题。

（供稿：清华大学出版社）

十八、全总职工书屋：打造全国职工阅读展示交流云平台

简 介

“全总职工书屋”微信公众号作为全国工会系统的唯一的阅读新媒体平台，是全国工会职工书屋建设工程的线上宣传主渠道，由中华全国总工会主管、中国工人出版社主办。在全国工会职工书屋建设领导小组办公室指导下，“全总职工书屋”微信公众号发挥平台优势，以全国工会职工书屋建设工程开展10余年来，各级工会组织建设的10余万家职工书屋阵地和数千个职

工读书组织为载体，以为全国亿万职工打造线上交流文化空间、提供阅读文化服务为目标，坚持内容精品创造、传播方式多样、资源多方整合，同时兼顾发布内容的可读性、趣味性和互动性，公众号发布的推文阅读量多次达到10万+，粉丝量上涨到90万+，视频号单个视频平均观看次数达1万+。“全总职工书屋”目前已成为集官方政策资讯发布、职工书屋建设方向指导、线上阅读活动开展、地方职工风采展示等内容为一体的全民阅读推广的重要宣传阵地。

（一）把牢“工”字特色，发挥职工阅读引领力

“全总职工书屋”微信公众号坚持思想性、权威性、即时性，深化职工思想政治引领。一方面，立足工会系统的组织优势（截至目前，全国工会会员数量近4亿人），始终坚持以党的创新理论宣传与职工精神文化生活需求结合为切入点，坚持正确的政治方向、舆论导向、价值取向，紧扣阅读热点话题和职工阅读活动，推动习近平新时代中国特色社会主义思想进企业、进车间、进班组，推动职工阅读文化服务走近职工身边、走进职工心里。另一方面，坚持面向基层、面向职工，广泛开展对象化、分众化、互动化的理论宣传普及、全民阅读政策解读、职工书屋动态发布、工会系统文化宣传、劳模工匠精神弘扬等工作，立足服务职工尤其是一线职工、农民工和新就业形态劳动者，向他们送去红色故事、红色传统，传递党的温暖和信仰的力量，唱响主旋律，传播正能量。

（二）创新精品内容，释放职工文化品牌力

优化主题板块设置，开展“菜单式”“订单式”“分众式”阅读服务。“全总职工书屋”注重菜单栏的导览功能，设置工作资讯、线上阅读、活动专区等板块，定期策划推出好书分享、风采展示、经验交流等主题内容，发布更多时效性强、示范性强的信息资源。及时处理留言咨询，提供线上阅

读、活动发布展示、阅读打卡、工会干部与职工技能素质培训等服务，响应职工群众实际阅读需要。定期面向一线工会干部和职工群体开展意见征集活动，对职工阅读的有效性、阅读活动的影响性、书籍推荐的针对性进行深入评估，根据广大职工群众，尤其是年轻群体新的阅读习惯、新兴阅读方式和新型文化需求，及时准确作出调整和改变。

发出群众声音，展现职工书屋特色，打造职工文化展示窗口。工人作家、工业文学、职工原创在历史舞台上始终闪耀着独特光芒。“全总职工书屋”设置开发原创作品和地方动态宣传专区，通过大量活动不断整合地方特色建设成果，发掘、培育一批新时代产业文学读者群、作家群，“最美职工书屋”品牌更是越擦越亮。榜样的力量是强大的，通过这些优秀榜样和先进案例，鼓舞和引领越来越多的职工走进职工书屋开展阅读学习，越来越多的企业单位“建好、管好、用好”职工书屋。

联动电子书屋和活动平台，打通线上线下活动交流空间。通过开发将电子职工书屋、活动平台、图书管理系统等小程序嵌入“全总职工书屋”微信公众号，利用“全总职工书屋”作为工会新媒体、智慧服务平台的优势，为多频次、小体量的线上活动开展和电子资源推荐提供了更多支持。同时在“全总职工书屋”微信公众号上利用互动性强的插件、工具、编辑器、有奖活动等应用，为工会、职工、作者、读者的交流交际赋能，增强职工读者的参与感和互动性，引导广大职工在微信端即刻发现阅读美好，养成阅读习惯。

创新传播方式，丰富话语体系，提升线上阅读的多维度参与和体验。在工会特色话语体系中，将阅读内容的思想性、价值性与可读性、趣味性相结合一直是“全总职工书屋”微信公众号的建设目标。在严把政治关的同时，优化内容编辑排版、图文展示等形式，提供轻松活泼的阅读体验。开通“全总职工书屋”同名微信视频号，陆续以音频、视频、H5页面、留言有奖互动等表现形式多维度展现、多维度推送，拓展阅读活动的体验场景和吸引效应。

以群众喜闻乐见的方式组织策划内容丰富的活动，点燃全国职工的阅读热情。新冠肺炎疫情防控期间，基于线下大规模聚集性阅读活动减少的实际，扛起“工”字责任，推动阅读助力抗疫和网络化传播共享，集中力量在电子职工书屋和微信公众号举办线上阅读活动。协调1.5万种电子阅读资源免费向读者开放，并向参与抗击新冠肺炎疫情医务人员代表赠送电子职工书屋阅读卡，为做好疫情防控工作提供了积极有效的信息与知识服务，组织开展152万职工参加的全国工会防疫知识线上竞答，征集讴歌“抗疫”的图文、寄语、音视频、朗诵等作品上万件，吸引全国各地职工关注，线上参与度和活跃度不断提升。2020年，为庆祝中华全国总工会成立95周年，激发职工爱党爱国的热情，增强工人阶级主人翁意识，创新性地组织开展了“中国工人杯”全国职工读书知识竞赛活动，竞赛题目集知识性、教育性、趣味性于一体，极大地点燃了广大职工学习党史、新中国史、改革开放史、社会主义发展史的阅读热情，仅初赛阶段参与线上竞答的职工就超过了1230万人次。2021年在总结2020年活动经验的基础上，又开展了全国职工党史知识竞赛。这次竞赛覆盖面更广、影响力更大，参赛职工超过1360万人次。广大职工线上答题成为常态，线下学习融入日常，以赛促学、以学促用的氛围日益增强。

建立完善内容审核管理办法，严格把好新媒体平台舆论导向和内容质量关。为进一步做强做优“全总职工书屋”微信公众号，结合实际工作情况，制定《新媒体平台内容发布管理办法》，从策划组稿、内容审核到内容发布全过程，明确发布原则，规范管理流程，确保审校工作责任到人，落实到位，确保发布内容导向正确、事实清晰、内容丰富。

（三）融合阅读资源，提升职工书屋影响力

发挥示范效应，大力宣传推广领读者计划。职工书屋历来有打造品牌公益代言人和职工领读人的传统，目前的代言人中有大国工匠、社会知名人士、一线明星、成才职工，例如演员萨日娜、作家梁晓声、大国工匠高凤林、从外卖小哥成长为中国诗词大会冠军的雷海为等等，还有更多的劳模、工匠、一线职工代表以及电子职工书屋阅读之星作为职工领读人。结合“阅读经典好书　争当时代工匠”全国工会职工书屋主题阅读活动，“全总职工书屋”发动职工书屋代言人和社会知名人士以文字或视频的方式向广大职工推荐优秀图书，并邀请职工领读者进行阅读分享，以此带动更多的职工朋友了解职工书屋，走进职工书屋，形成多读书、读好书的社会氛围。

建立品牌企业阅读联盟，推动内容共读、活动共办、资源共享。2020年世界读书日前夕，为带动更多企业依托职工书屋开展阅读活动，扩大职工书屋阅读活动的影响力，“全总职工书屋”以微信公众号社群运营方式，组建全国工会职工书屋品牌企业阅读联盟，入驻的企业均为知名中央企业和省属重点企业集团。在开展全国职工知识竞赛线上答题活动中，通过全国工会职工书屋品牌企业阅读联盟实现了各联盟单位每日“答题值班”、每本书全员共读、每场活动相互助力的良好互动宣传态势，在历次全国职工主题阅读活动中，200余家大型企业新媒体更是线上同步直播。这种互动式宣传平台的建设，不仅激发了广大企业工会参与职工书屋阅读活动的积极性，也为各地经验交流和全国范围内职工读书会的建立奠定了良好的基础。

搭建工会系统阅读微信矩阵，促进阅读服务内容多渠道传输、多平台展示、多终端推送。整合各地工会组织资源优势，充分发挥各级工会新媒体、各大出版社及文化单位、全国工会电子职工书屋平台、学习强会、技能强国等平台的联动作用，加快打造综合化、数字化、智能化的职工阅读服务体系。在日常出版文化信息共享及活动宣传互补的基础上，2022年联合各大出版单位启动“中国梦　劳动美”中国职工好书评选推荐工作，定期向广大职工发布月度好书、年度好书书目，不断提升阅读服务内容质量的同时，深入

推进全民阅读，满足广大职工特别是一线职工、青年职工、农民工的阅读学习需求，进一步叫响做实职工书屋品牌。

（供稿：中国工人出版社）

十九、人民文学出版社：握流量密码　创新整合运营

简　介

“人民文学出版社”官方微信公众号建立于2013年，目前已有近百万粉丝。内容主要以提升品牌影响力、分享名家经典作品、重点新书推广、日常活动预告以及出版行业资讯为主。每个人心中，都应深藏一部文学作品。在这里，你能找到属于你的“那一部”。

2022年6月，“人民文学出版社”微信公众号已有超过90万粉丝量，单日阅读量高达3万+，月均粉丝增长近2万，百万粉丝量指日可待。从2021年年中开始，“人民文学出版社”微信公众号进入了高速发展期，粉丝数量在10个月内增长了近20万，在各大新媒体排行榜中，名次有了明显提升，长期占据行业前十名，文学出版类第一名。

微信公众号的运营对于出版行业来说并不陌生，从2012年成立至今已过去十年，在这十年间经历了初创、爆发、繁荣和稳定期几个阶段，时至今日，微信公众号尽管已经成为企业的标配，是对外宣传的窗口，但早已过了爆发期和繁荣期，平台的整体发展相对稳定。再加上这几年视频类新媒体的快速发展，许多出版社已经转战视频领域，不再将微信公众号作为重点来运营。可为什么人民文学出版社逆势而上，让微信公众号在这么短的时间内还

能够远超平台的平均增速，实现快速增长？

（一）依托人文社丰厚资源，专注优质内容

人民文学出版社是有着70余年历史的文学出版社，代表了中国文学出版的最高水平，因此，我们在微信内容的选择上坚持以人民文学出版社的品牌为基准。一篇文章能不能在公众号上发表，首先考量的就是这篇文章能否代表人民文学出版社的水平，是否能够引领中国人的文学阅读，而并非简单考虑这篇文章是否关乎热点、是否有商业转化。一篇好的文章在合适的时间发出，阅读量与转发量自然水到渠成。

“人民文学出版社”微信公众号的内容也得益于人民文学出版社有大量的内容资源，人民文学出版社出版的图书包括“古、今、中、外”四大板块，近几年又拓展到了社科领域与少儿领域，所出版的图书多为著名作家的经典作品、重要作品，这些都为新媒体的发展提供了源源不断的灵感与素材。当然，这些也是人民文学出版社的独家资源，所以对于读者来说关注人民文学出版社的公众号能够阅读优秀的文学内容。综合以上，人民文学出版社形成了从内容到阅读量再到粉丝转化的清晰路径。

在内容呈现上，我们没有故步自封，而是在保留作家作品原貌的同时，结合当下新媒体的阅读习惯做一些新的处理：

在进行非虚构类图书《讷河往事》的新书宣传时，我们大胆选择了案件犯罪嫌疑人的一句证词“我肯定是死，你肯定是立大功”作为文章标题，“你”“我”“死”“立大功”以及两个“肯定”，完全相反的两种结局产生了冲突，同时也成为了“吸睛之笔”。

2022年1月，临近春节，上班族辛苦的一年临近尾声，物流也逐步停发，此时并不是新书的最佳宣传期。此刻，名家散文更符合读者的心理接受预期。我们选择了丰子恺的散文《过年》，但是原标题过于简单，且很多营

销宣传号大都发过，定什么样的标题可以更好地引起读者的共鸣呢？“年底这一天，是准备通夜不眠的”，这是多少人记忆里的春节啊！全家人围炉夜话，聊聊一年的喜怒得失，聊聊来年的计划，光是看到标题，就已经开始想要回家过年了。

人气博主傅真睽违七年之后推出首部长篇小说《斑马》，内容聚焦在“生育选择”“自我成长”“两性关系”三个核心主题上，作者用游记视角记录主人公在湄南河畔的种种经历。新书宣发的原标题是：“人生旅途的目的地，或许是每一个当下。”在符合内容的基础上，标题不算非常亮眼，经过反复地讨论、修改，最后我们确定“以爱之名”这个方向。作者笔下的主人公正是因为“爱”，所以才虽经历困难重重但毅然决然求医、生子，因此最后决定围绕关键词来拟定“爱，就是重复爱上一个人，很多次”的标题，果不其然成为爆款。

2022年5月，作家李修文的散文《在人间赶路》出版，“人民文学出版社”微信公众号的标题只加了四个字——“你我皆是”，成为“你我皆是，在人间赶路”，虽然只是加了四个字，但感觉一下子就有了。“在人间赶路”的是谁？答案了然：你，我，皆是，无一例外。大千世界，匆匆步伐，谁又能遗世独立，置身事外？

同时，新媒体运营也需要有很高的敏感度，需要跟热点相结合时就需要毫不犹豫地跟上。2022年高考当天，语文考试的作文题目将《红楼梦》选段作为素材，我们联系编辑部紧急准备素材，责编找到了一篇俞晓红老师所写的《历年高考语文卷〈红楼梦〉试题评析》，这篇文章整体品质很高，分析也很透彻，于是马上请责编加了一段引语后发出，这篇文章在发布后24小时内阅读量高达4万，远远超出平时的阅读量。

这样的案例非常多，微信公众号的运营需要精耕细作，怀着对作家、作品和读者的敬畏之心，才能在每一天的日常发布中将宣传效果放到最大。

（二）创新打出一套视频号、直播、社群的运营组合拳

随着近几年新媒体向视频领域的倾斜，微信平台自身也在不断更迭和丰富。很多运营者会陷入一个误区：运营微信公众号就只是关注微信公众号，这理念在现在这个时代显然是过于狭隘的。微信平台是丰富的，不仅包括微信公众号，还有社群、朋友圈、视频号、朋友圈等多种功能，每一个功能的使用单独拎出来都能发挥巨大的能量，更不要说联合起来，因此，我们在运营微信公众号的过程中非常注重组合拳的打法。

2020年，微信平台开放了视频号的申请机制，开始探索视频领域。人民文学出版社于2021年6月初注册官方账号，并且开始投入正式运营。我们欣喜地发现微信视频号的运营在某种程度上促进了微信公众号的快速增长。首先，微信视频号丰富了公众号的内容，以图文为主的微信公众号也可以很好地展示视频形式的内容，丰富用户的观感。另外，微信视频号的每一条短视频都可以挂微信的图文链接，对微信的图文消息来说也有了二次传播的机会，再次实现增量。

丰富、高质量的直播活动同样给微信平台带来巨大流量，人民文学出版社的直播活动是从2021年年中开始的，在社里的全力支持下，我们打造了自己的直播间，解决了设备和技术问题，基本上每周都有4—5场直播活动，有时甚至每天都有活动。我们的直播活动目前主要分为：大型品牌阅读活动、新书分享会和“朝内166文学讲座”这几种形式。大型品牌阅读活动主要是指人民文学出版社2021年12月31日的“文学·中国——人民文学出版社2022文学跨年盛典”5小时不间断直播，2022年1月24日的“《当代》2022年度文学论坛暨颁奖典礼”，2022年4月23日和央视文艺频道一起合办的“品味书香——4·23十小时不间断直播活动”，2022年5月中上旬“中国好书连续5场直播活动”，等等，这些大型品牌直播在微信平台观看量常常达到10万人。新书分享会直播更是依托于人民文学出版社“古、今、中、外”四大板

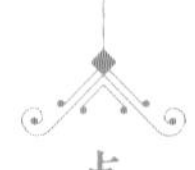

块源源不断的名家重量级新书的出版，基本上每月月初就能将整月的新书分享活动排满。《康震古诗词81课》《国家宝藏》《古典的春水》等发布会都有非常可观的观看人数。其中，作家邱华栋《十侠》的直播观看量近20万。“朝内166文学讲座”是2021年适逢人民文学出版社成立70周年时推出的名家文学公益讲座，定于每周四晚7点直播，邀请北京大学、北京师范大学、中国社会科学院、鲁迅博物馆等一流院校的一流学者解读一流的文学作品，已经成为很多文学爱好者翘首企盼的文学活动。

除了视频号、直播活动持续地让人民文学出版社一次次地“破圈”，我们还在微信平台内建立了一个非常稳固而庞大的社群团队，成为我们用户黏性最强的私域流量池。社群团队还设有专门的管理员进行管理，不定期开展图书共读、图书拍卖等活动。

正是这套组合拳的打法，让我们将微信平台的运营做到了极致，只要是可以留住用户的方式，我们都在紧跟潮流、认真对待，所以在粉丝增长、阅读量和传播度每个指标上都始终处于行业前列。

（三）从理论到实操，微信公众号需要精耕细作

常常有人问我们，微信公众号的运营是否具有专业性？答案是肯定的。无论是在总体内容的设计搭建上，还是在日常工作的细节中，微信公众号的运营都有着很强的专业性。同样一篇文章，仅仅在标题、配图、排版、导语、发布时机、传播等细节处有些许的差别，就能导致完全不一样的阅读体验。

专业性如何养成？首先，要观察读者，及时分析后台数据，客观、清晰地了解什么样的内容是读者真正想看的。微信公众号后台每天9时会有前一天阅读数据、新增关注人数的更新，且可以具体到某一条推送相对应的数据。什么样的内容吸引了新的读者，或者异于平常的阅读量，翻倍，甚至激增，这些内容就是读者“无声的诉求”，通过点击和转发，通过关注和互动

来传递讯息：这样的内容，我喜欢看！

其次，注重与读者互动，读者的需求对出版选题有重要的参考价值。留言区就是读者的“需求集中地”。好的文章会收获无数的肯定。有时好的标题和好的封面图也可以引爆一篇文章。留意读者的情绪，并试着去分析，就能获取流量密码。

“人民文学出版社”的微信公众号保持日更至少3条内容的频率，头条内容由运营编辑和图书编辑根据图书宣发周期和重要事件节点来商议排期，并提前一周的时间敲定。这样做有如下的效果：

助力新书上市，参与宣发和造势；定期维护长销品类及重要作家；让经典书、畅销书“刷存在感”；为稿件三审预留时间，保障稿件质量；为配图、小视频、有声书制作留出时间，让内容呈现更加完美；避免内容重复化，确保内容丰富、类型多样；为突发性事件预留“反应”时间。

总而言之，每一位运营者，都应做一个“有耐心”的“有心人”。每个账号都有从0到1的过程，只有沉下心，投入时间和精力，多学习、勤思考、敢突破，才能在时时变化的新媒体行业下打造一条专业化、精细化、系统化的经营之道，从而捕捉并收获契合的读者和可观的购买力资源。

现在的“人民文学出版社”微信公众号基本上稳定在每天1000+的关注人数增长量，在平台自身收获快速增长的同时也在带动我们其他平台的发展，比如视频号、共读、B站、小红书等等，也同样成为我们能够自信地开展一系列直播活动的流量保障。2022年，“人民文学出版社”微信公众号的流量池还会继续增加，毕竟这个时代，最珍贵的就是流量。

（供稿：人民文学出版社）

二十、异步图书：走品牌知识服务创新之路

简 介

“异步图书”是人民邮电出版社创办的IT专业图书品牌，与2015年上线的“异步社区”共同构成异步品牌。依托人民邮电出版社近30年的IT专业出版资源和编辑策划团队，异步致力于优质IT学习内容的出版和分享，为读者提供多样化的知识产品，为作译者提供优质的出版服务，实现传统出版与数字出版的融合发展。“异步图书”微信公众号作为交流窗口，发布最新纸书、电子书资讯，分享深度技术文章，搭建起读者、作译者和出版社三方互动的桥梁。

“异步图书”微信公众号孕育自“异步社区”，扎根微信生态后开始繁茂生长，持续触达和服务更多读者：首先，公众号将异步出版的图书通过精彩书评、主题书单等形式及时、准确地推送给读者，帮助读者第一时间掌握最新的异步书讯；其次，公众号通过书写IT领域的大师故事，对技术作者进行深度访谈，让读者从优秀的先行者身上汲取学习的力量；再次，公众号密切关注并捕捉最新的技术趋势，满足读者对热点技术的求知欲。最后且最重要的一点，“异步图书”微信公众号还是异步实践融合出版的前哨，在这里，出版社对知识服务的探索与读者用户的反馈高频交汇，成就了异步品牌产品和服务的不断优化迭代。

（一）“异步”的缘起：从异步社区到异步图书

人民邮电出版社（以下简称“人邮社”）异步品牌成立于2015年，其背后的团队和图书出版则有更长的历史。20世纪90年代，人邮社就看到了信息技术的广阔前景，为满足大众读者获取此类知识的迫切需要，开始成规模地出版计算机图书。到2005年，在编辑团队的努力下，人邮社此后一直位居计

算机类图书零售市场第一位，市场占有率达到25%左右。

伴随20多年IT行业的蓬勃发展，人邮社的IT出版顺应市场实现了快速成长，出版了很多经典图书、畅销图书，如《C Primer Plus中文版》《鸟哥的Linux私房菜》《Python编程快速上手》《代码整洁之道》《重构》《数学之美》《浪潮之巅》《计算广告》《深度学习》《动手学深度学习》等，帮助数以百万计的读者掌握技能、提升自我。

紧跟技术发展动态的编辑团队意识到，在互联网条件下，传统出版面临着一系列挑战，其中很重要的就是缺少与用户的直接连接。与此相对应的是，互联网推动了在线教育和自出版的发展，电子化阅读也越来越普及，这都形成了对传统出版的挑战。只有想办法与用户建立联系，为作者提供更多样化的增值服务，才能突破发展瓶颈，开辟出第二增长曲线。

于是，筹建在线社区的计划于2013年提上日程，编辑团队希望打造一个与用户之间交互的平台，同时可以提供更好的电子书阅读体验，实现纸书电子书的同步出版。通过用户和市场调研，以及与开发团队的反复讨论，形成了完整的开发方案，经历一年多的开发测试后，社区正式上线——2015年8月，异步社区诞生了。

图2-7-20　人民邮电出版社已出版的IT类图书

“异步”这个名字有两方面的含义：

其一，“异步”音译自异步社区的网站域名epubit，这是Electronic Publication 和 Information Technology 的缩写，意为“信息技术电子出版”。异步社区成立之初就思考如何适应人们对电子书的需求，其品牌名称则体现了这种原生基因。

其二，“异步”是信息技术常见概念，比如“异步通信”和“异步处理”，几乎所有开发者都有所接触。用这样一个信息技术行业名词来作为社区的名字，是想向大家传达一个信息：在信息技术内容分享和出版方面，异步社区是专业的。

其实，这两个方面最终都指向同一个目标：异步社区是一个可以更好地获取信息技术书籍与知识内容的交流平台。

社区上线一周年之际，“异步图书”品牌也正式启动，2017年之后，异步出版的新书封面上都会带有“异步图书”的标识。

只要在书上看到这个标识，就说明可以在异步社区上找到更多的服务与电子资源，不仅有电子书，还有丰富的视频课、在线编程练习环境等内容，能极大地满足读者各种形式的阅读需求与体验。“异步图书”微信公众号同期投入运营，围绕纸书和在线社区服务，成为连接读者、作译者和出版社的重要纽带。

（二）异步品牌的知识服务创新之路

“异步图书”微信公众号作为异步在微信生态触达读者用户的入口，通过及时传递异步产品资讯，分享深度技术文章，加强读者互动等运营策略，实现内容、用户和服务三位一体。关注“异步图书”的用户，可以直接在微信浏览器内访问异步社区。异步也从最开始的图书加电子书模式，到提供全格式电子书，再到上线视频课、会员服务，通过不断迭代，为用户提供更多有价值的特色服务。

1.纸电同步

为满足IT学习者对纸电同步阅读的迫切需求，异步社区同时提供纸书和电子书的销售，纸书从出版社的库房直接发货，电子书由编辑团队进行精细排版后上架。经过多年迭代，电子书的阅读体验不断得到优化：社区提供全格式电子书，并推出了在线阅读电子书“e读版”——用户可以登录社区随时阅读并集中管理自己购买的“e读版”电子书。

2.抢读

独一无二的“抢读”功能是异步社区的另一大特色：你想在纸书还未出版时就看到原创稿件吗？你想在作者创作期间与他直接沟通吗？你想在纸书发布的第一时间就拿到手吗？这些在其他地方都做不到的事情，异步社区的“抢读”功能就可以实现。订阅抢读版图书的用户，可以提前2—3个月阅读原创稿件电子版，并可同时购买纸质版，图书一入出版社库房就可以快速发货，确保用户能够第一时间拿到新鲜出炉的图书。

3.在线编程环境

编程是一门非常强调“做中学”的学科，边读书边练习将大大提升学习者吸收知识的效率。异步直击用户的学习痛点，针对一批畅销好书搭建了互动式学习平台：专门开发了在线编程练习题，并提供了在线编程环境，免去用户配置代码运行环境的时间成本，达到双效合一。

4.视频课

在图书形态之外，异步社区还提供了视频课程的学习介质，目前已开发70余门热点技术的视频课程，涵盖C/C++、Python、深度学习、知识图谱以及软件测试等领域。

5.三合一出版物的探索——书课包

如上所述，阅读图书、观看视频教程、使用互动式学习平台是学习IT知识的常见手段，异步对融合发展业务的探索并未止步于此，而是尝试打造以

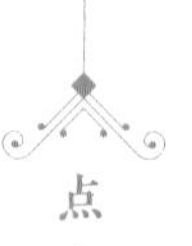

视频教程为切入点、以图书（及其配套电子文件）为主要媒介、以互动式学习平台为实践方式的“三合一出版物”。

在三者的结合方面，异步图书出版的C和C++经典图书《C Primer Plus中文版》和《C++ Primer Plus中文版》已有一定的探索，形成了“书课包”的产品形态。

异步邀请上海交通大学副教授翁惠玉录制“官方解读”配套视频教程，上线异步社区单独售卖，截至2022年4月，累计参与人数近万人；互动式学习平台方面，异步与在线教育平台蓝桥合作，根据图书所涉知识点设计在线交互的例题，在异步社区网站的e读版电子书中设置在线编程入口。

用户在使用三合一出版物学习时，可以清晰地理解概念、直观地解决问题、及时地上手实践，从而产生“1+1+1＞3”的效果。三合一出版物的尝试，将为异步未来“多合一”的融合出版打好基础。

6.VIP会员服务

2020年，异步社区上线了VIP会员服务，VIP用户不仅可以免费畅读全场电子书，在购买纸质书和视频课等产品时还有会员专享优惠，更有在线编程实验练习免费练，更多的会员权益还在不断完善中。

经过7年打磨，在互联网技术和新媒体渠道的助力下，人邮社的IT专业出版从传统出版业务升级为以异步社区为平台的线下—线上出版服务生态。

在此过程中，异步将不断强化运营意识与服务能力，改变以往图书上架平台后服务基本中断的局面，不断改进产品和学习体验，帮助用户更快速地学习新技术，以适应行业发展的要求，在为传统出版保驾护航的同时，开创融合发展业务的新局面。

（供稿：人民邮电出版社）

二十一、百草园书店：用声音和故事和你说早安

简 介

无锡市百草园书店创立于1997年，是无锡市的一家民营书店，秉持“传播文化，推广阅读，以书会友”的经营理念，百草园书店持续开展各类阅读推广活动。“百草园书店”微信公众号创办于2013年，旨在为读者搭建内容更丰富、形式更多样、服务更广泛、操作更便捷的线上阅读平台。目前，“百草园书店”微信公众号已经聚集了超过450万粉丝，每天清晨5点半，百草园书店带领百万书友共享美好阅读时光。

网络空间是亿万民众的精神家园，网络文明需要我们共同倡导和践行。百草园书店在各级政府和领导的带领下，深入学习贯彻习近平新时代中国特色社会主义思想和党的十九大精神，贯彻落实习近平总书记关于网络强国的重要思想，积极树立网络文明鲜明导向，不断强化企业及员工的网络行为规范管理，经常开展网络文明活动，大力弘扬社会主义核心价值观和优秀传统文化，持续输出具有新时代特色的正能量文化信息，通过网络诵读的方式，积极推进全民阅读。

“百草园书店”微信公众号每日发布8条信息，设有“朗诵”“早读”“赏读”“伴读”“聆听”“荐书坊”“经典音乐”等多个栏目，涉及情感美文、人生哲理、为人处世、生活态度、季节美文、家庭教育、节点热点等多个主题类别，大力推广中华优秀传统文化和当代先进主题文化，引发了线上读者的广泛关注与多次传播。针对新媒体的传播特性，百草园书店积极探索数字化内容传播，率先打出“朗读者”品牌，在全国范围内邀请知名主播制作有声读物，推动数字化阅读传播。

百草园书店一方面搭建优质信息制作与传播平台，全国范围内的文学爱

好者、广电系统主播或朗诵爱好者积极创作并投稿，为“百草园书店”微信公众号输送了大量精美、悦耳的美文诵读；另一方面，百草园书店为全国范围甚至海外的读者建立了信息播发与分享平台，每天清晨，读者们打开“百草园书店”微信公众号，收听内容，留言交流，即可在互联网上收获一个充满正能量的心灵慰藉之所。

“百草园书店”微信公众号立足大众实际需求，深挖中华优秀传统文化，围绕节日节庆、传统文化等创作内容，积极传播中华优秀文化思想，为互联网注入正能量。在春节、元宵节、清明节、端午节、重阳节、中秋节，以及中国共产党建党节、建军节、教师节、国庆节等时令、节气、节日当天，“百草园书店”微信公众号发布多条主题推文，唤起线上读者的关注，普及相应文化知识。

作为阅读类新媒体号，“百草园书店”微信公众号积极关注社会热点，在国家重大事件和社会议题上，为大众提供丰富的阅读素材。在2019年新中国成立70周年、2020年抗击新冠肺炎疫情、2021年庆祝中国共产党成立100周年之际，“百草园书店”微信公众号借助平台资源，分别开展了主题系列诵读活动，吸引了大量网民参与活动，分享信息。

2019年是新中国成立70周年，“百草园书店”微信公众号围绕该主题特别开展了“全民诵读贺华诞”网络诵读活动，以主题诗歌诵读的方式，记录新时代、书写新时代、讴歌新时代。百草园书店邀请了包括诗人欧震、国家一级演员王余昌、中国播音主持金话筒奖获得者陈红等知名人士参与策划与创作，在“百草园书店”微信公众号上发布了16篇精彩纷呈的诗歌及诵读作品，引发了广泛阅读与留言互动。网民们通过自创诗歌或阐述感想等形式，表达了对祖国的热爱与赞美之情。其中，《朗诵：那是我的祖国》单条推文收获百万阅读量及过万次点赞。通过在新媒体平台进行数字性转化与创新性传播，百草园书店与时俱进地宣传和弘扬民族精神，坚定文化自信，推广全民阅读。

2020年年初新冠肺炎疫情暴发，面对未知的病毒和抗“疫”一线的紧张局势，“百草园书店”微信公众号邀请知名作家、诗人和朗诵艺术家创作了包括《朗诵：武汉不哭！》《只为不负生命重托》《生命保卫战》等十余篇诗歌诵读作品，以“全民战‘疫’，加油中国”这一系列线上诵读为全网读者加油鼓劲。中国一级作家高小莉，《新丝路》专栏作家碑林路人，中国当代诗人吉狄马加、欧震等参与诗歌创作，湖北朗诵艺术家协会会长谢东升、绍兴朗诵协会主席何琳尔、江苏省朗诵协会副会长傅国等参与诵读，活动获得了超过百万网友的关注与互动。此外，《朗诵：武汉不哭！》这一推文还被“学习强国”“书香江苏”“苏说新力量”等平台转载，获得了广泛传播。2020年1月31日至2月15日，“百草园书店”微信公众号共发布与肺炎疫情有关的诵读作品13篇，作品点击量超过430万人次，超过万名网友在推文下方留言互动。这一活动为关注疫情的网民们提供了抒发情感、互动交流的平台，也为奋斗在战“疫”一线的工作者们加油、打气。

2021年，时逢中国共产党建党100周年，为开展党史学习教育、传播红色精神，“百草园书店”微信公众号特别策划了“百年辉煌全民诵”主题诵读。2021年1月至10月，“百草园书店”微信公众号每月至少发布一篇作品，组成了由《共产党员跟我来》《忆往昔峥嵘岁月稠》《初心永不褪色，忠心只为祖国！》《铭记党恩，砥砺前进，护我疆土，壮我中华！》《懂得》《我为党来唱支歌》《百人合诵：庆祝建党100周年——不忘初心，继续前行》《朗诵：十月，让我们唱一曲最美的赞歌》《早读：今天是你的生日，我的祖国！》《国庆节，致我一直牵挂的人！》《伴读｜国庆节：我们都有一个家，名字叫中国！》等在内的十余篇主题诵读作品，每一篇作品由百草园书店原创图片、作家原创诗文和主播朗诵音频或经典主题音乐组成。作品一经发布，就得到了网友的关注与互动。网友们纷纷在推文下方留言，或用诗歌、或用散文、或用誓词，表达对党和国家的深情与热爱。其中，7月1日建党节当天，由百草园组织的106名来自全国各地的主播参与朗诵了退役海军上校王剑创作的诗歌《百年》，形成的朗诵作品《百人合诵：庆祝建党100周年——不忘初心，继续前行》，用长达28分钟的朗诵带领大家回顾了100年间中国共产党的历史大事记，主播们热情的诵读将庆祝氛围推向高潮，近百万读者参与了阅读、互动和转发。这一诵读活动主题鲜明、形式活泼、感染力强、互动性佳，通过图文和朗诵为网民带来双重感官体验。

“百草园书店”微信公众号的部分推文受到读者及同行广泛关注与转发，“人民日报”新浪微博和微信公众号曾转发“百草园书店”微信公众号《出言有尺、嬉闹有度，做事有余、说话有德》一文；“学习强国”微信公众号曾转发了“百草园书店”《父亲节——深情无声，大爱无言》一文；“共产党员”“共青团中央”“新京报”等微信公众号曾多次转载“百草园书店”微信公众号的内容。

“百草园书店”微信公众号自创立以来受到了各级政府、出版发行组织机构的关注与支持，被江苏省新闻出版广电局评为“江苏优秀全民阅读新媒体推广平台”，并先后获得2014年江苏年度最佳自媒体、“2015无锡新媒体年度榜单”最佳传播奖自媒体类一等奖、“2016年度锡观指数自媒体年度榜单”第一名、2016年“华文领读者·数字阅读提名奖”等奖项，并获选第二、三届“大众喜爱的50个阅读微信公众号”，全国书业“2017年度最受欢迎”公众号，“最佳全民阅读推广微信公众号”等荣誉。此外，“百草园书店”还获评2020年度江苏“十佳自媒体账号”“2021年度优质原创公众号”，“百草园书店”微信公众号发布的《百人合诵：庆祝建党100周年——不忘初心，继续前》被评为第二届江苏“十佳自媒体作品”。

发布积极、正面、具有时代导向的信息是“百草园书店”微信公众号进行创作的指导原则，也是“百草园书店”微信公众号持续生存、广受人民喜爱的有力保障。未来，“百草园书店”微信公众号还将继续用好声音、讲好故事，为读者带来精彩的阅读分享。

（供稿：无锡市百草园书店）

二十二、大众书局：打造生动内容　触达用户关系网络

简　介

“大众书局”微信公众号成立于2014年，已运营近9年时间，人员配置由最初的1人发展到现在的3人。发布频率为一周六次，一次发布两到三条信息，头条发布内容一般为荐书、活动预告、时事热点和好文转发等，用户数量达到三十多万。“大众书局”视频号2021年8月发布了第一条视频，到目前为止“大众书局”视频号已经发布了57条视频，其中有43条为荐书视频。

（一）“大众书局”微信公众号

1.结合热点，抢占先机

热点往往是人们最关注的话题，为提高阅读量，扩大宣传范围，我们会捕捉当下热点，与内容结合进行发布。例如，《晚婚》是一本家庭情感类小说，如果仅从书本角度介绍，除了推广内容略显单薄外，也会在一定程度上忽略一批潜在读者。为了提高内容打开率，我们选择从热点事件切入，家喻户晓的歌手——李宗盛和带有提问式的标题，都能引起读者的兴趣，在不知不觉中代入文章中，也不显突兀，反而能提高读者的接受度，促使读者完整阅读。

同样的思路也体现在《把自己当回事》的推荐中，当时的杨天真凭借自己的发言频繁冲上微博热搜，而且标题中自带冲突性的字眼，能勾起读者的

好奇，让他们点开文章一探究竟，让新书的推荐也显得顺理成章。

2.名人效应，吸引眼球

为能吸引眼球，推文往往会结合当下热点，与书中内容进行匹配，使读者更有代入感。在推荐《微积分的力量》这本书时，考虑到书本内容受众面较窄，为提高阅读的趣味性，通过标题吸引读者，提高点击率，在推荐时我们从前段时间推荐过这本书的葛军入手，在标题里加上了“葛军推荐”的字样，推文封面也选择了幽默有趣的风格，这篇推文的整体风格都偏诙谐。推文发布后引起了不少人对于数学的共鸣，阅读量近1万。余华的新书也采用了同样的推荐思路，自带流量的作家余华和时隔八年才出的新书，都在一定程度引起了读者的好奇心。

3.注重细节，视觉美化

“大众书局”微信公众号根据专业采销人员提供的当月好书和各大出版社的新书推荐，不定期推荐好书。以书单和单本介绍为主，通过书籍的创作背景、作者趣事和装帧设计等方面的介绍，激起读者的好奇心和阅读欲。在荐书内容呈现形式上，活用编排工具，按照书本设计风格进行排版，统一画面，在视觉上给读者一个良好的体验。

4.加强会员服务功能，做好线上营销

从2018年开始，大众书局加大对公众号运营的投入，将一些读者的基础服务汇集至订阅号菜单栏中。开发会员信息的查询、实时查找门店书籍库存、小程序电商的销售、定制客户专属通道等功能。在阅读好书推荐的内容时，读者可以通过文中链接跳转小程序直接购买书籍，从营造阅读场景、设置购买链接等一系列动作，增强读者阅读兴趣，促进和方便读者购买，进而推广阅读。

5.会员群是定向的粉丝群

各个门店读者会员群的搭建，为读者和门店架起一座沟通的桥梁，同时方便我们将活动预告、抽奖活动和好书推荐等信息第一时间发进群内，做好二次推广和宣传；我们提炼出与内容相关的文章，方便读者第一时间掌握书籍信息。

（二）“大众书局”视频号：每周带您读一本书

2021年8月，“大众书局”视频号发布了第一条视频，到目前为止“大众书局”视频号已经发布了57条视频，其中有43条为荐书视频。阅读推广人通过视频分享好书，讲述自己的阅读心得，用1分钟左右的时间推荐一本书，培养读者的阅读兴趣，进而带动阅读行为。

开头以固定的介绍语，给读者留下强烈的品牌印象。视频荐书主要以出镜人员的自我推荐为主。他们有的是门店店长、有的是书店阅读推广人，更有爱书的志愿者加入，让“大众书局”视频号的荐书内容丰满、生动又有趣。

店长荐书：长期的工作经验，能让他们实时把控读者的阅读喜好，第一时间获取市场信息，因此他们推荐的书籍更能贴近读者的阅读喜好。

故事姐姐荐书：主要以儿童阅读为主，为孩子们介绍绘本和青少年读物，为儿童培养良好的阅读习惯。

爱书志愿者、阅读推广人的加入，通过深入浅出的讲解，让看似难读的学术型图书也变得有趣生动，他们用更加口语化的语言介绍那些看上去有些晦涩难懂的书籍，为想要阅读的朋友们降低阅读门槛，也为大众阅读持续推荐有价值的内容。

不论是公众号还是视频号，都是借助了微信这个大平台。微信作为一款沟通工具，其实时通讯性和极强的用户黏性使朋友圈成为一种关系网，公众号上发布的好书推荐，感兴趣的读者可以立即在朋友圈进行分享，成功将社会化关系转换为点对点的交互，使阅读更有影响力、传播力，读者可以随时随地轻松便捷地获取所需的信息。希望通过我们的不断推荐，能让读者在潜

移默化中培养起自己的阅读习惯，为推广全民阅读贡献一份力量。

（供稿：江苏大众书局图书文化有限公司）

二十三、当代：做移动传播时代的文学新媒体

简　介

品牌文学期刊《当代》杂志由人民文学出版社主办，杂志于2013年开通微信公众号，利用新技术为传播优质文学内容和自身文学价值观服务，及时发布杂志动态、分享文坛信息、推送优质作品、与读者互动。经过近十年的运营，公众号已成为广受文学界与文学爱好者好评的新媒体平台，助力《当代》杂志发展为符合当代读者阅读习惯和多样化需求的综合性、全媒体文学期刊。“当代”微信公众号曾入选第三、四届“大众喜爱的50个阅读微信公众号”，2022年入选第六届“大众喜爱的阅读新媒体号”。

（一）借力新媒体，发挥期刊品牌优势

《当代》是中国出版集团有限公司旗下大型原创文学刊物，由人民文学出版社主办。自1979年创刊以来，始终以现实主义为办刊宗旨，坚持以文学关注现实、关注百姓人生的立场，为读者奉献精神食粮，也为中国当代文学史树立了一座座值得铭记的丰碑，多次荣获国家期刊奖、出版政府奖、全国百强期刊、中国最美期刊等奖项与荣誉，发行量始终保持在国内原创文学期刊前列，被公认为国内最具影响力的品牌文学期刊之一。

近年来，随着市场格局和传播方式的变化，文学期刊面临新的挑战，特别是各类以数字技术为基础、以网络为载体的信息传播媒介，凭借便捷、新

奇、多元的手段，提供了海量的文字、图像、音频、视频信息，改变着人们的阅读习惯，也潜移默化地塑造了新一代的读者。在此背景下，《当代》编辑团队认真研究新媒体发展趋势，立足现有条件，选择可行又有效的方式，推进媒体融合发展，先后开设了官方网站、博客、微博、微信公众号、微店等，并与业界领先平台合作，推出杂志数字版和有声版，基本建成了覆盖全媒体、多平台的新媒体传播矩阵，充分利用新技术手段为优质文学内容服务，在品牌推广手段上不断谋求创新，以适应时代发展和要求。

"当代"微信公众号筹办于2013年，并在当年12月4日推送了第一条群发信息。当时开设微信公众号的文学期刊寥寥无几，尚没有太多成功的案例可以参考。而此前文学期刊的新媒体传播，主要是以纸刊内容的数字化"平移"为主，即将纸刊上的文字内容数字化，上传到相关平台，或利用新媒体账号发布新刊目录。经过一段时间的观察与实践，《当代》编辑团队发现简单的"平移"和"发布"，不一定符合新媒体读者的阅读习惯，也不能凸显期刊既有的核心优势。《当代》作为一份历史悠久的文学期刊，其品牌影响力建立在多年来所坚守的文学价值观与严格的筛选标准之上，在新媒体环境下，应设法将其转化为微信号的特质，充分凸显文学刊物的媒体属性，以巩固期刊在读者心目中的专业形象与权威地位，并进一步拓展读者群。基于这样的思路，"当代"微信公众号确立了自身的功能与定位，即发挥既有期刊优势，做一个传播文学价值观，内容与纸刊相互平行的文学自媒体。

（二）以专题和栏目，提供立体阅读体验

"当代"微信公众号经过多年摸索，不断调整，逐渐形成了独具自身特点的内容布局与风格特色。

第一，作为文学杂志的官方微信号，核心内容来源于最新出版的纸质刊物。除了及时发布新刊目录，"当代"微信公众号还将每期杂志上的单篇作品扩展为一个个专题，在内容导读与原文节选的基础上，辅以纸刊以外的各

类信息，如作者自述、编辑手记、专家评论、读者点评等。这样不仅有助于读者更好地了解作家、理解作品，也增加了微信公众号内容的厚度、扩大了作品的传播半径。

第二，为了更为有效地推广期刊整体品牌，《当代》将创刊以来发表的全部内容整合为资源库，通过形式多样的专题策划，不断将其中内容重新加以整合。如2014年2月19日推送的专题，包含三篇文章：《〈当代〉选发〈尘埃落定〉始末》《阿来和〈尘埃落定〉》《评论：说傻·说悟·说游——读阿来的〈尘埃落定〉》，立体展示了《当代》刊发过的经典作品，讲述作家与刊物之间的精彩故事。这类以“经典”“往事”“温故”等形式推出的专题，与新刊推介内容相互配合，在微信平台获得热烈回响，提升了刊物的品牌认知度。

第三，“当代”微信公众号作为平行于纸刊的文学信息传播平台，不仅随时发布杂志社以及人民文学出版社最新动态和活动信息，编辑团队也时刻关注国内外文坛动态、热点，针对微信用户的特点，选取适合的信息，根据新媒体传播的即时性特点，转化为微信内容。例如，每届诺贝尔文学奖及茅盾文学奖、鲁迅文学奖等重要奖项揭晓，公众号都会第一时间推送信息，并配合以专业解说与背景信息，这类内容均获得极高的点击与转发量。此外，“当代”微信公众号还会定期分享文学新书资讯、名家访谈等内容，凸显刊物的专业形象。

第四，《当代》编辑团队基于多年来对于文学读者兴趣点的了解，结合对新媒体用户阅读习惯的追踪分析，有针对性地筛选兼具文学价值与可读性的精短小说、美文等加以推送，以此丰富微信号的内容，增加吸引用户长期关注的黏性。这也充分体现《当代》编辑团队的审美眼光与关注视野，是期刊内容的自然延伸。其中如配合二十四节气推出的专题、重要作家纪念专题、传授名家创作心得的“写作课”等，多年来深受读者好评。

第五，“当代”微信公众号近年也策划了一批有话题性和传播热度的专题。如2018年5月30日、31日连续推出多篇文章，纪念多年前曾在《当代》发表小说，后不幸早逝的青年作家飞花，分享其小说原文。《〈卖米〉是如何来到〈当代〉的》《责编回忆：〈卖米〉为何依然打动万千读者》等文章在朋友圈广为传播，并引发了新闻媒体的报道关注。

综上所述，“当代”微信公众号开设十年来，不断总结经验，形成了以栏目和专题为中心的内容格局，目前每周保持六天更新推送，每次推文一至二条，主打栏目有“新刊”“赏读”“纪念”“节气”“关注”“写作课”等，凭借丰富多元且品质精良的内容，获得微信读者的欢迎，实现了“老粉”带“新粉”的良性循环，关注人数保持稳定增长。

（三）丰富功能，持续拓展

“当代”微信公众号自2013年开设以来，随着微信平台的技术升级、功能拓展和用户需求的变化，自身也在不断增加服务内容和探索新的传播形式。

2016年，“当代微店”线上销售平台上线，与微信公众号深度捆绑。微信公众号发布新刊新书信息，可为微店引流，兼有售后服务功能，能及时和用户沟通，接受用户反馈。目前“当代微店”每月销售额稳定在万元以上，成为线下订阅销售渠道的有效补充。同时，微信号也与刊物有声版、数字版发布平台联动，组织了各种推广与促销活动。

微信公众号也是《当代》杂志与读者联络的重要渠道，每年都会组织各类读者调查、征文活动。每期《当代》杂志的“文学拉力赛”和一年一度的当代长篇小说年度论坛评选活动，微信公众号都是主要的投票平台，发挥了巨大作用。

2021年，《当代》杂志又增加了视频号功能，推出《当代》杂志各类活动的现场视频、著名作家的影像资料等内容，其中“我与《当代》”系列访

谈视频得到了读者以及文学界的高度关注和良好评价。

未来，“当代”微信公众号还将立足自身，遵循传播规律，借鉴同类新媒体成功经验，继续丰富栏目设置与内容样式，努力打造移动传播时代最有影响力的文学新媒体平台，以满足读者和用户的多样化需求，成为品牌文学期刊的有效延伸。

（供稿：《当代》杂志）

二十四、国家图书馆：开拓线上服务新空间　打造全民阅读新标地

简　介

“国家图书馆”微信公众号深入贯彻落实习近平总书记给国图老专家回信精神，坚持正确政治方向和舆论导向，以“传承文明、服务社会”为宗旨，依托国家图书馆宏富馆藏及读者服务优势，自2014年开办以来，为用户提供精准有效的服务资讯与多样丰富的资源内容，用户总数已经超过105万，年均阅读量约300万人次，曾先后五次荣获“大众喜爱的50个阅读微信公众号”及“大众喜爱的阅读新媒体号”，并于2021年获得“走好网上群众路线百个成绩突出账号”。

（一）精准有效发布服务资讯，引领助力全民阅读

“国家图书馆”微信公众号（以下简称国图公众号）承担着国家图书馆面向社会的线上读者服务职能，全年为读者提供国家图书馆实时资讯服务，及时发布国家图书馆开闭馆等各类重要通知，准确发布国家图书馆讲座、展览、读者活动等服务资讯，通过专题策划吸引读者关注并积极参与到图书馆

的线上线下活动中。多年来，国图公众号年均推送文章近300篇，年均阅读量约300万人次。

图2-7-21 国图公众号已发表的文章

国图公众号以引领全民阅读为重点，定期开展面向不同年龄受众的阅读主题活动，聚合以图书馆为核心的多元化公共文化服务产品，通过图书推介、资源展示、在线展览、线上线下讲座、读者有奖互动等形式打造群众喜爱的阅读新媒体。在世界读书日期间，通过订阅号与视频号直播揭晓“文津图书奖”获奖图书；连续多年围绕阅读推广打造“全民读书季”系列活动，通过制作原创视频、筹划组织内容丰富、形式有趣的活动，与微信视频号、微博组成优质内容传播矩阵，号召各省市图书馆共同发起线上线下宣传联动，网络阅读量突破24亿人次，有效地发挥了全民阅读主阵地作用。

（二）探索多样化展示与传播形式，以创新技术传承优秀传统文化

国图公众号深入挖掘馆藏精品，采取群众喜闻乐见的方式将专业性和学术性较强的内容以新颖、活泼的“包装”向用户进行诠释。

微信推送文章采用图文及音视频资源等多元化展示形式，满足不同年龄群体读者的精神文化需求，紧密贴合移动互联网用户阅读兴趣特点，打造“文津经典诵读”“馆藏品鉴”“移动阅读”“国图公开课”等线上栏目；采用H5动画制作发布“样式雷与颐和园”“永乐大典的前世今生”“宝藏国图”“《公共图书馆法》在身边”等内容，让专业知识流动起来，让书写在古籍里的文字“活”起来，充分展示中华优秀传统文化的魅力；积极原创阅读类卡通IP形象，在疫情防控期间，发布“国图喊你来读书”呼吁读者积极

图2-7-22 国图公众号探索多样化展示与传播形式

参与阅读活动；开发趣味化知识小游戏，在读者服务周等重要宣传节点制作发布“诗词闯关”“我爱阅读”等多款线上游戏；以节气为宣传主题，通过整合国图公开课、文津经典诵读、古籍数据库和电子图书等馆藏资源，制作原创推文与视频，加强对传统文化和馆藏数字资源的宣传推广。

国图公众号还紧密结合新媒体发展趋势与用户需求特点，与微信视频号聚合展示，形成微信公众平台宣传联动效应，截至目前，微信视频号阅读量达70万人次。同时，国图公众号与国家图书馆“网络书香·阅见美好”在线小程序挂接，为公众提供免登录、无门槛的数字阅读服务，助力读者走入国家图书馆。

（三）发挥图书馆资源优势，打造线上优质服务内容

国家图书馆作为群众社会教育的殿堂，一直以来致力于弘扬中华优秀传统文化、构建学习型社会。为此，国图公众号积极开展各类数字资源服务，推送电子书阅读、数据库使用指南、信息素养教育等内容，为群众奉上数字资源的饕餮盛宴，线上服务不打烊，文化服务“微”中享。

特别是在疫情防控期间，国图公众号综合利用图片、文字、音视频等多

媒体手段，以专题形式持续发布优质内容，从资源推送到读者互动，从防疫知识到服务推广，应有尽有。通过“在线数据库陪你战‘疫’到底”，丰富群众精神文化生活。发布文章《官方最新指南来了！服务不打烊，在家免费看！》，全面介绍国家图书馆线上服务，该篇推文48小时内浏览量达到10万+，成为疫情防控阶段丰富群众网上生活的图书馆类头条微信推文，充分彰显了国家图书馆利用自身资源优势，发挥创建学习型社会的重要阵地作用。

2022年“4·23世界读书日”系列活动期间，国家图书馆面向出版社广泛征集往届文津图书奖获奖及推荐图书，共得到近百种图书的试读或全文服务授权，并通过“网络书香·阅见美好”小程序联合全国各级图书馆共同开展历届文津图书奖专题阅读推广活动。国图公众号同期发布5期“历届文津图书奖专题阅读”系列推文，以宇宙科普、生物知识、少儿绘本、华夏文明、成长励志等不同主题，向公众推荐活动阅读专区的相关资源，有效提升了活动的关注度与使用量。该系列推文浏览总量超过2.6万人次。全国共有1300余家图书馆参与了“网络书香·阅见美好”小程序的服务挂接，百余家图书馆在活动期间发布宣传推文。

（四）多渠道解答读者问题，拓展线上读者服务

国图公众号在菜单栏设立资讯、资源和服务3个板块，实现了精准推送和互动分享，用户通过微信绑定读者卡，就可以进行图书检索、预约及续借等，并关联挂接小程序，有效实现了“微”时代个性化服务。通过公众号对话框，不仅可以以关键词自动匹配的方式回复读者发送的信息，还可以以人工回复的方式手把手帮助读者解决使用图书馆服务中遇到的困难，做到“及时准确、答复清晰”，成为365天在线便捷咨询台，年均人工回复读者咨询7000余条。疫情闭馆期间，更是成为解答读者咨询的主要渠道，“零距离”为读者解难题，保障了读者服务的高质高效。

图2-7-23　国图公众号多渠道解答读者问题

经过国家图书馆新媒体服务团队的不懈努力，国家图书馆公众号曾先后五次荣获“大众喜爱的50个阅读微信公众号”及“大众喜爱的阅读新媒体号”，并获得2021年“走好网上群众路线百个成绩突出账号”，得到广大读者朋友们的认可和支持。国家图书馆将以此为奋力前行的动力，扎实做好公众号运维工作，不断创新服务方式，继续深挖图书馆特色资源，借助新媒体平台优势不断推动公共数字文化服务高质量发展，充分发挥全民阅读引领作用，为建设书香社会作出新的贡献。

（供稿：国家图书馆）

二十五、杭州图书馆：守正创新　打造新媒体平台阅读高地

简　介

“杭州图书馆”微信公众号创办于2014年，是全国各级公共图书馆当中运营时间较早的图书馆公众号之一。公众号秉承“平民图书馆　市民大书

房”的办馆理念，坚持365天持续不间断推送各类文旅资讯、活动信息和图书推荐等优质内容，每月推送量位列全国公共图书馆月排行前十。多年来，“杭州图书馆”微信公众号牢牢把握正确的政治导向，创新宣传手段，积极促进全民阅读，深受广大用户的欢迎和喜爱，并多次在国内各级新媒体平台评选中斩获荣誉，2022年，“杭州图书馆”微信公众号再次入选第六届“大众喜爱的阅读新媒体号”，这是“杭州图书馆”微信公众号第五次拿到该项荣誉。

（一）定位清晰，积极弘扬社会正能量

“杭州图书馆”微信公众号目前拥有粉丝量34万余人，年均增长4万人。考虑到图书馆本身就是以服务为主的行业，因此我们从公众号创办之日起，就明确图书馆微信公众号定位：始终坚持把宣传和服务并行推进，立足于宣传行业特点和社会正能量。

第一，我们一直积极倡导弘扬优秀传统文化，把宣传传播社会正能量放在首位。比如我们充分结合图书馆行业特色，把宣传重点放在阅读推广上，包括发布馆藏推荐、电子文献阅读、阅读活动、知识分享等专题内容，尤其是每日推出精品赠书活动，用户可以通过留言互动的方式来获得纸本新书，以吸引广大用户积极与图书馆进行交流互动，提升公众号用户黏性与活跃度。同时，推荐各类实用的杭州本地文旅资讯，方便用户及时了解杭州地区相关文化活动或旅游热点，通常这类内容推文阅读量都相对较高，容易吸引新粉丝关注我馆公众号。我们还利用微信公众号围绕疫情防控、廉政学习、党史教育、共同富裕、杭州亚运会等社会热点主题开展知识传播与宣传教育，及时解答用户和粉丝所咨询的各类问题和困惑，将图书馆的专业性、平等性、包容性在新媒体平台上进行呈现，得到了省委、市委宣传部等单位的充分肯定。

第二，我们将图书馆的文献服务、一键借阅、活动报名、网上展厅、参考咨询等服务功能集成在微信公众号上，用户可随时随地免费享受图书馆提供的相关惠民服务。尤其是近两年推出的“一键借阅”服务，它以数字赋能为手段，整合全市14家公共图书馆资源，打造集“线上借书”“书店借书”“数字阅读”三大服务场景于一体的覆盖全市的图书馆线上服务平台，为市民和游客提供便捷、高效、智慧的新型图书馆服务，得到了广大市民和粉丝的喜爱。

（二）制度完善，打造全馆新媒体服务矩阵

杭州图书馆根据新媒体工作需要，在2011年就单独设立了新媒体运营部门，以官方微信公众号为核心，依托完善的制度建设，以统一管理，分级实施为原则，力求打造全馆新媒体服务矩阵。随着新媒体服务的不断发展，2020年为了更好地运营图书馆官方账号，管理好各分级子账号，制定出台《杭州图书馆政务新媒体平台管理办法》规范信息发布、日常管理等，做到“先审后发、分级负责、保证质量”，以确保信息政治导向的正确性和信息内容的准确性，例如馆员依据管理办法相关条款，在开设单位新媒体账号时需要填写《杭图新媒体平台登记报备表》，提供内容素材的馆员需要填写《杭图全媒体服务数字信息登记表》等。

我们除了在制度流程上进行严格规范外，对于公众号上原创发布的图片、音频、视频等素材均购买正版版权，以减少版权纠纷，降低网络运营风险；鼓励原创，尽量规避因转载他人文章导致的侵权风险；时刻关注单位网络舆情趋势，及时向领导汇报舆情动态，第一时间做好舆情研判与应对。

（三）创新发展，打通微信公众号生态链

随着移动互联网的发展和变化，单一的微信公众号运营已经无法满足当下新媒体运营的实际需要，而小程序、短视频、直播等功能又在微信生态链悄然兴起，由此杭州图书馆第一时间就积极跟进这些微信新功能，立足打通微信公众号生态链，先后注册认证了“一键借阅”和“杭图微阅读”微信小程序、“杭州图书馆”视频号以及视频号直播等服务，并将这些功能与微信公众号进行关联，实现互联互通，形成微信公众号生态链。用户可以从视频号、直播等入口找到微信公众号，也可以从微信公众号找到小程序、视频号，相互引流，共同成长。尤其是在疫情防控常态化的背景下，“一键借阅”小程序、短视频和直播等创新服务很好的解决了疫情期间用户到馆借还文献不便的服务瓶颈，有效地减少了人与人之间的密集接触。这些创新发展给图书馆微信公众号运营带来新的机遇和活力，也给用户使用图书馆服务带来新的体验。

我们会继续根据用户实际需求，不断优化和改进我们的微信公众号运营模式，守正创新，从而更好地宣传图书馆服务和社会正能量，最终将“杭州图书馆”微信公众号打造成新媒体平台的阅读高地。

（供稿：杭州图书馆）

二十六、深圳图书馆：打造市民触手可及的“云上图书馆”

简　介

截至2021年底，深圳图书馆微信、微博用户数超过170万人；2021年，深圳图书馆新浪官方微博阅读量达1.24亿人次，读者通过微信利用图书馆服务达912.33万人次、4564.19万页次。2017年起，深圳图书馆新浪官方微博连续五年被人民网评为“全国十大图书馆微博”，2021年排名榜首；2020年起，连续两年获评“广东十大文旅系统微博”，蝉联榜首。2018年，“深圳图书馆”微信公众号入选“大众喜爱的50个阅读微信公众号”推荐活动名单。

（一）构建横纵并举的全媒体服务矩阵

为方便市民读者随时随地查询信息、获取资源，深圳图书馆开始进驻大型社交平台，着力发展新媒体业务，促进线上线下贯通。2011年1月，开通新浪微博官方账号，进行信息发布、活动通知、形象宣传等。2013年3月，进驻微信公众平台，运营微信订阅号，后又陆续开通“深圳图书馆|图书馆之城”公众号、“深圳图书馆”视频号、“数字阅读馆”小程序、抖音号、B站，进驻支付宝城市服务、i深圳、粤读通等八大平台、十一个入口，不断延伸服务触角，成功构建立体网状、横纵并举的全媒体服务矩阵。

深圳图书馆采取差异化和协同化并重模式，实现分层次、融合性发展。差异化是指针对不同平台定位，根据其特性和受众使用情况开通相应服务内容，如微信作为年龄层次覆盖广泛、用户基数庞大的社交平台，功能最为齐全，深圳图书馆在微信上打造四个入口，涵盖图书馆各项服务内容，如办证、文献检索、信息发布、读者活动查询、数字资源访问等；深圳图书馆B站账号则聚焦于学习与科普类知识推广，制作发布“深图品书”“深图语文课”“揭秘图书馆”等优质视频，促进高品质文化内容传播；抖音作为音乐创意短视频平台，注重内容的吸睛性与形式的新颖性，深圳图书馆根据平台特性，推出“叨叨图书馆”等栏目，通过轻松有趣的方式推介资源服务，增强读者互动，并制作《为什么激动》短视频，推荐办证、数字资源和外文报刊等服务，单条视频观看量达15.3万人次。协同化是指多平台联动宣传，相互借力引流，充分发挥各平台优势，促进平台间的粉丝流动与双向反馈，达到最佳宣传效果和传播影响。如深圳图书馆自2014年起启动“南书房家庭经典阅读书目”十年推荐推广计划，每年推荐30种经典图书，从而形成一般家庭经典书架的基本容量。微信以头条文章形式发布；微博创建“南书房家庭经典阅读书目”话题，以“每天一本书”的“连续剧”形式，按日推送经典图书；而抖音、B站、视频号等平台，通过“深图品书”栏目，由专业馆员出镜，录制图书推荐短视频，定期推送，促进阅读分享。

（二）建立安全高效的工作机制

深圳图书馆围绕“制度、团队、审校”三个方面，着力构建安全、高效的运营保障机制，保障全媒体服务优质供给。

1.健全规章制度

为规范网络化、平台化运营，确保文化安全与发布内容质量，深圳图书馆制定系列规章制度与业务规范，明确责任分工和管理流程，严格做到“有据可依、有章可循”。专门制定《深圳图书馆“微平台”管理办法》和《深圳图书馆“微平台”信息发布工作规范》，落实落细微信和微博运营细则和要求，充分发挥其在宣传图书馆资源与服务方面的积极作用。同时，依据上述规章制定相应提升方案，如为进一步加强微信管理，制定《深圳图书馆“微信公众号”运营提升实施方案》，保障信息发布、审核工作的制度化和规范化。

2.组建泛工作团队

深圳图书馆充分利用人才优势，组建编辑运营、内容提供和技术支持三位一体的泛工作团队，发挥馆员所长，合力推动图书馆新媒体服务高质量发展。编辑运营团队主要由办公室、数字图书馆部和阅读推广部组成，分工负责官方网站的内容输出与安全管理，微信、微博、抖音、B站等新媒体平台运营维护，包括信息发布、内容更新、文案优化、图文编排、剪辑制作、数据统计、研究分析等；内容提供团队由全馆各业务部门骨干员工组成，持续提供与图书馆服务、活动、资源等相关的内容素材，是重要的信息来源；技术支持团队负责新媒体及数据统计平台的技术开发与维护。

3.完善审核机制

深圳图书馆执行“分级审核、先审后发”原则，明确审核主体和流程，落实“三审三校”制度，坚持正确舆论导向，弘扬主旋律，传播正能量。内容生产者需从源头上，力求信息内容准确客观，部门主任秉持认真负责的态度进行初步审校，修改完善后提交至微平台管理组，由办公室和数字图书馆部主任进一步审核，最后由分管领导终审。全过程严格落实网络意识形态工作责任制，严把政治关、法律关、政策关、保密关、文字关，营造风清气朗的全媒体服务生态。

（三）打造功能全覆盖的“云上图书馆”

依托全媒体服务矩阵，深圳图书馆聚焦内容，围绕基本服务、创新服务、数字资源、线上活动等，打造功能齐全的“云上图书馆”，方便市民读者随时随地畅享阅读，丰富文化生活。

1.保障服务供给

随着微信日渐成为人们最常使用的移动互联平台，深圳图书馆适时将“图书馆之城”云服务嵌入其中，读者可极为便捷地使用包括办证、文献检索、查看活动日历、访问数字资源、查找附近图书馆、信息咨询等基本服务。同时，不断创新服务，如上线“图书馆之城”虚拟读者证，方便读者“云”申办和“云”使用；开通“文献预借”服务，读者无需到馆，通过微信、支付宝城市服务等渠道网上预借图书，取书方式可选择城市街区自助图书馆预借自取或快递到家；推出“新书直通车”服务，读者可通过网上自选新书，第一时间获取心仪图书资源；开发“文献转借”功能，读者之间无需到馆或者利用自助设备办理图书借还手续，只需通过微信或支付宝扫描所借图书二维码，即可实现文献自行交换，有效促进阅读分享。

2.推广数字资源

截至2021年底，深圳图书馆采购及自建数据库达93个，总计600万册、件电子文献，内容涉及人文、经济、科学、法律等各个领域，涵盖学术期刊、学位论文、会议论文、专利标准、研究报告等资源类型，其中支持馆外访问的数据库达97%。着力打造具有鲜明地域特色的自建数据库，如深圳图书馆古籍数字平台、“深圳记忆”专题数据库、“深图视听”读者活动库、深圳地方报刊创刊号数据库等，弘扬优秀传统文化，增进市民在地文化认同。通过搭建“图书馆之城”统一服务平台，实现统一导航、统一检索、统一使用，打造“全城一个图书馆”；创新推出“数字阅读馆”，基于微信小程序，整合多个数据库、多种资源类型，读者足不出户即可实现看书、听书、期刊、视频分类阅读；创设微信公众号“手机阅读”菜单栏目，QQ阅读、云图有声、OverDrive赛阅、哪吒看书等热门资源库应有尽有，市民“云”检索与“云”阅读变得越来越便捷。

3.举办线上阅读推广活动

作为阅读推广的重要阵地，深圳图书馆积极创新阅读方式，通过微信、微博、抖音、B站等新媒体平台举办类型丰富、形式多样的线上活动。一是利用新媒体技术，开展区域共读活动。如2020年粤鄂澳“共读半小时”阅读活动，引入“AR”技术，开启“1+4+N”多会场阅读模式，实现线上云共读；2021年春节期间，为响应“留深过年”号召，图书馆联合市委组织部，面向基层社区举办“100年里的中国——喜迎新春 全城共读”活动。二是围绕优质数字资源，推广数字阅读。如2022年春节期间举办21天线上阅读挑战赛、推广国图线上公开课等活动。三是依托全媒体工作室，由馆员自主创作，打造高品质内容。如2021年推出“我是朗读者”“深图品书”“揭秘图书馆”等线上品牌栏目，通过读者参与经典诗文朗读、馆员及作家推荐经典著作、全市特色基层图书馆专题片摄制等方式，向读者展现更为立体、人文的图书馆。

（供稿：深圳图书馆）

二十七、人民音乐出版社：探索音乐出版融合发展路径

简　介

"人民音乐出版社"微信视频号于2020年11月开通，以"满足你对音乐的一切好奇"为出发点，集知识性、科普性、趣味性、热点性于一体，以正确的舆论导向、高质量的视频内容、稳定的发布频次、独特的主播IP，打造线上教育、线上展演、原创融媒体产品、线上直播等多个内容板块，带给用户"在音乐上共情，在专业上共鸣"的体验，深受大众读者和音乐专业领域读者的喜爱。

自2014年起，"全民阅读"连续9次写入《政府工作报告》，《2022年政府工作报告》明确提出"深入推进全民阅读"的要求，这意味着全民阅读已从理念的广泛提倡进入行动的全面落实阶段[①]。作为内容供给侧的出版业，对于全民阅读的蓬勃开展发挥着基础性作用。2021年12月，国家新闻出版署印发《出版业"十四五"时期发展规划》，《规划》明确指出，支持出版单位拓展全媒体营销业务板块，"利用短视频、网络直播、新媒体矩阵等新型营销方式，提升出版物发行能力"。实现出版与全民阅读的深度融合，对建设书香中国具有重大意义。人民音乐出版社（以下简称"人音社"）围绕巩固传统优势、加强顶层设计、创新融合发展三个主基调开展工作，为推动出版转型升级，开展融合发展新业态的探索，在打造"微信平台融合发展生态闭环"中取得了阶段性成果，人音社官方微信视频号是其中的重要组成部分。

① 聂震宁：《关于深入推进全民阅读的思考》，《出版广角》2022年第8期。

（一）捕捉“眼睛+耳朵”效应，重塑音乐出版融合发展新闭环

随着互联网及短视频行业的发展，内容同质化严重，要在出版传播过程中“出圈”，形成一定的影响力，需要实现多途径、立体化的内容发布。2020年初，微信公众平台推出视频号内测，视频号得益于微信的大生态，流量推荐机制较好，视频传播渠道畅通，面向受众更加广泛，成为人音社在短视频平台发力的突破口。人音社敏锐捕捉行业在该平台的空白，抢占先机，于2020年11月开通账号，并以“满足你对音乐的一切好奇”为定位，精心策划一系列视频内容。初期，通过引进音乐创意视频《线条骑士演绎贝多芬〈命运交响曲〉》激发读者兴趣，视频播放量高达44.71万次，为视频号流量积累提供了先决条件。历经近两年的深耕，“人民音乐出版社”微信视频号在同类型出版类视频号中表现亮眼、成绩显著。目前，“人民音乐出版社”微信视频号已形成线上教育、线上展演、线上直播、原创融媒体产品等多个内容板块。以正确的舆论导向、高质的视频内容、稳定的发布频次、独特的主播IP，集知识性、科普性、趣味性、热点性于一体，带给用户“在音乐上共情，在专业上共鸣”的体验，深受大众读者和音乐专业领域读者的喜爱。

（二）加强“线下+线上”联动，打造音乐出版融合发展新业态

1. 线上教育深耕扩张

针对线上教育板块，人音社围绕音乐细分领域的热点话题，陆续上线了如“跟吴灵芬教授学合唱”“王次炤音乐美学鉴赏慕课”“孙鹏杰钢琴启蒙教育”等大师课专题，收获了声乐、音乐理论、钢琴等垂直领域的忠实粉丝，极大地增强了用户黏性，视频观看总量达25.68万次。

2.线上展演强化互动

围绕重点出版物，如《古典钢琴博览》《初心与恒心——中国共产党百年合唱作品精粹》，策划线上展演活动，收录并剪辑了一批优秀的演奏、合

唱视频。例如，针对“初心与恒心·庆祝建党一百周年线上合唱展演”活动，精心筛选出大众耳熟能详的红色歌曲，经过二次剪辑的立体化包装，在音乐专业人士与非专业读者间形成多次传播，引起广大读者共鸣。其中，《吴灵芬教授点评广东海洋大学海之声合唱团〈唱支山歌给党听〉》的视频内容，共获得4.11万次的浏览量，点赞数破千，在同类型视频中流量较高，引发业内广泛关注。

3.线上直播崭露头角

搭载微信视频号直播功能，联动人音社官方微信小商店，实现“品效合一”。“孙鹏杰钢琴启蒙教育”大师课专题及公益讲座直播系列就是团队在微信平台闭环打造的初步尝试。作为钢琴教育家，以及人民音乐出版社旗下《钢琴艺术》杂志的专栏作者，孙鹏杰在钢琴启蒙教育这一音乐细分领域进行深度研究并聚集了较高人气，微信视频号的“孙鹏杰钢琴启蒙教育”系列视频播放量高达12.35万次。融媒体中心紧跟热度，在前期微信公众号发布的“孙鹏杰钢琴启蒙教育”系列推文积累的读者基础上，策划了微信视频号的首次讲座直播，并在直播中实现了微信小商店同步销售，一小时内图书销售实洋约1.99万元，同时借助直播打造了专属社群运营，为后续宣传积累读者资源。

4.原创融媒体产品反哺出版

经过内容塑造与品牌积累，人音社原创独立融媒体产品应运而生。以“音乐知识小视频”为代表的融媒体产品兼具可看性与知识性，成为人音社由音乐专业出版领域转向大众领域的“破圈”代表。

“音乐知识小视频”以人音社出版物为基础，结合社会热点，由新媒体编辑依据当下网络传播语态和风格进行加工策划，并由主播录制。选题主要以“知识、共鸣、好奇心”为出发点，坚持专业化深耕、大众化表达，在专业垂直领域做到有权威、有深度，面向大众领域的内容易懂、易传播。例如，“‘乐’赏冬奥”系列、“音乐考古知识”系列等弘扬社会主义核心价值观、增强文化自信的优质内容；再如，“纪念贝多芬250周年诞辰”系列、“西方古典音乐大师”系列、“古典音乐会”系列等内容为古典音乐走进大众读者视野搭建了桥梁，受到读者的广泛好评。

此外，献礼母亲节的合唱视频《萱草花》也取得了较好的传播效果。“人民音乐出版社”微信视频号发布《萱草花》合唱视频后，短时间内就突破10万观看量，目前该视频播放量达15.82万次。该视频呼应母亲节这一主题，借势大热电影《你好，李焕英》主题曲《萱草花》，又以“自编、自演、自制”为特点，充分发挥人音社员工在专业领域的优势，让读者“在音乐上共情，在专业上共鸣”。后续团队又制作推出《〈萱草花〉录制背后的故事》花絮视频，为合唱视频加温，延长视频传播生命链。目前，该视频陆续在中国出版集团有限公司官网、学习强国等平台传播。

（三）厚植“创新+融合”根基，激发音乐出版融合发展新潜能

打造“微信平台融合发展生态闭环”，人音社正从初期致力于实现微信视频号平台与内容间的“小融合”，逐步向树立品牌形象、推动资源协同、提供配套服务等方面转化，逐渐实现打破领域边界的深度融合。未来，我们会不断将优质内容，利用多元化的表现形式，通过视频号平台输送给大众，衍生出新形态的媒体融合产品，在加强品牌建设的同时丰富运营模式，逐步实现双效统一，推动出版经营向新业态转型升级，充分激发音乐出版融合发展的潜能。

“十四五”时期，全民阅读持续深入，各单位朝着建设书香中国的目标扎实推进。人民音乐出版社将秉承初心，完善机制体制、充分整合资源、提高服务水平，不断提高自身的传播力、引导力和公信力，创新理念、内容、形式和产品，力争策划出版更多有思想、有温度、有品质、有市场的融媒体内容，利用科技、平台优势，讲好中国故事，传播优秀音乐文化，以实际行

动助力全民阅读深入推进，为建设书香中国增辉添彩。

（供稿：人民音乐出版社）

二十八、白云出岫：用声音传播中华优秀传统文化

简　介

“白云出岫”原名钟华，是北京邮电大学人文学院的一位语文教师，也是一位古籍有声书录制者。从2002年起，他系统录制了包括中医经典、诸子百家、十三经、四大名著、《聊斋志异》、《儒林外史》、三言二拍、《唐诗鉴赏辞典》、《宋词鉴赏辞典》、《古文观止》、《昭明文选》等古籍的原文朗读，共计20000余条音频，总时长3500小时以上。在喜马拉雅平台上，总播放量超过10亿次，其中“小学生必背古诗词”的播放量超过4亿。

白云出岫从小喜欢听有声书，小学时代，每天中午必听评书连播和小说连播节目。中学时代，他喜欢听方明、雅坤老师朗诵的古诗文，也常跟着模仿。

进入21世纪，互联网上可以听到更多的有声书了，但能下载的，大多是电台录制的小说、评书，或者是外国人录制的西方名著有声书，中国古典文学还没有人系统录制。互联网和个人电脑，为个人录制有声书创造了条件，但为什么鲜少有人录制中文古籍朗读呢？那个时候，喜马拉雅、懒人听书这些音频平台还未出现，发布有声书有一定的困难。录制古籍有声书，要具备两个条件：较好的朗诵功底、较好的古文功底。另外，这些古籍大部分是冷门书，录了也不会有多少人听，也就是说，录制古籍有声书，并不具有市场

价值，只有大量投入（主要是时间），很可能不会产生收入。

第六届“大众喜爱的阅读新媒体号”颁奖仪式上，《光明日报》副总编辑陆高先这样评价“白云出岫”音频号：“定位传统国学经典传播，系统制作了包括四书五经等海量内容的古籍有声书，免费对大众开放，深受听众喜爱，创作者的情怀担当令人感动。”一做几十年，把上万小时投在一件几乎不能带来收入的事情上，是要有一点情怀的。

白云出岫认为，自己可以成为这样的一个人。他有一定的朗读和古文基础，并且随着日积月累的录制工作，这两方面的能力还会逐渐提高；有一份教师的工作，可以满足基本的生活需要，不靠制作有声书生存。这最后一条也很重要，不靠录书吃饭，就不必只选有市场价值的书读，就可以把目标锁定在有学术价值的作品上。

于是，2002年，白云出岫就把第一批古诗文的录音传到了互联网上，主要是中学课本里的古诗文。录音能成功能够上传，要感谢一位也在大学工作的老师，他慷慨地给白云出岫提供1G的上传空间。虽然这个空间只有教育网能够访问，但也很快让不少人知道了白云出岫和他朗诵的古诗文。

“诺亚舟”学习机的负责人很快联系了白云出岫，他们要出一套中学古诗文的学习资料，请白云出岫承担主要的录制工作。一同参加录制的还有雅坤、曹灿两位老师，这都是白云出岫童年时的偶像。

这次录制，增强了白云出岫录好古籍的信心。于是下一个目标，他便选中了中医经典。录完正赶上北京中医药大学的50年校庆（2006年），白云出岫把中医经典的下载链接发到校庆网站上，算是他献给北京中医药大学50年校庆的一份贺礼。网站负责人蔡仲逊当时为北京中医药大学在读研究生，他第一时间注意到了这些录音。蔡仲逊毕业后，进了中国中医药出版社担任图书编辑，策划的第一套书，就是“用耳朵学中医”系列有声书。

完成中医经典的录音，白云出岫把下一个录制目标，锁定在《史记》这本巨著上。录制《史记》，是白云出岫收获最大的一次录音经历。2007年，喜马拉雅和懒人听书虽然还没问世，一个叫“麦地”的网站，已可以提供音频上传和在线播放功能。这个网站，可以视为是现在这些音频平台的前身。白云出岫在这里更新《史记》音频，引来了不少文史方面的专业人士。他们一方面很重视这样的录制工作，同时又对白云出岫不专业的地方，提出了很好的建议。比如，白云出岫一开始使用的底本是中华书局简体横排的《史记》，而这些听众用来校对的本子是繁体竖排的。两相比对，就发现简体本有很多错误，且一些字由繁变简后，不易判断其含义和读音了。于是，白云出岫很快也把录音底本换成繁体竖排本。在探讨某些字音时，这些校对者使用的是《汉语大字典》《汉语大词典》等工具书，而白云出岫用的是《古汉语词典》。经过比较，白云出岫认识到，《汉语大字典》《汉语大词典》等工具书，在录制古籍时是不可缺少的。选对了版本和工具书，古籍有声书的录制质量也就明显提高了。

《史记》录到最后一篇《司马相如列传》时（因为那篇生字多，所以放在最后录），汶川发生了大地震。白云出岫一边关注着救灾进程，一边录完了《司马相如列传》。这篇有很多的生僻字，往往一天只能录几百字，大量的时间是花费在查字典上。而且地震之后，那个叫“麦地”的音频发布网站，再也打不开了。

失去了这个根据地，白云出岫又要重新寻找能发布音频的平台，他很快注意到了“电驴”。“电驴”是个大家共享资源的平台，这些资源包括视频、音频、电子书。要共享古籍录音，也得借助这种平台。白云出岫使用了一段时间“电驴”后，见到有更多的原创音频制作者来到了这个平台，比如“家常读书”，但总体来说，古籍录音主播还是凤毛麟角的。

在使用“电驴”的这个时期，白云出岫启动了两个大工程，一是录制《资治通鉴》，二是录制“四大名著”。白云出岫那时的录音进度大致上是每周一万字，《资治通鉴》约300万字，算来需要六年的时间。他那时觉得自己很像愚公。“四大名著”是小说，需要有角色塑造，这不是白云出岫擅长的事情，因此很多年没有去录制，但白云出岫的妻子蓝色百合在角色塑造方面有专长，她在尝试朗读了一组《红楼梦》诗词后，决定挑战一下原著。

《红楼梦》这部有声书获得了较高的评价，尤其是蓝色百合的演绎，得到读者一致的称赞。她对角色的处理方式，也让白云出岫学到了很多。

读文言古籍还有一点是和读白话文不同的。白话文有读音标准，那就是《现代汉语》。虽然《现代汉语》每版也会修改一些字的读音，但绝大部分字音是固定的。而古诗文就不同了，不说由于版本差异，文字、断句会有所不同，就算是文字定下来了，字的读音也很难确定。依据原书注释，依据不同的工具书，会得到不同的读音。有些人名是多音字，该读哪个音才对呢？事实上，查来查去，很多字并没有所谓“对”的读法，只能是“可以”的读法。在很长一段时期内，古籍恐怕都不会有“标准读法”，只能是在几种“可能”之中进行选择。

用制作古籍有声书的方式读书，和普通的阅读有什么不同呢？对白云出岫来说，录制有声书，让他把很多以前一直没有读完的书读完了。例如《史记》《红楼梦》《古文观止》等，这些都是在他书架上放了十多年甚至几十年的书，但每次拿起来，都只是选那些自己熟悉、喜爱的篇目读，这样读上十几年，还是有约三分之一的篇目，几乎从来没碰过。录制就不同了，这就不分喜欢不喜欢，熟悉不熟悉，必须按照计划一直读下去。

这些书制作成有声书，对其他人有用吗？有用。生僻字是古文阅读的一大障碍，有了相对靠得住的有声书，阅读时，边看边听，就顺畅多了。这就如同我们学外语时要有课文朗读录音一样。有很多人也和白云出岫从前一样，很多年也没把一些书读完。在有声书的帮助下，他们读完了。有些书，虽然看上去听众很少，但却都是非常认真的听众，一旦音频里出现遗漏、差

错，总会有人指出来，白云出岫会尽量安排时间改正。大家对白云出岫的音频的评价是：很少读错。是的，除了勤查字典，还要知错能改，才能录出“很少读错”的音频。

2012年后，懒人听书、喜马拉雅这些声音平台陆续问世，互联网进入播客时代，优秀主播、优秀作品层出不穷。

白云出岫之后的录音计划是什么呢？古籍浩如烟海，无论怎样勤奋，也只可能制作完成一小部分。他的下一个目标是：二十四史全文朗读，预计完成时间：2040年。

（供稿：钟华）

二十九、人文读书声：聆听文学经典 感受文学魅力

简 介

“人文读书声”是人民文学出版社在喜马拉雅平台上的官方账户，目前账户下有作品140余部，包括《围城》《红星照耀中国》《林海雪原》等独家重磅作品，也有“名著名译”“茅盾文学奖”等系列作品合集。账号粉丝88万，作品总时长3000余小时，多次被喜马拉雅平台评为“人文频道月度优质主播”“有声书月度优质主播”。在影视《叛逆者》热播期间，上线《叛逆者》原著多人有声剧，短时间内播放量突破百万；打造不同年级的“《语文》课本阅读推荐作品”大合集，将作品重组，针对小初高不同年级的用户设置有声产品；以作家维度梳理作品，策划了“汪曾祺作品”全集，800余集的内容畅听名家的所有作品，目前累计收听量已突破200万。

"聆听文学经典，感受文学魅力"——"人文读书声"是基于人民文学出版社（以下简称"人文社"）深厚内容资源在喜马拉雅平台注册的听书内容账号，在逐步将人文社文字内容有声化的同时，也更好地满足了不同读者的阅读需求，为数字出版创收带来了更多可能，为纸书赋能。

作为有声作品的初次尝试，"人文读书声"账号正式上线的第一部作品为人文社独家重磅作品《围城》，目前《围城》的音频累计收听量超过2600万。上线之初，人文社特别举办了《围城》有声书发布会，让更多人关注人民文学出版社的有声作品，借此推动全民听书热潮。

之后，人文社在暑假期间推出了《八年级（上）语文教科书》"名著导读"指定作品《红星照耀中国》听书版，目前累计收听量超过630万次。专辑上线便得到广泛关注，围绕《红星照耀中国》这部作品的解读音频也相继推出，如《大家一起读红星》旨在打造一个适合所有年龄段收听用户需求的有声产品。

随着平台有声内容的不断丰富，人文社也在探索在内容源头上做包装，相继推出了系列有声作品，如茅盾文学奖系列作品（15部）、《语文》阅读推荐丛书系列作品（30余部），同时将作品进行打包重组，分别开设了适合"小学""初中""高中"不同年级收听的课本推荐阅读作品有声书系列，其中"小学"篇专栏包含24部作品，"初中"篇专栏包含18部作品，"高中"篇专栏包含24部作品。并将小、初、高所涉及的全部作品打包成一个专栏，满足不同听者的听书需求。

在和喜马拉雅平台合作方面，人文社也积极探索共赢开发的合作模式。如《叛逆者》多人有声剧、"汪曾祺作品全集"。目前两部专辑表现都比较不错，在影视剧热播期间，《叛逆者》多人有声剧同步宣发，邀请知名配音团队光合积木制作，在平台上成功引爆话题，同时人文社也在纸书中植入音频内容，用户可以通过扫码订阅的方式边看书边听书，带来了一定的经济收益；针对“汪曾祺作品全集”这系列，邀请作者家人进行发刊词的录制，平台给予足够的曝光和宣传物料支撑，因此一上线就得到了读者广泛关注，目前已更新600余集，上线不到一年音频累计收听量超过400万次。

未来，“人文读书声”将组建更多的内容矩阵，它不仅仅只是一个听书账号，还会包含更多优质内容，探索更多课程化音频的尝试，“教人读书、培养听书”，也会借助当下互联网的各种新玩法，将“人文读书声”的品牌影响力逐渐扩大，让读书变得简单。

（供稿：人民文学出版社）

三十、康震：让更多人爱上古诗词

简　介

“康震”抖音号是人民文学出版社为推广2021年康震的新书《康震古诗词81课》筹划开设的抖音账号，目前该账号粉丝量130余万，是目前抖音最大的文化名人账号之一。

2021年，古典诗词专家、《中国诗词大会》《经典咏流传》文学顾问、点评嘉宾康震正式在人民文学出版社出版新作《康震古诗词81课》，该书内容为康震精讲从汉至清81首国民必读古诗词。针对这本新书，人民文学出版社制定了系统的、专业的推广方案并精准落实执行，其中打造康震抖音账号则是系统营销的策略之一。

人民文学出版社细致研究市场形势，对比诸多短视频平台，分析古诗词爱好者数量、康震相关话题的播放量等因素，选定了抖音这一平台。基于人民文学出版社与字节跳动的战略合作基础，正式启动了“康震入驻抖音”项目。

入驻之前，人民文学出版社对内容设计进行细化，研究康震在抖音平台中的粉丝喜好，设计了短视频拍摄样式、形象设计、内容风格、发布频次等。康震入驻抖音当日点赞量达到20余万次，快速成为爆款，新书抖音销量实现万余册。同时，人文社设计两个话题用于抖音热点宣传——#康震入驻抖音#与#康震古诗词81课朗读接力#，其中#康震入驻抖音#话题，联络大量抖音大号协助宣传，成功冲上抖音热榜第二名。#康震古诗词81课朗读接力#则进行了“挑战赛式”的全网传播，大量网友参与话题拍摄，话题快速实现播放量2926.4万次。

为巩固账号活跃度，加强新书宣传力度，人文社在该账号上精心策划了系列抖音直播活动，包括康震对话祝勇、康震对话李小萌、康震对话王芳、康震对话樊登、康震对话陈更等，单场次直播均达到了万余册的销量，短短几个月的时间里，《康震古诗词81课》便成为了抖音上的爆款产品，也成为了图书行业的知名畅销书。

（供稿：人民文学出版社）

第 三 部 分

延伸阅读

2021年度“书香中国”全民阅读品牌传播影响力大数据研究报告

《中华人民共和国国民经济和社会发展第十四个五年规划和2035年远景目标纲要》提出“深入推进全民阅读，建设‘书香中国’”。在党和政府的倡导推动下，我国各地所创办的读书节、读书月、阅读季等各类阅读活动，经过十几年发展，形成了众多以“书香中国”为统一标识的地方品牌，“书香中国·北京阅读季”“深圳读书月”“书香岭南”等具有全国影响力的优秀地方品牌阅读活动每年吸引数亿读者参与。

2021年是中国共产党成立100周年，在这个伟大的历史节点，各地全民阅读品牌贯彻落实中央宣传部办公厅《关于做好2021年全民阅读工作的通知》要求，紧紧围绕庆祝建党100周年等主题，开展了丰富多彩的全民阅读活动，以更好地满足人民阅读新期待。

在此背景下，全民阅读与融媒体智库在“大众喜爱的阅读新媒体号”推荐活动、《2020年度“书香中国”全民阅读品牌传播影响力大数据研究报告》等研究成果的基础上，联合多领域专家，持续调研、跟踪各地全民阅读品牌发展，优化全民阅读品牌传播影响力指数模型，推出《2021年度“书香中国”全民阅读品牌传播影响力大数据研究报告》，以期为提升全民阅读传播效果、推动全民阅读高质量发展提供有益参考。

一、指数模型构建思路及数据收集基本情况

为持续全面深入了解各地全民阅读品牌传播影响力情况，本报告在

《2020年度“书香中国”全民阅读品牌传播影响力大数据研究报告》的基础上，持续优化指数模型并扩大数据收集范围，集中对41个地区的全民阅读品牌进行大数据分析，涉及地区包括31个省（区、市）和10个较早开展全民阅读活动的城市，建立2021年全民阅读品牌传播影响力指数模型并生成报告。

（一）模型构建原则

2021年全民阅读品牌传播影响力模型主要遵循以下思路建立：一是全维度测量活动传播全貌。指标体系与指标项的设置覆盖中央及地方各级媒体新闻报道，同时涵盖各类新媒体平台，具体包括“学习强国”、微信、微博、抖音、快手、蜻蜓FM等，并将阅读数量、点赞数量、评论数量等互动信息纳入计算范围。二是细分指标丰富传播影响力内涵。指标体系将传播深度和信息增益作为传播力的测算维度，丰富了传播力的内涵；对于不同级别媒体的触达能力，给予科学的权重差异。

为保证模型和数据的准确性，本次模型构建遵循以下原则：一是客观优化计算方法与参数。在调整优化指标项的标准化算法和模型参数过程中，首先遵循计算的客观性与准确性，确保结果科学可信；其次按照数据的实际量级和分布情况，采用主成分分析法计算数据的主要维度，进行数据归一化与参数优化，避免因数据倾斜导致结果的偏差。二是支持模型演化性升级。后台算法和模型设计中采用了大数据和机器学习手段，通过迭代训练，反复试验合理的参数与归一化方法，确保计算结果量化可追溯、可优化升级。

（二）指数模型构建

本次全民阅读品牌传播影响力指标体系共涉及52个考察指标。其中，总榜单由传播力、影响力两个一级指标构成。传播力包含传播广度、传播深度、信息增益、触达度4个二级指标，涉及报道量、报道字数、原创及转发情况、不同级别媒体报道量、网民讨论量等细分维度；影响力包含品牌影响力、认可度、互动度3个二级指标，涉及不同平台粉丝数、点赞数、总阅读

数、社区正面信息占比、评论数、品牌获奖情况等细分维度。传播力、影响力两个一级指标分别构成传播力榜单、影响力榜单。此外，为更深入了解各全民阅读品牌美誉度情况，将指标体系中点赞数、品牌获奖情况、社区正面信息占比等与美誉度相关的指标进行加权求和，构成美誉度榜单。

（三）数据采集情况

本次调查数据收集时间范围为2021年1月1日—12月31日，数据采集渠道较2020年新增有声听书平台，同时采集媒体数量大幅提高。具体为，1177家中央媒体、78013家省市媒体、61065家区县媒体（注：中央媒体、省市媒体、区县媒体包含旗下媒体矩阵，包括子刊子报、公众号、App、子栏目等）、117家商业媒体、12355家自媒体账号、4036家有声听书平台账号，15794家短视频账号。收集全网总信息量超4.7亿条，其中，中央媒体信息总量3109万条，省市媒体信息总量1.07亿条，区县媒体信息总量2212万条，网站信息总量1.34亿条，商业媒体信息总量6686万条，微信信息总量4797万

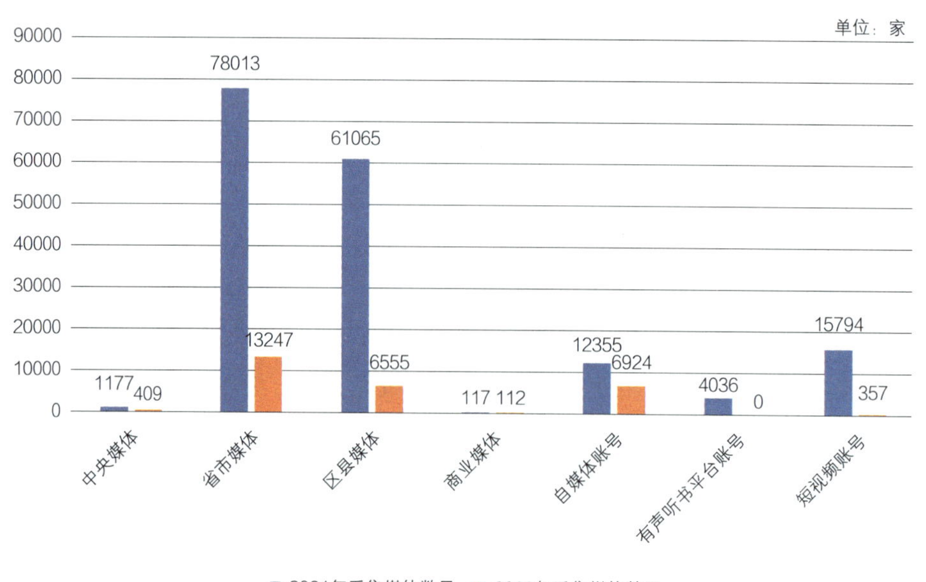

图3-1-1　2020年及2021年采集媒体数量对比柱状图

条，微博信息总量4457万条，论坛信息总量472万条，贴吧信息总量117万条，自媒体信息总量1219万条，有声听书信息总量3.79万条，短视频信息总量3.17万条。

二、2021年“书香中国”全民阅读品牌榜单及分析

（一）综合传播影响力榜单

综合传播影响力榜单主要体现41个地区全民阅读品牌在2021年媒体传播中的覆盖范围及社会影响程度，对36个相关指标进行综合计算。其中，传播力主要体现各全民阅读品牌传播的广度、媒体报道的深度、信息裂变情况及触达规模；影响力主要体现各全民阅读品牌的媒体传播效果及认可情况，考察大众在各传播平台的点赞、评论、转发等互动情况和行为指标，以及各阅读品牌的获奖情况。

1.整体情况

整体来看，将41个地区的全民阅读品牌综合传播影响力进行排名，上榜的20个全民阅读活动品牌中，共有书香中国·北京阅读季等15个省（区、市）级品牌和深圳读书月等5个市级品牌入围。排名前5的全民阅读品牌分别为：书香中国·北京阅读季、深圳读书月、书香岭南、书香上海、书香江苏。

对比2020年，头部全民阅读品牌表现相对稳定，2021年排名前4的全民阅读品牌与2020年榜单一致，只是位次稍有变化。其中跻身前3名的书香中国·北京阅读季、深圳读书月、书香岭南各项指标均表现突出，而2021年书香上海名次的下降，与上海书展受疫情影响延期举办有关。另外，本届综合传播影响力榜单中有4个新入围品牌，分别为书香天府、书香安徽、书香苏州、书香贵州。

2.区域分布

表3-1-1 2021年度“书香中国”全民阅读品牌综合传播影响力Top20榜单

综合排名	阅读品牌
1	书香中国·北京阅读季
2	深圳读书月
3	书香岭南
4	书香上海
5	书香江苏
6	书香浙江
6	书香天府
8	书香安徽
9	书香天津
10	书香重庆
11	书香山东
12	书香荆楚·文化湖北
13	书香南京
14	书香成都
15	书香苏州
16	书香杭州
17	书香陇原
18	书香吉林
19	书香贵州
20	书香龙江

从区域分布情况来看，综合传播影响力排名前20的全民阅读品牌多来自东部地区及沿海地区，华东、华北、华南地区全民阅读品牌综合传播影响力优势突出。其中，华东地区全民阅读入围品牌共8个，分别是书香上海、书香江苏、书香浙江、书香安徽、书香山东、书香南京、书香苏州、书香杭州，其中有4个位于榜单前10；西南地区共有书香天府、书香重庆、书香成都、书香贵州4个全民阅读品牌入围榜单；华北、华南及东北地区都分别有2个全民阅读品牌入围榜单，包括书香中国·北京阅读季、深圳读书月、书香吉林等。华中地区、西北地区各有1个全民阅读品牌入围榜单。

从区域分布情况看，全民阅读品牌综合传播影响力在一定程度上与政策及地缘经济正相关，尤其展示出区域文化、教育、经济等综合发展水平及地区全民阅读相关政策对全民阅读的积极影响作用。创立时间较久的全民阅读品牌综合传播影响力相对更高。深圳读书月、书香岭南等品牌创建已超过20年；书香中国·北京阅读季、书香江苏等也已创办超10年。

3.分项指标

从具体的指标表现情况来看，头部全民阅读品牌在36个指标项中表现较为均衡，书香中国·北京阅读季优势较为明显。在考察的36个指标项中，书香中国·北京阅读季在新闻报道量、微博报道量、微信报道量等24个指标项中排名第一，在32个指标项中排名均进入前5。深圳读书月有33项指标进入前5，在快手点赞数、抖音评论数指标中排名第一，在新闻报道量等17项指标中排名第二，与书香中国·北京阅读季稍有差距；书香岭南有19项指标进入前5，且排名分布在第三的频次最高。另外，书香天府及书香安徽首次入围综合传播影响力榜单并进入前10。书香天府在微博报道量、商业媒体发布量等23项指标中均排名前10；书香安徽在新闻报道量、抖音评论数、有声平台评论数等13项指标中均进入前10。除品牌自身实力外，这些指标也受到全民阅读活动主办方议程设置能力、居民阅读水平以及地方媒体数量等因素的影响。

（二）分项榜单及分析

分项榜单从传播力、影响力、美誉度等维度对41个全民阅读品牌排名。书香中国·北京阅读季、深圳读书月、书香岭南、书香上海、书香江苏等综合榜单中第一梯队的成员，在分榜单中仍位居前列。还有一批全民阅读品牌虽未入选总榜单，但其在传播力、影响力、美誉度等单项维度表现突出，如入选传播力榜单的书香青岛、书香八桂、书香宁波、书香赣鄱；入选影响力榜单的书香三晋·文化山西；入选美誉度榜单的书香八闽、书香八桂。

1.传播力榜单

传播力榜单体现的是全民阅读品牌的媒体传播能力。2021年的传播力榜单在2020年榜单的基础上新增触达度，使评价体系更科学、全面。2021年传播力榜单从传播广度、传播深度、信息增益、触达度等方面综合计算得出。其中，传播广度反映了媒体覆盖范围；传播深度反映了媒体对活动报道的详尽程度；信息增益体现了媒体传播过程中报道的原创、转载情况；触达度体现央媒、省市级媒体等不同层级媒体传播情况。

传播力榜单的前8位与综合榜单的前8位入榜品牌相同，书香上海和书香

岭南的位次对调，从指数数值看，二者在传播广度、传播深度方面差距不大，但书香上海在触达度上略高于书香岭南。此外，书香吉林以及市级品牌书香成都、书香南京、书香苏州与综合榜单相比排名均有所上升。其中，书香成都排名第九，相较于综合榜单的第十四名排名上升明显，整体来看，书香成都在信息增益、触达度等细分维度上表现相对突出。

表3-1-2　2021年度“书香中国”全民阅读品牌传播力Top20榜单

传播力排名	阅读品牌
1	书香中国·北京阅读季
2	深圳读书月
3	书香上海
4	书香岭南
5	书香江苏
6	书香天府
7	书香浙江
8	书香安徽
9	书香成都
10	书香南京
11	书香山东
12	书香天津
13	书香重庆
14	书香苏州
15	书香吉林
16	书香青岛
17	书香八桂
18	书香宁波
19	书香贵州
20	书香赣鄱

相较于2020年传播力排行，2021年书香中国·北京阅读季由第二跃升至第一，书香天府首次上榜便跃升至第六，深圳读书月、书香江苏、书香浙江提升明显，分别由第五、第八、第十四位升至第二、第五、第七位。其中，书香江苏、书香浙江的区县媒体报道量表现相对突出，分列第二、第三位。

2.影响力榜单

影响力榜单体现的是全民阅读品牌的社会影响力，由品牌影响力、认可度、互动度等维度综合计算得到。品牌影响力作为2021年新增指标，首次将国家新闻出版署2021年全民阅读优秀项目等奖项纳入评价体系。认可度根据粉丝数、点赞数、阅读量、正面信息比例综合计算得出。互动度则根据用户对各新媒体平台各全民阅读品牌评论情况计算得出。

与综合榜单对比，入选影响力排行榜的全民阅读品牌整体出入不大，但内部排名略有调整。前5名中，书香岭南由第三跃升至第二，书香江苏由第

表3-1-3 2021年度"书香中国"全民阅读品牌影响力Top20榜单

影响力排名	阅读品牌
1	书香中国·北京阅读季
2	书香岭南
3	书香江苏
4	深圳读书月
5	书香上海
6	书香天津
7	书香安徽
8	书香重庆
9	书香荆楚·文化湖北
10	书香山东
11	书香龙江
12	书香杭州
13	书香天府
14	书香南京
15	书香浙江
16	书香陇原
17	书香成都
18	书香三晋·文化山西
19	书香苏州
20	书香贵州

表3-1-4 2021年度"书香中国"全民阅读品牌美誉度Top20榜单

美誉度排名	阅读品牌
1	书香中国·北京阅读季
2	书香江苏
3	书香岭南
4	书香上海
5	深圳读书月
6	书香荆楚·文化湖北
6	书香天津
8	书香安徽
9	书香天府
10	书香浙江
11	书香重庆
12	书香山东
13	书香陇原
14	书香龙江
15	书香八闽
16	书香成都
17	书香南京
18	书香苏州
19	书香贵州
20	书香八桂

五升至第三。书香龙江由第二十名升至第十一，升幅明显。此外，书香三晋·文化山西首次进入榜单，排名第十八。从指数数值看，书香三晋·文化山西在细分维度互动度方面评分亮眼，以8.4的评分位列第三。

相较于2020年影响力排行，书香中国·北京阅读季、书香岭南、书香江苏分别由第二、第四、第五位，分别提升到第一、第二、第三位。书香安徽、书香荆楚·文化湖北首次进入榜单便取得不俗的成绩，分列第七、第九位。其中，书香安徽的社区认可度、抖音认可度表现突出，分数仅次于书香中国·北京阅读季。

3.美誉度榜单

美誉度榜单体现的是媒体与网民对全民阅读品牌的正面反馈程度，主要通过对品牌报道的媒体级别、网民点赞和正面评论、全民阅读优秀项目获奖

情况等维度进行综合计算。

与综合榜单对比，书香江苏、书香荆楚·文化湖北、书香陇原、书香龙江排名明显上升，分别由综合榜单的第五、第十二、第十七、第二十位升至第二、第六、第十三、第十四位。这些全民阅读品牌均有活动入选国家新闻出版署2021年全民阅读优秀项目。

相较于2020年美誉度排行，书香江苏由2020年的第六跃升至第二位。书香荆楚·文化湖北、书香安徽首次进入榜单并取得不错的排名，分列第六、第八位。其中，书香荆楚·文化湖北快手点赞数单项位居第四，表现相对突出。

三、2021年“书香中国”省级、市级全民阅读品牌分析

2021年，各全民阅读品牌传播影响力不断扩大，涌现出一批全民阅读品牌，紧跟中宣部2021年全民阅读工作总体要求，满足群众阅读需求，立足全民阅读理论建设，在与自身2020年排名对比以及2021年其他同级全民阅读品牌对比中表现突出。基于此，智库进一步对纳入统计范畴的31个省级全民阅读品牌以及10个市级全民阅读品牌，分别从响应国家政策、与其他省市对比、与各省市2020年传播影响力对比、满足群众需求、全民阅读理论研究5个维度进一步对比分析。

（一）31个省级全民阅读品牌特色

1.围绕建党百年做好主题阅读工作

各省级全民阅读品牌紧跟政策，对照中宣部2021年全民阅读工作总体要求开展全民阅读活动。进入综合传播影响力榜单的省级全民阅读品牌，将知名度高、传播影响力大的特色品牌活动与建党百年主题紧密结合，进一步发挥品牌活动效应，扩大建党百年主题活动传播影响力。其中，综合传播影响力排名第一的书香中国·北京阅读季，以庆祝建党百年为主线，充分结合

党史学习教育，做好重点出版物阅读推广，举办“北京庆百年华诞百部红色图书展”活动、“追寻光辉足迹”主题阅读活动（北京站）、“颂读百年·信仰永恒”朗诵会等活动；综合传播影响力排名第三的书香岭南，重点推出“主题出版物联展”“红色书香”地铁专列和“红色文化轻骑兵”等主题活动；书香天府旗下品牌活动天府书展突出庆祝中国共产党成立100周年主线，设置建党100周年主题区。

2.头部省级品牌区域协同发展效果显著

在综合传播影响力榜单中，除书香中国·北京阅读季、书香上海、书香天津、书香重庆四个直辖市所属全民阅读品牌外，广东省、浙江省、江苏省均有两个全民阅读品牌上榜，已形成规模效应，有助于进一步提升地区品牌阅读活动的群众参与度、辐射面和号召力，促进地区全民阅读工作协同发展。其中，广东省整体实力较强，省级全民阅读品牌书香岭南，以及市级品牌深圳读书月均跻身前3位。江苏省上榜书香江苏、书香苏州，浙江省上榜书香浙江、书香杭州。

3.全民阅读优秀项目拉动区域全民阅读建设

与2020年综合传播影响力榜单对比，书香中国·北京阅读季、书香岭南、书香江苏、书香陇原排名均有小幅上升。书香荆楚·文化湖北由2020年的第二十位升至第十二位。此外，国家新闻出版署2021年全国全民阅读优秀项目所在地省级全民阅读品牌均入选综合传播影响力榜单。榜单中排名上升的8个省级全民阅读品牌中，有6个是国家新闻出版署2021年全国全民阅读优秀项目所在地的全民阅读品牌，分别是书香中国·北京阅读季、书香岭南、书香江苏、书香安徽、书香荆楚·文化湖北、书香陇原。

4.重点群体阅读推广营造书香氛围

各省级全民阅读品牌举办各式各样的全民阅读活动，覆盖青少年、农民、老人、残障人士等不同人群，较好满足了不同群众的阅读需求，让全社会都参与到阅读中来，形成爱读书、读好书、善读书的浓厚氛围。整体来看，排名靠前的省级全民阅读品牌，均十分重视青少年群体的阅读推广。如书香中国·北京阅读季的“少年读书节”“大学生读书节”“儿童读书月”活动，书香浙江的第十七届未成年人读书节，书香江苏的“我心向党”全省中小学生诵读大赛，书香安徽的“2021安徽省青少年红色经典阅读活动”。此外，部分排名靠前的省级全民阅读品牌，还通过专家荐书、发布推荐书单等方式，将主题阅读与地方特点结合，提升全民阅读品质。如书香浙江发布“2020浙版好书年度榜Top30”、书香天府举办“四川好书”评选活动。

5.科学研究把脉品牌发展方向

综合传播影响力排行榜靠前的省级全民阅读品牌更重视立足本地特色，通过调查研究本地居民阅读情况、阅读特色，以打造和巩固符合本地需求的品牌阅读活动，提升地区品牌阅读活动的群众参与度、辐射面和号召力。如书香中国·北京阅读季发布《北京市公共图书馆读者阅读调查报告》，书香浙江发布《2020年浙江省全民阅读报告》，书香江苏发布《2020年度江苏省居民阅读状况调查》等。

（二）市级全民阅读品牌特色

1.紧扣全民阅读工作要求并结合地方特色

2021年各市级全民阅读品牌按照中央宣传部印发的《关于促进全民阅读工作的意见》及《关于做好2021年全民阅读工作的通知》的重点工作要求，积极组织开展相关全民阅读活动，在举办重点阅读活动、加强优质内容供给、提高数字化阅读水平等基础上，上榜的市级全民阅读品牌更注重结合各市的地域、历史、文化特色，举办一系列具有本地特色的全民阅读活动，有效促进本市全民阅读品牌的差异化、特色化传播，增强传播影响力。例如，书香南京“共读南京”活动已成功开展6年，每月推荐一部与南京相关的传世名著，让以南京为题创作的诸多脍炙人口的作品“飞入寻常百姓家”；书香苏州积极开展“走读大运河之旅”等运河文化主题阅读活动，赋能大运河苏州段文化带建设，弘扬江南文化、大运河文化。

2.全民阅读强省　市级品牌实力突出

从各市级全民阅读品牌综合传播影响力排名情况来看，2021年41个地区全民阅读品牌中共有市级品牌10个，其中5个市级品牌入围全民阅读品牌综合传播影响力榜单，分别为深圳读书月、书香南京、书香成都、书香苏州、书香杭州。进入榜单品牌的传播影响力在一定程度上与其所在省份的全民阅读发展情况呈正相关，双方相互促进、共同发展。榜单入围的5个市级全民阅读品牌所属省份的阅读品牌均位于榜单前10。

另外，作为市级全民阅读品牌，深圳读书月在2021年综合传播影响力榜单中表现突出，总排名第二，仅次于书香中国·北京阅读季。深圳读书月作为国内创办最早、规模最大的群众读书节，22年来累计开展公益阅读文化活动9000余项，吸引逾1.7亿人次参与。2021年，深圳读书月举办阅读文化活动超1400场，第三届深圳书展累计接待读者超155万人次，销售图书码洋2752万元。

3.入围市级品牌表现基本稳定

2021年入围综合传播影响力榜单的5个市级全民阅读品牌中，深圳读书月、书香南京、书香成都、书香杭州4个市级品牌已连续两年入围，且整体排名较为稳定；书香苏州全民阅读品牌进步较大，首次入围榜单就进入前15名。

苏州作为历史上“出产”状元数量最多的城市，近年来不断深化书香苏州品牌内涵，扩大优质文化产品供给，全市图书销售量和阅读指数在全国大中城市中名列前茅。2021年，第十六届苏州阅读节开幕，苏州作为2021年江苏书展主会场，着力推进“江南文化”品牌建设，采用融媒体直播、游学等群众喜闻乐见的新形式，通过苏州文学地图、越游越美·品读苏园、走读大

运河等具有城市特色、亮点的活动，加强阅读交流、阅读辅导和阅读引导，进一步扩大书香苏州品牌的群众参与度和社会影响力。

4.“七进”活动保持品牌活跃度

从满足群众精神文化需求来看，2021年各市级全民阅读品牌着力开展全民阅读“七进”活动，持续推动全民阅读进农村、进社区、进家庭、进学校、进机关、进企业、进军营，进一步挖掘各类基层人群的阅读需求，有效促进全民阅读活动更加深入基层群众。深圳读书月“一本书·一堂课”青少年红色主题阅读活动、“2021最美校园图书馆”评选等活动，助推“书香校园”建设；书香南京举办第十一届民警文化艺术节暨“品读书香　文化育警”读书月活动，通过建强支部读书角、举办线上读书“马拉松”、录制“为你读书”视频等活动，着力营造“爱读书、读好书、善读书”的书香氛围。

5.基础设施建设成为书香城市支点

公共图书馆、实体书店、新型阅读空间构成了书香城市的基础单元，持续发挥着阅读推广服务、阅读专业水平涵养、读者培养等重要作用。《基层图书馆推动全民阅读的服务模式浅析与对策》一文称：“在全民阅读推广的过程中，基层图书馆发挥着十分重要的作用。图书馆可以通过各种渠道落实推广工作，同时根据不同读者的阅读需求提供不同的服务。”《活化城市公共阅读空间，拓展全民阅读新路径》一文称，“城市公共阅读空间作为文化服务体系中的重要组成部分，为全民阅读工作的开展开辟新路径”。

2021年各市级全民阅读品牌持续推进全民阅读基础设施及服务体系建设，扩大全民阅读惠民覆盖范围。深圳图书馆作为深圳读书月全民阅读推广的重要窗口和阵地，以“人文湾区”“深圳记忆”“文化雅集”等为关键词，在读书月期间举办100余场文化活动；书香成都2021年全年共建成49个“城市阅读美空间”，实现23个区（市）县全覆盖，成都市新建实体书店达82个，呈逆势上扬发展趋势。

四、全民阅读品牌重点活动主题分析

从41个地区全民阅读品牌活动的具体传播情况来看，将2021年41个地区全民阅读品牌的活动开展传播情况与中央宣传部印发的《关于促进全民阅读工作的意见》及《关于做好2021年全民阅读工作的通知》中的重点工作要求相对照，入围综合传播影响力榜单的全民阅读品牌主要在以下方面表现较为突出：庆祝建党100周年，突出主题主线；加强优质出版内容供给；深入基层群众，促进乡村振兴；积极推动青少年阅读；保障重点和特殊群体阅读权益；提高数字化阅读质量和水平；加强全民阅读宣传推广等。本报告根据榜单中各全民阅读品牌活动的表现情况，对建党100周年、促进乡村振兴及重点人群阅读三方面进行了重点分析。

（一）主题主线阅读工作　为建党百年营造良好文化氛围

2021年是中国共产党成立100周年，也是实施“十四五”规划、开启全面建设社会主义现代化国家新征程的第一年，各地全民阅读品牌深入贯彻落实中央精神，抓实、做好主题主线阅读工作，深入开展重点出版物推广工作，在建党100周年的背景下，有效扩大了全民阅读品牌在广大群众中的传播影响力和公信力。其中，榜单入围全民阅读品牌在优质主题出版物供给、线上下重点活动开展以及各平台传播方面均表现较为优异。

从供给侧来看，头部全民阅读品牌加强优质重点主题内容供给，推动建党100周年及各类主题出版物创作、出版和传播。例如，书香中国·北京阅读季2021年推出《为什么是中国》《读懂中国共产党》等近160种建党百年主题出版物，组成百年百部红色经典图书献礼方阵，并在全市近2000家实体书店设置专区、专柜举办百年百部红色图书展。书香江苏在2021年“礼赞全面小康　致敬建党百年”主题出版重点出版物发布会上发布《向北方：民主人士参加新政协纪实》、“童心向党·百年辉煌”书系等主题作品59种，以多种视角、多种题材、多种载体，深入宣传展示中国共产党百年伟业，7种图书选题入选2021年主题出版重点出版物选题。

从2021年全年各地红色主题活动传播情况来看，头部全民阅读品牌围绕庆祝建党百年，举办包括党史党课、诵读领读演讲、书展展览、征文、打卡答题等形式丰富多样的线上线下红色主题阅读活动，弘扬主旋律，传播正能量。例如，书香中国·北京阅读季陆续开展“红色经典　献礼百年”主题出版物展及主题文化活动、“颂读百年·信仰永恒”朗诵会、送红色经典进社区等红色阅读推广活动，综合报道数量超2400篇，在41个全民阅读品牌中排名第一。

另外，革命老区的全民阅读品牌在2021年的整体传播影响力中表现较为突出，革命老区的全民阅读品牌积极营造浓厚的红色阅读宣传氛围，起到良好宣传效果。2021年，由中宣部牵头的“追寻光辉足迹”主题阅读活动在上海、浙江嘉兴、江西井冈山、贵州遵义、陕西延安、河北西柏坡及北京陆续举办，开展了主题鲜明、各具特色、丰富多彩的红色阅读活动。本次入围综合传播影响力榜单的全民阅读品牌中，4个“追寻光辉足迹”主题阅读活动所在地的全民阅读品牌进入榜单，分别为书香浙江、书香上海、书香贵州、书香中国·北京阅读季。其中，书香贵州首次进入综合传播影响力榜单，作为红色革命老区，书香贵州组织开展“多彩贵州　书香高原”2021长征阅读季活动、红色文化资源版权保护行动等红色阅读活动，并在各融媒体平台积极传播，有效提高了书香贵州的传播影响力。

（二）优化基层阅读资源配置　助力乡村振兴

党的十九大报告指出，农业、农村、农民问题是关系国计民生的根本性问题，必须始终把解决好“三农”问题作为全党工作重中之重。2021年，各全民阅读品牌深入学习贯彻习近平新时代中国特色社会主义思想和党的十九大精神，优化基层资源配置，推动全民阅读活动向基层延伸，陆续在农村及基层社区等阅读资源和服务相对稀缺的地区开展阅读推广活动，进一步扩大全民阅读品牌覆盖面，丰富农村地区阅读资源，不断满足广大基层群众精神文化生活新期待。其中，榜单入围品牌更聚焦于资源不均衡地区，品牌阅读活动在各区乡镇的覆盖面相对更广。

2021年，各全民阅读品牌主要通过具有流动性的图书车和固定地点的落地农家书屋两种渠道进行农村地区全民阅读传播，有效助力全民阅读品牌全覆盖、深入传播。

在流动图书车方面，书香中国·北京阅读季“阅读驿站”以流动书车、流动书香节、书刊捐赠等形式，直接惠及京郊农村、基层社区群众300多万人，线上活动累计观看人次超过700万，入选国家新闻出版署2021年全民阅读优秀项目。书香岭南开展流动书香车进乡村活动，打通公共文化服务基层“最后一公里”，将正版、优质的图书送到乡镇、农村读者面前。书香天津举办书香天津·农民读书节，组织“三农”主题图书大篷车、图书购物赶大集、大讲堂等，深入村镇集市、村镇（社区）讲堂和新时代文明实践中心开展阅读推广活动。

在农家书屋建设方面，全国共有农家书屋超58万个，向广大农村配送图书超过12亿册，农家书屋在丰富广大农民群众精神文化生活，推进城乡公共文化服务标准化、均等化等方面发挥重要作用。2022年4月，中央宣传部、文化和旅游部、国家广播电视总局联合发布《关于表彰第九届全国服务农民、服务基层文化建设先进集体的决定》，共346家集体受表彰。2021年，全民阅读品牌积极开展农家书屋建设，进一步推进农家书屋转型升级。书香荆楚·文化湖北开展“万村数字农家书屋建设”项目，推进数字农家书屋建设，推动农家书屋深化改革创新、提升服务效能，截至2021年11月23日，已建成11496个数字农家书屋，总用户量达210万人，总访问量达2150万人次。书香山东采取省、市、县、乡四级联动方式，创造性开展“讲党史故事　读万卷好书”乡村阅读齐鲁行暨农家书屋万场主题阅读活动；在2021年“新时代乡村阅读季”系列活动成果颁奖中，山东共有40个单位和13名个人荣获不同奖项，获奖总数连续3年居全国首位。

（三）保障重点人群基本阅读权益　赋能阅读品牌

2021年，入围榜单的全民阅读品牌在开展常规全民阅读活动的基础上，开展了更多针对青少年、中老年、阅读障碍人群等不同阅读群体的阅读活动，积极推动青少年阅读，保障特殊群体基本阅读需求，对不同阅读群体进行广泛覆盖，在推动全民阅读品牌活动普及方面发挥了积极作用。在推进青少年群体阅读建设方面，各地全民阅读品牌聚焦“双减”、推进“双升”，全面深入开展青少年阅读工作，打造书香校园。例如，书香中国·北京阅读季举办“少年读书节”“儿童读书月”“大学生读书节”等品牌活动，邀请青少年喜爱的专家、学者、作家、主持人等走进学校，开展“大手拉小手”助力农村儿童阅读活动、“建党百年”阅读知识展等针对不同年龄段青少年的阅读活动。书香天津开展天津市大学生“悦读之星”校园推广活动，全市53所高校积极参与，通过读书分享演讲，在大学校园推进党史学习教育，引领当代大学生正确认识党的光辉历史。

在保障残疾人阅读需求方面，头部全民阅读品牌积极加强阅读环境建设，开展相关阅读活动，根据其阅读需求，为阅读障碍者改善阅读条件，大力推进新时期残疾人阅读工作。书香上海开展由六大主题活动组成的残疾人读书系列活动，包括年度书单发布、“阅读推广人”培训、上海市残疾人阅读活动、诵读训练营、残健融合经典诵读活动等，通过线上线下相结合的方式，推进残疾人群体参与全民阅读。书香吉林开展“永远跟党走——2021年书香吉林阅读季”系列活动，向省残疾人中等职业学校的师生们赠送党史、中国革命史和社会主义建设发展史等红色经典书籍。

另外，据国家统计局的数据显示，2021年年末全国人口141260万人，60

岁及以上人口为26736万人，占全国人口的18.9%，但目前针对中老年人群的阅读活动相对较少，且多为社区活动。未来各全民阅读品牌可在供给侧方面向全国老年人推荐更多优秀出版物；在线下活动方面积极开展面向中老年人的讲座，建立中老年社区读书小组或老年驿站活动；增加针对中老年群体的阅读推广人，满足中老年人群的精神文化需求。

五、总结

2021年各地区全民阅读品牌围绕庆祝中国共产党成立100周年主线，深入优化基层阅读资源、助力乡村文化振兴，重点保障青少年及重点人群阅读权益，在疫情防控常态化背景下，积极开展各类全民阅读活动，持续建设融媒体传播矩阵，在微博、微信、有声听书等平台实现全方位传播。整体来看，综合排名靠前的头部全民阅读品牌在各指标项中的表现较为均衡且稳定，东部及沿海地区全民阅读品牌传播影响力较大。头部省级品牌积极发挥品牌活动效应，区域协同发展效果显著；市级品牌充分结合城市特色、完善全民阅读基础设施和服务体系，有效扩大基层群众阅读活动覆盖面。

在对2020年、2021年全民阅读品牌传播影响力分析的基础上，未来智库将持续优化全民阅读品牌大数据研究体系与数据模型，进一步挖掘分析重点主题，为全民阅读品牌高质量发展提供服务支撑，为推动书香社会建设，营造良好文化氛围作出积极贡献。

（课题组成员：李忠、姚贞、马萧萧、张文彦、刘永丹、朱梅、刘振兴、党琳、王瑞雯。
技术支持：中新宽维传媒科技有限公司，2022年6月30日）

2020年度“书香中国”全民阅读传播影响力大数据研究报告

《中华人民共和国国民经济和社会发展第十四个五年规划和2035年远景目标纲要》提出“深入推进全民阅读，建设‘书香中国’”。在党和政府的倡导推动下，我国各地创办了读书节、读书月、阅读季等各类面向群众、规模开展的阅读活动，经过十几年的发展，形成了众多以“书香中国”为统一标识的地方品牌。在“书香中国万里行”“大众喜爱的阅读新媒体号”等长期调研经验基础上，全民阅读与融媒体智库联合多领域专家，研制出全民阅读品牌传播影响力指数模型，在此基础上推出2020年度“书香中国”全民阅读品牌传播影响力大数据研究报告，以期为全民阅读活动提供有益参考。报告详细内容如下：

一、指数模型及数据收集基本情况

为全面了解各地全民阅读品牌的传播影响力，按照以下思路建立全民阅读品牌传播影响力指数模型：

全维度反映活动传播全貌。在指标体系与指标项的设置中，从中央及地方新闻报道，到微信微博、社区贴吧，以及短视频等都作为评估的依据，并将阅读数量、点赞数量、评论数量等互动信息纳入计算范围，权重指标项目数量达到32项。

体现全民阅读活动内涵。将各省市官方打造的品牌数量、属地拓展的活动数量，作为影响力的重要因子进行计算，体现了全民阅读活动独特的号召力特质；将传播深度和信息增益作为传播力的测算维度，丰富了传播力的内涵；对于不同级别媒体的触达能力，给予明显的权重差异。

客观优化计算方法与参数。在调整优化指标项的标准化算法和模型参数过程中，第一，遵循计算的客观性与准确性，确保结果科学可信；第二，还按照数据的实际量级和分布情况，采用主成分分析法计算数据的主要维度，进行数据归一化与参数优化，避免因数据倾斜导致结果的偏差。

支持模型演化性升级。后台算法和模型设计中采用了大数据和机器学习手段，通过迭代训练，反复试验合理的参数与归一化方法，确保计算结果量化可追溯、可优化升级。

本次调查数据收集时间范围为2020年1月1日—12月31日，数据采集渠道为：409家中央媒体、13247家省市媒体、6555家区县媒体（注：中央媒体、省市媒体、区县媒体包含旗下媒体矩阵，包括子刊子报、公众号、App、子栏目等）、112家商业媒体、6924家自媒体账号、357家短视频账号。收集全网总信息量达4.6879亿条，其中，中央媒体信息总量2830万条，省市媒体信息总量1.08亿条，区县媒体信息总量1560万条，网站信息总量 1.42亿条，商业媒体信息总量5890万条，微信信息总量4875万条，微博信息总量4936万条，论坛信息总量520万条，贴吧信息总量 146 万条，自媒体信息总量875万条，短视频信息总量247万条。

根据以上数据，我们集中对41个地区的全民阅读品牌进行了大数据分析，涉及地区包括31个省（区、市）和10个较早开展全民阅读活动的城市。根据推算结果，研制出综合传播影响力榜单，以及3个分项榜单：传播力榜单、影响力榜单和美誉度榜单。

二、综合传播影响力榜单

综合传播影响力榜单所体现的是全民阅读品牌在2020年媒体传播中的覆盖范围与社会影响程度，需要对32个指标项进行综合计算。其中，传播力主要考察品牌传播的广度、媒体报道的深度与裂变的情况；影响力主要考察各类媒体的触达度，并将网民的关注、阅读、点赞、评论等行为作为指标项纳入计算。在榜单20个全民阅读活动品牌中，共有书香上海等15个省（区、市）级品牌和深圳读书月等5个市属品牌入围。

从入选品牌的区域来看，入选榜单的品牌多数来自东部地区，包括上海、北京、深圳、广东、江苏、天津、南京、山东、浙江、福建、杭州、青岛、海南13个省市，中部地区有湖南、湖北2个省，东北地区有吉林、黑龙江2个省，西部地区有重庆、成都、甘肃3个省市。值得注意的是，深圳市与广东省、杭州市与浙江省、青岛市与山东省、南京市与江苏省4个市与该市所属省的全民阅读活动品牌同时上榜。该榜单体现出全民阅读与区域文化、教育、经济等综合发展水平的正向相关性，上海、北京、深圳的阅读品牌占据了榜单的前三名。

表3-2-1　综合传播影响力Top20榜单

综合排名	阅读品牌
1	书香上海
2	书香中国·北京阅读季
3	深圳读书月
4	书香岭南
5	书香吉林阅读季
6	书香江苏
7	书香天津
8	书香南京
9	书香山东
10	书香重庆
11	书香浙江
12	书香八闽
13	书香湖南
14	书香杭州
15	书香青岛
16	龙江读书月
17	书香成都
18	海南书香节
19	书香陇原
20	书香荆楚·文化湖北

从创立时间看，有多个品牌的创建已超过20年。如书香岭南的前身是创办于1993年的南国书香节；书香南京的前身是创办于1996年的南京读书节；书香上海的前身是2000年开始的上海读书节，深圳读书月亦起步

于2000年。也有2010年之后才创办的后起之秀，如创建于2011年的北京阅读季、创建于2015年的龙江读书月等。创建于2006年左右的品牌最多，如书香江苏始于2005年创建的江苏读书节，书香青岛始于2005年创建的青岛图书文化节，书香杭州始于2007年创建的西湖读书节。

整体看来，党委和政府倡导培育、社会各界参与、活动数量众多、阅读推广专业化力量活跃、专业研究发展迅速是上榜品牌的共同特征。党委和政府的大力倡导扶持，是全民阅读活动得以持续壮大、吸引各方力量的关键因素。从媒体报道情况看，上榜地区的全民阅读工作均已成为当地各级党委和政府的常规工作，设立了职责机构和联席机制，如北京阅读季领导小组办公室、上海市促进全民阅读办公室、深圳读书月组委会、江苏省全民阅读活动领导小组等。这些组织机构，确保了全民阅读精神内容的积极向上，明确了相关部门的职责，激发了社会各界的参与热情，确保书香品牌的经费、规模连年稳定上升。上榜品牌中，深圳、广东、吉林、江苏、福建、黑龙江、四川、湖北等已制定了全民阅读地方性法规，多地曾颁布过全民阅读中长期规划。

成立全民阅读行业组织是凝聚社会各界力量、促进政产学研交流协作机制的重要途径。2012年成立的深圳市阅读联合会是国内首家阅读联合组织，现有会员单位115家，涵盖了学校、公共图书馆、民间读书组织、宣传媒体、出版、印刷、发行、网络阅读等行业以及从事阅读研究与实践的专家学者、阅读推广人，致力于推动阅读资源的整合与共享，培育多样化的阅读推广项目，促使全民阅读活动制度化、常态化、普及化。地处东北地区但表现优异的吉林省于2013年就成立了吉林省全民阅读协会，是我国首家省属全民阅读协会，该协会面向全省招募会员，组织开展了大量全民阅读活动、项目、工程。

拥有大型书展等标志性的阅读活动，是书香品牌实力和经验积累的重要途径，如书香上海与上海书展、书香江苏与江苏书展、书香八闽和海峡两岸图书交易会等。这些标志性活动举办多年，享誉全国，能够汇集国内外文化名人，举办大量读书活动，吸引广大读者参与。

阅读推广专业化力量活跃，是书香品牌多元创新、深入基层的内在动力。入选品牌所在地区往往有具备一定实力、积极性和阅读推广专业性的出版机构、公共图书馆、阅读推广公益组织、新媒体阅读企业、阅读研究机构等力量，如上海市为数众多的读书会，北京评选的年度金牌阅读推广人，南京亲近母语信息技术研究院、湖南大学的中国全民阅读研究中心和青岛全民阅读研究院，甘肃省的读者出版传媒股份有限公司等，都是当地书香品牌的重要参与力量。

此外，公共阅读设施建设也是书香品牌在基层广泛传播的重要载体。深圳市图书馆自主研发的自助图书馆早在2008年就投入使用，天津市区两级流动“阅读大篷车”服务的农村网点已达200多个，成都致力于打造阅读主题街区等。设施覆盖范围的扩大、服务功能的完善，成为全民阅读理念向基层输送的“毛细血管”。

三、分项榜单

与综合榜单相比较，3个分项榜单的上榜名单有少量变化：传播力榜单上榜了书香赣鄱、书香辽宁、书香三晋·文化山西3个省属品牌和书香厦门1个市属品牌。影响力榜单上榜了书香八桂1个省属品牌。美誉度榜单上榜书香天府、书香八桂、书香三晋·文化山西、书香三秦4个省属品牌。

（一）传播力榜单

传播力榜单体现的是全民阅读品牌2020年以来的媒体传播能力，从传播广度、传播深度和信息增益3个方面综合计算。传播广度反映了品牌的媒体覆盖范围，传播深度反映了媒体对活动报道的详尽程度，信息增益体现了媒体传播过程中信息被放大的效果。

传播力榜单的前五位与综合榜单的前五位入榜品牌相同，但深圳读书月和书香吉林阅读季的位次发生了对调。从指标数值看，传播深度二者相差不大，但在传播广度上，吉林（11.38）好于深圳（9.95），具体而言，吉林的资讯传播（4.42）和社交传播（2.54）均好于深圳的资讯传播（3.55）和社交传播（1.99），视频传播与社交传播的差别不大。

表3-2-2 传播力Top20榜单

传播力排名	阅读品牌
1	书香上海
2	书香中国·北京阅读季
3	书香吉林阅读季
4	书香岭南
5	深圳读书月
6	书香天津
7	书香山东
8	书香江苏
9	书香杭州
10	书香青岛
11	书香赣鄱
12	书香南京
13	书香辽宁
14	书香浙江
15	书香重庆
16	龙江读书月
17	书香八闽
18	书香厦门
19	书香荆楚·文化湖北
20	书香三晋·文化山西

书香杭州和书香青岛的位次从综合榜单的14位、15位分别跃升至第9位、第10位。青岛在传播广度中的两个三级指标得分较高，排名分别是：新闻报道量为第9位，微信报道量为第3位，这两个指标项贡献较大。杭州在传播广度中的3个三级指标排名贡献较大，分别是新闻报道量为第7位，微信报道量为第6位，微博报道量为第9位。

书香赣鄱能够跻身传播力排名的第11位，主要是其新闻报道深度得分高，新闻报道平均字数与微信报道平均字数都排名第1位，报道转发比例也排名第1位，信息增益能力突出。书香辽宁在短视频应用方面表现突出，快手报道数量排名第1位，抖音报道数量排名第8位。

书香三晋·文化山西报道转发比例排名第5位，微博平均字数排名第7位，快手报道数量排名第10位。书香厦门报道转发比例排名第2位，微信报道平均字数排名第4位，新闻报道平均字数排名第5位。

总体看来，书香品牌主要负责机构的宣传积极性、对各类媒体应用的广泛程度、当地媒体的发达程度、书香品牌的活动数量、参与人数，决定着传播的广度、深度和转载率。

（二）影响力榜单

影响力榜单体现的是全民阅读品牌的社会影响力，从触达度、延展度、认可度和互动度4个方面综合计算得到。触达度是指全民阅读品牌对各类媒体的触达能力，延展度是指主管方打造的品牌数量以及属地拓展活动数量（即下属地域拓展出来的全民阅读品牌的子品牌数量），认可度通过用户点赞、关注、阅读等行为计算，互动度则根据用户对自媒体的评论计算。

表3-2-3　影响力Top20榜单

影响力排名	阅读品牌
1	书香上海
2	书香中国·北京阅读季
3	深圳读书月
4	书香岭南
5	书香江苏
6	书香吉林阅读季
7	书香天津
8	书香南京
9	书香重庆
10	书香山东
11	书香湖南
12	书香成都
13	书香浙江
14	书香八闽
15	海南书香节
16	龙江读书月
17	书香八桂
18	书香陇原
19	书香杭州
20	书香青岛

与综合榜单比较，位次提升最为显著的书香品牌分别为：书香湖南从第13位上升到第11位，书香成都从第17位上升到第12位，以及出现在第14位的书香八闽。为这些品牌位次提升发挥显著效应的具体指标有：书香湖南的微博粉丝数量排名第4位，点赞总数第5位，官方打造品牌数量排名第7位。书香成都在网民媒体发布数量方面表现优秀，排名第6位，属地拓展活动数量排名第10位。书香八闽属地拓展活动数量排名第2位，微信总阅读数量排名第10位，点赞数第9位。

总体看来，书香品牌的自媒体粉丝数量、与受众的互动情况、属地拓展活动数量、品牌创新数量等决定着书香品牌的影响力。

（三）美誉度榜单

美誉度榜单体现的是媒体与网民对全民阅读品牌的正面反馈程度，主要通过对品牌报道媒体级别、网民评价和点赞的情况综合计算。

与综合榜单比较，位次提升最为显著的分别为：书香浙江从第11位上升到第7位，书香杭州从第14位上升到第8位，以及出现在第16、17、19、20位的书香天府、书香八桂、书香三晋·文化山西、书香三秦。这些书香品牌能够跻身前20名，指标数值表现突出的具体情况如下：

表3-2-4　美誉度Top20榜单

美誉度排名	阅读品牌
1	书香上海
2	书香中国·北京阅读季
3	书香岭南
4	深圳读书月
5	书香吉林阅读季
6	书香江苏
7	书香浙江
8	书香杭州
9	书香山东
10	书香重庆
11	书香天津
12	书香南京
13	书香青岛
14	书香湖南
15	书香成都
16	书香天府
17	书香八桂
18	书香陇原
19	书香三晋·文化山西
20	书香三秦

书香浙江的指标体系中，中央媒体、省市媒体、区县媒体、商业媒体的发布量排名均为第8—10位之间，体现了浙江省全民阅读活动在各类媒体中相对均衡、稳定的美誉度。对书香杭州进行消息发布的各类媒体指标排名分别为：中央媒体第9位，省市媒体第8位，区县媒体第4位，商业媒体第7位。书香天府在各类媒体中消息发布的指标排名分别为：中央媒体第14位，省市媒体第12位，商业媒体第12位，微信点赞数为第9位。书香八桂的微信点赞数在第17位，微博点赞数为第11位。书香三晋·文化山西的商业媒体发布指数为第16位，微博点赞数为第17位，抖音点赞数为第3位。书香三秦的区县媒体发布指数为第15位，微信点赞数为第19位，微博点赞数为第17位。

四、小结

总体看来，充分利用各类媒体发布全民阅读活动信息、宣传信息、服务信息，信息内容能够引发受众关注、互动，能够有效提升书香品牌的美誉度。

值得注意的是，在综合排名榜和分项排名榜中，书香上海、书香中国·北京阅读季始终稳居第1位和第2位。具体来看，书香上海排名第1位的指标共有8个，分别是新闻报道量、微信报道量、微博报道量、中央媒体报道量、省市媒体报道量、区县媒体报道量、商业媒体报道量、微信总阅读数。单项前5的有20项。

书香中国·北京阅读季排名第1的指标有5个，分别是：微信点赞总数、微博粉丝总数、快手粉丝总数、快手点赞总数、贴吧报道量。单项排名前5的有18项。

（课题组成员：李忠、姚贞、马萧萧、张文彦、刘永丹、朱梅、刘振兴、王瑞雯。
技术支持：中新宽维传媒科技有限公司，2021年4月24日）

4·23世界读书日期间各地全民阅读品牌传播影响力大数据榜单发布

中国全民阅读媒体联盟联合全民阅读融媒体智库、中新宽维传媒科技有限公司，在《2020年度“书香中国”全民阅读品牌传播影响力大数据研究报告》和全民阅读品牌传播影响力指标体系基础上，在2021年度持续追踪采集“书香中国”全民阅读品牌活动海量数据。在4·23世界读书日期间，我们针对各地全民阅读活动特点，通过数据梳理和指数模型计算，排序形成4·23世界读书日期间各地全民阅读品牌活动传播影响力的综合榜单和3个分项榜单。

数据收集时间范围：2021年4月23日—2021年5月3日

表3-3-1　4·23世界读书日期间全民阅读活动前五名传播情况

品牌	新闻报道量/篇	微信、微博报道量/篇	中央和省市媒体发布量/篇	微信总阅读数/次	报道转发比/%
书香中国·北京阅读季	719	78、17	867	6997	5.11
书香岭南	502	109、23	772	2454	2.33
书香八闽	352	27、5	457	1193	5.52
书香江苏	200	76、22	294	4274	1.98
书香重庆	231	85、21	343	1043	1.75

注：4月23日—5月3日数据。

表3-3-2　各地全民阅读活动4·23世界读书日期间宣传报道排名

综合排名	阅读品牌
1	书香中国·北京阅读季
2	书香岭南
3	书香八闽
4	书香江苏
5	书香重庆
6	深圳读书月
7	书香青岛
8	书香浙江
9	书香吉林阅读季
10	龙江读书月
11	书香荆楚·文化湖北
12	书香上海
13	书香天府
14	书香南京
15	书香湖南
16	书香天津
17	书香陇原
18	书香成都
19	书香安徽
20	书香山东
21	书香天山
22	书香八桂
23	书香江城
24	书香西藏
25	海南书香节
26	书香青海
27	书香辽宁
28	书香中原
29	书香杭州
30	书香赣鄱

传播力排名	阅读品牌
1	书香中国·北京阅读季
2	书香岭南
3	书香青岛
4	书香八闽
5	书香浙江
6	书香吉林阅读季
6	龙江读书月
8	书香重庆
9	书香江苏
10	书香荆楚·文化湖北
11	深圳读书月
12	书香安徽
13	书香湖南
14	书香天山
15	书香天府
16	书香陇原
17	书香南京
18	书香辽宁
19	书香天津
20	书香江城
21	书香山东
22	书香成都
23	书香上海
24	书香赣鄱
25	书香中原
26	书香三秦
27	书香西藏
28	书香三晋·文化山西
29	书香青海
30	书香八桂

影响力排名	阅读品牌
1	书香中国·北京阅读季
2	书香岭南
3	书香江苏
4	深圳读书月
5	书香重庆
6	书香八闽
7	书香上海
8	书香浙江
9	书香吉林阅读季
10	龙江读书月
11	书香青岛
12	书香荆楚·文化湖北
13	书香天府
14	书香成都
15	书香南京
16	书香天津
17	书香陇原
18	书香山东
19	书香湖南
20	书香八桂
21	海南书香节
22	书香安徽
23	书香天山
24	书香杭州
25	书香青海
26	书香西藏
27	书香中原
28	书香江城
29	书香赣鄱
30	书香贵州

美誉度排名	阅读品牌
1	书香中国·北京阅读季
2	书香岭南
3	书香浙江
4	书香重庆
5	书香八闽
6	龙江读书月
6	书香吉林阅读季
8	书香江苏
9	深圳读书月
10	书香青岛
11	书香荆楚·文化湖北
12	书香湖南
13	书香安徽
14	书香天府
15	书香辽宁
16	书香江城
17	书香南京
18	书香山东
19	书香成都
20	书香陇原
21	书香上海
22	书香天山
23	书香青海
24	书香三晋·文化山西
25	书香中原
26	书香赣鄱
27	书香天津
28	书香宁波日
29	书香杭州
30	书香八桂

注：“美誉度排名”表格的第六名为并列。

考虑到部分重点品牌活动还未开展，此报告仅代表2021年4月23日至5月3日期间的数据。我们将持续采集数据，开展跟踪研究，阶段性地发布全民阅读品牌传播影响力研究报告及榜单，敬请期待。

（课题组成员：李忠、姚贞、马萧萧、朱梅、刘振兴、王瑞雯）

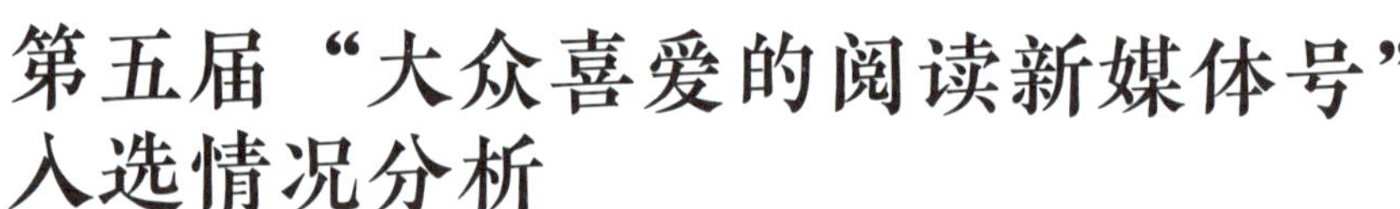

第五届“大众喜爱的阅读新媒体号”入选情况分析

一、贯彻落实全民阅读工作部署

习近平总书记多次强调“要提倡多读书，建设书香社会”“创新服务方式，推动全民阅读，更好满足人民精神文化需求”。2014年以来，全民阅读已连续九次被写入《政府工作报告》。《2022年政府工作报告》中提到要“深入推动全民阅读”。

为了进一步贯彻落实习近平总书记指示精神，推动全民阅读，为喜迎党的二十大创造良好的舆论氛围，中宣部于2022年4月23日至25日举办首届全民阅读大会。本次大会规格高、意义大，并且将第六届“大众喜爱的阅读新媒体号”推荐活动纳入其中。

多年来，中国新闻出版传媒集团有限公司一直重视全民阅读的宣传推广工作，专门成立全民阅读媒体联盟办公室、品牌与专题部两个部门开展全民阅读的推广工作，形成了全民阅读“红沙发”、书香中国万里行、“大众喜爱的阅读新媒体号”推荐活动、全民阅读大讲堂、“微笑彩虹·书香温暖童年”公益活动、“妈妈导读师”等系列品牌。

二、活动背景及前五届推荐活动的举办情况

原国家新闻出版总署自2010年开展了“大众喜爱的50种图书”推荐活动。中国新闻出版传媒集团有限公司一直是活动的承办单位，《人民日报》、新华

社、中央电视台、《光明日报》、《经济日报》、《中国文化报》等主流媒体为参与单位。活动通过媒体推荐、出版社自荐、专家把关、市场检验、网民投票等环节，评选出版的、在市场上有一定影响力的新书。活动一共连续举办8年，共向社会推荐400本好书，为推动全民阅读起到积极的促进作用。

与此同时，为发挥优秀阅读类微信公众号的引领示范作用，自2016年起，中国新闻出版传媒集团有限公司联合中国全民阅读媒体联盟开展首届“大众喜爱的50个阅读微信公众号”推荐活动，通过政府机构推荐、媒体推荐、账号自荐、WCI检测、大众投票、专家评审等环节，向社会推荐50个优秀的阅读微信公众号。

2020年，在连续成功举办四届“大众喜爱的50个阅读微信公众号”推荐活动的基础上增加了音频、视频号的推荐，活动更名为“大众喜爱的阅读新媒体号”推荐活动。前五届推荐活动共向社会推荐250个微信公众号，50个音频、视频号，入选的账号形式活泼、内容优质、方式创新，能够满足不同层次读者的阅读需求，在新闻出版界、文化界和广大读者中形成了良好口碑。榜单在当年度的北京图书订货会、全国书博会、全国刊博会上发布，同时线上新媒体平台深入持久推介优秀图书、传播阅读文化。

三、第五届推荐活动入选情况分析报告

第五届“大众喜爱的阅读新媒体号”推荐活动旨在促进纸质阅读与数字阅读融合发展，优势互补，形成服务受众多元需求，传播优质阅读内容、理念和方法的阅读推广媒体矩阵。

（一）微信公众号的入选情况分析

1.入选微信公众号投票情况

投票环节共收到490029票，其中入选的50个微信公众号收到262746票，

占总投票数的53.62%。

政府与协会类、出版社类、图书馆类微信公众号在投票环节表现优异，大众投票前10位的微信公众号中，政府与协会类6个，出版社类与图书馆类各2个。从投票数来看，超过20000票的微信公众号有4个，分别为“书香成都”“小荷听书”“重庆图书馆”“广西八桂书香网”，其中“书香成都”票数最多，共计29396票。根据投票情况看，政府与协会类的微信公众号更具网民影响力。

2.入选微信公众号的类别

第五届“大众喜爱的阅读新媒体号”推荐活动入选公众号中，出版社类、政府与协会类表现相对突出，其中“人民教育出版社”“清华大学出版社”“北京大学出版社”等出版社类的微信公众号15个，“北京阅读季”“书香江苏”“书香上海”等政府与协会类的微信公众号10个，展示了阅读推广专业性的优势；出版物发行单位类和图书馆类微信公众号均为6个，媒体类和阅读推广机构类微信公众号均为5个；微视频类的阅读微信公众号入选3个，分别是“十点林少和1000本书”“朱永新老师”“单书评”。

3.微信公众号入选特点

入选的微信公众号设计美观，信息量大，内容丰富，发文活跃，公众号功能特色鲜明。例如，“北京阅读季”体现了首都阅读信息服务平台的特征，主要发布各类相关的新闻、通知、精彩活动回顾及全民阅读相关政策等。“百草园书店”则有固定的早读、赏读、经典音乐等板块，营造出线上阅读的优美虚拟空间。“北京大学出版社”在推出各种精品图书书评、书讯的同时，还开设“北大博雅讲坛”这一文化平台，利用新媒体技术直播多种形式的主题读书、文化阅读活动。

入选微信公众号在全民阅读领域扮演着极其活跃的角色，积极发布各类阅读活动新闻，图书、新刊、书店推荐，赠书资讯，知识类普及，情感故事和人物采访，体现了较强的阅读影响力。“百草园书店”“书香龙江”“书香上海”“广西八桂书香网”“阅读公社”等账号发布文章过千篇，其中“百草园书店”每期阅读量基本都能达到6万+，点赞量上千，评论互动高；“读者”“为你读诗”“当当网”“人民教育出版社”“阅读公社”等账号的平均阅读量也在1万+；从最高阅读量来看，“人民文学出版社”“中信出版集团”“国家图书馆”“全总职工书屋”等账号均发布过阅读量10万+的文章；在传播力方面，“百草园书店”“读者”“为你读诗”“保密观”“阅读公社”表现突出，WCI指数均在1000+。

（二）音频号、视频号入选情况分析

1.入选音频号、视频号投票情况

在网络投票阶段，入选的50个音频号、视频号共收到105110票，视频号58307票，音频号46803票。投票阶段表现优异的音频号有：“书香江苏精品听书”“书香安徽”“芸芸众生FM”“陕西省图书馆”“浙江少年儿童出版社”等；表现优异的视频号有“内蒙古新华书店”“书里书外——三石”“译林出版社”“新时代乡村阅读季”“中国农业出版社”等。

2.入选音频号、视频号的类别

在本届视频号、音频号的入选名单中，阅读推广和传播类账号表现优异，入选27个，占比过半；图书出版与发行单位类账号入选11个；政府与协会类账号入选7个；公共文化服务类账号入选5个。

阅读推广和传播类账号是指以阅读推广为主体功能的自媒体品牌，有以荐书为主传播内容的自媒体品牌，如“樊登读书”“都靓读书”，依托文学IP而生的“米小圈”，以推广图书为特色的“掌阅读书”“喜马讲书”“严选童书馆”，主打知名作家牌的“蒋勋”“余秋雨”“郦波”等。传统图书出版与发行单位积极布局新媒体传播矩阵，入选账号“人民文学出版社”“新星出版社”“中国农业出版社”等依托本社出版的精品力作，提供优质阅读服务。政府与协会类账号是视频、音频世界中阅读推广的信号塔，“书香安徽”“北京阅读季”“书香江苏精品听书”等全民阅读品牌账号入选，成为居民线上线下参与地方全民阅读活动的指南和端口。“国家图书馆”“首都图书馆”“温州市图书馆”等图书馆新媒体号的入选，体现了新媒体平台中全民阅读公共文化服务的吸引力。

3.音频、短视频平台入选数量及特点

阅读类新媒体号与其所栖身平台之间的关系值得进一步研究。音频号入选名单中，喜马拉雅平台入选账号13个，蜻蜓FM平台入选账号11个，懒人听书平台入选账号1个。其中，“米小圈”共发布10个专辑，总播放量达49亿。“新经典”共发布作品5546个，节目总播放量达1.77亿。“严选童书馆”共发布作品750个，节目总播放量达1.58亿。此外，“科学史评话”“科学有故事”“蒋勋”“有书”的节目总播放量突破亿次，“郦波”“余秋雨”“任志宏时间”“二十一世纪出版社集团”“中信书院”的节目总播放量突破5000万。

视频号入选名单中，快手平台入选账号12个，抖音平台入选账号11个，西瓜视频平台入选账号2个。其中，“樊登读书”“掌阅读书”“都靓读书”“主持人王芳”“快手新知”（现更名“快手读书”）粉丝量突破百万。“樊登读书”和“BTV书香北京”的作品发布数超过1000条，“都靓读书”“人民文学出版社”“中信书院”的作品发布数达到200+条。“掌阅读书”的作品点赞数达到1614.4万，“浙江图书馆——大咖来了”（现更名“浙江图书馆”）的作品点赞数达到140.9万。

（三）入选新媒体号总体特征

经过5年的发展，“大众喜爱的阅读新媒体号”推荐活动表现出三方面特点：一是推荐基数越来越大，随着新媒体的快速发展和广泛应用，推荐基

数已由首届的3000多个微信公众号扩大到本届的3.7万多个，基数扩大了12倍；二是推荐程序逐步健全，第五届推荐活动要经过初筛、专家初评、数据监测、网络投票、专家审核等阶段，力保活动的公平公正；三是推荐标准愈加严格，第五届推荐活动除了对新媒体号的导向、内容进行考核，还要求形式活泼、方式创新。

1.“书香中国”系列新媒体号领航全民阅读

近年来，以“书香中国”全民阅读活动为引导，全国各地围绕全民阅读，利用读书节、读书月、读书周、阅读日、好书推荐等形式，打造了一批活动品牌，开展了特色鲜明的阅读活动。《2020年度“书香中国”全民阅读品牌传播影响力大数据研究报告》显示，“北京阅读季”“书香上海”“书香江苏”“书香天津”等全民阅读品牌具有较大的传播影响力。通过分析发现，优秀品牌活动的主体账号凭借精准定位、优质内容、极强的活跃度等在“大众喜爱的阅读新媒体账号”推荐活动中依旧保持领先优势，如“北京阅读季”“书香江苏”“书香上海”“书香天津”等账号在推荐活动中均入选大众喜爱的阅读新媒体号，除此之外，北京阅读季还入选了大众喜爱的阅读类音频、视频号。

2.经济较发达地区账号内容技术优势兼具

经济发达地区文教事业相对繁荣，全民阅读活动比较活跃，新媒体技术得到普及应用，这些因素共同孕育了众多内容优质、形式新颖、表现活跃的阅读新媒体号。本届推荐活动中入选的微信公众号80%以上来自经济较发达地区，音频号、视频号也有60%以上来自经济较发达地区，如上海的“书香上海”“上海图书馆”，江苏的“书香江苏”“书香南京”“书香江苏精品听书”“译林出版社”“百草园书店”“慢书房”，浙江的“浙江图书馆”“浙江少年儿童出版社”“温州市图书馆”等。

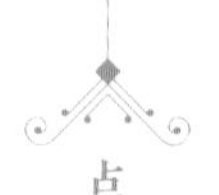

3.新媒体矩阵式传播扩大阅读品牌影响力

越来越多的阅读品牌以新媒体矩阵为传播策略，提供多维一体的综合性知识服务，共有5个阅读品牌旗下的微信公众号、音频号或视频号同时跻身评选名单。

这些新媒体号能同时入选，主要是在阅读服务的公共性、专业性上表现优异。中信出版集团在疫情期间发起线上免费阅读服务活动，推出“全场好书4000+免费畅听畅读”活动，以“App+新媒体”发散传播，将免费科普知识内容与付费课程有效结合，向超过30万读者免费发放电子书和有声书，并特别面向全国医务工作者免费提供全年的“好书快听”权益。“国家图书馆”利用“三微一端一抖”传播，开展“诗云·战疫情”“阅读战疫进行时”“种书计划”等系列推广活动，并通过抖音平台推出专家荐书视频，联合全国多家省级图书馆，共同策划话题，实现了“图书馆短视频”的规模性宣传。

4.阅读品牌发力新媒体矩阵式传播

在推荐活动的5年历程中，一些政府与行业协会账号、出版机构账号及传统阅读品牌连续多届入选，成为行业引领阅读推广的榜样性力量，这其中共有10个账号连续5年入选，4个账号连续4年入选，7个账号连续3年入选。

其中，“北京阅读季”着重传播“第十届书香中国·北京阅读季”相关内容，聚焦10年回顾与5年展望，联合10余家融媒体平台呈现阅读盛况，发布文章数681篇，阅读数近40万，头条阅读数近20万。“人民文学出版社”发挥原创图书内容优势，持续推荐名家名作、举办新年新书大放送活动、整理各类图书榜单讯息、紧密报道图书展览活动，微信发文数破700条，阅读数量破400万，头条阅读数近250万。“阅读公社”依托《光明日报》，积极宣传重点出版物、年度好书榜单、专题书讯、阅读数据报告等，微信发文量破1700条，在看数达到24万，平均阅读数突破1万。

5.阅读类IP跨媒介推广有效扩大影响力

近年来，知名文化领域IP纷纷通过直播、短视频等形式紧跟潮流，依靠文化大IP效应，不断开拓读者群体、探索互联网知识服务新模式。

知名儿童文学IP“米小圈”紧跟有声听书发展趋势，成为亲子类节目的标杆，自2016年上线蜻蜓FM以来，节目播放量已达到36.9亿次，在2020蜻蜓FM有声读物收听量排行榜中占据首位。2020年，“樊登读书”入驻短视频平台，采取直播荐书新模式。2020年6月，樊登在快手直播间的直播荐书首秀吸引200余万人在线观看，2小时内书籍销量突破13万册；“双11”期间，樊登在抖音平台的两小时直播，累计观看人数近150万，销量近6000单。电视读书类节目亦积极入驻短视频平台，实现跨媒介传播，知名电视节目《朗读者》、北京电视台的《书香北京》栏目均已入驻快手平台。

（四）阅读新媒体号发展趋势

新冠肺炎疫情给全民阅读带来前所未有的挑战，使阅读方式、出版形式、内容需求、产业业态等均发生较大变化，全民阅读迎来发展新变局。以技术赋能内容，以数字提升传播，推动优秀图书全媒体出版、立体出版，推进阅读内容多元呈现、多端传播，成为新时期出版业的发展要求与思路。

1.继续推进“全民阅读+新媒体”传播

我国视听阅读市场的增速平稳，“两微一端”、音频及短视频平台上的读书类信息内容迎来了数字化、网络化和智能化的变革，优秀新媒体平台开始发挥引领人文价值、传播先进文化、创造和谐空间的功能。全民阅读媒体联盟将充分发挥资源优势，促进线上与线下媒体携手，共同致力于推介优质阅读内容、引领阅读风向，搭建全民阅读活动平台，联盟成员将把新媒体号视作独立产品进行打造和运营，探索联盟成员之间的全媒体合作模式，加快形成资源共享与业务协作机制。

2.打造阅读知识付费盈利新模式

目前，数字阅读的盈利渠道主要有广告投放、内容付费和拓展线下衍生品3种。未来阅读新媒体号应积极探寻多元化盈利模式，发力新型营销，组合免费、付费、订阅、会员、打赏等模式。深度挖掘阅读垂直领域，针对不同用户提供优质知识付费内容和个性化服务，提高用户付费率和付费金额，寻求新的营收增长动能。同时，在维持平台核心付费用户的基础上，仍需重视社会效益和公共服务，继续加强免费阅读推广。

3.以读者为中心创新营销模式

阅读新媒体号在不断深挖自身品牌价值的同时，应坚持以读者为中心的营销模式，加快布局线上读书会、读者电台、读者小站、线上图书直播、在线教育等矩阵式媒体传播生态。全媒体时代的阅读品牌营销应将单一诉求转变为多维互动分享，促使读者自发推荐、社群共享资源，利用去中心化的传播方式进行口碑营销，使展示内容更加新颖有趣、贴近大众流行文化。

4.技术赋能信息表达

阅读体验已经从“读”转变到“听”，从量的增长转变到质的提升。5G技术的落地、虚拟技术的提升以及人工智能的发展，打造沉浸式互动体验将是数字阅读行业未来的发展趋势。今后，图文、音频、视频及AR、VR等数字技术的加入将使阅读变得更加生动立体，数字阅读、云端知识消费、网络互动服务将更加多元化人性化，用户的阅读体验将进一步提升，也会催生更多高品质的优秀文化内容。

四、第六届推荐活动基本情况

第六届“大众喜爱的阅读新媒体号”推荐活动在严格把关的基础上，将活动整体时间提前了数月——由之前计划在全国书博会期间发布调整至首届全民阅读大会期间发布。由于时间紧、任务重，为进一步提高政治站位，确保推荐活动的严肃性、权威性，确保推荐结果符合正确的政治方向、舆论导向和价值取向，活动在网络投票和终评环节，本着严格执行推荐标准、宁缺毋滥的原则，以确保本次推荐活动的内容质量。

（一）推荐标准

阅读新媒体号是指以推广、倡导、宣传阅读为中心内容的微信公众号、音频号、视频号。被推荐的阅读新媒体号应符合如下条件：

1.导向正确

推荐活动要符合正确的政治方向、舆论导向、价值取向。通过新媒体传播优质阅读内容，传递正能量，加强社会主义核心价值体系建设。

2.内容健康

内容不健康、不符合主旋律，违背社会公序良俗，或者发布过违规内容被删除过的新媒体号，一票否决，取消其参评资格和入选资格。

3.促进阅读

阅读新媒体号要推荐优质原创作品，或是经过甄选编辑过的精彩内容。能够反映时代风貌，重视知识性、科学性、艺术性、思想性、可读性相统一。要有阅读价值，并开卷有益。传播优秀文化，促进全民阅读。

4.形式多样

阅读新媒体号界面及栏目设计要活泼生动，富有吸引力。能够定期或不定期开展有益有趣的线上线下阅读活动，传播阅读技巧、阅读经验、阅读理论，推广优秀书目，激发大众的阅读兴趣，帮助大众培养阅读习惯，提高阅读技能。

5.关注大众

紧扣“大众喜爱、大众评审、大众监督”的推荐主旨，阅读新媒体号要注重大众读者的阅读需求，具有较大的影响力和较高的知名度，具有一定的

阅读量和点赞量，能够被广大人民群众认可。

（二）总体思路和技术方法

1.总体思路

本届推荐活动运用“定量分析+定向分析”的方法，定量方面将数据智能与行业智慧深度融合，运用大数据对账号情况进行定量分析、科学评估；定性方面由专业机构通过人工智能技术进行内容审核，在评价过程、环节与标准中，有机结合大众、专家、技术的三元化角度，确保账号导向正确、内容健康，体现结果客观、过程高效，反映大众呼声、群众观点。

2.技术运用

大数据信息采集：采集微信公众号、音频号、视频号的所有可采集数据，并自动识别违规被封文章，微信公众号数据23万条、音频号数据41万条、视频号数据34万条。

建立新媒体指数矩阵：按照“行业智慧+数据智能”的技术思路，AI算法工程师与分析师合作建立账号指标模型，首次运用全民阅读与融媒体智库技术团队自主研发的新媒体指数矩阵（简称：CMI指数）对大数据进行采集、数据模型学习演化、跟踪检测及定量评价。通过算法分析技术对参与推荐的各新媒体账号进行内容核查。

开发投票小程序：本届活动开发的投票平台包含移动端，便于普及推广、投票结果可导出分析、直观便捷的投票形式、数据永久保存不断增值、自主研发数据安全可控等优势。

（三）活动流程

2021年12月21日，由中宣部出版局指导，中国新闻出版传媒集团有限公司、中国全民阅读媒体联盟、全民阅读与融媒体智库主办的第六届“大众喜爱的阅读新媒体号”推荐活动在京正式启动。

活动开始后，经过1个月的征集，由各地新闻出版主管部门、媒体和专家推荐，新媒体号自荐和大数据抓取，汇总了来自政府和行业协会、出版社、出版物发行企业、媒体、图书馆、阅读推广机构等6类单位主办的3万多个阅读类新媒体号（包括微信公众号、音频号、视频号三种）。

经过初评专家评审把关和大数据检测、大数据内容审核等环节，筛选出1000个新媒体号进入中期评审，再经过中评专家的评审把关，筛选出160个候选阅读类新媒体号。

2022年3月24日至4月7日，进行为期14天的网络大众投票。投票的同时，也将投票账号名单提前发送至终评专家进行把关，初步形成专家意见。

2022年4月8日，活动组委会召开终评会，邀请各位专家对参与投票的阅读新媒体号提出推荐意见。评审会结束后，活动组委会结合网络大众投票结果、大数据检测结果以及专家意见得出拟推荐名单，报上级主管部门把关后，得出最终确定的推荐名单。

推荐结果在首届全民阅读大会期间向社会公布，并在北京图书订货会、全国书博会等各大行业重要展会及《中国新闻出版广电报》、“全民阅读媒体联盟微信公众号”等多媒体线上线下渠道进行宣传推荐。

（四）候选账号情况

在候选的阅读新媒体号中，历年来推荐的优秀阅读微信公众号依然占据较大比例，新媒体号内容多为推荐优秀图书美文、发布阅读活动信息、开展亲子阅读活动等，呈现出注重话题和品牌的打造、注重跨平台合作、注重用社交媒体思维与读者互动的特点。在呈现形式上，多为文字、音频、微视频等方式相结合，形式多样，手段丰富，能够进行持续稳定的内容输出，视觉设计风格比较统一，受到广大读者的欢迎。

阅读音频号以图书、优秀读物诵朗读、讲座等内容为主，内容定位集中，主题鲜明。许多知名朗读者、主持人主播打造的系列节目，比较注重声音表现力和讲故事的节奏感，播出时间比较长。

阅读视频号内容上主要围绕图书讲解、阅读活动资讯等方面，推荐好书、分享读后感、开展线上讲座，趣味性强，能够跟踪热点展开话题。许多平台依托内容资源优势，打造各自特色。表现形式多样化，有的结合影视剧，有的结合手绘动漫，有的借助名人效应。普遍时长较短，注重视频的配乐和画面感，以最大可能引起读者的情感共鸣，比较受读者欢迎。

作者系全民阅读与融媒体智库研究员，本文系在第六届“大众喜爱的阅读新媒体号”推荐活动启动会上的演讲。

第一至四届“大众喜爱的50个阅读微信公众号”及第五至六届“大众喜爱的阅读新媒体号”推荐名单汇总

表3-5-1　“大众喜爱的阅读微信号”分类及届数情况

序号	微信号名称	分类	届数	二维码
1	北京阅读季	政府和行业协会类	1、2、3、4、5、6	
2	广西八桂书香网	政府和行业协会类	5	
3	深圳读书月	政府和行业协会类	3	
4	书香成都	政府和行业协会类	5	
5	书香天府全民阅读	政府和行业协会类	6	
6	书香海南	政府和行业协会类	5	

续表

序号	微信号名称	分类	届数	二维码
7	书香吉林	政府和行业协会类	2、3、4	
8	书香江苏	政府和行业协会类	1、2、3、4、5、6	
9	书香龙江	政府和行业协会类	4、5	
10	书香南京	政府和行业协会类	2、4、5	
11	书香上海	政府和行业协会类	1、2、3、4、5、6	
12	书香天津	政府和行业协会类	5、6	
13	书香郑州	政府和行业协会类	2、3、4	
14	书香重庆	政府和行业协会类	1、2、3	

续表

序号	微信号名称	分类	届数	二维码
15	书香中山	政府和行业协会类	6	
16	文学陕军	政府和行业协会类	5、6	
17	中国好书	政府和行业协会类	1、2、3、4、6	
18	宝贝书单	出版社类	2	
19	保密观	出版社类	5	
20	北京大学出版社	出版社类	1、2、3、4、5、6	
21	晨光出版社	出版社类	3	
22	外研社	出版社类	1	

续表

序号	微信号名称	分类	届数	二维码
23	法律出版社	出版社类	4、6	
24	高等教育出版社	出版社类	6	
25	广东教育出版社	出版社类	3、4、6	
26	广东科技出版社	出版社类	5	
27	深圳出版社	出版社类	6	
28	机械工业出版社	出版社类	3	
29	机工教育	出版社类	6	
30	接力出版社	出版社类	1、2、3、4、6	

续表

序号	微信号名称	分类	届数	二维码
31	栗鼠阅读	出版社类	4	
32	清华大学出版社	出版社类	3、4、5、6	
33	全总职工书屋	出版社类	5、6	
34	人民出版社	出版社类	4	
35	人民出版社读书会	出版社类	2、3	
36	人民教育出版社	出版社类	5、6	
37	人民文学出版社	出版社类	1、2、3、5、6	
38	人卫健康	出版社类	4、5、6	

续表

序号	微信号名称	分类	届数	二维码
39	三联书店三联书情	出版社类	2、4、6	
40	商务印书馆	出版社类	1、2、3、4、5、6	
41	上海古籍出版社	出版社类	2、6	
42	上海交通大学出版社	出版社类	2	
43	上海译文	出版社类	1、2、3	
44	小荷听书	出版社类	5、6	
45	新星出版社	出版社类	1、3、4	
46	异步图书	出版社类	6	

续表

序号	微信号名称	分类	届数	二维码
47	译林出版社	出版社类	1、2、3、4、5、6	
48	阅读武汉	出版社类	5	
49	悦读中医	出版社类	1、2、3、4、5、6	
50	中国建材工业出版社	出版社类	1	
51	中国人民大学出版社	出版社类	1、2	
52	中国摄影出版社	出版社类	1	
53	中华书局1912	出版社类	1、2、3、4、5、6	
54	中信出版	出版社类	1、2、5	

续表

序号	微信号名称	分类	届数	二维码
55	中信书院	出版社类	3	
56	建投书局客	出版物发行单位类	4	
57	百草园书店	出版物发行单位类	2、3、5、6	
58	单向街书店	出版物发行单位类	1、2	
59	当当网	出版物发行单位类	5	
60	大众书局	出版物发行单位类	6	
61	果戈里书店	出版物发行单位类	3	
62	海南凤凰新华书店	出版物发行单位类	4、5	

续表

序号	微信号名称	分类	届数	二维码
63	杭州晓风书屋	出版物发行单位类	3	
64	河北省新华书店	出版物发行单位类	4	
65	麦家陪你读书	出版物发行单位类	2	
66	慢书房	出版物发行单位类	2、4、5、6	
67	猫的天空之城 概念书店服务号	出版物发行单位类	1、2、4	
68	蒲蒲兰绘本馆	出版物发行单位类	1	
69	青岛新华书店即墨区店	出版物发行单位类	1、2	
70	三联书店三联书情	出版物发行单位类	1、3	

续表

序号	微信号名称	分类	届数	二维码
71	深圳书城	出版物发行单位类	3、5、6	
72	温州市新华书店	出版物发行单位类	1	
73	文轩网	出版物发行单位类	4	
74	文友书店	出版物发行单位类	1、2、3、4、5、6	
75	西西弗书店	出版物发行单位类	3	
76	中信书店	出版物发行单位类	2、4、6	
77	当代	媒体类	3、4、6	
78	读书杂志	媒体类	4、5	

续表

序号	微信号名称	分类	届数	二维码
79	读者	媒体类	1、2、4、5、6	
80	父母必读	媒体类	1、2	
81	上海故事会文化传媒	媒体类	1、2	
82	花城	媒体类	4	
83	孔学堂	媒体类	5	
84	青年文摘	媒体类	1、2	
85	上海书评	媒体类	6	
86	三联生活周刊	媒体类	1、2	

续表

序号	微信号名称	分类	届数	二维码
87	文史知识	媒体类	6	
88	文学报	媒体类	5	
89	小说月报	媒体类	3	
90	小雨姐姐	媒体类	3	
91	新京报书评周刊	媒体类	3、4	
92	央视综艺朗读者	媒体类	6	
93	阅读公社	媒体类	2、3、4、5、6	
94	中华读书报	媒体类	1、3、6	

续表

序号	微信号名称	分类	届数	二维码
95	长春市图书馆	图书馆类	4、5	
96	长沙图书馆	图书馆类	6	
97	重庆图书馆	图书馆类	5、6	
98	大连图书馆	图书馆类	6	
99	广州图书馆	图书馆类	3	
100	国家图书馆	图书馆类	1、2、4、5、6	
101	杭州图书馆	图书馆类	1、2、3、4、6	
102	湖北省图书馆	图书馆类	1	

续表

序号	微信号名称	分类	届数	二维码
103	浦东图书馆	图书馆类	1、6	
104	上海图书馆	图书馆类	5	
105	深圳图书馆	图书馆类	3、6	
106	首都图书馆	图书馆类	6	
107	唐山市图书馆	图书馆类	2	
108	温州市图书馆	图书馆类	1、2、3、4	
109	武汉大学图书馆	图书馆类	6	
110	厦门市图书馆	图书馆类	1、2、3、4、5、6	

续表

序号	微信号名称	分类	届数	二维码
111	浙江图书馆	图书馆类	5	
112	爱心树童书	阅读推广类	1	
113	北京开卷	阅读推广类	5	
114	博集天卷书友会	阅读推广类	1、2	
115	楚尘文化	阅读推广类	2	
116	慈怀读书会	阅读推广类	5	
117	第二书房阅读空间	阅读推广类	2、4、5	
118	点灯人教育	阅读推广类	1	

续表

序号	微信号名称	分类	届数	二维码
119	豆瓣读书	阅读推广类	3	
120	豆瓣阅读	阅读推广类	1、2	
121	古典书城	阅读推广类	2	
122	凯叔讲故事	阅读推广类	1、6	
123	罗辑思维	阅读推广类	3	
124	咪咕阅读	阅读推广类	1	
125	青莲读书会	阅读推广类	5	
126	赛先生	阅读推广类	6	

续表

序号	微信号名称	分类	届数	二维码
127	诗词世界	阅读推广类	1、2、3、4	
128	诗词天地	阅读推广类	3、4	
129	十点读书	阅读推广类	1、3	
130	十点读书会	阅读推广类	4	
131	书单来了	阅读推广类	3	
132	唐诗宋词元曲	阅读推广类	4	
133	微信读书	阅读推广类	3、4	
134	为你读诗	阅读推广类	3、4、5、6	

续表

序号	微信号名称	分类	届数	二维码
135	未读	阅读推广类	1、2	
136	魏小河流域	阅读推广类	6	
137	小鸡卡梅拉	阅读推广类	6	
138	有书	阅读推广类	1、2	
139	阅读第一	阅读推广类	4	
140	湛庐文化	阅读推广类	1	
141	单书评	微视频	5	
142	济南新华书店	微视频	6	

续表

序号	微信号名称	分类	届数	二维码
143	人民音乐出版社	微视频	6	
144	译林出版社	微视频	6	

表3-5-2 第五至第六届“大众喜爱的阅读新媒体号”（音频号）及届数情况

序号	账号名称	平台	届数	二维码
1	二十一世纪出版社集团	喜马拉雅	5	
2	365读书	蜻蜓FM	6	
3	白云出岫	喜马拉雅	6	
4	北京科学技术出版社	喜马拉雅	6	
5	读者	抖音	6	

续表

序号	账号名称	平台	届数	二维码
6	帆书_原樊登读书	喜马拉雅	6	
7	蒋勋	蜻蜓FM	5	
8	凯叔讲故事	蜻蜓FM	5	
9	科学史评话	蜻蜓FM	5	
10	科学有故事	蜻蜓FM	5	
11	郦波	喜马拉雅	5	
12	米小圈	蜻蜓FM	5	
13	青春北京	喜马拉雅	5	

续表

序号	账号名称	平台	届数	二维码
14	蜻蜓队长	蜻蜓FM	5、6	
15	人文读书声	喜马拉雅	5、6	
16	任志宏时间	喜马拉雅	5	
17	陕西省图书馆	喜马拉雅	5	
18	十点读书	喜马拉雅	6	
19	书香安徽	喜马拉雅	5、6	
20	书香江苏精品听书	喜马拉雅	5	
21	天津人民出版社	蜻蜓FM	5	

续表

序号	账号名称	平台	届数	二维码
22	二十一世纪出版社集团	喜马拉雅	5、6	
23	新经典	喜马拉雅	5、6	
24	新星出版社	蜻蜓FM	5	
25	严选童书馆	喜马拉雅	5	
26	译文有声	蜻蜓FM	5	
27	有书	蜻蜓FM	5	
28	余秋雨	喜马拉雅	5	
29	云听精品有声书	喜马拉雅	6	

续表

序号	账号名称	平台	届数	二维码
30	中国人民大学出版社	懒人听书	5	
31	臧汝德	懒人听书	6	
32	浙江少年儿童出版社	蜻蜓FM	5	
33	浙江少年儿童出版社	喜马拉雅	6	
34	中信书院	喜马拉雅	5、6	

表3-5-3　第五至六届“大众喜爱的阅读新媒体号”（视频号）及届数情况

序号	账号名称	平台	届数	二维码
1	BTV书香北京	西瓜视频	5	
2	北京阅读季	快手	5	

续表

序号	账号名称	平台	届数	二维码
3	蔡丹君老师	哔哩哔哩	6	
4	戴建业老师	哔哩哔哩	6	
5	董卿朗读者	快手	5	
6	都靓读书	快手	5、6	
7	樊登读书	抖音	5	
8	樊登	抖音	6	
9	焦尾Tyler	抖音	6	
10	康震	抖音	6	

续表

序号	账号名称	平台	届数	二维码
11	李好帅步履不停	哔哩哔哩	6	
12	磨铁图书	抖音	6	
13	国家图书馆	抖音	5	
14	快手新知	快手	5	
15	辽宁读书	快手	5	
16	南国书香节	抖音	5	
17	内蒙古新华书店有限责任公司	抖音	5	
18	人民日报出版社	抖音	6	

续表

序号	账号名称	平台	届数	二维码
19	人民文学出版社	抖音	5	
20	首都图书馆	快手	5、6	
21	书里书外-三石	抖音	5	
22	天真的和感伤的小说家	哔哩哔哩	6	
23	温州市图书馆	抖音	5	
24	无穷小亮的科普日常	哔哩哔哩	6	
25	小播读书	哔哩哔哩	6	
26	新时代乡村阅读季	快手	5	

续表

序号	账号名称	平台	届数	二维码
27	译林出版社	抖音	5	
28	营口读书	快手	5	
29	邮宝陪你读书	抖音	5	
30	掌阅读书	抖音	5	
31	浙江图书馆-大咖来了	抖音	5	
32	浙江图书馆	抖音	6	
33	中国出版协会	快手	5	
34	中国科学技术出版社	快手	6	

续表

序号	账号名称	平台	届数	二维码
35	中国农业出版社	快手	5	
36	中信书院	西瓜视频	5	
37	主持人王芳	快手	5	
38	主持人王宁	快手	5	

2021—2022年度全民阅读研究与推广大事记

2021年1月 中国全民阅读媒体联盟联合中信出版集团、商务印书馆、中国少年儿童出版社、北京少年儿童出版社、接力出版社、四川少年儿童出版社为四川省巴中市通江县中林小学捐赠图书。

2021年3月31日—4月1日 中国新闻出版传媒集团有限公司、中国全民阅读媒体联盟主办的"红沙发"系列访谈活动亮相2021年北京图书订货会，连续举办7场系列访谈活动。

2021年4月1日 由中国新闻出版传媒集团有限公司、中国全民阅读媒体联盟和全民阅读与融媒体智库共同举办的第五届"大众喜爱的阅读新媒体号"推荐结果在北京图书订货会"红沙发"访谈活动现场揭晓。

2021年4月2日 "微笑彩虹·书香温暖童年"公益活动在北京图书订货会"红沙发"访谈活动现场启动，"微笑彩虹"公益书单（第一季）发布，107家出版社的309种图书入选。

2021年4月23日 全民阅读与融媒体智库发布《2020年度"书香中国"全民阅读品牌传播影响力大数据研究报告》，《报告》包含综合传播影响力榜单，以及3个分项榜单：传播力榜单、影响力榜单和美誉度榜单。

2021年5月22日 中国全民阅读媒体联盟联合全民阅读与融媒体智库、中新宽维传媒科技有限公司，在《2020年度"书香中国"全民阅读品牌传播影响力大数据研究报告》和全民阅读品牌传播影响力指标体系基础上，发布2021年4·23世界读书日期间各地全民阅读品牌活动传播影响力的综合榜单和3个分项榜单。

2021年5月24日至26日 由中国新闻出版传媒集团有限公司、中国全民阅读媒体联盟主办的“书香中国万里行·井冈山站”活动启动，沿着中宣部“追寻光辉足迹”主题阅读活动的路线在井冈山同期举行。活动启动仪式后，在井冈山红色书店举办4场全民阅读“红沙发”系列访谈活动。

2021年6月21日至23日 由中国新闻出版传媒集团有限公司、中国全民阅读媒体联盟主办的“书香中国万里行·遵义站”活动，沿着中宣部“追寻光辉足迹”主题阅读活动的路线在遵义市同期举行。活动启动仪式后，在遵义市1935新华书店举办4场全民阅读“红沙发”访谈活动。

2021年6月24日 全民阅读与融媒体智库发布《读书之乐 绿茵满窗——10省、市全民阅读品牌活动成效对比研究报告》。

2021年7月15日至17日 中国新闻出版传媒集团有限公司、中国全民阅读媒体联盟，围绕献礼建党百年、脱贫攻坚、时代英雄、阅读推广等话题，举办13场全民阅读“红沙发”系列访谈。

2021年7月18日 “微笑彩虹·书香温暖童年”公益活动在第30届全国图书交易博览会举办。活动由中国全民阅读媒体联盟、中国新闻出版传媒集团有限公司主办，韬奋基金会支持，明天出版社、黄河出版传媒集团、学习出版社、西北大学出版社、济南特殊教育中心、中国人民解放军联勤保障部队第九六〇医院训练中心及部队所属幼儿园、小儿心脏外科病房协办。

2021年8月4日 由中宣部出版局指导，陕西省委宣传部等主办的“追寻光辉足迹·延安站”主题阅读活动，在延安宝塔山以相聚云端的方式启动。中国新闻出版传媒集团有限公司、中国全民阅读媒体联盟主办的“书香中国万里行·延安站”线上活动同时启动。

2021年9月16日 由中宣部出版局指导，河北省委宣传部等主办的“追寻光辉足迹·西柏坡站”主题阅读活动在西柏坡纪念馆广场启动。中国新闻出版传媒集团有限公司、中国全民阅读媒体联盟主办的“书香中国万里行·西柏坡站”线上活动同时启动。

2021年10月9日 第七届浙江书展在宁波国际会展中心盛大开幕，2021“书香中国万里行·宁波站”线上活动同时启动。

2021年10月14日 “书香中国万里行·成都站”线上活动启动，对2021天府书展开展线上采访报道。

2021年10月14日 中国新闻出版传媒集团有限公司、中国全民阅读媒体联盟委托井冈山新华书店向井冈山毛泽东红军学校、井冈山市碧溪中心小学捐赠了2700多册图书，建立“微笑彩虹”书屋。

2021年10月29日 齐鲁书香节暨山东书展在济南举行，“书香中国万里行·济南站”线上活动同期启动。

2021年10月28日 第二十二届深圳读书月新闻发布会在深圳市民中心举行，“书香中国万里行·深圳站”线上活动同期启动。

2021年11月9日 中国新闻出版传媒集团有限公司、中国全民阅读媒体联盟、全民阅读与融媒体智库联合发布《技术赋能内容 数字提升传播——第五届“大众喜爱的阅读新媒体号”入选账号分析报告》。

2021年12月14日 中宣部出版局印发《2021年全民阅读优秀项目推介工作入选项目公示》，中国新闻出版传媒集团有限公司“全民阅读与融媒体智库”项目入选。

2021年12月21日 由中国新闻出版传媒集团有限公司、中国全民阅读媒体联盟、全民阅读与融媒体智库共同举办的第六届“大众喜爱的阅读新媒体号”推荐活动在京启动。

2022年3月24日 第六届“大众喜爱的阅读新媒体号”推荐活动进入网络投票阶段。

2022年4月 全民阅读与融媒体智库系列丛书之一《春风柳上归——全民

阅读与融媒体智库文化大数据报告解析2019—2021》正式出版。

2022年4月24日 第六届“大众喜爱的阅读新媒体号”在首届全民阅读大会上揭晓。

2022年4月24日 全民阅读研究分论坛在首届全民阅读大会上举行。中国新闻出版传媒集团总经理、中国全民阅读媒体联盟常务副理事长李忠就全民阅读与融媒体智库建设经验进行分享。

2022年4月25日 由中宣部出版局、北京市委宣传部指导，中国新闻出版传媒集团有限公司、中国全民阅读媒体联盟主办的“书香中国万里行——媒体眼中的全民阅读”活动在首届全民阅读大会上举行。

2022年4月28日 《构建新媒体传播矩阵 推动全民阅读纵深发展——第六届“大众喜爱的阅读新媒体号”推荐活动分析报告》发布。

2022年6月30日 《2021年度“书香中国”全民阅读品牌传播影响力大数据研究报告》发布。

2022年7月2日 “书香中国万里行·江苏连线”活动线上启动。

2022年8月26日 全民阅读“红沙发”系列访谈活动于2022中国黄山书会举行，这是“红沙发”首次走进中国黄山书会。

2022年9月6日 “书香中国万里行”活动走进浙江绍兴，对2022年绍兴市全民阅读盛典启动仪式等进行深入采访报道，启动仪式上举办了全民阅读“红沙发”访谈，至此，“红沙发”访谈的总场次达到200场。

2022年11月24日 首届全民阅读推广（深圳）峰会采取线上与线下联合的形式举办。会上，中国新闻出版传媒集团有限公司总经理、中国全民阅读媒体联盟常务副理事长李忠作了题为《“书香中国”全民阅读品牌传播影响力大数据报告解读》的演讲。

2022年11月29日 “书香中国万里行·四川连线”对2022年天府书展进行报道。

2022年11月30日 “书香中国万里行·深圳连线”对首届全民阅读推广（深圳）峰会进行报道。

2022年12月18日 “微笑彩虹”公益书单（第二季）发布，六大类共100种图书入选。

2022年12月27日 第七届“大众喜爱的阅读新媒体号”推荐活动正式启动。

2022年度国际传播与文化出海大事记

2022年1月 中国新闻出版传媒集团有限公司、中国（上海）自由贸易试验区临港新片区管委会、中新宽维传媒科技有限公司签署三方战略合作协议，旨在运用各方优势力量，建设落地中国（上海）自由贸易试验区临港新片区的国际传播与文化出海基地。

2022年1月 中国新闻出版传媒集团有限公司向“国家文化走出去”领导小组办公室申报“2022年度中国文化走出去重点项目清单”项目，一期以通过拍摄制作反映上海市发展成就的专题片、纪录片等内容，向海外Youtube、Facebook、TikTok等平台进行定期投放。

2022年3月起 为更好服务文化出海国家战略，中国新闻出版传媒集团有限公司联合合作机构在北京、上海、郑州等地组建超过60人的技术、策划、内容制作与运营团队，努力提升文化出海的传播效能，并结合海外大数据抓取与分析系统，开展国际传播影响力因子研究，依托人工智能、大数据等技术，提升传播安全性、有效性、精准性。

2022年10月 在上海市委宣传部、上海市外宣办的支持和协助下，中国新闻出版传媒集团有限公司联合当地机构组织专人专班联合当地机构，开通临港新片区国际网络专线，搭建“Shanghai Let's meet”海外传播账号，11月1日9:30与上海发布同步发布第五届进博会城市形象片《共“进”五年间》（英文版），协同海外“朋友圈”在LinkedIn等不同的社交平台转发，获得英国、美国、法国、德国、加拿大、智利、新西兰、迪拜、以色列、日本、新加坡、越南、泰国、东帝汶、中国香港等30多个国家和地区的观众观看、转发。

2022年11月 上海市外宣办将中国新闻出版传媒集团有限公司参与的第五届进博会城市形象片国际传播工作向上海市委宣传部作了专项汇报，得到上海市委宣传部的高度肯定。

2022年11月 上海市委宣传部拟在双方已有紧密合作的基础上，进一步开展深度合作，丰富传播内容，调用上海主题纪录片、综艺节目等内容，共同开展海外社交媒体账号的矩阵传播，共同建设海外大屏联动小屏的立体式、矩阵式国际传播平台。

2022年7—11月 上海基地技术团队依托大数据、智能分析、云应用等技术，自主开发并上线了国际传播与文化出海SaaS服务平台，平台引入智能审核系统，实现对视频、文本、图片等各类型内容的审核与一键式发布，形成流程统一并完备的线上策划、制作、上传、审核、发布系统，增强传播效率。

2022年12月 在上海市外宣办的推荐下，上海基地与覆盖全英2000多万用户，服务欧洲、北美、非洲、亚太等全球176个国家5.8亿受众的英国主流电视频道"Satin TV"合作签约，进一步推动优秀中华文化视频内容在海外传统媒体和新媒体中形成立体式、矩阵式传播。

2022年12月 上海基地与联合国官方多语种语言服务供应商、联合国契约组织成员，全球最大的翻译人才培养基地北京策马翻译集团签约，共同为国际传播与文化出海领域培养专业的翻译、配音、主播人才。

2022年12月 与长春电影集团达成战略合作及版权合作协议，在海外社交媒体平台和Satin TV开设中国电影专属频道矩阵，将长影集团自新中国成立以来出品的反映中华文化与中国人民正面形象的电影作品传播到海外，实现大数据驱动、市场化运作、中国优秀电影文化走出去的目标。

2022年12月28日 以"担当文化使命，创新国际表达，服务中华文化走

出去”为宗旨的上海临港文化出海基地正式启动。同时，临港管委会批准的自主、安全、可控的国际网络出海专线正式接入基地。

2022年12月　少林文化交流中心入驻临港文化出海基地，致力于将少林文化中体现中华优秀传统文化的内容进行筛选、提炼，通过专业团队的视频策划、制作、投放，推动少林源远流长的优秀文化内容向全球传播。

后记

2021年3月31日，原国家新闻出版总署署长柳斌杰同志如约来到北京图书订货会“红沙发”访谈现场，以“提供高质量的全民阅读服务”为主题，与现场观众分享高质量出版助力全民阅读的思路与举措。2012年至今，柳斌杰同志作为中国全民阅读媒体联盟名誉理事长，几乎出席了我们所有年度在北京图书订货会和全国书博会上举办的全民阅读“红沙发”系列访谈活动；2022年4月23日首届全民阅读大会上，又连续出席我们承办的第六届“大众喜爱的阅读新媒体号”推荐活动发布会、“书香中国万里行——媒体眼中的全民阅读”分享会等系列活动，不但发表主旨演讲，还亲笔题写书法长卷，现场赠送给“2022年度书香中国万里行”即将出征的采访团队，以示勉励。2022年，中国新闻出版传媒集团有限公司创办“CMG读友汇”微信公众号，建设线上“阅读之友、读者之家”新媒体服务平台，柳老在百忙之中录制长篇视频讲话，给出热诚、中肯的指导意见。古稀之年的领导兼长辈，俯身投入到全民阅读推广的公益事业之中，经年累月，孜孜不倦。身教重于言教，全民阅读媒体联盟的同仁们丝毫不敢懈怠，唯有以前辈为楷模，殚精竭虑，踔厉奋发，才能对得起长者的勉励、行业与社会的期待，才能不辜负这个伟大的时代。

2022年8月，“红沙发”访谈走进中国黄山书会，安徽省委宣传部副部长查结联陪同中国出版协会理事长邬书林共同做客“红沙发”。邬书林理事长现场从6个方面提纲挈领地概括了过去10年间全民阅读取得的成绩，号召出版工作者积极参与全民阅读，多出精品力作，用好信息技术，提升阅读效能，努力为书香社会建设贡献力量。自2012年“红沙发”创办至今，累计举办200场活动，邬书林理事长是首届“红沙发”访谈的首位嘉宾。10年后，“红沙发”首次走进中国黄山书会，邬书林理事长又在现场接受访谈。从宁夏到北京，从苏州到合肥，这位出版业“坐能著述、起能躬行”的学者型领导，在每一次阅读盛会的现场，总能以他的睿智思考和即席演讲，引领着我们的阅读研究方向、阅读推广要点和媒体传播重点。

2022年秋天，韬奋基金会理事长聂震宁又给我送来一本他的新书《爱上阅读：学龄前儿童分级阅读》，作为作家、学者、出版家、阅读推广人，聂震宁理事长担任了我们“微笑彩虹”公益项目总顾问、“妈妈导读师”活动评委、“大众喜爱的阅读新媒体号”推荐活动评委、全民阅读与融媒体智库学术委员会副主席，还是多年来“红沙发”系列访谈的座上嘉宾。令人钦佩的是，从心之年的他，几乎每年都有一本新书面世，除了小说、散文创作，他的大量著作都是以全民阅读为主题的。

除了这些前辈的引领、示范，还有中宣部办公厅、文改办、出版局、传媒监管局、印刷发行局、版权管理局、进出口管理局、国际传播局、港澳台新闻局、对外推广局等局室在政策、项目、资金、渠道等各方面对我们全民阅读研究、推广与传播活动的全力支持，中国出版协会、中国书刊发行业协会、韬奋基金会、中国版权协会、中国音像与数字出版协会、中国期刊协会、中国新闻出版研究院等机构的指导、支持，携手互助，让我们倍感温暖、振奋。

全民阅读媒体联盟办公室的姚贞、朱梅、刘振兴、孟真、李正浩，克服疫情干扰，认认真真开展每一场线上线下阅读推广活动，审校每一份智库研究报告，编发每一期新媒体传播的图文视频；集团品牌与专题部的伊丽静、米瑗琪、郎浩舟，远程对接香港联合出版集团，一一落实“妈妈导读师”港澳赛区的操作细节；集团项目管理部的李焰、哈妮帕、高雅文主动请缨，投入首届全民阅读大会系列活动的筹备工作，集团所属报刊网微等新闻采编部门同步跟踪进行全媒体宣发，中国新闻出版广电报社发行部、出版事业部的全体同仁跟进配合协调服务，还有集团相关行政、财务、后勤部门的通力合作。全民阅读研究、推广与媒体传播的点滴成绩都离不开集团上下的团结协作。集团党委会、董事会高效决策、全力支持，在围绕中心、服务大局，更高的政治站位上部署落实全民阅读的相关工作，既高举高打，又落实落细，赢得了新闻出版与全民阅读行业同仁的认可。

2021—2022年度，全民阅读与融媒体智库的合作机构——中新宽维传媒科技有限公司，其上海办公区屡屡遭遇新冠疫情的冲击，克服种种困扰，配合开展大数据课题研究，马萧萧、刘永丹、刘华宾、梁爽等高管团队长期居家办公，通过网络协作，按时完成了第六届“大众喜爱的阅读新媒体号”推荐活动的各项技术支持工作；2022年9月，“宽维全民阅读平台”成功获得国家版权局计算机软件著作权登记证书；2022年下半年，智库在上海临港合作建立的“文化出海大数据研究与国际传播基地”启动，切实服务于“中华文化走出去国家战略”，获得了地方政府部门与领导的赞许；2022年11月，中新宽维传媒科技有限公司成功入选“上海数字贸易企业100强”。

青岛大学全民阅读研究中心主任张文彦带领其科研团队，携手全民阅读与融媒体智库联合开展相关 课题研究，不计辛劳、不计报酬。《人民日报》、新华社、中央广播电视总台、《光明日报》、《工人日报》、《中国青年报》、《中国妇女报》、《农民日报》、《中国文化报》、《中国教育报》、《中华读书报》、人民网、新华网、央视网、央视频、光明网、未来网等媒体机构，多年来支持、参与、跟踪报道“书香中国万里行”系列公益文化活动，共同传播书香文化，有一分热，发一分光，以传媒人的热诚与担当，奉献于全民阅读事业。

因篇幅所限，本书重点收录2021—2022年度全民阅读与融媒体智库的部分研究内容，以及第六届“大众喜爱的阅读新媒体号”推荐活动入选的相关案例，本书附录中对2021—2022年度全民阅读研究与推广的相关项目成果进行了概要梳理。“书香中国万里行”、全民阅读“红沙发”访谈、“妈妈导读师”亲子阅读活动、“微笑彩虹”公益文化活动等相关详细内容将另行结集成册，单独出版。

2022年岁末，我们通过视频会议，与山东省青岛市城阳区政府协商合作落地全民阅读系列项目事宜。关上电脑屏幕，不由得又想起了2014年，陪同老领导、原国家新闻出版广电总局党组成员宋明昌赴青岛，举办“书香中国万里行·青岛站”活动的情景。此番又将重回故地，我在心里默念：明昌同志朝斯夕斯、念兹在兹的未竟事业，我们一定会全力以赴，延续下去，发扬光大。

从2012年中国新闻出版传媒集团有限公司启动全民阅读系列活动算起，站在今天，十年一回首，虽然我们的努力与贡献实在微不足道，但十年间行业上下、集团内外及社会各界向我们伸出的援手、给予的鼓励与肯定，没齿难忘，需要感谢的师长与同道，数不胜数。

大道不孤，众行致远。唯有心怀感激，俯身躬行，且行且珍惜。点亮阅读的微光，汇成人生的炬火，照亮你我前行的路。

李忠

2023年1月29日于北京